"十二五" 国家重点图书出版规划项目

中国现阶段财政政策调控研究

杨志安 著

辽宁大学出版社
Liaoning University Press

图书在版编目（CIP）数据

中国现阶段财政政策调控研究/杨志安著． 一沈阳：
辽宁大学出版社，2015.12
"十二五"国家重点图书出版规划项目
ISBN 978-7-5610-8207-2

Ⅰ.①中…　Ⅱ.①杨…　Ⅲ.①财政政策－研究－中国
Ⅳ.①F812.0

中国版本图书馆 CIP 数据核字（2015）第 306178 号

出　版　者：辽宁大学出版社有限责任公司
　　　　　　（地址：沈阳市皇姑区崇山中路 66 号　　邮政编码：110036）
印　刷　者：辽宁彩色图文印刷有限公司
发　行　者：辽宁大学出版社有限责任公司
幅面尺寸：170mm×240mm
印　　　张：20
字　　　数：360 千字
出版时间：2015 年 12 月第 1 版
印刷时间：2016 年 3 月第 1 次印刷
责任编辑：贾海英
封面设计：韩　实
责任校对：众　悦

书　　　号：ISBN 978-7-5610-8207-2
定　　　价：54.00 元

联系电话：024－86864613
邮购热线：024－86830665
网　　　址：http: http://press. lnu. edu. cn
电子邮件：lnupress@vip. 163. com

目　　录

第一章 总 论

第一节 财政政策的概念与内涵

一、财政政策的基本含义

（一）财政政策的含义

财政政策是指为促进就业水平提高，减轻经济波动，防止通货膨胀，实现稳定增长而对政府财政支出、税收和借债水平所进行的政策选择，或对政府财政收入和支出水平所作的决策。或者说，财政政策是指政府变动税收和支出，以便影响总需求进而影响就业和国民收入的政策。变动税收是指改变税率和税率结构；变动政府支出是指改变政府对商品与劳务的购买支出以及转移支付，它是国家干预经济的主要政策之一。广义的财政政策的范围除财政分配所及的预算内收支之外，还包括货币政策、公共管理政策等，而狭义的财政政策是仅限于预算收支之内或者财政部门（包括中央与地方各级财政部门）的相关收支活动所体现出来的财政政策。

  1. 财政政策的主体

政策主体指的是政策制定者和执行者，财政政策的主体只能是各级政府，主要是中央政府。各级政府主体的行为是否规范，对政策功能的发挥和政策效应的大小都具有关键作用。改革前实行统收统支的财政体制，中央政府处于财政政策制定者的地位，地方政府则处于财政政策执行者的地位。而改革后，地方政府已具有较大自主权和独立性，其不仅是中央财政政策的执行者，还是地方财政政策的制定者，从而具有"双重"身份和地位。

  2. 财政政策的客体

财政政策的客体即所要调节的对象。从宏观层面看，财政政策既可以调节总需求的总量和结构，也可以运用合适的手段影响总供给的结构和水平。从微观层面看，财政政策既可以调节资源配置，也可以调节收入分配。

(二) 财政政策的本质

财政政策在本质上是一种以国家为主体的国民经济宏观调控手段。它的主要内容有两项：一是向金融机构或其他社会经济组织筹措特别财政资金；二是将特别财政资金以财政手段注入经济，刺激社会消费和投资，优化经济结构，拉动经济增长。显然，财政政策实质上是一种与价格、利息、税收、工资等宏观调控手段相类似的国民经济宏观调控手段，所不同的只是具体调控对象存在较大差别罢了。

财政政策又是一种以金融性财政政策为依托的特殊宏观调控手段。其最大特点是调控对象涉及金融和财政两大经济领域，不像调控手段那样严格意义上只调控一个国民经济领域。其组织收入时，调控的主要对象是金融领域，安排支出时调控的主要对象是财政领域。换言之，这种政策既具有金融特性又具有财政特性，它是一种比其他宏观调控手段更为灵活，在某些方面更为有效的宏观调控手段，其调控功能几乎是任何其他调控手段无法取代的。

(三) 财政政策的内容

1. 总量调节政策

总量调节政策是指国家为了调节社会总供给与总需求平衡所规定的调整财政收入总量关系的基本原则和方针，它包括财政收入总量政策和财政支出总量政策两方面。

财政收入总量政策是通过对财政收入的总量进行适度调节来影响社会总供求关系的基本措施。对财政收入总量进行调节的手段大体集中体现在税率的升降和税种的增减上。可以这样说，提高税率和增加税种，可以让财政收入总量增加。反过来，减少税率和减少税种则会使财政收入总量减少。而现实生活中是通过改变企业用于消费支出的收入和企业投资成本，来间接调整财政收入总量。所以企业对消费成本和投资成本的变动就决定了财政收入总量调节的反应程度。

财政支出总量政策是通过对财政支出总量进行调节而影响社会供求关系的基本措施。一般认为，在短期内，财政支出总量对总需求的影响是比较直接的，即无论是消费性的财政支出还是投资性的财政支出，都会很快转变为社会的购买活动，直接形成社会总需求的重要组成部分。从长期来看，由于财政支出中的部分资金会用于投资活动并成为供给，而且财政支出所形成的总需求会通过拉动力的强弱而影响供给状况，所以在长时期内财政支出总量的变动对供给的影响很大。

2. 结构调节政策

结构调节政策是指国家为调节社会供给结构与需求结构的平衡，而制定的调整财政收入结构和财政支出结构的基本原则和方针。国家根据财政收入结构，通过社会供给与需求结构的内在联系，调整财政收支结构，进而协调社会供给与需求结构的平衡。结构调节政策，实际上包括财政收入结构调节政策和财政支出结构调节政策两个方面的内容。

财政的结构调节政策主要有两个调节对象。分别是社会再生产比例和消费与投资的比例。其中，为了使社会再生产顺利进行就必须保持协调的比例关系。社会再生产的比例经常由于各种主客观因素的作用出现失调，因而国家需要通过调整财政收入结构和财政支出结构使社会再生产协调发展。另一个是消费与投资的比例。结构调节政策通过调整财政支出中的投资支出与消费支出的比例以及调整财政收入中的投资收入与消费收入的比例关系，或者抑制投资的盲目增长，或者抑制消费基金的盲目增长，来有效地保证消费与投资的协调发展。就目前来说，我国扩大内需、增加基础投资的政策，对保证经济增长有很大的作用，同时又对投资与消费的结构产生了重大的影响。

3. 利益调节政策

利益调节政策是指国家为调节社会经济利益关系而制定的调整财政收支变动的基本原则和方针。国家利用对社会经济利益关系有重要影响作用的财政收入及转移支付等手段，通过调整财政收支来调节社会的经济利益关系。利益调节政策主要是通过财政收支变动，来调节社会成员的收入差距和各经济单位的非劳动性收入。

社会成员的收入差距，既要适当拉开，调动人们的积极性，同时又要防止产生过大的贫富差距。而财政的利益调节政策主要是通过转移支付和调整累计所得税来实现的。另外，对于非劳动性收入的调节，主要是对因资源、地理位置等非主观努力造成的级差收益进行调节，使企业能够开展公平竞争。而这里，财政的利益调节政策主要是通过调整土地使用税和资源税等来实现的。

二、财政政策的工具

（一）税收

税收是以实现国家公共财政职能为目的，基于政治权力和法律规定，由政府专门机构向居民和非居民就其财产或特定行为实施强制、非罚与不直接偿还的货币或实物课征，是国家最主要的一种财政收入形式。在现阶段，税收的作用主要表现在以下几个方面：一是组织财政收入。税收是国家组织财政收入的主要形式和工具。税收在保证和实现财政收入方面起着重要的作用。由于税收具有强制性、无偿性和固定性，因而能保证收入的稳定。同时，税收的征收十分广泛，能从多方筹集财政收入。二是调控经济。税收是国家调控经济的重要杠杆之一。国家通过税种的设置以及在税目、税率、加成征收或减免税等方面的规定，可以调节社会生产、交换、分配和消费，促进社会经济的健康发展。三是维护国家政权。税收具有维护国家政权的作用。国家政权是税收产生和存在的必要条件，而国家政权的存在又依赖于税收的存在。没有税收，国家机器就不可能有效运转。同时，税收分配不是按照等价原则和所有权原则分配的，而是凭借政治权力对各方利益进行调节，体现国家支持什么、限制什么，从而达到维护和巩固国家政权的目的。四是监督经济。税收具有监督经济活动的作用。国家在征收税款过程中，一方面要查明情况，正确计算并征收税款，另一方面又能发现纳税人在生产经营过程中，或是在缴纳税款过程中存在的问题。国家税务机关对征税过程中发现的问题，可以采取措施纠正，也可以通知纳税人或政府有关部门及时解决。

1. 宏观税率（即税收收入总额占 GDP 的比重）的确定

宏观税率的确定是财政政策实现调节目标的基本政策度量选择之一。这是因为税率调节是通过对不同产业、不同产品、不同企业以及不同税目、不同纳税人采用不同的税率实施的调节。税率是税收制度的中心环节，也是税收调节的核心手段。税率的高低，直接决定纳税人税收负担的轻重，体现税收调节的深度。不同的税率形式，实施调节的程度不同：采用比例税率，调节具有"刚性"；采用累进税率，调节具有"弹性"；采用定额税率，调节具有"直接性"。根据国家的政策要求，对不同的产业、部门、产品等采用不同的税率，可以有效地调节产业、部门和产品结构，促进国民经济协调稳定发展。

2. 税负分配

税负是指纳税人承担的税收负荷，亦即纳税人在一定时期应缴纳的税款。而税收负担是指因政府的课税行为而相应地减少了纳税人的可支配收入的数量和份额，从而对其造成的经济利益损失或使其承受的经济负担。税收负担一方面是由税种选择和制定不同的税率通过政府部门来实现；另一方面是通过税负转嫁的形式由市场活动来进行。税负转嫁是指纳税人在商品交换的过程中，把由自己缴纳的税款通过提高价格或压低价格等途径，全部或部分转移给他人负担的行为。即发生税负转嫁后，纳税人的实际可支配收入增加了，而负税人的实际可支配收入却减少了，从而起到了对税收负担分配进行局部调整的作用。

3. 税收优惠和税收处罚措施

税收优惠是指政府为实现特定的社会经济政策，而对某些负有纳税义务的组织和个人，所给予的少纳税或不纳税的优惠待遇。税收优惠的实施，常常会减少部分经济活动主体承担的税收负担，从而达到对税收负担进行局部调整的目的。而税收处罚是指对税收活动中违法犯罪行为进行处罚。因此，二者都是在征收正税的基础上，为了某些特殊需要而实行的鼓励性或惩罚性措施，在运用上有较大的灵活性。

（二）公共支出

1. 政府购买性支出

政府购买是政府使用财政资金购买商品和劳务，体现"等价交换"的原则。政府购买可以分为消费性支出和投资性支出。政府购买支出的增减，将直接影响个人收入的增减和社会总消费的增减，进而影响到国民收入的增减。其影响程度取决于政府购买乘数的大小。

2. 政府转移性支出

转移支付是政府将一部分财政资金用于社会保障和财政补贴方面的支付。按照用途的不同，可以分为财政补贴和社会保障支出。社会保障支出是实现收入公平分配的主要工具；财政补贴分为生产性补贴和消费性补贴。财政补贴两种方式的调节效果是不同的。在有效需求不足的前提下，主要是通过增加消费性补贴，而在总供给不足的前提下，则是通过增加生产性补贴来在一定程度上缓解供求矛盾。

3. 政府补贴

政府补贴是指政府或公共机构向某些企业提供的财政捐助以及对价格或收入的支持，以直接或间接增加从其国内输出某种产品或减少向其国内输入某种产品，或者对其他成员方利益形成损害的政府性措施。政府补贴不仅包括中央和地方政府的政府补贴行为，而且还包括政府干预私人机构的政府补贴行为。另外，政府补贴必须授予被政府补贴者某种利益，而且政府补贴是一种财政行为，即政府公共账户存在开支。

（三）政府投资

政府投资是指财政用于资本项目的建设性支出，它最终将形成各种类型的固定资产。政府的投资项目主要是指那些产业关联度高、外部效应大、具有自然垄断特征以及示范和诱导作用的公共设施、基础性产业以及新兴的高科技主导产业。政府的这种投资有助于推动经济增长而且具有乘数作用。政府投资在社会投资和资源配置中起重要宏观导向作用，同时也是国家宏观经济调控的必要手段。政府投资可以弥补市场失灵，协调重大投资的比例关系，对经济发展和结构优化起着重要的作用。

虽然在市场经济条件下，政府投资量不是最主要的，但它却能够对社会投资总量的均衡起调节性作用。当社会投资量剧增、通货膨胀趋势严重时，政府就可以通过减少投资量来缓解投资膨胀。而当经济低谷期、社会投资也随之骤减的情况下，政府就可以通过增加投资量、扩大社会需求来推动经济的发展。同时，政府投资对调节投资结构、引导社会投资方向起着重要作用。国家要根据经济发展的不同时期制定相应的产业政策来确定产业发展次序。投资的基本方向是国家产业政策规定优先发展的产业，这有利于协调投资比例关系，优化投资结构。

（四）国债

国债作为一种财政信用形式，随着信用制度的发展，目前已成为调节货币供求的重要政策手段。首先，由于国债的发行导致民间部门的消费或投资资金减少，进而对民间部门的消费或投资起到了一定的调节作用，即所谓的"排挤效应"；其次，国债的发行引起货币供求变动，不仅可能使部分"潜在货币"变为现实流通货币，还可能把民间部门的货币转到政府部门或由于中央银行购买国债增加货币的投放，即所谓的"货币效应"；再次，假定国债是由未来年度增加的税收来偿还，那么在国债到期时，国债持有人既可以收回本金又得到了利息，而政府发行国债主要用于社会的公共需要，这样，就在一般纳税人与国债持有人之间产生了收入转移问题。

（五）政府预算

政府预算是一定时期内政府为实现特定目标所必须完成的各种项目的计划，即政府的财政收支计划。通过预算调节经济的作用主要反映在收支差额和财政收支的规模上。另外，赤字预算是一种扩张性的财政政策，在有效需求不足时，它可以刺激总需求的增长；结余预算是一种紧缩性的财政政策，在总需求过大时，它可以抑制总需求的膨胀；平衡预算则是一种均衡的财政政策，此时总需求和总供给是相适应的，它可以保持总需求的稳定增长。

三、财政政策的类型

（一）根据调节经济周期的作用划分

1. 自动稳定的财政政策

自动稳定的财政政策是指某些能够根据经济波动情况自动发挥稳定作用的政策，它无需借助外力就可直接产生调控效果。财政政策这种内在的、自动产生的稳定效果，可以随着社会经济的发展，自行发挥调节作用，不需要政府采取任何干预行动，因此，又被称为"自动稳定器"、"内在稳定器"或"非选择性财政政策"。

财政政策的自动稳定作用主要表现在以下两个方面：

（1）税收的自动稳定效应

主要是通过累进制所得税起到"自动稳定器"的作用。税收体系中的累进所得税，对经济活动水平的变化反应非常敏感。其调节机理是：将纳税人的收入与适用税率累进挂钩。当经济过热，出现通货膨胀时，企业和居民的收入增加，适用税率也相应提高，税收的增长幅度会超过国民收入的增长幅度，使社会需求相应降低。如果政府预算支出保持不变，税收对社会需求就有了一种自动抑制的功能，从而可以抑制经济过热。相反，当经济萧条时，企业和居民收入水平下降，适用税率相应降低，税收收入的降低幅度超过国民收入的下降幅度。如果预算支出保持不变，则可能会产生预算赤字，而这种赤字会自发地产生扩张力量，使社会需求增加，从而可以抑制国民经济的继续下滑。

（2）公共支出的自动稳定效应

政府对个人的转移支付支出是最普遍的自动稳定器。转移支付支出是指政府为维持居民的最低必要生活水平而提供的失业救济金和最低生活保障金等福利性支出。在经济萧条时期，随着失业人数的增多，公共支出中的各种转移性支出会自动增加，进而抑制了消费支出的持续下降，阻止经济的进一步衰退。在经济繁荣时期，就业人数增多，政府的各种福利支出会自动减少，从而可以抑制总需求的过旺。

可以看出，累进的所得税制度以及政府转移支付机制可以随着经济发展的兴衰，产生自动调节社会需求、抑制经济周期性波动的作用，因而是保证经济正常运行的第一道防线。但是，自动稳定器的作用是部分地减小经济周期的波动，却不能百分百地消除这种波动的影响。如何更多地减小以至消除这种影响，成为政府相机选择使用的财政政策和货币政策的首要任务。

2. 相机抉择的财政政策

相机抉择的财政政策是指本身没有自动稳定作用，需要根据当时的经济形势采取相应的财政措施才能产生调节作用的财政政策。这是一种政府利用财政手段有意识干预经济运行的行为，以消除通货膨胀或通货紧缩，实现经济稳定增长的目标。相机抉择的财政政策包括两方面，分别为汲水政策和补偿政策。

（1）汲水政策

这种政策是模仿水泵抽水的原理：如果水泵里缺水就不能吸进地下水，需要注入少许水，以恢复抽取地下水的功能。汲水政策是缓解经济波动的财政政策。它是指在经济萧条时依靠付出一定数额的公共投资，带动民间投资使经济自动恢复其活力的政策。汲水政策有四个特点：第一，它以公共投资为载体，以扩大公共投资规模作为启动民间投资的手段；第二，它能够促进经济复苏，汲水政策是以经济体本身所具有的自发恢复能力为前提，来应对萧条的政策；第三，它是一种短期的财政政策；第四，财政支出规模是有限的，不能进行超额的支出。

（2）补偿政策

补偿政策是政府为了稳定经济，有意识地从当时经济状态的反方向进行调节的财政政策。在经济繁荣时期，政府通过增收节支等政策来减少社会有效需求。而在经济萧条时期，政府则通过增支减收等措施来增加消费和投资需求，促进整个社会有效需求的增加。

汲水政策和补偿政策区别在于：一是汲水政策的载体是公共投资，而补偿政策的载体不仅包括公共投资，还有消费税、所得税、财政补贴、转移支付等；二是汲水政策是借助公共投资以补偿民间投资的衰退，而补偿政策是一种全面的干预政策，它不仅使经济从萧条走向繁荣，而且可以控制经济过度膨胀；三是汲水政策的调节对象是民间投资，而补偿政策的调节对象是社会经济的有效需求；四是汲水政策的公共投资是有限的，不会超额支出，而补偿政策的财政收支可以超额增长。

（二）根据调节国民经济总量的不同功能划分

1. 扩张性财政政策

扩张性财政政策是国家通过财政分配活动刺激和增加社会总需求的一种政策行为，又称膨胀性财政政策。扩张性财政政策主要是通过减税、增支来扩大财政赤字，增加和刺激社会总需求。

减税可以增加个人和企业的可支配收入，相应地减少国家财政收入。在财政支出不变的前提下，减税扩大了社会总需求，而且不同的减税种类和方式所引起的膨胀效应也是不同的，如：对所得税的减免，可以增加社会需求，其膨胀效应主要表现在需求方面；对流转税的减免，在增加需求的同时会导致供给增加，其膨胀效应主要表现在供给方面。扩大预算支出规模是指由于政府支出直接构成社会总需求的一部分，政府支出规模的增大，必然相应地增加社会总需求。在收入增加和支出扩大不对称的情况下，就会出现财政赤字。从这一层面来说，扩张性财政政策也就是赤字财政政策。

2. 紧缩性财政政策

紧缩性财政政策，简称紧的财政政策，是指通过财政分配活动来减少和抑制社会总需求，促使供求达到平衡的财政政策。在国民经济已出现总需求过旺的情况下，通过紧缩性财政政策来抑制通货膨胀，达到供求平衡。紧缩性财政政策的手段与扩张性财政政策手段不同，它主要是通过增税和减少财政支出。当然，无论是增税还是减支，其目的都是为了减少社会总需求。如果在一定经济状态下，增税和减支同时实施，就有可能造成一段时期的财政盈余。那么某种程度上也可以认为，紧缩性财政政策等同于盈余财政政策。

3. 中性财政政策

中性财政政策指国家财政分配活动对社会总需求的影响保持中性，既不产生扩张后果也不产生紧缩后果的政策。一般而言，这种政策可以理解为收支平衡政策。按这一政策的要求，不宜有大量的结余，也不允许有大量的赤字。需要指出的是，使预算收支平衡的政策并不等于中性财政政策。在经济政策理论中，一般把以收支均衡的形式表现出来的政策称为均衡财政政策，而把通过增加盈余或减少盈余以及增加赤字或减少赤字的形式表现出来的财政政策称为非均衡财政政策，均衡财政政策的主要目的在于尽量避免预算赤字或预算盈余带来的消极影响。预算收支平衡财政政策不等于中性财政政策。这是因为在均衡财政之下，可以通过调整支出结构和税收政策来调节经济发展。

（三）按作用空间划分

1. 宏观财政政策

宏观财政政策，也称为总量政策，主要是指对经济总量发挥作用，影响经济总量发生变化的政策。我们通常所说的"货币政策与财政政策"、"与货币政策配套的财政政策"等，即财政部门的经济活动据以依据的政策，其着眼点在于对宏观经济变量——总供给、总需求与经济增长速度等造成某种预期的影响。

2. 微观财政政策

微观财政政策，也称为个量财政政策，是指对有关经济个量发生作用，只影响个量增减变化的政策。这类政策的着眼点在于对经济中的微观因素——如经纪人动机、经济制度、经济决策、经济结果与目标给予影响。微观财政政策往往是通过税收政策手段和财政支出政策手段，以达到解决微观经济主体的动力问题和资源配置问题。

（四）按作用时间划分

根据财政政策的长期和短期目标来分类，可分为长期财政政策和短期财政政策。

长期财政政策是指在一个较长时期内发挥作用，为国民经济发展的战略目标服务的财政政策，具有长期稳定的特点；短期财政政策属于战术性政策，适用于特定时期和特定范围。短期性的财政政策是指稳定经济的财政政策，而长期性的财政政策是指促进经济增长，有效调整资源配置和公平分配的财政政策。

短期财政政策和长期财政政策之间，存在着积极的相关关系。例如，加速折旧、投资税收抵免可能是作为刺激总需求的短期政策，但由于对投资起鼓励作用，所以对经济增长也能起到积极作用。实际上，经济增长和经济稳定并不矛盾，现代经济理论中的增长强调的是均衡、稳定的增长。因此，短期财政政策和长期财政政策要保持一致性和连续性。

第二节　财政政策的功能与特征

一、财政政策的传导机制

财政政策的传导机制是指财政政策工具在发挥作用的过程中，各种财政政策工具的构成要素通过某种作用机制相互联系、相互影响而形成一个有机的作用整体。

（一）收入机制

收入机制的作用范围主要是个人收入和企业利润收入这两方面。其中，个人收入分配是指社会成员参与国民收入分配的经济活动。它会直接影响就业、投资、消费、储蓄、物价等方面的问题。个人收入水平的高低和结构变化，对劳动者积极性的提高、经济的增长以及社会全面进步都有重大影响。企业收入分配是将企业实现的净利润，按照国家财务制度规定的分配形式和分配顺序，结合企业的自身情况，在企业和投资者之间进行的分配。

1. "紧"财政

从"紧"的财政政策是宏观财政政策的类型之一，是指通过增加财政收入或减少财政支出以抑制社会总需求增长。由于增加财政收入减少财政支出的结果集中表现为财政结余，因而从"紧"财政政策也称盈余性财政政策。从"紧"的财政政策是国家通过财政分配活动，抑制或压缩社会总需求的一种政策行为，它往往是在已经或将要出现社会总需求大大超过社会总供给的趋势下采取的一项财政政策。财政收入构成社会总需求的一部分，而财政盈余意味着将一部分社会总需求冻结不用，从而达到压缩社会总需求的目的。实现财政盈余，一方面要增加税收，另一方面要尽量压缩支出。如果增加税收的同时，支出也相应地增加，增加税收得以压缩社会总需求的效应，就会被增加支出的扩张社会总需求的效应所抵消。

2. "松"财政

从"松"的财政政策是指通过减少财政收入或增加财政支出以促进社

会总需求增长的政策。从"松"的财政政策是国家通过财政分配活动促进社会总需求的一种政策行为,它往往是在已经或将要出现社会总供给大大超过社会总需求的趋势下采取的。实施宽松的财政政策会使得企业和个人的收入增加,从而使投资和消费扩大,进而促进经济增长。

(二)货币机制

由于有些财政政策的结果集中表现为财政赤字,所以需要融资来扩大货币供给量。仔细分析中国财政赤字与货币供应的关系,就会发现中国的财政赤字具有货币扩张效应。首先,中国以往的赤字口径是把公债计入收入后,总收入与总支出的差额,这种类型的赤字又叫"硬赤字"。"硬赤字"的弥补,只能通过财政透支,即向银行借款解决。其次,如果中央银行能压缩其他专业银行的贷款规模,在提供财政借款时,不打破年度信贷总规模,那么财政性货币发行不会发生,而事实上这是很难做到的。因为,其一,赤字额是在年终结算时才能最终知道,而库款的支拨是在预算执行中就已拨出,当赤字发生时,增加的货币已进入流通领域。其二,新的预算年度能否通过压缩信贷规模促使货币回笼,在一般情况下难以做到,要想在原有的信贷规模基础上压缩各专业银行的信贷规模,困难重重。因此,财政赤字的弥补最终还是要靠货币发行。

(三)价格机制

所谓价格机制,是指在竞争过程中,与供求相互联系、相互制约的市场价格的形成和运行机制。价格机制包括价格形成机制和价格调节机制。价格机制是市场机制中最敏感、最有效的调节机制,价格的变动对整个社会经济活动有十分重要的影响。商品价格的变动,会引起商品供求关系变化。而供求关系的变化,又反过来引起价格的变动。一方面,价格总水平的变动是国家进行宏观经济调控的根据;另一方面,价格机制推动社会总供给与总需求的平衡。

在中国,许多财政政策工具的作用是通过价格机制体现出来的,或者是与价格相互作用共同发挥调节作用。长期以来,中国不同产业部门间的利润率存在着很大差异,这种差异就是导致产业结构不合理的一个重要原因。从某种意义上讲,调整产业结构就是调整利益结构。部门与行业间的利润率的差别,除了受成本变动等因素影响外,主要与价格政策有关。调整价格,逐步放开价格,是今后一个时期经济体制改革面临的主要问题。然而在向社会主义市场经济转变中,政府对价格的适度控制仍然必要。运用税收与价格相互作用原理调节行业、部门之间的利润率,并适度控制价格波动是一项有效的财政政策。

从供求关系来看,财税杠杆一方面会优化资源配置,调节产业结构,提高经济效益，增加供给；另一方面，通过支出政策，直接影响社会公共消费部分，通过税收来调节由企业利润分配所形成的基金部分。财政政策既能调节供给，又能调节消费，因而能调节体现供求关系的价格运行。总供给与总需求的基本平衡，是使价格运行保持良性状态的必要条件，财政作为国民收入分配的总闸门，对确保社会供需总量平衡起着举足轻重的作用。国家财政可以运用收入政策和支出政策，通过对扩张型、紧缩型、均衡财政政策的抉择，使国民收入价值分配的结果表现为超量、缺量或适量，从而给社会产品实物形态的分配及交换带来积极或消极的影响，最终体现在供求关系决定的价格运行上。总之，财政政策的抉择以及在此基础上通过财政渠道所形成的有效需求，必定通过纸币流通规律传导机制对价格运行的导向发挥重要的作用。

二、财政政策的功能

（一）发展功能

财政政策的发展功能主要表现在通过物质利益来引导、协调和控制人们的经济行为以及宏观经济的运行，以促进经济社会更好更快的发展。

1. 导向功能主要是对个人和企业的经济行为以及国民经济的发展方向有引导作用

具体表现在两个方面：一是配合国民经济总体政策和各部门、各行业政策，提出明确的调节目标；二是通过规定人们的行为准则和利益机制，从而引导人们的经济行为。未来政策的导向功能可能从三个方面来进行：第一方面为国债政策导向，即为加大中央政府投资所需资金需要加大规模发行国债，扩大赤字来实现。由于当前中国的财政赤字率和债务率都在可控范围内，因而可以根据现在的经济规模进行比照和预估。第二方面为减税政策导向，个人所得税作为调整国民收入分配格局，调节收入分配差距，保证收入分配向居民倾斜的有力措施，费用扣除额在近几年已提高至3500元，使得税负减轻了300亿—500亿元；燃油税改革作为鼓励节能减排和规范市场经济秩序的有力措施，可以最大限度地节省能源和基础设施开支，引导社会合理适度消费，鼓励节能环保，促进经济增长方式的转变。第三方面为财政补贴政策导向，除了已明确提出的粮食最低收购价格政策，还将有可能推出一系列政策，如提高农资综合直补、良种补贴、农机具补贴等标准，增加农民收入，提高低收入群体等社保对象待遇水平，增加城市和农村低保，继续提高企业退休人员基本养老金水平和优抚对象生活补助标准等。

2. 协调功能是对社会经济发展过程中某些失衡状态的制约、调节能力

这一功能首先是由财政的本质属性决定的，其次是通过各种财政政策（如税收政策、支出政策、预算政策等）来协调人们的物质利益关系。财政政策协调功能的主要特征表现在三个方面：

（1）多维性财政政策所要调节的对象以及实现的目标不是单一的，而是多方面的，要注意调节对象的选择和调节目标之间的兼容性。

（2）动态性财政政策在协调过程中，可以依据国民经济的发展阶段和国家总体经济政策的要求，不断改变调节对象、调节措施和调节力度，最终实现国民经济的协调发展。

（3）适度性财政政策在协调各经济主体的利益关系时，应掌握利益需求的最佳满足界限和国家财政的最大承受能力，做到"取之"有度，"予之"有节，使国家或政府以尽量少的财政投入和调节对象的利益损失，取得尽量大的影响效果。

改革开放三十多年来，中国宏观经济调控经历了由计划经济体制下的直接调控为主向社会主义市场经济体制下间接调控为主的转变。在经济滑坡时，通过增加支出或减少税收，扩大总需求，增加投资和就业；反之，则减少投资或增加税收，紧缩投资，抑制通货膨胀。对区域经济发展的调控，则通过转移支付、税收等手段，对落后地区增加支出，使其能够加快经济增长，缩小与发达区域差距，从而使全国各区域经济能够协调发展。

3. 控制功能是指政府通过调节企业和居民的经济行为，实现对宏观经济的有效控制

随着市场经济的发展，经济周期的间距越来越短，经济波动的幅度越来越大，对经济的威胁与破坏也越来越严重。由于经济的周期性震荡无法通过市场本身来实现，所以只能通过政府的政策干预和宏观调控来缓解。财政的调控经济职能，就是通过财政收支活动的调整，对人们的生产、消费、储蓄、投资等行为发生影响，使物价水平、社会就业率、国际收支差额保持在一个合理的区间，以保障经济的稳定增长。财政可通过财政政策的调整实现经济的稳定增长，其一为改变政府购买数量，影响社会总需求和总供给的总量关系，使经济发展保持平稳。例如，通过减少对商品和劳务的购买数量来减少总需求，抑制经济的过快增长，或者通过增加对商品和劳务的购买来扩大总需求，刺激经济的发展。其二为改变政府转移支付数量。如在经济繁荣时，政府可减少用于福利、补贴方面的支出，以便减少总需求。在经济萧条时，可以提高各类补贴或补助，以便扩大社会总需求。其三为调整税收。在经济萧条时，政府可以减少税种或降低税率，以便刺激总需求。当经济过热时，可以提高税率或增加税种，以便削减总

需求。

发展功能以上述几项财政政策功能为基础来实现，主要表现在以下几个方面：

1. 推进经济结构调整，促进经济发展

通过对需要限制发展的行业实施高税政策，这不但会抑制这一行业的生产发展，还会影响其他行业和新投资的投资选择以及消费者对于这一行业产品的消费数量，从而达到减少资源流入的目的。通过税收支出、财政补贴等方式扶持高科技产业，促进产业结构优化。

2. 调节收入分配

财政政策具有调节收入分配的功能，是由财政本身的收入分配职能所决定的。财政政策体系中的支出政策、税收政策、补助政策等，可以从多方面协调地区之间、行业之间、部门之间、阶层之间的利益分配关系，促进经济社会稳定发展。

3. 推动制度创新和技术创新

通过建立鼓励企业从事技术创新的各项财税制度以及增加对基础科学研究和教育的财政支出等措施，可以促进技术创新；在发挥市场机制对资源配置起决定作用的前提下，采取灵活的财政制度安排，推进经济体制的不断创新与完善。

（二）稳定功能

无论是在何种经济体制下，一个国家总会出现经济增长过热或者经济增长下降甚至出现负增长等周期性现象。如何防止经济大起大落、保证国民经济的平稳发展是政府管理经济工作的关键。财政政策的稳定功能表现在政府能够运用财政政策对经济进行有目的的干预。

1. 财政政策稳定功能的主要内容

（1）财政政策对总需求的影响

财政政策对总需求的影响是通过政府的收支活动实现的。政府的收支有各种不同的形式。从收入方面来看，有税收、资产收益和公债；从支出方面来看，有购买支出和转移支出。政府的购买支出是总需求的一个组成部分，其数量自然会直接影响总需求，政府的转移支出、税收、公债、定价政策也会间接地影响总需求。政府活动之所以会对总需求产生重大影响，首先在于它的巨大规模。个人、家庭、企业的收支也是社会需求的一个重要组成部分，但就某一个具体单位来说，它对总量的影响有限。只有从整个私人部门来考虑时，其收支才会成为影响总需求的决定性因素。

（2）财政政策对总供给的影响

财政政策对总供给的影响是通过政府对劳动供给和整个社会资本积累

的影响而实现的。总供给取决于现有资源的数量以及使用这些资源的技术和组织能力。使用资源的技术及组织能力主要是微观经济讨论的内容。因而宏观经济对总供给的分析集中讨论资源的供给数量。政府财政活动对资源供给的影响，一方面通过税收或者支出政策（如提供福利）对劳动供给施加影响，另一方面通过财政收支活动对私人投资和整个社会投资总量施加影响。

（3）财政政策对国际收支的影响

在一个开放的经济体中，总需求不仅仅是国内需求，它还包括外国对本国产品的需求；总供给也不仅仅是国内的生产能力，从国外进口的产品也是总供给的一部分。政府财政活动对外贸和国际收支有着重要的影响，主要表现为政府的关税政策以及国家之间的税收关系对进出口贸易、国际资本流动产生的影响。

2. 财政政策稳定功能的主要特征

（1）反周期性

经济波动总是从平衡到不平衡再到平衡的过程。财政政策稳定功能的反周期性无论在经济繁荣还是经济衰退时都会自动地发挥作用。在经济繁荣时期，税收收入会随着 GDP 的不断提高而自动增加，政府转移支出则自动下降，居民的可支配收入相对减少，进而可以自动减轻通货膨胀的压力。而在经济衰退时期，税收收入随着国民收入水平的下降自动减少，转移支出自动增加，居民的可支配收入相对地提高了，进而增加有效需求，促进了经济的增长。

（2）补偿性

遵循需求等于总供给的原则。当私人部门支出不足到可能降低 GDP水平时，政府通过增加公共支出或减少税收收入的财政政策，以维持总需求不变；当私人部门支出过多到有产生通货膨胀的危险时，政府可以抑制公共投资或增加税收等减少公共支出，以吸收社会的剩余购买力，保持需求不变。

三、财政政策的基本特征

（一）财政政策属于上层建筑的范畴，体现国家意志

财政政策是国家运用政治权力制定的，是对财政分配关系的强制规定，是为财政分配服务的。同时，财政政策也可以看做是一种法律关系或政治关系，但它仍以经济为基础。一定时期的财政政策是由当时的政治经济形势和当时的财政分配关系决定的，并由国家规定强制执行的。因此，财政政策和其他政策一样，属于为经济基础服务的上层建筑的范畴。剥削阶级的财政政策是为剥削阶级的利益服务的，而社会主义国家的财政政策是为劳动人民的利益服务的。

（二）财政政策是主观指导和客观规律的统一

财政政策是主观指导与客观规律的统一，是国家有意识活动的产物。财政政策主体就是政策的制定者和执行者，即各级政府和立法机构。对于政策功能的发挥和政策效应的大小，主要取决于政策主体的行为是否规范及其偏好。但是，在市场经济条件下，各级立法机构和政府必须依据能够反映客观分配关系及其运动规律的财政理论来制定和执行各项财政政策。

（三）财政政策是稳定性与变动性的统一

财政政策是由财政政策目标、财政政策手段和财政政策效应组成的。在一个特定的阶段，经济发展的目标是确定的，财政政策的目标与经济发展战略目标大体一致，因而是相对稳定的。作为指导财政工作和建立财政制度的财政政策，为了将财政政策的时滞效应减少到最低限度，是不能短时期内随意更改的。但是，这不代表财政政策是一成不变的。首先，财政政策作为国家宏观经济政策的组成部分，已经形成了自己的体系，有着自己的历史发展过程，即从简单到比较完备的财政政策。其次，比较完备的财政政策是在商品货币经济的基础上逐步形成的，随着商品经济的发展，财政政策的手段和内容也越来越完善。再次，上层建筑是为经济基础服务的，它必然随着经济的发展而不断完善。检验财政政策的唯一标准，是看财政政策是否促进了社会生产力的发展以及财政政策对于社会生产力发展作用的大小。财政政策的制定和执行，随着生产力的发展受到的制约因素也越来越多，个人、企业、地方政府的行为在财政政策的实施过程中起着越来越大的作用。因而必须对财政政策的某些内容适时调整。最后，我国已从实行稳健的财政政策到如今的扩张性财政政策。因此，财政政策的稳定是相对的。在经济发展的各个不同阶段，都有与之相适应的财政政策的目标和内容。财政政策的任何一个目标被确定之后，就需要一定的时间来实现它。未达成这个目标之前，财政政策一般是不会停止或改变的。可见财政政策具有相对稳定性。这种稳定性与阶段变化性的统一，正是财政政策中长期战略与短期战略的体现。

（四）财政政策具有可控性和可操作性

财政政策具有可控性，是指国家可以对财政政策实施的结果即财政政策效应进行分析和改进，使得财政政策在运行中对既定目标的偏差能够尽快予以纠正。财政政策具有可操作性，是指财政政策可以逐步细化和分解，并在一定时期，通过人们的主观努力来实现。缺乏可控性和可操作性的财政政策，虽然从理论上看是完美的，但实际上是没有价值的。中国这几十年的经济发展证明，我们的经济波动是由政府利用财政和银行的扩张或收缩造成的，是财政政策和货币政策没有分寸的操作造成的。因此，国家制定财政政策，必须在适度的限度内。

（五）财政政策的目标具有多重性

财政政策具有多重性的政策目标。它既可以具有经济上的目标，也可以具有政治上的目标；既有长期财政政策目标，也有中期和短期财政政策目标；既有宏观财政政策目标，也有中观和微观财政政策目标。财政政策的多重性目标是通过选择和运用财政政策工具来实现的。其一，财政政策是通过对供给和需求的影响来实现社会总供给和总需求的平衡的。首先，财政政策对于需求的水平与结构有着不可避免的影响。其次，财政政策也能影响社会总供给，但这种影响是间接的、长期的，因而从短期看并不明显。财政政策通过税负转嫁等，影响市场的供给、需求以及价格、消费、生产等，最终会影响资源的利用和产出水平。这种影响不仅涉及供给总量方面还涉及产出结构方面，因而财政政策在调整产业结构中起着重要的作用。其二，财政收支的过程是对国民收入的再分配过程，必然影响企业和个人的收入水平。我们可以通过财政政策协调个人、企业和国家之间的利益分配关系来实现特定的社会目标。其三，由于财政政策是一种内在的稳定器，可以稳定物价，有效地抑制通货膨胀，从而产生了一个相对宽松的经济环境，这非常有利于促进经济的发展。因此，中国的财政政策近期和中期目标应该是保持社会总供给与总需求的基本平衡，优化经济结构，协调利益分配关系，促进经济稳定增长。其长期目标应该在实行均衡财政政策的基础上，保持国民经济持续、稳定、协调地增长。[①]

第三节　财政政策目标与实现

一、财政政策目标的含义

财政政策目标是国家运用财政政策工具所要实现的目标，它是财政政策最重要的核心部分，是财政政策的主导方面，财政政策目标的确立因不同国家、不同时期而异。

---

① 沈志敬. 论财政政策的本质及其特征 [J]. 当代财经，1993（04）：24—27.

二、财政政策目标的内容

(一) 中国财政政策目标

1. 物价相对稳定

物价稳定是指商品和劳务价格总水平的大体稳定，即短期内货币币值不发生过度的上升或下跌，一般用价格指数来表现物价水平的变化。一定时期内物价水平的持续上涨称之为通货膨胀，经济学家一般认为，年度通货膨胀率在3%—5%内可以视为物价稳定。与通货膨胀相反的现象是通货紧缩，即一定时期内一般价格水平的持续下降。通货紧缩对国民经济的危害并不亚于通货膨胀。因此，防止和治理通货紧缩也是保持物价稳定的必要手段。物价相对稳定，作为世界各国都在追求的稳定目标，也是财政政策稳定功能的基本要求。

物价相对稳定并不是让物价固定不变，而是让物价在一个可接受的范围内波动。在采取财政措施时，必须首先弄清导致通货膨胀或通货紧缩的原因，如果是由于需求过旺或需求不足造成的，则需要调整投资性支出或通过税收控制工资的增长幅度；如果是由结构性摩擦造成的，则必须从调整经济结构着手。总之，物价不稳定，对于我们这样一个资源相对短缺、社会承受能力较弱的发展中国家来说，始终是经济发展中的一大隐患。因此，物价的稳定是决定财政政策非常重要的一个因素。

2. 收入分配合理

收入分配合理是指社会成员的收入分配公正、合理，公平与效率相结合，避免过于悬殊。在中国，收入分配不合理问题一直存在。公平分配、平均分配并不具有一样的含义，公平分配是在一定社会规范下既有差距又注意均衡协调的分配。中国当前处理收入分配问题的原则是"效率优先，兼顾公平"，财政在追求公平分配目标时要做到：纳税人的税收负担要合理适度；为所有纳税人创建一个公平竞争的税收环境，不因国别、所有制等不同而实施不同的税收政策；要通过对高收入人群实行累进税率的个人所得税、财产税、遗产税等，对低收入阶层实行最低生活保障、社会保障等财政转移支付，防止和纠正收入水平的过分悬殊。

3. 经济适度增长

经过长时期的经济建设，在实践中我们总结出了一条重要经验，那就是经济必须保持适度增长，实现国民经济的长期、稳定、持续、健康发展。经济适度增长就是指在保持社会总供给与社会总需求相对平衡的前提下，使GDP、投资率、通胀率、外贸率、消费率、就业率等因素保持在适度水平上，保证特定经济战略目标体系实现的一种最佳的经济增长速度，分析经济适度增长的规律，对于认识国民经济适度增长具有重要意义。

由于国家的财政收入是社会总供给的重要组成部分，财政支出是社会总需求的重要组成部分，因而财政收支平衡在很大程度上影响社会总供求平衡，从而引起经济发生周期性波动。由于财政收入（包括各种税收和国债）都是企业或个人的货币购买力的转移，因而一般情况下，只要财政收入与支出基本平衡，就不会引起经济总量的收缩或扩张。但是，在实际中，由于种种原因，国家财政支出往往会超过收入，有时也会少于收入，这就在财政分配的范围内引起经济总量的大起或大落。在国民经济增长中，财政分配是影响短期经济增长的重要因素。这也是为什么财政政策可以作为经济适度增长的重要手段的原因所在。

4. 社会生活质量提高

经济发展的最终目标是满足社会全体成员的需要。需要的满足程度，不仅取决于个人消费需求的实现，更重要的是社会的共同消费需求的实现。社会共同的消费需求包含公共安全、环境质量、生态平衡、基础科学研究和教育、文化、卫生等水平的提高。因此，社会共同消费需求的满足程度，即为社会生活质量的水平。财政政策把社会生活质量作为政策目标之一，主要采取定期提高工教人员的工资，增加社会公共设施的投资，提高公共福利的服务水平，对农副产品的生产和流通实施多种补贴等。

（二）西方经济学财政政策目标

1. 充分就业

充分就业指的是全社会有能力工作、愿意工作且又在寻找工作的人的就业状况。西方经济学通常以失业率高低作为衡量就业是否充分的尺度，失业率是指失业人数占劳动力人数的比例；劳动力是指一定年龄范围内有劳动能力且愿意工作的人；失业者是劳动力中那些想找工作但尚未找到工作的人。社会经济处于充分就业的状态在大多数西方经济家学中被认为是存在 $4\%-6\%$ 幅度内的失业率。

西方经济学认为，经济增长也没有充分就业和稳定经济的效果好，就业增加会引起低收入者的收入增加，社会边际消费倾向自然而然地会相对提高。这样就会产生两个方面的影响：一是边际消费倾向提高，财政政策的乘数效应大，财政政策会有很好的效果；二是边际消费倾向提高，消费需求增加，消费需求是总需求中最为主要和稳定的部分，它的增加特别有利于总需求的稳定和增加，从而保持经济稳定。

2. 价格水平相对稳定

首先，西方经济学认为，价格的相对稳定主要受供求关系、币值稳定影响；其次，受积累和消费比例关系、社会文明程度、人口数量、市场规模的影响；再次，受政策性调价、市场价格调控以及消息面的影响作用。现针对当前市场价格情况作出粗浅的分析：财政政策的扩张或紧缩会直接影响社会总需求的增加或减少，从而引起价格的上升和下降。因此，财政政策的制定必须要考虑保持通货的稳定。政府有必要减少财政政策的实施强度，提高政府的债务管理水平，使政府在财政支出、发债规模和铸币税等诸多方面考虑跨期预算约束，从而使财政部门通过财政收支稳定债务水平。

3. 经济增长和可持续发展

西方经济学强调，经济增长是一个国家生存和发展的重要条件，它要求经济的发展保持在一定的速度区间，既不要出现较大的下降、停滞，也不要出现严重的过热。我们要求经济增长是实际增量，而不是由于通货膨胀造成的虚假增长。增长的速度要持续，不能出现大幅度的波动，经济增长是全社会总量的实际增长以及人均数量的实际增长。

当然，经济的增长不能只看总量，还需要有质量，如技术的进步、资源的合理配置、社会结构合理、生态平衡等。经济增长对质的要求是非常有必要的，如果只强调量的增长，将会带来一系列社会问题，如通货膨胀加剧、环境污染严重、生态失衡、能源紧张，等等。这些后果必将导致社会资源的浪费和经济发展的不稳定。因此，健康的经济增长，应该是经济的可持续、均衡增长。而财政政策的目标，则在于如何去引导经济发展实现最佳的经济增长。

4. 国际收支平衡

国际收支是一国对外经济状况的综合反映，它是一国与其他国家和地区由于贸易、非贸易以及资本往来等经济活动而引起的国际间资金收支变动，包括货币收支和以货币表示的物资财产转移。国际收支所涉及的内容是相当广泛的，几乎包含一国对外经济、金融的全部内容。作为国家宏观调控主要工具的财政，除了维持国内供给与需求在充分就业水平上的平衡外，还需要促进国际收支平衡。

当一国出现国际收支顺差时，政府可以通过扩张型财政政策促使国际收支平衡。首先，减税或增加政府支出通过税收乘数或政府支出乘数成倍地提高国民收入，由于边际进口倾向的存在，导致进口相应增加；其次，需求带动的收入增长通常伴随着物价水平上升，后者具有刺激进口、抑制出口的作用。同时，在收入和物价上升的过程中利率有可能上升，后者会刺激资本流入。一般说来，扩张性财政政策对贸易收支的影响超过它对资本项目收支的影响，因而它有助于一国在国际收支顺差的情况下恢复国际收支平衡。

三、财政政策目标之间的互扰性①

因为财政政策目标之间并非都是可以一起实现的，相互有些干扰。所谓财政政策目标的互扰性，就是指财政政策在同时实现两个以上的经济目标时，若干财政目标彼此间产生的相互影响，有些影响是相互促进的，有些影响是相互抵触的。因此，在承认若干目标之间存在互补性的同时，决不能忽视财政政策目标间也可能存在互扰性。

（一）充分就业与价格水平稳定之间的冲突

价格水平稳定与充分就业是相互矛盾的，如果要减少失业或实现充分就业，就势必要采用扩张性的财政政策与货币政策，增加货币供应量，以刺激社会总需求的增加，而总需求的增加在一定时期内会引起物价水平的上涨。要实现物价稳定，控制物价上涨，必然要采用紧缩性的财政政策与货币政策，减少货币供应量抑制社会总需求的增加，而总需求的减少又难免出现失业率的提高。在揭示物价稳定与充分就业的矛盾关系上，以人们熟悉的"菲利普斯曲线"最为著名。英国经济学家菲利普斯教授研究了1861—1957年英国失业率和货币工资增长率之间的关系，得到一条曲线，即后来经济学界所谓的"菲利普斯曲线"。横轴表示失业率，纵轴表示货币工资增长率，曲线向下倾斜，表示失业率与货币工资增长率之间存在负相关关系。即失业率越低，货币工资增长率越高。失业率越高，货币工资增长率越低。与传统的凯恩斯经济理论不同，"菲利普斯曲线"表明，失业与通货膨胀能够并存。要降低通货膨胀率，就必须要以失业率的提高为代价；要降低失业率，就必须以通货膨胀率的上升为代价。

总价格水平的稳定与充分就业之间的冲突性，不仅从"菲利普斯曲线"可以看出来，而且从财政政策通常会产生时滞现象也可得到证明。众所周知，财政政策从指定到最终产生效果，要经过一段时间，即时滞。在财政政策产生效果的时滞中，经济运行可能会发生变化。时滞越长，经济变化可能越大，使得有些政策目标不能实现，一项原本提高有效需求恰能实现充分就业的财政政策，有时可能发生超额需求，从而形成通货膨胀压力。因此，经常发生通货膨胀与充分就业并存的现象。许多经济学家认为，温和的通货膨胀能促进充分就业的实现。若果真如此，则温和通货膨胀无可厚非。但是，从很多国家的经验来看，同充分就业并存的这种温和

---

① 郭庆旺，赵志耘. 论财政政策目标间的互扰性［J］. 财政研究，1995（08）：35－38.

通货膨胀，时常会积累成显著的通货膨胀，甚至演变成恶性的通货膨胀。因此，在物价稳定和充分就业之间，可能面临的选择有：（1）失业率较高的物价稳定；（2）通货膨胀率较高的充分就业；（3）在物价稳定和充分就业两极之间进行权衡或相机抉择。这要根据当时社会经济条件，寻求二者之间的某一适当组合点。

（二）经济增长、充分就业与国际收支平衡的冲突

在正常情况下，充分就业与经济增长可以同时互动，这两个目标的关系表现为相容性，但它们与国际收支平衡目标的关系，在一定程度上却表现为冲突性。

在实现充分就业、促进经济增长过程中，一方面，扩张性的财政政策将导致国民收入和支出能力的增加，通常会增加对进口商品和劳务的需求，使得贸易收支状况恶化。有时，虽然由于经济繁荣而吸引若干外国资本，经由资本流入而引起贸易差额的变化，但仍不足以确保经济增长与国际收支平衡同时实现。另一方面，扩张性财政政策将产生通货膨胀压力，总价格水平趋于上升，其结果一是国内通货膨胀使外国商品和劳务的价格相对低廉，进口增加；二是本国商品和劳务在国际市场上的竞争地位下降，出口减少，造成国际收支恶化。

倘若由于其他因素造成国际收支不平衡或国内经济衰退，用于矫正这种失衡经济状况的财政政策，常常必须在这两种目标中作出合理的选择。在国际收支逆差的情况下，通常必须压制国内的有效需求，其结果可能消除逆差失衡，但可能同时带来经济衰退。在经济衰退的情况下，通常采取扩张型财政政策，其结果或可能刺激经济增长，但也可能因进口增加以及通货膨胀而导致国际收支逆差。

上述分析结果并不存在逆定理，也就是说，国际收支平衡目标的实现并不一定会阻碍经济增长、降低充分就业。比如，在国际收支逆差的情况下，为了恢复国际收支平衡，政府可以采取改善本国工业的劳动力技能，提高资本的生产能力，稳定物价水平，刺激出口，鼓励外商投资等财政政策，无疑对促进经济增长，增加就业产生巨大效应。从中国的实践来看，改革开放以来，正是由于采取了上述财政政策，使得国际收支保持基本平衡，推动了经济增长。

（三）经济增长与公平收入分配的冲突

经济学家一致认为，不同的稳定增长政策将直接影响一国收入和财富的分配。如果在税收不变的情况下，通过增加财政支出（包括转移支付和可耗性支出）来实现预期国民收入的增加，那么，特定的人或集团就可以从这种增加的政府支出中受益。而他们可能恰恰不是那些负税人，从而导致收入的再分配。这种分配是不是政府和社会所期望的，要取决于社会对公平收入分配的价值判断。

同理，预期国民收入的增加也可以通过减税来实现。减税政策也会使收入分配发生变化，这种变化取决于减税对哪一收入阶层影响最大。如果是对最低收入阶层的减税，则从公平的角度来看，这种减税政策有利于收入和财富的均等化。

但是，公平和效率在很大程度上是不相容的，为实现高速经济增长目标，必须有足够的劳动力供给，投资规模必须达到一定水平，技术要不断创新，而这些条件的实现都需要以一定程度的收入不均等为前提。相反，当经济发展达到一定阶段后，收入和财富的分配均等化作为一个社会问题而成为财政政策的主要目标之一。这时，经济增长的速度就要放慢，把一部分资源用于提高全社会的福利水平上。

此外，实现地区间的收入分配公平，可能在一定程度上有利于某一地区的经济增长，但从整体上看，有可能会降低国民经济增长率。如果政府把大量资金用于落后地区，虽然发展了这一地区的经济，增加了这一地区的人均收入，但根据利益比较原则，如果政府把这部分资金用于专业化程度高、技术力量雄厚的地区，整个国民经济的发展可能更快。对经济发达地区实施重税政策，对经济落后地区实施轻税政策，也具有这种效应。

那么，从中国经济发展的现阶段来看，财政政策如何处理公平与效率的关系？或者说，是把经济增长目标置于首位，还是以收入公平分配目标优先？尽管中国目前出现一定程度的分配不合理问题，但中国要摆脱经济落后状况，实现经济现代化，提高全体人民的物质生活水平和精神生活水平，就必须首先追求经济增长。

过去，中国财政政策在处理经济增长与收入公平分配关系上出现过许多失误，经济体制改革后，在"简政放权，减税让利"的指导思想下，财政政策的微观结构有所变化，企业间、地区间的收入分配档次拉大，在很大程度上调动了企业和地方的积极性，成为经济持续增长的直接动力。当然，财政政策在促进经济增长的过程中，并非全然不顾收入不公问题，只是有先有后、有轻有重。

四、中国财政政策目标调整的现实选择

（一）中国财政政策目标存在的现实问题

在经济快速增长的过程中，我们发现经济是增长了，但财政政策的直接目的和最终目标并没有完全实现。所以，在中国财政政策的设计和实施过程中，最突出的问题就是目标设定不是那么合理。

1. 中国经济总体稳定性需要加强

多年来政府的财政政策始终是以增长为目标，而且目标值还定得过高，实际通过政策实施每年的增长也都在 7％以上，增长目标确实是实现了，但与此同时失业率却呈逐年上升之势。通过多年来的实践，我们发现经济增长不仅未能从根本上解决失业问题，而且导致商品市场上部分商品生产的产能过剩，说明我国经济总体自身还并未稳定。

2. 社会整体和谐还需要加强

客观地说，随着中国经济的高速增长，国民也从中获益不少，获得感增强，但由于增长与就业不同步，导致实际失业率较高，容易引发许多社会问题，影响到社会安定。财政政策的效果距离社会总目标的实现还有一定差距，经济增长促进社会全面和谐发展的路还很长。

（二）中国财政政策目标调整的现实依据

基于财政政策目标存在的问题，为了更好地发挥财政政策的作用，我国的财政政策目标亟须调整。

首先，从经济理论分析：由于财政政策目标的互扰性和财政政策作用的有限性以及政策工具调节的不同作用，决定了财政政策稳定经济的目标只能设定在充分就业这个可调整的目标上，而不是被认为在政策目标的经济增长上。在充分就业状态下，劳动者个人有了可靠的工作保障，找到了稳定可靠的收入来源，居民家庭能够实现收入最大化，有可能实现个人或居民家庭在各个方面的最大化发展。劳动者一旦因失去就业机会而处于失业状态，也将同时失去个人和家庭发展的经济支撑。充分就业状态下包括人力资源在内的所有社会资源都得到了最优化配置，实际经济产出 GDP接近或等于潜在产出，经济运行曲线处在生产可能性曲线的边缘附近，经济周期处在繁荣和高涨阶段，国民经济的蛋糕已经做到最大，即使收入分配比例保持不变，个人家庭收入和政府财政收入也都会获得相应增长，人口发展、经济增长和社会进步处在动态和谐的健康运行状态。

其次，从中国现实状况来看：由于失业问题日趋严重，失业的社会影响虽然难以估计和衡量，但它最易为人们所感受到。失业威胁着作为社会单位和经济单位的家庭的稳定，没有收入或收入遭受损失的户主就不能起到应有的作用。家庭的要求和需要得不到满足，家庭关系将因此受到损害。另外，失业的经济影响可以用机会成本的概念来理解。当失业率上升时，经济发展中本可由失业工人生产出来的产品和劳务就损失了。衰退期间的损失，就好像是将众多的汽车、房屋、衣物和其他物品都销毁掉了。从产出核算的角度看，失业者的收入总损失等于生产的损失，因而丧失的产量是计量周期性失业损失的主要尺度，因为它表明经济处于非充分就业状态。加之作为一个人口大国，较之其他国家而言，就业问题无疑显得更为突出和重要，特别是我们目前正在着手构建和谐社会，它的基本要求就是社会安定，而失业率过高无疑会影响社会安定。

（三）中国财政政策目标实现的途径

1. 近几年积极的财政政策[①]

（1）2008－2010年"宽松"的财政政策

2008年以来的财政政策其实经历了一个转变过程。2008年全球金融危机发生以后，宏观经济政策向全面宽松转变，这其中包括：4万亿元的财政支出、降息、降低住房首次贷款比例，等等。2008年以来，宏观经济政策转变的本意是刺激总需求、防止经济全面下滑。实际政策执行的结果是，2009年第二季度，中国经济迅速复苏，在房价产市场迅速升温的影响和带动下，中国物价指数也一路攀升。房价在经历了短暂的下跌之后，于2009年年中恢复上涨态势，而且2009年和2010年两年，北京、上海等一线城市房地产价格在迅速恢复2008年以前水平的情况下，开始了新一轮上涨。2010年，国家宏观经济政策基调实际上已经发生了转变，由过度宽松转向适度宽松，主要表现是：国家数次上调存款准备金率，2010年下半年，存款准备金率接近历史最高点；同时为了改变负利率的状况，分几次上调了存贷款利率，但是由于上调幅度过小，利率依然为负。

（2）2011年至今"稳健"的财政政策

中国经济走出2008年下半年以来的经济危机困境之后，希望通过货币政策转变来转变经济增长方式、调整经济结构来寻找新的、持久的经济增长动力。也就是说，政府希望为中国经济重新寻找新的经济增长点，控制物价水平再上涨、有效地管理通货膨胀预期、遏制资产价格快速上升。这几年通过下调存款准备金率、贷款基准利率等政策，中国经济发展呈现稳中有进的良好态势，消费需求稳定，固定资产投资较快增长，物价涨幅总体回落，就业形势基本稳定，消费平稳增长，投资增长较快，进出口结构优化，农业生产再获丰收，工业生产增速平稳回升。

财政方面要支持扩大投资需求，保障重点项目资金的投入，发挥政府投资的引导作用，加大减税降费力度，继续实施有利于小型微利企业发展的税收政策，推动外贸协调发展，促进经济稳定增长。发挥财政政策的精准调控优势，落实各项强农、惠农、富农政策，支持和推动创新驱动发

---

① 熊毅. 我国财政政策目标的调整——理论分析和现实选择 [J]. 浙江经济，2005（23）：26－28.

展，支持和促进产业结构调整和节能减排，推进经济转型升级。

2. 新常态下的财政政策

（1）适当扩大财政赤字规模和动用以前年度结转资金，加大支出力度

适度扩大年度赤字规模，盘活存量资金，加快预算进度。一是 2015 年财政预算报告明确指出，2015 年将适当扩大财政赤字规模和动用以前年度结转资金，加大支出力度。2015 年全国财政赤字 16200 亿元，比 2014 年增加 2700 亿元，中央和地方财政赤字规模都有所增加。赤字占国内生产总值的比重约 2.3%，比 2014 年提高 0.2 个百分点。二是盘活存量资金，同时让公共资金在支持经济建设中发挥它应有的作用。面对下半年以来中国经济下行压力，保证地方政府财力，建议财政部门应密切注意实体经济变化情况，积极制定应对措施，适度扩大实际赤字规模，实现全年经济增长的目标。

（2）实行结构性减税和普遍性降费，加强对实体经济的支持

积极的财政政策，过去主要集中在赤字方面，强调总量、扩大社会总需求多一点，现在更多借助于税收手段，在税收方面发力，结构性作用可能更明显。2015 年财政预算草案报告指出，积极的财政政策要实行结构性减税和普遍性降费，加强对实体经济的支持。结合税制改革，在清理规范税收等优惠政策的同时，力争全面完成"营改增"任务，进一步消除重复征税。落实好普遍性降费措施，减免涉及小型微利企业的有关行政事业性收费和政府性基金，继续清理乱收费，切实减轻小型微利企业负担。

（3）加大盘活财政存量资金力度，提高财政资金使用效益

盘活财政存量资金是创新宏观调控的重要内容，对于"稳增长、惠民生"具有重要意义，切实提高资金使用效益，充分释放积极财政政策的有效作用。

为达到目的，应遵循以下原则：摸清存量、分类处理，全面摸清各地区、各部门存量资金情况，分门别类提出处理方案；上下联动、全面推进；盘活存量资金既要在中央层面展开也要在地方层面展开，既要在财政部门展开也要在其他部门展开，全面挤压存量资金的空间；立足当前，着眼长远，既要着力于盘活当前已有的存量资金，也要加强制度规范、建立长效机制，避免将来产生更多的存量资金；多管齐下、惩防并举，既要注重事前预防、事中监控，也要注重事后督查和问责，形成齐抓共管的良好局面。

（4）保持一定的政府投资规模，发挥好政策的引导作用

2015 年安排中央基建投资 4776 亿元，比上年增加 200 亿元。调整优化安排方向，主要用于国家重大工程，跨地区、跨流域的投资项目以及外

部性较强的重点项目，进一步减少竞争性领域投入和对地方的小、散项目投资补助。

在收入预算减收压力加大情况下，仍继续增加支出，是积极财政政策有力度的重要表现，更明确了逆周期调节的思路。2015年全国财政收入增速约为7.3%，与上年增速8.6%相比，下降1.3个百分点。与此同时，全国财政支出增速约10.6%，与上年增速8.2%相比，上升了2.4个百分点。这一升一降体现了反向调节的智慧和艺术，财政宏观调控要更加注重财政政策对稳定增长与结构调整的平衡，放弃短期的增长，通过更有生命力的经济结构调整带动长期的发展；更加注重对"分好蛋糕"的研究，把资源用对、用好、用出成果；更加注重遵循经济规律、自然规律和社会规律，创新调控思路和方式，坚定不移地推动科学发展、可持续发展和包容性发展，坚持底线思维、注重供给管理、坚持精准发力，充分发挥财政政策定向调控的优势，把握时机，找准"靶点"，对关键领域和薄弱环节精准发力；更加注重综合运用税收、补贴、政府采购等政策工具，加强财政政策与货币政策等调控手段的协调配合，形成调控合力。

第二章 财政政策的效应分析

第一节 财政政策乘数效应

一、乘数效应的含义

乘数效应 (multiplier effect) 是一种宏观的经济效应, 同时也是一种宏观经济的控制手段。乘数效应指的是最初投资的增加所带来的一系列的连锁反应, 它会给国民经济收入带来数倍的增长。乘数效应是这样一个系数, 用它乘以投资的变动量, 可以得到此投资变动量引起的国民收入的变动量。如果投资增加了 10 万元, 若这个增量导致国民收入增加了 30 万元, 则得到的乘数为 3; 若所引起的国民收入增加了 40 万元, 则乘数即为4。乘数效应包括正反两个方面的作用:

当税收减少、政府投资或公共支出扩大时, 对国民收入有加倍扩大的作用, 因而对宏观经济会产生扩张效应; 当税收增加、政府投资或公共支出减少时, 对国民收入有加倍紧缩的作用, 因而对宏观经济会产生收缩效应。

在区域经济的发展中, 乘数效应是指通过产业关联和区域关联对周围地区发生示范、组织、带动的作用。通过循环和因果积累, 这种作用不断强化放大、不断扩大影响, 它指的是经济活动中某一变量的增减所带来的经济总量变化的连锁反应程度。乘数效应在经济领域中被更完整地概括为支出/收入的乘数效应, 指的是支出的变化引起的经济总需求与其不成比例的变化。它是以乘数加速度这种方式引起最终量增加的一个变量。通常将这一概念与凯恩斯经济学相联系, 其他的一些经济学学派经常会低估甚至否认这一效应对宏观经济, 特别是对宏观经济的长期影响。

二、财政政策乘数的类型

财政政策乘数主要是研究财政收支变化对国民经济的影响, 其中包括投资乘数、公共支出乘数、税收乘数和平衡预算乘数。

（一）投资乘数

投资乘数是指收入的变化与带来这种变化的投资支出变化的比率。按照凯恩斯自己的定义，投资乘数是这样规定的："当总投资量增加时，所得之增量将 K 倍于投资增量。"这里的 K 就是所谓的投资乘数，如果写成数学公式，可以用 ΔI 表示总投资量的增量，用 ΔY 表示所得之增量，则可以得到公式 $\Delta Y = K \Delta I$。凯恩斯对投资乘数的规定很清楚，他是在问："当总投资量增加时"，"所得之增量"将是多少？这里总投资量的增加在前，所得之增量在后。

（二）公共支出乘数

公共支出是政府为市场提供公共服务所安排的支出。它可以保证国家履行其职能，政府发挥其经济作用，特别是在市场经济社会中，公共支出可以起到支持市场经济形成并发展的作用。公共支出乘数指的是政府的公共支出变化引起社会总需求的变化进而给国民收入带来增加或减少的影响。

公共支出乘数与投资乘数的作用机制不太相同。投资乘数的诱发需求由两部分组成：政府的财政投资、各经济主体的直接投资，政府行为只是其中的一种诱因。但是公共支出的乘数只是由政府自发产生的。

（三）税收乘数

税收乘数指的是政府增加或者减少税收带来的国民收入或国民生产总值增加或者减少的倍数，也可以指国民收入变动量与引起这一变量的税收变动量之间的比例关系。税收从概念上讲表示的是对纳税人收入的扣除，税收的多少会通过影响投资进一步影响国民收入。税收的变化和国民收入的变化成反比，即税收增加，国民收入减少；税收减少，国民收入增加。所以，税收乘数成负数。税收乘数主要有两种：第一种为税收绝对量对总收入的影响；第二种为税率变动对总收入的影响。

若以 K_t 表示税收乘数，国民收入变动量用 ΔY 表示，税收变动量用 ΔT 表示，所以 $K_t = \Delta Y / \Delta T$。

依据投资乘数理论和边际消费倾向，税收乘数和边际消费倾向大小有关，若以 b 表示边际消费倾向，则 $K_t = -b/(1-b)$。

（四）平衡预算乘数

平衡预算乘数指的是当政府收入和支出同时以相等数量增加或减小时，国民收入变动与政府收支变动的比率。它描述的是当政府的预算保持不变时，同时增加或减少政府收入或支出，国民收入的变动情况。增加税收 ΔT 引起国民收入减少量，增加政府购买 ΔG 引起国民收入增加量。

平衡预算乘数公式：$k_b = k_g + k_t$。其中，k_g 为政府购买乘数，k_t 为税收乘数。

三、财政政策乘数推导

（一）三部门经济中各种乘数

实施积极的财政政策能够调节经济总量，但是这种调节效应的大小，就需要研究积极财政政策的作用机制，即财政政策的乘数问题，我们首先利用传统的 IS－LM 模型，推导出财政政策乘数。

三个部门的经济情况下，由国民收入的决定方程可以推导出财政政策乘数：

$$Y = C + I + G$$
$$C = a + b \times Y_d$$
$$Y_d = Y - T$$

在以上公式中，Y 表示国民收入；C 表示消费支出；I 表示投资性支出；G 表示政府购买支出；a 是常数项，为自发性消费，表示在没有收入的情况下为了满足基本的生活支出要拿出储蓄，甚至是举债生活；b 在 0 和 1 之间，表示边际消费倾向，为增加 1 个单位收入时消费部分增加的比例；Y_d 表示可支配性收入，为国民收入 Y 减去税收 T 后的那部分。

整理一下上面三个公式，即可得出均衡收入 $Y = (a - b \times T + I + G)/(1 - b)$，由此可以得出简单的财政政策乘数。

1. 税收乘数

$\partial Y / \partial T = -b/(1-b)$，即为国民产出受税收变化的影响程度情况。税收乘数为负数，即为国民产出和税收增减的变化呈反比。由此可得出，如果政府实施减税性措施，尽管财政收入将会降低，但在加倍刺激社会有效需求的作用下，民间经济会大幅增长。

2. 购买支出乘数

$\partial Y / \partial G = 1/(1-b)$，即为国民产出受政府的购买性支出变化的影响情况。如果购买支出乘数为正值，则表示国民产出和购买性支出增减变动方向呈正比。因为 b 小于 1，所以和税收乘数比较，购买支出乘数大于税收乘数，代表增加购买性支出产生的扩张效应大于税收乘数效应。

可以用 IS－LM 模型简单地解释政府购买支出乘数。图 2－1 所示，当政府增加其总需求时，采取措施比如增加政府性支出使经济增长，这时 IS 曲线会从 IS_1 向右上方移动到 IS_2，由于乘数效应的作用，国民收入 Y 会从 y_1 移到 y_3。但是以上的分析是基于利率不变的前提，如果考虑投资和利率的变动呈反比，则上面得出的乘数效应将会减少。当利率由 r_1 移

动到 r_2 时，民间投资将会减少，即产生挤出效应。所以均衡国民收入只能增加到 y_2，不是 y_3，挤出效应的大小就是 y_2 和 y_3 之间的距离。

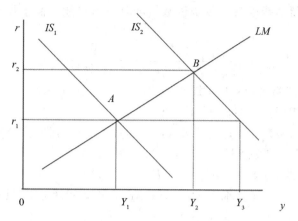

图 2—1 *IS—LM* 模型政府购买支出增加图示

3. 平衡预算乘数

购买支出乘数和税收乘数都是假定支出水平或者税收水平中有一个因素不发生变化，另外一个因素发生变化的情况。但是，在实践中为了维持收支平衡，在购买支出增加的同时税收也会增加，可以用平衡预算乘数来解释国民产出受到的影响，公式为：

$$\frac{\partial Y}{\partial T}+\frac{\partial Y}{\partial G}=\frac{-b}{1-b}+\frac{1}{1-b}=1$$

表明即使实施平衡预算政策，仍具有扩张效应，效应等于 1。

（二）四部门经济中各种乘数

IS—LM 模型在分析均衡国民收入的决定时从商品市场和货币市场两个角度进行了分析，与此同时也考察了均衡利率的决定问题。以下通过产品市场均衡和货币市场均衡的分析，推导出财政政策乘数。

1. 产品市场均衡：IS 模型

产品市场中，总需求方程：$Y_{AD}=C+I+G+NX$ (2.1)

公式中，C 为消费，I 为投资，G 为政府购买性支出，NX 为净出口。

消费函数：$C=C_0+bY_d$ (2.2)

公式中，C_0 为自发性消费，b 为边际消费倾向（$0<b<1$），Y_d 为居民的可支配收入，且 $Y_d=Y-T+G_T$ (2.3)

其中，T 为总税收，G_T 为转移性支付，则：

$$C=C_0+b(Y-T+G_T)=C_0+b[(1-t)Y+G_T]$$ (2.4)

其中，t 为税率，等于 T/Y，且 $0<t<1$。

投资函数：$I = I_0 - er$ (2.5)

其中 I_0 为自发性的投资支出，e 为投资需求的利率弹性，r 为利率。

由上面得消费函数与投资函数，可以得出描述产品市场均衡时的 IS 曲线。

$$Y = \frac{C_0 + I_0 + bG_t + NX}{1 - b(1-t)} + \frac{G}{1 - b(1-t)} - \frac{e}{1 - b(1-t)} r \quad (2.6)$$

2. 货币市场均衡：LM 模型

货币需求函数：$M_{AD} = KY - hr$ (2.7)

其中，M_{AD} 为实际货币需求量，K 为货币需求的收入弹性，$0 < k < 1$，h 为货币需求的利率弹性，$h > 0$，r 为利率。

货币的供应函数为：$M_{AS} = M/P$ (2.8)

其中，M_{AS} 为实际货币供应量；M 为名义货币供应量；P 为价格水平。

当货币市场均衡时：$M_{AD} = M_{AS}$ (2.9)

由此可以得出描述货币市场均衡的 LM 曲线：

$$r = \frac{k}{h} Y - \frac{M}{ph} \quad (2.10)$$

$$Y = \frac{G_0 + I_0 + G_T + NX}{[1 - b(1-t) + ek/h]} + \frac{G}{[1 - b(1-t)] + ek/h}$$

$$+ \frac{e}{[1 - b(1-t)] + ek/h} \times \frac{M}{P} \quad (2.11)$$

由（2.11）可以得到财政支出乘数（G）、税收乘数（T）和财政转移支付乘数（TR）分别是：

$$G = \frac{1}{[1 - b(1-t)]} \quad (2.12)$$

$$T = \frac{-b(1-t)}{[1 - b(1-t)]} = \frac{1}{1 - b(1-t)} \quad (2.13)$$

$$TR = \frac{b(1-t)}{1 - b(1-t)} \quad (2.14)$$

同时，为了分析影响财政政策的因素，由（2.11）式对 G 求偏导数，可得（2.15）式，再由此式分别对 b、t、e、k、h 求偏导数，可由其偏导数的正负，判断这些参数分别对 G，以至于对 Y 的影响。

$$J = \frac{dY}{dG} = \frac{aG}{1 + aG \times e(k/h)} \quad (2.15)$$

四、乘数效应对财政政策影响的分析

(一) 投资乘数效应

投资乘数效应指的是初始投资引起的一系列连锁反应，由此带来的社会总需求的变动对国民收入增加或减少的影响程度。一个部门在投资方面的支出会转化为其他部门的收入，这个部门用这笔收入扣除储蓄后的余额用来投资或是消费，又会给另一个部门带来收入。这样循环下去，国民收入会以投资或支出的倍数加倍增加，这一原理同时也可以用来解释投资的减少，国民收入会因投资的减少而成倍减少。

由投资乘数的原理及其计算公式可得出，边际消费倾向决定投资乘数，而边际消费倾向取决于一定形式的消费函数。尤其在20世纪90年代后期，中国居民的制度环境和消费行为与西方经济有很大不同，中国居民的收入分配格局随着计划经济体制向市场经济体制过渡的进程产生了明显的变化，随着国民收入水平差距的增大，同时收入的不确定性因素也在加大，消费者对将来预期收入的考虑更加重视。一方面，中国居民拥有的实物资产如房产、企业资产以及耐用消费品和金融资产如股票、债券等随着经济增长和人民生活水平的提高在渐渐增长；另一方面，一系列不确定的因素如外生制度变化带来的社会保障体系的改革，引起居民消费行为方面很大的不确定性。根据统计数据所显示，虽然中国人均国内生产总值已达到了经济发展"标准结构"的要求，但从长期边际消费倾向看，却远远低于国际平均水平，长期投资乘数也是如此，所以积极财政政策的经济拉动作用的效果也变得越来越不明显。

虽然中国的政府投资在一定程度上会促进经济增长，但是其投资乘数效应却小于私人投资的投资乘数效应。政府投资的增加会带来资金需求的增长进而使利率增长，对私人投资产生"挤出效应"，所以政府投资的增加能够使经济效率提高。但是实际上，政府的投资乘数效应要小于私人投资的产出效率，所以总投资的产出效率会因政府投资的"挤出效应"而降低，由此可以得出，中国政府的投资乘数处于较低的水平。

中国政府的投资框架在30多年的改革中逐渐适应了市场经济的需要，不断改革完善。但由于计划经济时期强大的政治体制惯性的影响，使得政府投资带有一定的计划性、行政性和指令性，存在着一定的不足，如政府投资权力过于集中、政府投资定位不明、政府投资缺乏监督与约束等。针对上述问题，可以从以下几个方面对中国政府投资效果作出改进。

1. 建立一套科学合理的政府投资决策体系

政府投资应按照社会公共需要的要求进行相关的调查并依据结果制订

相关的项目投资计划，同时政府应该体现其投资的公众意愿性，定期召集专家、管理部门和相关利益人群参加专家评议会、听证会等。政府投资对经济发展有明显的正效应，但在确立政府投资计划时要符合可持续发展标准和准则，不能忽视对其他方面如自然环境的影响，以社会效益为最大化目标的同时，不能只为了经济发展一味地扩大政府投资。

2. 合理界定政府投资范围

政府投资的范围应该定位于提供公共产品、满足公共需要这一方面，这对中国政府投资范围的明确界定具有现实意义，因而应将公共需要作为确定政府投资范围的首要原则。政府职能的规范与转换需要立足于政府投资满足社会公共需要的基点，想要实现在投资方面科学合理的界定，需要消除"越位"和"缺位"这两种现象。

3. 健全政府投资责任追究制

目前我国政府的投资缺少相关的责任追究机制，因而在现行的政府投资过程中，一些官员会主观上制定相关的政府投资决策和政府投资计划，由此导致的失误也缺乏相关的责任承担者。因此，需要从政府的投资管理、投资项目实施建设和投资决策三个方面建立我国政府投资的责任追究制度。在横向上建立与政府投资相关各部门的监督和制约机制，纵向上建立上下级部门的监督，并且要在政府投资项目的决策、执行、监督三个环节上保持连贯性。

4. 建立健全公开透明的政府投资信息公开制度

政府投资信息的公开在增加公众参与政府投资兴趣的同时能够降低公众了解政府投资决策的成本。政府通过公众的反馈意见能更容易了解并掌握公众的真实需求，可以提高政府的投资效率；同时为使政府投资趋于理性化，可以通过人大代表等途径将公众意见集中起来传达。

（二）公共支出的乘数效应

与投资乘数相似，公共支出乘数效应指的是政府公共支出变动引起的社会总需求变动对国民收入增加或减少的影响程度。一个部门在投资方面的支出会转化为其他部门的收入，这个部门用这笔收入扣除储蓄后的余额用来投资或是消费，又会给另一个部门带来收入。这样循环下去，国民收入会以投资或支出的倍数加倍增加。

1. 公共支出增长的经济效应

可以通过案例分析来说明公共支出增长的经济效应。

（1）以货币的乘数效应为例

假如政府发行 100 万元流通货币，这些货币都以工资的形式到了个人的手中。假设这笔钱大家都没花，存进了银行，那么现在就有 100 万元货币。然后银行把这笔钱中的一小部分（假设是 10 万元）作为存款准备金（央行规定的，为了防止突发情况要求银行必须存留的现款数目），剩下的 90 万元贷出去了。那么，现在就变成了，市场中有银行里的 100 万元存款，跟贷到企业手中的 90 万元。至此，发行的 100 万元流通货币，在市场中起到了 190 万元货币的作用。

再假设企业将到手的 90 万元花出去了，全部购买原材料了，那么原材料的厂商就获得了 90 万元现金并将其存入银行，银行又可以把其中的大部分贷出去。在这个过程中，不断反复。最开始的 100 万元现金通过这种方式不断派生，发挥着远远不止 100 万元的作用。

（2）以政府支出乘数效应为例

1998 年，为了扩大内需，刺激经济增长，中国政府将全年基础设施投资增加到 1 万多亿元，其中，预算决定铁路投资增加 450 亿元，公路投资增加 1800 亿元。这一措施明显带动了国内钢铁、水泥等建筑物资的市场需求，为经济正常运转提供了良好契机，使中国经济在 1997 年东南亚金融危机、1998 年全国性特大洪灾的双重冲击下仍保持较高增长势头，国内生产总值实现了 7.8% 的增长速度。

1 万亿元虽然不是一个小数目，但如果不能合理安排这笔支出的使用，对于中国这样一个地域广、分布散的经济体来说，效果不会如此显著。在内忧外患之下，中国经济仍然保持前进，其重要原因除了 1 万亿元支出的直接影响外，还得益于它引发的另一种间接效应，即公共支出的乘数效应。

1 万亿元投资用来购买生产物资，形成社会需求的第一次扩张，1 万亿元的货币以利息、工资、租金、利润等形式流入生产要素者的同时会转化为生产资本。居民消费也会随着收入的增加而增加，假如居民的边际消费倾向为 0.8，则居民会将 1 万亿元的 80% 用来购买消费品，相当于用 8000 亿元购买生产这些消费品的生产物资，结果又将以各种生产要素收入的形式使生产要素所有者收入增加 8000 亿元，并形成社会需求的第二次增加……如此类推下去，1 万亿元的公共支出实际上会产生 5 万亿元的社会总需求（按照公共支出乘数效应的公式计算），这就是所谓的乘数效应。

2. 财政支出总量对经济增长的影响分析

满足社会共同需要是财政支出的目标，同时也可以提高私人生产的效率、降低私人生产的成本，因而为保持经济增长，财政支出规模的适度扩张是很重要的。但是，由于财政支出的"挤出效应"，扩张会使利率提高，利率提高会使民间支出减少，尤其会使民间投资减少，使经济增长速度缓慢。

通过下面这一案例可以分析公共支出的乘数效应：

在美国遭遇"9·11"恐怖袭击时有两栋世界贸易大厦被毁灭。在美国人都陷入万分悲痛时，却有几位经济学家表示这次灾难会促进国家的宏观经济增长。原因是美国国会将拿出400亿美元作为紧急预算，这笔预算会创造第一轮的需求与增长，在一年内就会见效。紧接着这笔支出会带来下一轮的需求。经过测算经济学家们得出，这400亿美元的支出在经济萧条时期可以最终使国民生产总值提高1000亿美元。

现实中，我们也要意识到，虽然积极的财政政策能发挥有效作用，但它的初步执行结果与拉动民间消费和投资的预期目标之间还有一定的距离，主要是由于现行的财政体制中许多制约条件约束着政策效应的发挥。主要包括以下几个方面：

第一，政府投资（购买）的乘数效应不足；

第二，税收负担方面的约束；

第三，转移支付方面的约束。

按照乘数效应理论增加公共支出虽然可以扩大市场需求促进供需平衡，但这只是理论上的结果，我们还需要考虑现实中的其他因素，避免乘数效应之间的相互抵消和排斥，根据实际适当增加公共支出，运用多种手段扩大市场需求，实现供需平衡。

（三）税收乘数效应对国民收入的影响

税收的增加或减少对国民收入减少或增加的影响程度即为税收乘数效应。投资和消费需求会随着税收的增加而降低，如此各个部门循环下去，国民收入会以税收增加的倍数成倍下降，此时税收乘数为负数。相反，投资和消费需求会随着税收的降低而增加，最终使国民收入成倍增加，此时税收乘数为正值。一般情况下，税收乘数小于投资乘数和政府公共支出乘数。

1. 作用机制

可以从以下几个方面解释税收乘数的作用原理：

（1）税收乘数成负值代表了税收和国民收入之间呈反比。即政府减少税收，国民收入加倍增长；政府增加税收，国民收入加倍减少。

（2）边际消费倾向决定税收乘数的大小。由税收乘数的公式可以得出，边际消费倾向越大，税收乘数的绝对值也越大，因而对国民收入的倍数影响也越大。下面这个例子可以得出以上结论，假设政府增加税收10万元，如果边际消费倾向为0.6，那么税收乘数为 $K_t = -0.6 \times [1/(1-0.6)] = -1.5$，即国民收入将减少15万元（1.5×10万元）；如果边际消费倾向为降为 0.5，那么税收乘数为 $K_t = -0.5 \times [1/(1-0.5)] = -1$，即国民收入将减少 10 万元（$1 \times 10$ 万元）。当其他条件不变，政府减税，国民收入会增加，增量与减少量相同。

（3）考虑到纳税人的偏好受到增税和减税的影响不同，可以得出，减税引起国民收入的增加要小于增税引起国民收入的减少。减税时，纳税人的实际收入水平或可支配收入将会提高，边际消费倾向下降的同时边际储蓄倾向会提高；增税时，纳税人的实际收入水平或可支配收入将会减少，边际消费倾向提高的同时边际储蓄倾向会减少。减税时边际消费倾向下降和减税时边际消费倾向提高，使减税引起的国民收入增加小于同一数量的增税引起的国民收入减少。

（4）应该结合政府支出乘数以及政府转移支付乘数分析税收乘数对国民收入的影响。政府支出乘数指的是政府购买支出变化给国民收入带来的倍数效应，公式为 $K_g = 1/(1-\beta)$；政府转移支付乘数指的是政府转移支付变化给国民收入带来的倍数效应，公式为 $K_{tr} = \beta/(1-\beta)$。将两个乘数综合起来即为政府总支出对国民收入的效应。从公式上看，这两种效应都是正相关效应，支出的增长会带来国民收入的增加。只有把税收乘数和政府购买支出乘数、政府转移支付乘数结合起来，才能体现政府收支行为对国民收入的综合影响。通过政府的一收一支和国民收入的一减一增，这样就维持了国民收入的总量平衡，确保国民经济的稳定和增长。

2. 税收对均衡国民收入的影响

税收乘数效应的公式为：$\Delta Y = K_t \times \Delta t \times Y_1$

为分析税收乘数效应，举一个例子说明税收对均衡国民收入的影响。设 $Y_1 = 100$ 万元，$b = 0.8$，$t_1 = 0.2$。如果实行减税政策减少税率 50%，使 $t_2 = 0.1$，则由税率变动引起的税收乘数为：

$$K_t = \frac{\Delta Y}{\Delta t \times Y_1} = \frac{-b}{1-b \times (1-t_2)} = \frac{-0.8}{1-0.8 \times (1-0.1)} = -2.8571$$

根据税收乘数效应公式可以计算出减税条件下的税收乘数效应：

$\Delta Y = K_t \times \Delta t \times Y = -2.8571 \times (0.1 - 0.2) \times 100 = 28.57$

如果实行增税政策，将税率提高 50%，即使 $t_2 = 0.3$，则这时的税收乘数为：

$$K_t = \frac{\Delta Y}{\Delta t \times Y_1} = \frac{-b}{1-b \times (1-t_2)} = \frac{-0.8}{1-0.8 \times (1-0.3)} = -1.8182$$

根据税收乘数效应公式可以计算出减税条件下的税收乘数效应：

$\Delta Y = K_t \times \Delta t \times Y = -1.8128 \times (0.3 - 0.2) \times 100 = -18.18$

以上计算能够更直观地得出税收减少对国民收入增长有促进作用，而税收增加对国民收入增长有抑制作用。

3. 税收乘数效应的特征

可以具体分析税收乘数效应的特征来说明税收对经济的调控机制。

(1) 税收乘数效应的不对称性及边际递减性

在税率做出相同幅度不同方向的变动时，税收乘数效应体现了其不对称性。由上面的例子可以得出，$\Delta t = \pm 0.1$ 时，国民收入的变动方向和变动的绝对值都不相同。税率减少时，国民收入变动额为正，同时数额较大；税率增加时，国民收入变动额为负，同时数额较小，

税率变动的结果是不对称的。

进一步分析税收乘数效应的边际递减性，可以得出税收乘数效应公式中的分母含有税率变化的因素，并且税收乘数的绝对值将随着税率 t_2 的减小而增大。税收乘数在税率为零时达到最大，值为 $b/(1-b)$，由于税收乘数随着税率的增加而降低，当税率为 1 时，税收乘数达到最低为 b。由此可以得出，税收乘数的绝对值在 $[b, b/(1-b)]$ 的区间内呈递减趋势。由上面的例子也可以得出这一结论，在税率减少和增加相同幅度时，即 $\Delta t = \pm 0.1$ 时，税收乘数效应的绝对值分别为 28.57 万元和 18.18 万元，呈现出递减趋势。

由于幅度相同的税率变动减税比增税产生的乘数效应更大，因而在对经济的调控作用方面减税的效果要好于增税的效果，在一定范围内，减税的幅度越大，税收对国民经济的促进作用就越强。

(2) 税收对经济的调控蕴含于经济运行中，且其作用具有长期性

税收乘数效应的发生需要减税或增税进行推动，由税收的增减变化引起的个人和企业的收入变化，进而由收入分配的作用引起消费需求和投资需求的变动，形成了作用于市场的自发性需求。由于这种内在于经济运行的调控功能可以由国家从宏观入手并着眼于微观，进行宏观税收政策的调控。这种调控机制不会导致经济大起大落的非自然性波动，更有利于发挥市场的自身功能。因此，税收的这种间接调控功能决定其作用的长期性，在保证经济的长期持续增长方面具有调控优势。

4. 利用税收乘数效应可能面临的问题

在利用税收乘数效应时要全面考虑税收变动所面对的问题，在制定政策的同时要尽量分散风险，保证最佳的政策效果。由于减税时会形成税收的负向增长，所以长期实行减税政策将会累积大量的财政赤字。公众对增税的反感惯性使税收大幅下降后，很难再提到以前的高度，税收的集中使国民收入功能降低的同时会阻碍税收的经济调控功能。因而利用减税促进经济增长时，要考虑政府的承受能力和宏观税负总量，通过税制结构变化

对经济进行调节，充分利用税收调控内在于经济的特点，实现调控功能的最大化。

（四）平衡预算乘数效应

平衡预算乘数效应是指当政府支出的扩大与税收的增加相等时，国民收入的增加量正好等于政府支出或税收的增加量，当政府支出减少与税收的减少相等时，国民收入的减少量正好等于政府支出或税收的减少量。

平衡预算的财政思想可以分为年度平衡预算、周期平衡预算和充分就业平衡预算三种。年度平衡预算主要是在 20 世纪 30 年代大危机前采用的政策原则，要求每个财政年度的收支平衡。周期平衡预算指的是政府在一个经济周期中要保持经济平衡。在经济繁荣时期实行紧缩性政策并有意安排预算盈余，在衰退时期实行扩张性政策并有意安排预算赤字，用繁荣期的预算盈余弥补衰退期的预算赤字，可以使整个周期的盈余和赤字相抵以实现预算平衡。但是，在实际情况下很难准确地估计一个预算周期内繁荣和衰退的时间与程度，所以周期性预算难以实现。充分就业平衡预算指的是政府应使支出保持在充分就业条件下所能达到的净税收水平。

功能财政思想是凯恩斯主义者的财政思想，这种思想强调政府在财政方面的积极政策主要是为了实现无通货膨胀的充分就业水平。这一目标实现时，预算既可以是盈余的也可以是赤字。这一思想主张应从反经济周期的需求入手利用预算盈余和赤字，而不能单一地利用财政预算收支平衡的观点对待预算盈余和赤字。如果国民收入低于充分就业的收入水平，政府为实现充分就业需要增加支出或减少税收以实行扩张性的财政政策；如果最初存在财政盈余，政府有责任减少盈余甚至不惜出现赤字以实行扩张性财政政策。总而言之，功能财政思想认为，政府不应为了财政收支平衡的实现而阻碍财政政策的正确制定和实行，而要为消除通货膨胀和保证充分就业，需要盈余就盈余，需要赤字就赤字。

第二节　财政稳定器效应

一、自动稳定器概述

财政政策是国家干预经济的主要政策之一，通俗地说，财政政策就是国家对财政收入和财政支出水平所作的决策，目的就是要减少经济波动，防止通胀和紧缩，使国民经济能有效、长期、稳定增长。通过第一节的阐述，我们已经知道财政政策能够通过乘数效应来扩大政策的效果，从而更有效地调节经济。2015 年，中国继续实行积极的财政政策，且强调积极财政政策要有力度。因为，从国际方面来看，世界经济仍处于国际金融危机深度调整期，又加上国际动荡不安，国际金融市场和大宗商品市场起伏波动，所以积极财政政策还不能退出舞台；从国内方面来看，CPI、PPI 连续下行，房产渐冷，为保持经济增长目标需要积极财政政策。增加赤字规模、增加政府投资力度和减税清费，这些政策通过乘数效应能极大地刺激国民经济增长。

同时，财政政策制度本身还存在一种能自动抑制经济波动的作用，通过本身的调节机制，起到稳定经济的效果。积极的财政政策，在刺激经济经济增长的同时，又能适当防止经济过热而导致通货膨胀。这个效应就是财政稳定器效应，是财政政策的效应之一，也是本节需要阐述的具体内容。

（一）自动稳定器的含义

财政稳定器又被称作自动稳定器或内在稳定器，是由新古典综合派提出，其理论主要是通过财政收入与支出的内在调节机制配合政府相机抉择的财政政策对经济的发展进行调解，在政府作出决策之前优先发挥作用，已达到一个奠基的作用。然而经济学家对自动稳定器内涵的说法不一而足。美国经济学家 P. A. 萨缪尔森认为，一种好的税收政策是政府利用税收收入和支出来减轻经济周期波动的政策，萨缪尔森把这种财政政策称为经济的"自动稳定器"；美国经济学家 C. R. 麦克康纳在其提出的"非选择性货币政策"中，把税收、财政赤字、财政盈余等都称之为无须政府作出政策调整的"内在稳定因素"。在大部分西方国家，因为是以所得税为主要税种，而自动稳定器会通过税收发挥作用，所以他们认为，自动稳定器对私人购买力起的缓冲作用是极大的，这与中国的观点存在一定的差异。在中国，刘华等（2005）在《中国财政内在稳定机制的效率分析》一文中，通过使用一系列指标，建立了线性回归模型，分析了财政内在稳定器对平抑经济周期的作用，他们得出的结论是，财政自动稳定器的稳定功能的确存在，即便是在中国这样一个以间接税为主体，而且支出结构不尽合理的国家同样成立。但在当前，中国财政自动稳定器功能并不明显。高鸿业在《西方经济学》（第五版）（宏观部分）中提出，自动稳定器是指经济系统本身存在的一种会减少各种干扰对国民收入冲击的机能，能够在经济繁荣时期自动抑制通胀，在经济衰退时期自动减轻萧条，无需政府采取任何行动。笔者通过查阅大量文献综述，发现大多著作都以高鸿业在《西方经济学》中提出的理论作为自动稳定器的定义，因而本书也倾向于使用高鸿业在其书中所作的定义。

（二）自动稳定器的分类

不论国内还是国外，对财政自动稳定器的作用都存在一些争议。首先，自动稳定器只能在一定程度上抑制经济波动，但并不能消除波动。其次，自动稳定器有自动紧缩经济的机制，对于追求高经济增长目标的国家来说不太受欢迎。最后，对于其发挥作用的过程中有政府的不当参与可能会造成无效果。因此，从这些争议来看，政府参与程度影响着自动稳定器的效果。以此为依据，我们可以将自动稳定器分为直接自动稳定器和间接自动稳定器。顾名思义，直接自动稳定器就是指没有政府参与的，仅依靠其内在机制发挥作用；而间接自动稳定器是指有政府部门充当中介作用的稳定器，效果要么更明显，要么更糟糕。目前，中国采用的是后者的财政自动稳定器。

其实，财政自动稳定器要发挥作用，也受到许多因素的影响，如赤字占 GDP 的比重，比重越大，对经济波动越敏感。一国的税制对其也有影响，税制的敏感性影响其效果。政府支出也对自动稳定器的效力有决定性的影响。通过分析其影响因素，我们又可以将自动稳定器划分为税收自动稳定器和支出自动稳定器。目前，中国在这两方面都有涉猎，并且在市场化改革中灵活运用财政自动稳定器，但由于中国的财政机制和税制存在特殊性，使自动稳定器发挥作用的渠道有限。本书也主要对税收自动稳定器和支出自动稳定器这两类自动稳定器进行阐述，重点分析财政稳定器的效应。

（三）中国特色的财政自动稳定器

自 2008 年金融危机以来，各国政府各显神通努力发挥救市的功能。以美国为例，虽然金融业的巨大泡沫无情地覆盖了整个美国的虚拟经济，造成重大损失，但美国出乎意料地没有激进地救市，没有过多投放救市货币，而是选择了一种"硬着陆"的方式，把精力放在了大力发展实体经济上。随着全球经济危机的调整进入收尾阶段，许多事实都可以证明美国的经济政策确实高明，这种政策不仅帮助美国一步一步走出"荆棘"，而且实体经济的稳健发展又为美国以金融为主的虚拟经济的更加强大提供了反补，这说明美国借此机会加强了其在全球的金融霸权地位。为什么美国没有投放大额货币救市呢？究其原因，美国也知道自动稳定器要发挥作用需要两个齿轮共同运转，但中国却采取了与之截然相反的政策。尤其是当房地产业出现疲软的时候，中国政府立即两次抛出 4 万亿元的救市资金，支持房地产业稳定。究其原因，是因为国家政策将房地产业作为国民经济的支柱产业，房地产业出现问题，国民经济必然出现大问题。所以，国家在出台政策的时候没有考虑到自动稳定器发挥作用的条件，也就扼杀了其发挥作用的可能。这是完全市场经济国家不会出现的情况，这也是中国特色的自动稳定器。

下面我们来分析一下自动稳定器在中国是如何发挥作用的，或者说为什么没有发挥有效的作用。财政自动稳定器的作用结果会反映在财政赤字或是财政盈余上。当经济高涨时，税收增加，财政收入随之增加，而支出会减少，此时应该表现财政盈余。相反，当经济衰退时财政赤字就会增加。如图2-2所示，自改革开放到2009年以来，中国经济处于一种较高的 GDP 水平，尤其是 20 世纪 90 年代以来，说明经济是处于繁荣阶段，但财政一直处于赤字状态，这显然违背了经济学的原理，中国经济的快速增长没有与财政盈余配套出现，而是与财政赤字的波动吻合，这凸显了中国财政自动稳定器的失灵，具有半有效性，甚至是无效的。

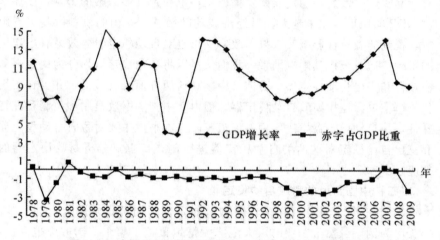

图 2-2　中国 GDP 增长率变化及赤字占 GDP 比重变化图

原因是什么呢？就像前文所说的，自动稳定器要发挥作用需要两个齿轮——财政收入和财政支出的相互作用。下面，我们举例来说明这两个齿轮怎样协调运转。2007 年，政府出台了一系列遏制经济过热的政策，但效果有限。与此相对应的是，当年财政收入达到 5.1 万亿元，超收 7000亿元，这是财政收入释放的经济过热的信号，说明财政收入这只齿轮已准备好了，但各级政府因为政绩反而加大了财政支出，而不是转化为财政储蓄，加剧了经济过热。另一只齿轮失灵，自动稳定器抑制经济过热的作用也就失灵了。究其根本原因，中国的财政体制以投资为主，政府有钱就去投资，只不过经济萧条时多投资，经济过热时少投资，但本质是一样的。政府只有改变这种体制，使财政支出更多地用于社会保障支出，财政支出才会表现出逆周期特点，这样才能更好地发挥自动稳定器的作用。

二、税收自动稳定器

（一）税收自动稳定器的功能

1. 税收自动稳定器及其功能

税收是国家财政政策的基础环节。自动稳定器通过财政收支发挥作用，税收是财政收入的主要部分，所以税收是实现财政自动稳定器的重要因素。税收自动稳定器是指随着经济的变化，政府调整税收政策来刺激或抑制经济的发展。当经济萧条时，国民收入下降，个人收入下降，在固定税率条件下，政府会减少政府税收，从而保留更多的可支配收入，使人们的支出和消费少减少一些，抑制经济的萧条，防止更严重的衰退。在累进税的情况下，人们收入减少，自动进入更低的纳税档次，政府税收的减少额要多于人们收入的减少额，给个人留下支出和消费的空余，能达到抑制衰退的作用。反之，当经济繁荣时，国民产出增加，就业增加，人们的收入会随之增加，这时政府税收也会随之增加，人们的可支配收入也会随之减少，减少消费和支出，抑制经济过热。在累进税率条件下，人们可支配收入增加，从而进入更高的纳税档次，纳更多的税，使可支配收入减少，抑制消费和总需求，防止通货膨胀。经济学家认为，税收的这种作用有利于减轻经济波动。

各国经济学家普遍认为，税收随着国民收入的变化而变化的函数关系应该被称作税收的国民收入弹性，就如同消费的收入弹性和储蓄的收入弹性一样，这样可以更好地理解税收自动稳定器的作用。仿照边际消费倾向（MPC），即增加的消费与增加的收入之比例。我们定义边际税收倾向，即：

$$MPT = (\Delta T/T_0)/(\Delta Y/Y_0)$$

其中，T 表示税收收入，Y 代表国民收入。就像消费、储蓄与国民收入的正向函数关系，税收收入与国民收入也是一种函数关系，用边际税收倾向表示。那么说明税收与国民收入之间存在三种可能的情况，即：MPT＝1 时，税收收入与国民收入是固定比例函数关系。当 MPT＞1 时，税收收入的增长要大于国民收入的增长；当 MPT＜1 时，税收收入的增长要小于国民收入的增长。

2. 中国当前税制与税收自动稳定器

中国经历了历次的税制改革，在适应国情和国际变革的现实条件下，中国逐渐形成了直接税和间接税双主体的税制结构，包括两个主要的税种：一是所得税，二是商品税。所得税包括个人和企业所得税；商品税包括增值税、消费税、营业税等。但是，这些税都是间接税，约占 60％以上。中国税制充分体现了横向公平和纵向公平。在中国实行的税制中，累进税制和比例税制最能体现税收自动稳定器的作用。下面我们分情况介绍：

（1）累进税制稳定效应分析

从经济学的理论来看，累进税制是税制中最能体现税收稳定器效应的。中国从2011年9月1日起，个人所得税开始实行7级超额累进税制。另外，国家规定个体工商户所得和劳务报酬所得也适用累进税制。这样的改革对完善中国的税制结构有很大帮助，同时对于政府调控宏观经济也有积极作用。因为，在实行累进税制的条件下，税收收入会随着经济条件的变化而变化。当经济繁荣时，纳税主体的纳税档次提高，需要承担更高的税负，这时税收收入增加，但税收收入的增加速度一般会高于国民收入的增加速度，人们税负增加，则可支配收入减少，这样可以抑制消费和总需求，配合国家的政策可以防止经济过热；反之，当经济不景气时，国民收入和个人收入都随之减少，纳税主体进入低档次的税率层次，税收负担减少，这时留下更多的可支配收入。在国民经济走下坡路时，可以增加消费、投资和总需求，作为经济下行的支撑点，配合国家的政策，抑制经济过度低迷。这两方面的结果就是税收稳定器的效应，但由于中国累进税制的税基范围比较小，所以，单纯的累进税制稳定效应的效果很小，必须要以国家政策为主导，其为辅才能发挥更好的效果，这也是中国税制需要改革的一方面影响因素。

（2）比例税制稳定效应分析

比例税制与累进税制相比，其稳定器的效应效果要差很多。因为对于同一个纳税主体来说，国家已经规定好了其适用税率，不管经济条件如何变化，税率是不变的，对纳税主体的税负没有调整，变化的只是国家的税收收入。所以，和累进税制的富有弹性相比，比例税制是缺乏弹性的，因而它的税收自动稳定器效果不明显。

从我国目前的税制结构来看，税收总额中比例税占了绝大部分，累进税只有很小一部分，如表2—1所示：

表2—1　　　　　　　中国各项税收及占总比例　　　　　　单位：亿元，%

时间 （年）	总计	增值税	消费税	营业税	个税收入	比例税占 总比例	累进税占 总比例
2009	59521.59	18481.22	4761.22	9013.98	3949.35	54.19	6.63
2010	73210.79	21093.48	6071.55	11157.91	4837.27	52.34	6.61
2011	89738.39	24266.63	6936.21	13679.00	6054.11	50.01	6.75
2012	100614.28	26415.51	7875.58	15747.64	5820.28	49.73	5.78
2013	110530.70	28810.31	8231.32	17233.02	6531.53	49.10	5.91

资料来源：《中国统计年鉴2014》

　　我们根据列举的 2009－2013 年国家主要各项税收收入及其占总税收的比重，可以很清楚地得到上述结论。也说明了中国间接税的比重大，不利于税收稳定器发挥作用，同时不利于中国经济的稳定发展，包括政府失业救济和其他社会福利方面的支出。

　　与中国不同的一些税收稳定器发挥巨大功能的西方国家，比如美国，它实行的是累进的公司所得税和个人所得税，并且税制以累进税为主体，政府利用税收政策，尤其是累进税税收稳定器的强大功能，可以很好地调节经济，强化了干预的效果。再比如，瑞典、挪威、德国等社会保障功能强的国家，也能更好地发挥税收稳定器的功能。相比之下，中国还有许多需要改革的地方。

　　（二）税收自动稳定器的效果

　　对于税收自动稳定器的效果分析，经济学家们采取了很多有效方法，如线性回归方程法、中国财政收支非对称性经验法、财政稳定器的计量检验等。但本书考虑到学生用书及经济学基础知识，所以从以下三个角度进行分析。

　　1. 从边际税收倾向角度分析

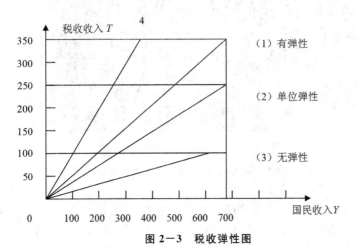

图 2－3　税收弹性图

　　如前文所示：税收收入随国民收入变化的关系可以叫做边际税收倾向，包含了三种关系，图 2－3 包含 MPT＝1、MPT＜1、MPT＞1 的三种情况，解释了边际税收倾向与自动稳定器的关系。第一种情况可以用来描述比例税的情况，第二种情况可以用来描述累进税的变化，第三种情况可以用来描述累退税的情况。还有一种特殊情况就是当边际税收倾向为 0 时，此时税收与国民收入没有一点儿关系，那么税收内在机制存在的意义，也就没有了税收自动稳定器的功能了。如同前文所述，累进税具有非常好的内在可变性，比例税要稍微差一些，但是累进税则不适合作为自动稳定器。当税收的弹性以反周期的形式稳定经济时，其能量是巨大的。经济繁荣时税收的抑制效应和经济萧条时税收的减震作用，都是经济稳定发展的不能抛弃的因素，各个国家都应该学会利用这个原理。

2. 从增长率角度分析

从增长率角度分析税收稳定器的作用，我们可以依据税收增长率和 GDP 增长率两个指标之间的关系得出结论。如图 2－4 所示：从 2005 年开始，取最近十年的数据，我们可以看出税收的增长率明显要高于 GDP 的增长率，并且税收的增长率的增减与 GDP 增长率的增减同步性很弱，这说明，税收的自动稳定器有一定的作用，但是效果不显著。从 2006 年、2010 年、2011 年较大的差距，可以看出稳定器的有限性作用。但是从 2012 年以后，这种差距逐渐变小，说明中国的改革取得一定成效，稳定器的效果也会越来越好。

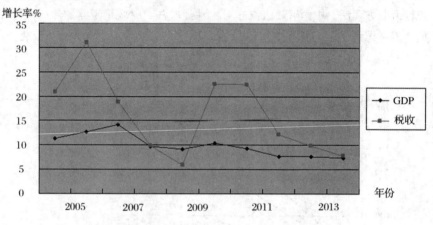

图 2－4　中国 GDP 增长率和税收增长率图示

3. 从政府政策角度分析

下面我们引入宏观经济学的总需求和总供给模型（AD－AS 模型），来解释政府的税收政策对税收自动稳定器效果的影响。在分析的过程中，我们在模型原有的假设基础上，分别使用高税率和低税率两种不同税率条件下，总需求曲线和总供给曲线变动对价格和国民收入有什么影响。根据新古典经济学的理论，高税率对于抑制通胀、消费和需求过剩的自动稳定效果越好，所以对于高税率条件下的总需求和总供给曲线的斜率，要大于低税率条件下二者的斜率。具体的分析如图 2－5 所示：

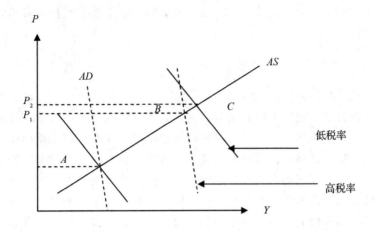

图 2-5 AD 曲线变化图

图 2-5 中，我们给出一个 AD 曲线向右上方移动的情况，也就是总需求不知道什么原因使其增加了，随着总需求曲线的移动，我们可以明显看出高税率自动稳定器的效果要好，因为 $P_1 < P_2$。高税率在抑制价格的上涨方面比低税率要明显，有助于抑制通胀。相反，若是需求曲线向下移动，高税率也有助于抵挡通缩。

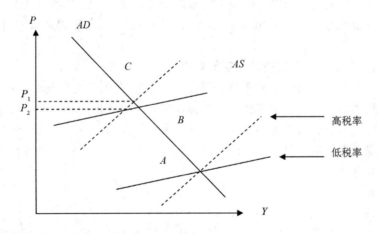

图 2-6 AS 曲线变化图

图 2-6 中，我们给出供给曲线向左上方移动的情况，这是供给冲击的结果。从图中我们能够清楚地发现和需求曲线变化不同，高税率在供给冲击的情况下会加重通胀，影响产出，甚至是恶化经济发展。这一点与需求曲线变动时的效果相反，这时政府降低税率将有助于价格稳定，抑制经济过热。综合这两点来看，税收的自动稳定器作用取决于政府的财政政策

和经济受到什么类型的冲击。所以，政府制定政策要看清市场环境，不可盲目操作。

三、支出自动稳定器

（一）政府购买的稳定器效应

支出自动稳定器主要是指政府支出也有一定的稳定器的效应。政府支出主要包括政府购买支出和政府转移支付支出。我们先讨论政府购买支出有怎样的稳定器效应。政府购买就是指各级政府在商品和劳务上的支出总和，它也是总需求的组成部分之一，一般分为从居民那里购买劳务、从企业和公司购买商品。按照 2015 年《政府购买服务管理办法（暂行）》规定，政府购买的商品和劳务包括基本公共服务、社会管理性服务、行业管理与协调性服务、技术性服务、政府履职所需辅助性项目等，政府利用购买服务提供各种公共物品，所以公共物品总值就是政府购买的总值，这是宏观经济中财政政策的重要内容，所以它的扩大和减少有助于克服经济萧条和抑制通货膨胀。通俗地说，相关部门在作政府购买预算和执行的情况下，如果数据显示经济过热，那么就应减少预算，在预算已经做完的情况下，要尽量减少政府购买支出，减少社会总需求，给经济降温；反之，当经济萧条的时候，政府在保证不铺张浪费的情况下，适当加大政府购买支出，增加社会总需求，也间接投放了货币，给经济加温，推动了经济反弹。

（二）政府转移支付的稳定器效应

另一部分政府支出是政府转移支付支出，它也存在自动变化的能力，包括国内的政府失业救济和其他社会福利方面的支出，是收入再分配的一种形式。政府转移支付会通过转移支付乘数起作用，所以政府转移支付的自动稳定器效应不仅是积极的，而且效果明显。下面我们将就各种类型的政府转移支付进行讨论。

1. 国内的政府转移支付

（1）农产品价格维持制度

当经济萧条时，国民收入下降，农产品的价格下降，政府会按照农产品价格维持制度，用比市场价格更高的价格收购农产品，或是规定最低价格，从而能够保证农民的可支配收入和支出保持合理配比，保持市场稳定。反之，当经济快速发展时，国民经济繁荣，农产品价格上升，政府就可以减少对农产品的收购，或是规定最高价格或是抛售一部分农产品，限制农产品价格上升，也就抑制了农民的收入和消费水平，从而减少了总需求的增加量。

（2）失业救济金、养老金制度

当经济出现衰退或萧条时，失业人数增加，政府发放的失业救济金和社会福利支出会自动增加，转移支付水平提高，抑制人们收入减少，保持消费需求，保持经济活力。反之，当经济出现繁荣时，失业人数会随之减少，领取失业救济金和社会福利的人数就会减少，政府转移支付也会减少，这样就可以减少人们的可支配收入，进而抑制人们的消费。

当国家改变养老金制度，加大财政对于养老金的补贴力度时，政府转移支付就会增加，个人会减少养老金的缴纳，这样会增加人们手里的可支配收入，从而增加人们的消费和需求。反之，则减少人们的可支配收入，抑制消费，给经济降温。

（3）公债制度

公债，顾名思义就是各级政府部门为了实行政府职能，或是为了建设公共设施或公共产品在公开市场上借钱。其主要形式为公债券，一般分为中央公债和地方公债。按其期限分，又可分为短期不可转让公债和中长期不可转让公债。

短期不可转让公债的主要形式是预付税款券，以工商企业为发行对象，期限不超过一年，按票面额打折扣发行，预扣利息，到期按票面额计算。这样既能使企业避免因储存纳税资金而可能蒙受的无息或低息损失，又能保证税款及时、均匀地入库。在经济萧条时期或是政府遇到财政赤字资金入不敷出时，政府就可以向工商企业发放短期不可转让公债，用筹集的资金救市或投资刺激经济，实现宏观调控。

中长期不可转让公债包括对居民家庭发行的储蓄债券和对特定金融机构发行的专用债券。储蓄债券实际上是专为居民个人投资者，特别是小额储蓄者设计的。它不在公开市场上发售，只在政府机关登记购买，而且一般只对居民个人发行，并限制其他投资者或单位购买。居民用手里的可支配收入购买公债，这样就相当于将多余的钱储蓄在国家，进而减少消费，减少总需求，有效防止经济过热。另外，政府部门可以利用这些钱实现其职能。

专用债券是专门用于从特定金融机构（主要包括商业银行、保险公司和养老基金等）筹集财政资金的债券，一般不向其他单位和个人推销，且推销方法在很多国家都带有强制性。政府的摊派数额一经确定，这些金融机构必须如数认购。和居民购买公债一样，这些特定金融机构就相当于蓄水池一样，当国家需要钱的时候就可以来取，用于投资、购买等政府支出，刺激经济发展。当经济过热时，政府利用公债将货币掌握在自己手中，减少金融机构的贷款，这样可以抑制企业的过度投资，给经济降温，进而抑制通胀。

但是，由最近的希腊债务危机，我们能看到，债务就是"一条带血的绳索"，各级政府在利用债务经行宏观调控时，要注意其规模，否则就会作茧自缚，最终把自己捆死。

2. 国际的政府转移支付

（1）对外提供商品、劳务及捐赠

当经济繁荣时，商品相对丰富，中国政府就会对外出口更多的商品，这样相当于减少了国内的供给，不会造成供给冲击。经济繁荣，国民收入增加，我们国家对国外提供的劳务援助和捐赠也会相应增加，进而减少对国内的供给，给经济降温。反之，当经济萧条时，会出现和上述相反的结果。

（2）向国际组织的援助及缴纳的会费

在经济繁荣时期，向国际组织的援助及缴纳的会费会相应增加，争取更多在国际上的影响力和话语权，政府进而会减少在国内的支出，降低总需求。反之，经济衰落时，政府更多关注国内经济状况，一般会加大投资、购买和转移支付，就会减少向国际组织的援助和缴费。

总之，政府购买和政府转移支付的自动变化对宏观经济都能起到稳定作用，它们都是财政制度的内在稳定器和应对经济波动的第一道防线。

四、中国财政稳定器存在的问题及风险

（一）人口老龄化严重、医疗支出增加财政支出

随着近几年中国人口老龄化的问题被提出，国家也非常重视并积极出台适应人口老龄化的政策，包括增加退休老干部的基本工资、增加农村老龄人口的补贴、增加退休人员医疗补助和报销、增建老年人养老院等。总结起来，随着我国老龄人口逐年增多，国家花费在老年人口及其医疗服务上的财政收入越来越多，长此以往，就会产生诸多问题。随着国家逐年减少税收收入，财政上的收入就大大减少，花费在老年人口及其医疗上的钱就挤占了花费在其他方面的财政收入，这样，不管经济繁荣与否，财政支出似乎不能随心所欲地支持或者抑制经济的发展，因为有限的财政收入被占用了很多，剩余的资金没有能力发挥其强有力的财政稳定器的功能，这样，财政稳定器就会失去第一道防线的作用，会加大经济的波动。随着受惠人群的增多，财政支出缺乏弹性，会使财政处于长期的赤字状态，长期赤字会提高利率，增加人们的预期储蓄，减少消费，使经济处于低迷状态，不利于经济的发展和金融安全。

（二）社会保障制度不健全和社会保障面的扩大增加财政支出

财政支出中的转移支付是收入在分配上的一种形式，可以弥补市场失灵。其中，社会保障支出是最大的部分。经济学家研究表明，好的社会保障能极大提高居民的消费水平。社会保障制度好的国家，其财政稳定器能更好地发挥作用。但是长期以来，中国的社会保障制度建设落后，使国内的有效需求不足，因为人们都愿意用储蓄来预防未来可能出现的危机，大多数父母考虑到孩子的花费，也愿意减少当期消费，储存货币用于以后花销。究其原因是因为中国的社会保障制度不健全，导致人们不敢过多花费。另外，中国在社会保障面的盲目扩大花费，使转移支付只能影响低收入群体的生活，而不能从根本上提高社会整体的生活质量，稳定效果大打折扣。因此，中国还是需要改善社会保障状况，使其更合理，这样才能使消费者有一个长期稳定的收入预期，在经济危机的时候保持一个稳定的消费水平，减少经济波动，度过危机。

（三）社会公共项目支出增加

我们国家的经济发展是以政府投资为主的，是一个政策性国家，国家政策对经济发展有很大影响力，政策就是风向标，而且，随着我国成为世界第二大经济体，我们国家面临着迅速改善居民生活条件、增加研究项目等各方面的现实。因此，社会公共项目支出增加，但过多的支出也会减弱财政收入的经济收缩作用。尤其是经济已经过热，政府还是增加各种支出，这就是"火上浇油"，使财政稳定器的作用基本丧失。

（四）税基侵蚀和利润转移使财政收入减少

纵观中国的税制结构，能够看到中国税基侵蚀的厉害程度，主要表现在两方面：一是在实行各种税收优惠的政策过程中，使税基遭受侵蚀，税收流失；二是政府在确立税法过程中，没有将税基作为课税对象，或虽作为课税对象，但课税对象范围较窄，导致税基侵蚀。包括中国在内的多数发展中国家，在经济发展过程中，始终存在经济发展不平衡，资金短缺，技术落后等问题。种种优惠政策同时也标志着税基遭受侵蚀的产生。这样一来，财政收入相应减少，收入齿轮出现问题，不能配合支出齿轮，严重影响财政稳定器发挥作用。另外，严重影响中央税收权威，影响税收稳定器的效果，一定程度上影响社会主义市场经济的发展，因为税收中性的特点丧失了。

总之，有必要说明的是，自动稳定制度与其他财政制度的配合效果是十分明显的，如何促进制度之间的相互配合，这是中国制定财政政策时必须考虑的问题。

第三节 财政政策"挤出效应"

一、"挤出效应"的含义

财政政策是一项极为重要的宏观调控政策,积极的财政政策能够扩大需求,刺激经济增长。但是,政府支出增加也会引起"挤出效应"。所谓"挤出效应"就是指政府支出增加所引起的私人消费或投资降低的效果,其实质就是政府支出增加对私人部门的负外部性,这种负外部性一般通过利率进行传导,因为私人部门对利率的变化非常敏感。依据经济学的原理,在一个充分就业的经济中,政府支出增加会以下述方式使私人部门出现抵消性的投资减少:由于政府支出增加,市场上对于商品和劳务的需求就会增加,需求增加会导致价格上涨,则实际货币供给量相对减少,又因为利率是对货币供求的反映,因而货币供给减少会导致利率上升,利率上升就会导致私人部门投资的成本加大,进而导致私人部门投资减少,人们的消费也随之减少,政府支出挤占了私人部门的消费和投资。但是,值得说明的是,这是假定市场处于充分就业的前提下,现实的市场一般达不到这样苛刻的条件,尤其是中国这样的政策导向的国家,一般"挤出效应"通过利率传导是行不通的,因为政府在实行扩张性财政政策的时候,一般还会同时实施相对紧缩的货币政策,导致利率不会上涨,私人部门的投资成本不会增加,"挤出效应"就不会太明显。

"挤出效应"有其自己的产生机制和表现特征。因此,从"挤出效应"产生的根源角度来看,"挤出效应"可以分为市场机制上的"挤出效应"和体制上的"挤出效应"。前者由于市场因素变化导致"挤出效应",通常是进行理论分析时使用;后者就是指体制机制在制定和实行过程中产生的"挤出效应"。

二、财政政策"挤出效应"的理论分析

(一)从需求角度分析"挤出效应"

需求引起的"挤出效应"就是指当货币需求对利率的弹性很小时引起的"挤出效应"。一般积极的财政政策会通过乘数效应来扩大总需求,增加产出,增加就业。积极的财政政策作为一种需求管理的政策,期望通过增加需求刺激供给的增加,进而推动总体经济发展。当需求快速增加,会刺激供给企业,因为成本很低,追求利润最大化的目标使供给持续增加,

这些企业的利润增加，员工的收入进而上升，这会引起货币需求的增加，但在货币供给不变的情况下，人们会出售手中的债券等有价证券以获得意愿的货币。市场有价证券的供给增加，会导致利率上升，市场利率上升会抑制私人部门投资，拉低产出，抵消了积极财政政策向上拉动的效果。这也是通常所说的"挤出效应"。

（二）从供给角度分析"挤出效应"

另一种是从供给角度引起的"挤出效应"，此时假设存在需求引起的"挤出效应"。当政府实行积极的财政政策时，社会总需求会增加，这时候总需求超过总供给。由于供给的限制，即当实施积极财政政策的时候就是经济不景气的时候，这个时候大量资源闲置、失业增加，人们都保有消极的预期。社会总供给面临困境，但总需求会快速增加，此时市场价格会上升，需要更多的货币进行消费，利率进而会上升，但是供给产量却没有明显增加，或者说供给不能增加到所需水平。事实就是，利率上升，投资成本又上升，挤出私人部门投资，抵消了财政政策的效果，甚至产生一定程度的通货膨胀。

总之，上述两种情况的都是以利率为传导机制产生"挤出效应"，政府在实施积极财政政策的时候要灵活运用，避免上述情况抵消政策效果。

三、基于"挤出效应"的财政政策效果分析

（一）产品市场：IS 模型

下面我们将从模型入手分析"挤出效应"对财政政策效果的影响。首先，固定 LM 曲线，分析 IS 曲线变动的影响。如图 2-7 所示，依据假定条件，假设货币市场均衡条件相同，并且还假设 y 与 r 也是相同的。由此可知，政府实行扩张性财政支出，其可以增加财政支出，通过支出乘数的作用，使国民收入成倍数增加，IS 曲线移动到 IS' 曲线的位置，则国民收入从 Y_1 增加到 Y_3，但这是不能实现的。由于国民收入增加，货币消费需求也随之增加，但是货币供给量是不变的，即 LM 曲线保持不变，均衡利率向上移动，此时会抑制私人投资，这是"挤出效应"。因为"挤出效应"的影响，所以导致国民收入只能增加到 Y_1，比预期的要少，即"挤出效应"抵消了一部分积极财政政策的效果。

从图中我们还可以看到，Y_0Y_1 是小于 Y_0Y_2 的，也就是说，随着 IS 曲线斜率绝对值的增加，"挤出效应"的作用越小，财政政策的效果就越好。这和投资的利率系数大小有关，我们将在后文具体阐述。

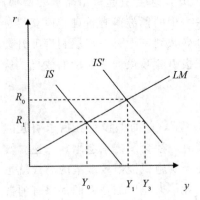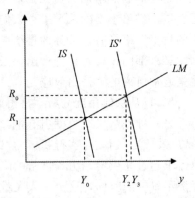

图 2－7　IS 曲线变化图

（二）货币市场：LM 模型

下面我们保持 IS 曲线不动，分析 LM 曲线移动的影响。如图 2－8 所示，当政府实施一项政策时，使得 LM 曲线移动到 LM′ 曲线的位置，在乘数的作用下，导致国民收入由 Y_0 增加到 Y_3 的位置，但是事实是国民收入增加不了那么多。因为有假设的前提条件的限制，利率不可能保持不变，只能增加到 Y_1、Y_2 的位置。从图 2－8 中我们还可以看出，当 LM 曲线较为平坦时，国民收入增加得较多，这是因为货币的利率乘数大小不同的结果。我们将在后文具体阐述。

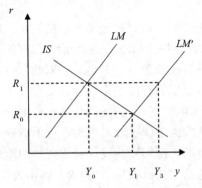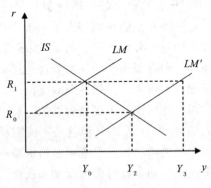

图 2－8　LM 曲线变化图

（三）凯恩斯主义极端

从上述两种情况中我们知道，当 IS 曲线越陡峭、LM 曲线越平坦，财政政策的效果越好。如果出现 IS 曲线垂直、LM 曲线平行的情况，财政政策会是怎样的呢？下面我们进行分析。

如图 2－9 所示，我们将这种情况称为凯恩斯主义的极端情况。当利率为 R_1 时，我们认为此时的 R_1 很低，货币需求弹性非常大，人们都希望持有货币，而不是进行储蓄或是购买有价证券，因为储蓄获利太少，购买证券风险太大。这时如果政府实行积极的财政政策效果会非常明显，因为利率此时是不会变的，也就是说此时没有"挤出效应"来抵消财政政策的效果。

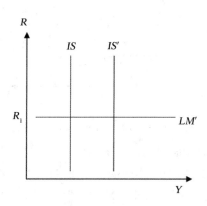

图 2－9　凯恩斯主义极端图

（四）基于 AD－AS 模型分析

我们上述分析的 IS－LM 模型是在总需求范围内进行的，不考虑供给的约束。当把这个条件纳入到模型中，考虑劳动市场的均衡和价格的变换就是扩展后的 AD－AS 模型。在这个模型中，我们不再把利率视为内生变量，而是将其视为固定的量，把价格作为变量，从而得到关于价格和国民收入关系的函数。价格和国民收入之间是呈反比例函数关系变化：价格上升会导致实际货币供给的减少，那么投资必须上升，进而减少投机货币需求；而投资的上升在商品市场上又会引起国民收入的减少和交易货币需求的减少，当投机货币需求和交易货币需求的减少总额等于实际货币供给的减少总额时，经济会重新处于稳定状态。

在 AD－AS 模型中，"挤出效应"的效果要受到供给因素即 AS 曲线的形状的影响。经济学家对于 AS 曲线也有不同的解释：凯恩斯学派认为，价格上升，人们对名义工资作出反应，物价上涨，名义工资虽然没有变化，但是实际工资却减少了，但工人们还是像价格上涨以前一样提供劳动，在短期，企业会雇佣劳动增加产量，使收入增加，AS 曲线是向上倾斜的；古典学派认为，工资具有完全弹性，劳动市场总是能处于充分就业水平，因而 AS 曲线是垂直的；而理性学派则认为，经济人都能作出理性的预期，能够利用各种信息，从而劳动市场不存在失业，处于充分就业水平，因而 AS 曲线是垂直的。当价格为刚性时，供给在这个价格水平上可以无限多，这时 AS 曲线是水平的。三种情况如图 2－10 所示。

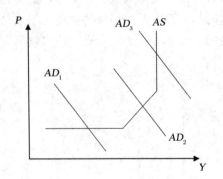

图 2—10　AD—AS 模型的三种情况

　　第一种情况，AD_1 曲线与平行的 AS 曲线相交，此时经济可能处于萧条期，就业不足，各种资源使用不足，因而当政府支出增加时，总需求增加，会迅速调动市场，增加就业和供给，但是由于 AS 曲线是水平的，价格不会上涨，货币需求余额不会改变，进而利率不会变化，就不会发生"挤出效应"，扩张性的财政政策能发挥最大作用。

　　第二种情况，AD_2 曲线与向右上方倾斜的 AS 曲线相交。当实行扩张性的财政政策时，AD 曲线向右上方移动，总需求增加，那么就业需求增加，会导致工资水平上升，使供给成本增加，价格也随着上升。价格的上升会导致货币余额需求下降，利率会上升，将导致"挤出效应"，使均衡收入的增长幅度减小。此时"挤出效应"的大小取决于需求对供给的压力导致价格上涨的幅度和价格上涨同期的货币余额需求变化的程度。AS 曲线越陡峭 AD 曲线越平坦，"挤出效应"越大。

　　第三种情况，AD 曲线与垂直的 AS 曲线相交。此时的市场可能处于特别繁荣的时期，就业充分，各种资源合理利用。如果实行扩张性的财政政策，使 AD 曲线向右上方移动，总需求增加，这时不会有供给的增加。因为没有多余的劳动力和资源提供生产，结果只能导致价格的上升，甚至通货膨胀，扩张效应完全被挤出。

　　四、影响财政政策"挤出效应"的因素

　　政府支出在多大程度上挤占私人支出呢？取决于以下几个因素。我们在这里先列举几个公式：

$Y = c + i + g$

$S = s(y)$ ·· 储蓄函数

$I = I(r)$ ·· 投资函数

$$S=I \quad \cdots\cdots\cdots\cdots\cdots\cdots\cdots\cdots\cdots\cdots\cdots\cdots\cdots\cdots \text{产品市场均衡条件}$$

$$L=L_1+L_2=L_1(y)+L_2(y)\cdots\cdots\cdots\cdots\cdots\cdots \text{货币需求函数}$$

$$M/P=m=m_1+m_2 \quad \cdots\cdots\cdots\cdots\cdots\cdots\cdots\cdots\cdots \text{货币供给函数}$$

$$m=L \quad \cdots\cdots\cdots\cdots\cdots\cdots\cdots\cdots\cdots\cdots\cdots\cdots\cdots\cdots\cdots \text{货币市场均衡条件}$$

其中：$S=-\alpha+(1-\beta)y$，$I=e-dr$，$C=\alpha-\beta y$

$L=ky-hr$，$m=M/P$，$L_1=ky$，$L_2=-hr$。

下面我们将使用上述的公式进行阐述。

（一）乘数的大小

乘数越大，政府支出所引起的产出增加就多，而乘数是由边际消费倾向（β）决定的，由 $K_g=K_i=1/(1-\beta)$ 可知，边际消费倾向越大，则带来的私人部门抵消作用越强，进而"挤出效应"越大。

（二）货币需求对产出变动的敏感程度

货币需求函数 $L=L_1+L_2=L_1(y)+L_2(y)$，由 $L_1=ky$ 可知，当 k 越大，政府支出增加，使产出水平增加，从而货币需求越大，即 L_1 越大，在货币供给不变的情况下，L_2 越小，要求利率越大，则"挤出效应"越大。

（三）货币需求对利率变动的敏感程度

货币需求的利率系数，即 h 的大小影响"挤出效应"的大小。由 $L_2=-hr$ 可得 $r=-L_2/h$，h 越小，L_2 曲线越陡峭，说明货币需求的稍微变动就会引起利率大幅度变动，就会挤占大部分私人投资，"挤出效应"越大。反之，h 越大，"挤出效应"越小。

（四）投资需求对利率变动的敏感程度

投资需求的利率系数，即 d 的大小影响"挤出效应"的大小。由 $dr=e-i$ 可得 $r=e/d-i/d$，则 d 越大，I 越平缓，利率 r 上升会导致 i 减少的越快，"挤出效应"也就越大。

但是，经济学家一般认为，边际消费倾向和系数是由人们的预期和制度决定的，短期内不会变化很大，所以"挤出效应"的大小更多地取决于货币需求利率系数 h 和投资利率系数 d。

第三章　财政政策与总量调节

第一节　扩张性财政政策调节

一、扩张性财政政策概述

(一) 扩张性财政政策含义

1. 概念

扩张性财政政策是指在经济低迷陷入困境、社会总需求不够强劲、经济拉动力不足的时期，国家（政府）运用强有力的财政政策工具对财政进行分配以刺激社会总需求的增长，进而推动经济增长，降低失业率，最终达到经济复苏目的的一种政策行为。[①] 财政作为政府宏观调控的主要工具，在经济衰退时期肩负着拉动社会总需求、刺激经济增长、摆脱经济低迷状态的责任。扩张性财政政策的实施要以大量的闲置资源为要件，也就是政府可控制、可支配的闲置资源要尽可能多。如果仅仅依靠市场力量很难顺利配置闲置资源，毕竟市场调节是有其局限性的，需要借助政府的力量。倘若经济社会产生总需求不足时，利用扩张性财政政策能够使社会总供给与社会总需求的差距缩小进而慢慢平衡；倘若社会总供给与社会总需求原本就是均衡的，扩张性财政政策则会使社会总需求超越社会总供给；倘若一开始的阶段社会总需求大于社会总供给，扩张性财政政策能够使这一差距变得更大。在理论层面上来说，扩张性财政政策具有"用药猛、见效快"的作用，其作用的结果是生产极速发展、GDP 增速逆势上扬，但是同时它的缺点也很明显，精确度较低、成效或好或坏；扩张性财政支出如果急于追求资金的使用效率，大量的财政资金会流入生产领域，造成市场投资减少即产生"挤出效应"，就此来说，国家应当扶植那些市场介入

---

① 李心源. 中国实施积极财政政策的财政风险分析 [D]. 财政研究，2010 (05).

意愿低和能扩大社会需求的产品。鉴于闲置资源的有限性，随着经济发展的不断推进，资金将面临着紧缺的危机，就需要金融市场融入更多的资金，导致累计赤字和累计发债规模逐步增大，引发经济发展过热，进而阻碍社会经济的快速稳定增长。因此，国家相应地采取紧缩性财政政策，调节社会总供给与社会总需求的关系。由此推出，在经济资源有限的国家里，任何财政政策都不能长期地施行，要依据本国具体的社会经济发展情况而定，这样才能保持经济长久稳定快速的增长。

扩张性财政政策具有世界范围内使用价值，无论在发达国家和地区，还是在发展中国国家和地区，如美国、日本、欧盟、巴西等在后经济危机初期经济低迷，都会采用扩张性财政政策以刺激经济复苏，这也充分显示了扩张性财政政策的效率和优越性。

2. 本质

扩张性财政政策的本质是一项国家政策行为，政府通过法律程序将有关财政决策上升为国家意志，在全国普遍强制施行，是国家层面的财政战略之一。在经济低迷时期，由于市场配置资源的能力疲软以及市场信心不足，致使经济上行缓慢甚至下行加剧，正所谓"逆水行舟，不进则退"，这时需要强有力、提振市场信心的国家采取扩大财政支出，加大国内需求进而缩小与总需求的差距来振作经济。扩张性财政政策使经济总量水平得以增加，解决了经济低迷、总量水平小的问题，但是作为国家财政战略，扩张性财政政策要随时根据经济发展的具体情况加以改变，并不是一成不变的。要适时调整扩张性财政政策内部各项工具，并且在财政政策相互转换过程中，适度地向中性财政政策或紧缩性财政政策转变。当然，这要依据经济发展具体情况而定。

3. 特征

（1）国家主导性

在扩张性财政政策的制定、执行、监管以及调整过程中，国家起到主导作用，可以合理调配国内有限的资源。即使国家的闲置资源有限，也可以利用国家的信用进行融资举债，以加大国内需求的扩大。而对于市场和微观经济体来说，没有足够的能力去调动庞大的经济资源。而且对于市场和微观经济体而言，也没有权威性的信用能力；国家在推进扩张性财政政策执行方面，也起到主导性的作用。在全国实行减税、财政赤字以及政府采购等政策要依靠国家能力来执行。对于市场和微观经济体来说，没有足够的执行能力；国家具有完善健全的监督管理制度能够监督各项扩张性财政政策的执行过程。

（2）覆盖面广

为了拉动国家、地区内部的社会总需求，政府会扩大财政支出、加大政府采购的力度，其带动发展的项目涉及基础设施建设、产业发展、区域格局开发、环境治理等。从支出方面来说，扩张性财政政策加大财政支出用于基础设施建设，大力投资于高速公路、铁路、航空以及通讯，为经济发展提供了更好的环境；在产业发展方面，加大对新能源、新材料、节能环保和大型装备技术制造业的投入；在区域格局开发上，加大对中西部的投资力度，同时保持东部支出，使区域协调发展；在环境治理方面，对国内各水域污染加强综合治理，改善酸雨污染的现状，强化对工业和生活污水的处理。

（3）强制性

扩张性财政政策的强制性体现在收入和支出两个方面。从收入方面来看，扩张性财政政策所施行的减收政策主要包括减税政策和减少非税收入，这两大政策的制定和执行以及监督都必须依靠国家的强制力量推行，也只有凭借国家力量才能以最快的速度在整个国家铺开。在支出方面，国家财政在生产性支出（基础设施建设、产业发展、区域格局开发、环境治理）以及社会性支出（科学、教育、文化、卫生、体育等）需要国家的强制监督，防止财政支出被挪用、侵占等不法行为。

（4）效果显著性

在中国实施的两次大规模的扩张性财政政策，分别在 1998 年和 2008 年，在这两次大规模的扩张性财政政策中取得了非常显著的效果。现在我们以交通运输里程变化为例，列举从 1998 年到 2014 年的数据变化：1998 年中国高速等级路公路运行里程数是 0.87 万公里，截止到 2014 年年底，高速等级路公路运行里程数是 11.19 万公里，增长幅度达到 118.62％；1998 年铁路营业里程 6.64 万公里，截止到 2014 年年底，铁路营业里程 11.18 万公里，增长幅度达到 68.37％；1998 年定期航班航线里程 150.58 万公里，截止到 2014 年年底，定期航班航线里程 463.7 万公里，增长幅度达到 207.94％。1998 年，中国国际航线线路长度 50.44 万公里，截止到 2014 年年底，国际航线线路长度 176.7 公里，增长幅度到达 250.32％；1998 年管道输油（气）里程 2.31 万公里，截止到 2014 年年底，管道输油（气）里程 10.63 万公里，增长幅度达到 360.17％。这些数据只是扩张性财政政策中取得成就的"冰山一角"，扩张性财政政策对经济发展的拉动作用效果非常显著，使经济以最快的速度、最短的时间摆脱低迷。

4. 目的

从扩张性财政政策的概念中可以看出其目的是摆脱经济低迷期，缩小社会总需求和总供给的差距，达到供需平衡；激发企业活力，带动就业，降低失业率，提高企业和居民的可支配收入，拉动居民消费，实现社会和谐。扩张性财政政策最终目的是通过扩张性财政政策内部调整以及与紧缩性、中性财政政策的转换实现经济长期持久稳定较快的发展，达到经济波动较小、波动周期尽可能延长的目标，经济发展动力充足，社会繁荣、人民生活富足。

（二）扩张性财政政策形成的背景

1. 经济因素

经济危机爆发时伴随经济走向低迷，社会需求减少、经济停滞。在后危机时代，政府一般会采取扩张性财政政策策略。学者们普遍认为，扩张性财政政策出自英国著名经济学家凯恩斯的宏观经济学理论和财政理论。宏观经济理论创始人的凯恩斯，根据经济衰退、失业人口增多、社会动荡等一系列问题，创造性地论证了有效需求不足的现象以及其深层次的原因，作出具有历史性的结论：公共部门应该基于弥补市场机制失灵的因素，利用扩张性财政政策的积极效用缩短社会总需求和总供给的差距。扩张性财政政策又在20世纪30年代得到实际执行，这个时期资本主义世界爆发了历史性的经济大危机，美国新任总统采用了扩张性财政政策，振兴了美国经济，为资本主义解决经济危机提供了新思路。在中国实施有较为重大影响的扩张性财政政策有两次，即在1998年和2008年分别执行实施的财政政策，二者都有相同的时代背景——经济危机。1998年亚洲经济危机波及整个亚洲乃至世界，中国大陆虽未受到严重影响，但是国内社会需求总量和外部需求都受到冲击，尤其外部需求。出口是拉动中国经济发展的"三驾马车"之一的动力，受到亚洲经济危机影响，外部需求低迷，出口受阻，影响国内经济发展速度和质量。1998年的扩张性财政政策是自中华人民共和国成立以来首次实施赤字政策，为扩张性财政政策的实行开辟了道路，具有里程碑式的意义。2008年，由于美国次贷危机引发的全球性经济危机给世界各国带来了巨大灾难，中国也包括在内。中国的GDP从2007年第二季度的11.9%开始下滑，到2009年第一季度已经下滑到了6.1%，这充分反映了这场经济危机对中国经济产生了巨大影响。由此，中国政府提出4万亿元的振兴计划，以内需代替外需，伴随各项计划的实施，中国经济触底反弹走向强劲发展的态势。

2. 政治因素（政府职能扩张）

政府是一个国家的统治机构，在公共领域要满足大多数人民群众的公共诉求，维护和实现大多数人民群众的公共利益。政府职能一般包括政治、经济、军事、社会和文化等职能，在履行任何一项政府职能时，都要耗费一定的人力、物力和财力，这些资源的耗费和使用，构成了财政支出。财政支出为什么会持续地增长？根据著名经济学家瓦格纳的分析，其深入研究了19世纪西方发达资本主义的发展情况。然后提出，伴随工业化的快速发展，市场内部主体之间的关系越来越复杂，出于自身利益的保护，无论市场中的买方还是卖方，都会要求政府制定和建立司法程序对市场中的商贸往来和合同契约进行保护。随着商业贸易的不断快速发展，社会公众对这种诉求更为普遍，政府需要更多的人力、物力、财力等资源对商业提供基础设施和实行相应的监管。工业化快速发展的必然结果会促进城市化进程的大力推进，产生了一系列的外部性问题，为了维护好广大社会公众的公共利益，政府对公共支出领域的投入力度也在不断加大。在市场经济体制下政府职能主要体现在三个方面：一是经济职能，通过行政、经济、法律等手段，调节经济活动，使经济稳定快速持久的发展，为整个国家提供物质基础；二是政治职能，利用暴力机关和军事手段管理对内对外的事务，维护国家政权的稳定和国际地位，保证大多数人民群众的基本利益；三是社会公共职能，主要是发展科学、教育、文化、卫生等事业和社会事务，为经济、政治、文化等提供智力支持和环境保障。考虑到具体项目，既包含经济、文化、教育等社会基础设施建设，也包含环境保护、社会安全等方面的建设。国家财政主要支出项目包括一般公共服务、外交、国防、公共安全、教育、科学技术、文化体育与传媒、社会保障和就业、医疗卫生、环境保护、城乡社区事务等15个大项。随着政府职能的不断扩大，财政支出也在不断扩大。

3. 社会因素

关于社会因素主要从两个角度出发进行阐述，一是人们对社会的更高要求，二是人们对可支配收入的要求。随着时代的不断演进和人们对物质生活要求的不断提高，对公共设施和社会公共环境的要求也在不断提高。工业化和城市化以及科技的发展使人们对生活质量的要求不断提高，这不仅是社会公众对自身生活的加强，也是政府对社会投入的衡量标准，社会公众对社会的满意程度反映了政府对社会的管理和投入力度。社会稳定、文明建设、公共设施等都是由政府管理和提供的，这是对一个国家财政实力的基本考量。财政支出的力度越大，人们的满意程度就会越高，这需要扩张性财政政策的实施和执行。一个国家的经济发展动力因素之一就是国家内部的消费，从社会产品最终消费的角度来看，国内的消费主要依靠社会公众的消费能力，这种消费能力取决于有效的就业和可支配收入的高低。就业率低迷将影响消费，进而影响一个国家经济的发展。所以，为了保证有效就业和较高的可支配收入，政府也会考虑采取扩张性财政政策。

4. 自身因素（财政刚性扩张）

根据相关数据分析得出，GDP 的增长和财政支出的增加有显著相关关系，那么反过来呢？财政支出的增长会不会拉动 GDP 的增加呢？扩张性财政政策作为一种重要的经济工具，对经济增长起到重要的作用。由于扩张性财政政策在经济低迷时期使其复苏，在国家经济出现危机时力挽狂澜地拯救需求不足的问题，经过一段时间的发展经济有所好转，本应该依据具体的经济情况调整相应的财政政策以适应经济更稳定地增长，但原本应从财政政策退出或是转变到中性财政政策的扩张性财政政策却一直存续，扩张政策逐渐成为经济发展的依靠。虽然财政刚性扩张使经济达到政策制定之初的目的，但是也会导致未来财政乃至经济危机：财政赤字快速增长，财政收入依赖举债收入程度加强；国债投资效益变低；基层政府财力枯竭。

二、扩张性财政政策调节工具

（一）收入方面的政策工具

1. 税收工具

减税在扩大个人和企业可支配收入中占有重要地位。实际上，国家减少相应的税收，可以扩大个人和企业可支配收入，进而激发国内的消费，在财政支出规模不变的条件下扩大社会总需求。

减税的主要形式包括税基式减免、税率式减免、税额减免。税基式减免是指在税率不变的条件下，通过压缩计税依据达到减税的目的；税率式减免是指在税基不变的前提下，减少税率从而实现减税；税额减免是指税基式减免、税率式减免都没有发生改变，直接对税款进行削减。[①] 在减税的具体政策的选择上，一个国家会把这三种减税形式即税基式减免、税率式减免、税额减免综合利用，以刺激和鼓励消费、投资为方向，来调节主体税种税负。从税收政策角度来看，一是改变消费型增值税为更为全面的增值税抵扣，减轻固定资产的税收负担，降低企业投资融资成本，同时也鼓励企业对固定资产的投资，特别对于资本密集型产业和增值额比较高的项目的税负是个利好。二是产业税收优惠。在全行业实行的大范围、全国性加速折旧和投资抵免的税收优惠政策，公共部门引导和鼓励企业向投资、产业结构转化，促进企业科学技术进步，带动生产力的发展；三是个人所得税政策。加大对个人所得税的费用扣除力度，适度扩大居民住房的

---

① 李杨. 财政工具：精准减税，优化支出 [N]. 中国经济导报，2015-04-14.

抵押贷款成本及教育、医疗成本扣除项目；四是出口退税政策。进一步扩大出口退税范围，提高出口退税税率，实现彻底退税。中国近几年实行的结构性减税又称"营业税改征增值税"，作为中国税制改革较为重大的调整，在上海试点一年后，减税规模已达几十亿元。这次税制改革不仅仅"还富于民"，促进消费能力，而且解决原本在营业税覆盖下的交通、运输、安装、建筑、服务这些市场主体重复征税而不能进行市场细化的问题。在结构性减税实行后，服务业为主的市场得到细化，推动了产业升级换代。产业升级和市场的细化提高了性价比，假定其他情况不变，消费者的边际消费倾向提高，社会公众可支配收入不变，则会吸引和刺激更多社会公众消费，提高市场经济的活力。国家扩大内需这一项基本而又重要的国策是提振私人部门即市场上个体消费能力的重要战略。在投资方面和居民消费方面要保持投资力度，投资方面和居民消费二者要均衡发展，但依然主要依赖消费潜力。从税收方面考虑，公共部门利用税收政策以经济杠杆的形式引导市场、特别是大众消费行为。基于对世界金融危机冲击的考虑，任何国家或地区经济发展都要以扩大内需作为基点。

2. 非税收工具

从政府非税收入来看，其主要包含：政府性基金、彩票公益金、国有资源和资产有偿使用收入、国有资本经营收益、罚没收入、以政府名义接受的捐赠收入、主管部门集中收入、政府财政资金产生的利息收入等。非税收入是政府财政收入的重要组成部分。除一个国家或地区的税款收入之外，还有由公共部门依据法律法规利用公共部门的职能、威信、资源、资产或提供公共服务取得的财政性资金。非税收入存在无依据收入、无依据分摊、无依据罚款的现象存在。非税收入任务是根据政府指令性进行的，这是非税收入与税收收入的一大区别。税收收入具有规范性，政府不能依照其行政命令任意征税。非税收入尤其是非规范性非税收入给企业带来了严重的负担，在进行税制改革的时期，不能仅仅关注结构性减税带来的减负效益，还要综合考虑到非税收入，结构性减税即"营业税改征增值税"，由原本归属于地方的营业税税收归为中央和地方共享的增值税，这样势必要造成地方主体税收收入的减少，影响地方财政收入，地方各级政府为了弥补财政收入下滑，可能会加强摊派增加非税收入的征收力度，这样就与实施结构性减税的初衷矛盾，会严重影响刺激国内消费和投资动力的程度。合理规范非税收入与结构性减税，应当同时并举，否则会减损结构性减税的效果和初衷目的。

3. 国债工具

当一国经济受到来自内部或外部的冲击时，通常会采用扩张性财政政策。为了刺激国内总需求、拉动经济，政府一般会采取减税政策鼓励居民和企业进行消费和投资，通过扩大政府财政支出直接拉动经济增长，政府通常会同时采取两种方式。无论采用哪种方式，都会增加财政赤字和政府债务。由于减税政策往往会有较长的时滞，政府通常更会考虑利用扩大政府财政支出的手段来促进经济发展。扩大政府财政支出势必要增加社会融资，政府债务也随之升高。在经济低迷不振的初期，扩大政府财政支出，加大举债的规模，对于经济总量的增长起到极大的促进作用，但大量举债为以后的经济发展埋下了隐患。随着经济的逐步复苏，政府不得不考虑如何偿还大量举债的问题。政府并不是生产部门，其偿还债务的方式无外乎借新债还旧债、增加税收收入和缩减政府开支，说得通俗些就是"开源节流"。但是无论采取哪种方式偿还以前的巨大债务，都会引起社会经济资源在私人部门和公共部门之间的转移，这会影响居民在经济行为上的抉择，居民消费行为就是其中的重要组成部分。如果从总体上评估扩张财政政策的效果，不仅需要考虑财政政策进行扩张时对居民消费的影响，而且还应该考虑到偿还政府债务所产生的对居民消费的影响，把经济复苏之后居民消费考虑到衡量举债框架之中。

（二）支出方面的政策工具

1. 政府投资

从政府投资的含义表达内容来看，政府投资是依据私人部门即社会各方面需求，如城市、农村的基础设施建设，文化、生活需要以及考虑到政治、国防等因素，为了拉动和刺激国民经济或区域经济的发展，由公共部门通过发行国债或地方财政债券，向证券市场或资本市场融资，公共部门利用财政资金进行投资的政府活动。按照西方发达国家归类方法，可以把政府投资称为"政府项目"或是"政府工程"。政府把投资项目分为政府项目和私人项目，公共机构投资一般被视为政府投资。在中国，政府投资兴起于改革开放和现代化建设。政府投资不仅是一种投资行为，也是一种经济行为。政府投资行为与所有的经济行为一样，从其行为的发端到其行为的终结，自始至终都围绕着任何投资行为都不能回避的几个要素进行，如投资方向、投资范围、投资规模、投资收益等。

我们从事先、事中、事后的维度来分析政府投资。从事先的角度看：首先，政府投资应先确定方向是政府确定投资的目标，特别是在资本资源比较有限的情况下，应事先确立投资目标，是投资于社会民生事业项目还是投资于基础设施建设，是投资于经营性项目还是投资于公共性项目。其次，衡量政府投资规模，投资的规模是指政府投资的格局形式，包括投资计划、投资程式和投资规制等（政府要对具体投资项目的投资规模进行详细的规制），政府投资必须适量，量力而行，在保持投资理性的前提下确定投资规模，达到政府投资的稳健与高效率。最后，还应考虑到政府投资的收益，是指政府投资的目的，政府投资的目的不仅应考虑社会效益，更要考虑出资人的利益。从事中的角度来看：政府投资主要指的是政府投资行为过程，即政府行政职能部门、经营机构或相关企业参与政府投资行为的运行流程。在政府投资行为过程中，怎么调动各机构的积极性和行使其职能，充分体现出了各参与单位在运行各环节中各尽其职和各负其责。投资的流程具体包括申请立项、评价和估算、审查、批准、实施和后评价等环节，分别对应的职能和责任主体是发起机构、评估机构、审批机构、审批参与机构、主实施机构、实施参与机构、实施监督机构和后评价机构等不同类型与职能机构。在政府投资流程中的每个阶段上都包含了许多参与者，每个机构之间的职能分配也表现出一种对结构的需要。政府投资行为流程中的每个阶段、每个步骤甚至是每个环节都存在结构的关联性，这是一种制度安排。从政府投资行为的中观流程来看，从申请立项、评估、审批、实施到评价的过程，正是体现次序性结构的表现，同时也是政府投资行为本能在实际操作中的自然反应。从事后角度来看：政府投资事后监督的内在逻辑在于避免政府投资的体制性消耗，实现政府部门间与社会公公监督的常态化，使政府投资的各个环节、各个机构真正实现制衡，避免国有财富的流失。为应对政府投资过程可能带来的负面影响，个人会对自己的利益诉求作出相应的调整，从而对政府投资施加不同的行为，具体表现为贪污、挪用、侵占、受贿、索贿、截留、套取、私分国有资产等，也可能表现为失职、渎职和消极不作为等。

2. 购买性支出

购买性支出要遵守市场交易原则进行等价交换，如同市场上的正常卖家和买家，做公允的交易活动，是一种有偿的财政支出政策，其影响包括直接效应和间接效应，对私人部门中企业的生产和就业有直接的影响，但对私人部门中的居民收入的影响是间接的。财政购买性支出含义表达的内容是指政府根据市场公平交易原则，向私人部门生产、经营者购买商品和劳务的行为。从财政购买性支出对社会生产的能力影响程度来划分，财政购买性支出划分为消费性支出和投资性支出。消费性支出是具有非生产性的特点，不会对私人部门生产供给能力产生影响；相反，投资性支出会对经济的供给能力产生影响，将长期提高经济的供给能力。根据政府购买的内容，财政购买性支出又可以分为购买公共服务支出、购买文化服务支出、购买体育服务支出、购买基础设施支出，等等。

合同制、直接资助制和项目申请制是政府购买性支出的主要方式。公共部门通过合同外包与凭证两种方式购买公共服务这是一类学者的观点。还有一类学者认为，公共部门购买服务主要可以通过公平交易原则通过签订合同向私人部门中的企业购买公共部门需要的产品、劳务，把公共服务项目外包给私人部门中的企业，由企业来负责具体生产。从政府购买性支出划分工作模式，有多种不同的观点，有学者将其概括为两种：竞争性购买和非竞争性购买。也有的学者将政府购买模式主要分为三类：一是民办公助；二是公办私营；三是竞争性购买。根据国外实践分类为四种工作模式，包括独立关系竞争性购买、独立关系非竞争性购买、依赖关系竞争性购买、依赖关系非竞争性购买。

3. 转移性支出

从政府再分配活动来划分，转移性支出分为补助支出、捐赠支出和债务利息支出三类。从转移性支出表达的内容来看，其含义是指国家无偿向私人部门中的居民和企业、事业以及其他单位供给财政资金支持。就财政支出的调节作用来看，在一个国家或地区的财政支出量中，财政活动对收入分配的直接影响程度是转移性支出额度所占的比重，这是一种收入再分配的方式。一个国家或地区的公平有效的转移支付系统是将更多的转移支付补助分配给人均收入低、人均公共服务水平低的地区。

转移性支出具体包括：（1）一般公共服务支出。公共服务涉及农业转移人口的，要求增加公共部门的公务员，会增加人员经费和公用经费。（2）社会的治安成本。包括暴力机关的成本支出和公共安全维护支出。（3）教育经费增加。教育支出包含高等教育之前和之后的教育、职业教育和成人教育等，逐步偏向农业转移人口的子女。（4）私人部门的文化体育休闲支出。在文化方面，增加文化娱乐支出、设置图书馆分馆、规划体育场馆支出。在休闲设施方面，增加中心公园、社区广场、居民小区设置健身运动器材等支出。（5）计生和医疗卫生支出、免费提供婚前检查、孕前检查、避孕药具领取等计生服务；增加公立医院药品、药具；增加社区医务人员等。

稳定币值、调节收入和促进经济增长是转移性支出的三大职能。一是配置资源和要素转移性支出激发了市场的货币流动，间接意义上调节资源和要素。二是公共部门通过转移性支出，转移给弱势群体、受惠者的货币补助，在私人部门中的居民和企业间进行了收入再分配，是政府实施社会公平政策的重要手段，是国家财政履行公平、公正职能的最重要手段之一。三是国家利用转移支付发挥稳定职能，私人部门中的居民和企业的可支配收入被公共部门转移性支出所提高，社会购买力被提高，宏观经济的运行态势受到了影响。从对资助扶贫支出和社会保险支出的作用角度分析，转移性支出是政府最重要的宏观经济政策运作手段之一，转移性支出的自动稳定器功能能够自动地随着宏观经济运行状态而逆向变动。

三、扩张性财政政策调节效果

(一) 扩张性财政政策的积极效果

1. 扩张性财政政策与经济增长

一般而言，为实现有质量、有效益、可持续的经济增长目标，应加快转变经济发展方式，不断优化经济结构。扩张性财政政策要满足逆周期调节和推动结构调整的双重需要，同时瞄准稳增长、调结构、控物价和防风险等多重目标。由于扩张性财政政策的实施，致使社会经济长时间的过热、过快增长，引发社会总需求量的急性扩张，充分就业时的水平被国民收入所超越，鉴于这种经济态势的非正常性，公共部门为稳定经济非正常增长，调节和改变财政政策，以减少财政支出或增加税收的形式为主来减少或抑制社会总需求量；一个国家或地区的经济持续衰退与此不同，致使社会总需求量不足，充分就业时的水平远远高于国民收入的水平，鉴于这种经济态势的经济低迷，公共部门为拉动经济，应实行以增加财政支出或减少税收形式为主的扩张性财政政策来刺激社会总需求量的增长，促使经济尽快复苏。

2. 扩张性财政政策与社会民生

公共部门采取扩张性财政和扩张性货币政策来抑制衰退的经济，承担社会福利责任即对生活在贫困线以下的居民实行救济，承担公共事业投资即对企业提供订单和贷款进行公共事业建设，这是根据凯恩斯理论得出的结论。扩张性财政政策的实施，政府会加大对社会保障资金的投入力度，包括就业补助资金、社会养老资金、社会医疗资金等。一个国家或地区为了推动国家的社会保障事业的发展，公共部门会加大投入资金的力度。一是加大对农村以及农村劳动人口的投入。公共部门通过对水利工程投资规模、加快高速公路、高铁、飞机场等基础设施等固定资产的投资拉动农村劳动人口的就业。从某种程度上说，解决农村劳动人口的就业问题依靠重点领域带动相关产业的发展，这是一条有效的解决之道。财政资金对"三农"的投入逐步加大，加大对农村扶贫的支持，同时进一步改善了农村的自然条件、公共设施、基础设施。二是对物价的影响。扩张性财政给市场带来大量的货币，增加了货币量的供给，假定商品流通所需要的数量低于纸币的发行量，就会贬值。从通货膨胀的影响来看，主要表现为对私人部门中的居民日常生活主要使用的重要农产品和关键生产、生活用品影响很大。物价飞快上升，但是居民工资没有同步上涨。这是由于在劳动力市场，居民的工资往往是由按照法律的规定的劳动合同预先确定下来的，所以居民工资上涨速度慢于物价上涨。从财富贬值的角度来分析，发生实际购买力大大下降、穷人更穷、社会贫富差距越来越大的一个重要原因是扩张性财政和扩张性货币政策使得人们的存量和流量收入缩水。从公共部门增发货币弥补赤字的角度分析，隐形征税可以看成通过国家强制力向居民"借钱"，公共部门以无代价或是较小的代价筹集到大量的资金。老年阶层受通货膨胀的影响最大，是由于老年阶层均已退休，其经济来源渠道不是很广，一般都是在社会保险机构领取定额的保险金和补贴，其增长的速度很难赶得上通货膨胀的速度，很难找到对付通货膨胀的办法，扩张性财政对社会保障事业也产生了一定的负面影响。

　　3. 扩张性财政政策与城市化

　　一个国家的城市化反映出这个国家的经济发展水平，而扩张性财政政策通过各方面来影响国家的经济发展。城市化又称城镇化和都市化，是指以农业为主的乡村社会向以服务业和工业化为主的现代化城市逐步转化的过程，其中也涉及农村人口、经济结构、生活方式、组织结构和文化等转化。经济增长推动城市化发展有三种手段：产业结构变动、产业结构转换和制造业和服务业的集聚。一是产业结构变动。社会需求的变动和技术进步是由经济发展引发出来的：扩张性财政政策拉动投资、消费和出口的增长，推动经济稳定快速发展，相关政策的执行引起社会需求总量和经济总量的扩大。[①] 为了优化社会需求结构和经济发展的产业结构，政府增加投资，一方面加大对基础设施的建设，改善硬件环境；另一方面通过发行国债筹资和税收政策的调整等措施，对某些重点行业和创新企业给予扶持，就需要升级产业结构。这样一来，第一产业不断地向第二、第三产业转化，第一产业不断下降，农村劳动人口从农村走出来。第二、第三产业不断上升，而且二三产业相对集聚在城市中，吸引大量农村劳动人口到城市就业，提高了城市化的水平。由于技术的进步，使得生产的原材料和运输成本不断下降，进一步发展形成规模效益，城市区位优势显得更明显。二是产业结构转换。扩张性财政政策的实施，财政对城市的公共支出也相对增加，在城市生活环境、医疗条件、教育系统等方面的投资力度不断加强，这是城市吸引农村劳动人口的动力之一。加之上述提到的产业结构的调整，使大量劳动力从农业生产部门向非农业生产部门转移，为城市二三产业的大量聚集创造了商业机会，增加了社会居民就业的选择。三是制造

---

① 黄明辉. 谈城市化、财政扩张对经济增长的影响 [J]. 商业时代，2013（11）：14—15.

业和服务业的集聚。鉴于制造业和服务业需要相对更少的土地资源，导致扩张性财政政策加大对其扶植力度，制造业和服务业日益向城市聚集，同时促进了经济快速发展。制造业和服务业日益改变原来农场劳动力的消费、生活、文化的心理，城市化水平不断提高。

（二）扩张性财政政策调节引起的风险

1. 财政危险

财政危险，表达的内容是在整个国家或地区范围内的财政领域因不明确要素引起财政款项减少或者财政资金管理运营受到破坏的风险性。如果这些财政风险不能合理地化解，将影响整个国家经济的运行和经济目标、经济增长。财政风险与经济学一般所理解的风险略有不同，财政风险是和政府债务相对的，它是国家财政出现资不抵债和无力支付的风险。财政风险的大小与政府债务这一经济变量的规模有关，与不确定性的程度无关。作为财政风险度量的相关指标也相应由政府债务规模来定义。

财政收入风险是指在未来期间内财政收入不确定的可能性。一是财政收入规模减小。从国际视角来看，中国财政收入的规模小于西方发达国家，财政收入占 GDP 的比重远小于世界平均水平，人均财政收入也小于发达国家人均财政收入。二是税款增收风险激增。税款增收风险的内容是征税主体在税款征管和运用税款收入的过程中，考虑到税收管理制度其内在的不健全和征税环境的不明确性，致使税收的征收和利用效率不断下滑而导致的不确定性。

财政债务风险加大，债务规模既包括绝对规模，又包括相对规模。绝对规模是指政府债务的绝对量，相对规模是指政府债务规模数与某一经济指标的比率。所以，财政风险不仅有相对风险还包括绝对风险，债务以及债务—收入比率的变化就是财政风险的变化。监测国债规模的指标包括：一是国债负担率，当年国债余额占当年国内生产总值的份额，表明国家经济对于由国家发行债务的承受能力，国家发行债务负担率的警戒线通常以一国的宏观税负为参照。二是国债举债率，即表达的内容是国债发行额与本年 GDP 的比例关系，其主要功能是指出本期内的 GDP 对于国债增加额度量的利用程度，20 世纪八九十年代以来，欧洲、北美洲各发达国家的国债举债率大多数稳居在 5%—10% 上下。三是国债偿债率，即当年还本付息额与当年财政收入的比例，说明本年度内的财政收入额度中用于还付以前期间借入国债的本金和在此期间形成的利息部分的支出额，从国债定期偿还特点的角度看，其决定国债规模很大程度上要制约于国家财政资金具体现状。因此，应当将国债规模考虑在财政收入适当的范围之内进行控制。四是国债依存度，指的是当年国债发行额占当年财政支出的比重，反映当年财政支出中有多大比重是依靠发行国债来支付的。就国际上公认的数据角度来看，国家财政债务依存度的预警值介于15％—20％之间；就中央财政债务依存度角度来看，其预警值则是介于25％—30％之间。

2."挤出效应"

从政府财政支出角度而言，"挤出效应"表达的内容是指这种支出的激增会挤出非公共部门即私人部门的消费和投资下降的效果。一个国家或地区采用或是贯彻执行扩张性财政政策，鉴于非私人部门即公共部门想要长久、平稳地维持财政支出，势必会向私人部门即居民、企业、商业银行借款，而在资本市场上，这会带来抬高融资成本和加剧融资资金需求的竞争，民间资本因此而失去活力。

从"挤出效应"的具体渠道来看，"挤出效应"的渠道主要包括四种途径。一是在公开债券市场上，非私人部门即公共部门根据经济发展状况和财政需求缺口来出售政府债券来募集经济和财政发展的资金；从宏观经济的流动性来看，相当于收回流动性。宏观经济流动性的含义是指在经济体系中货币投放量的多少；从宏观经济学意义上"挤出效应"的角度分析，假设货币供给维持不变，推导出市场流动性减少，进一步利息率会升高，结论是利息率上升会降低非公共部门即私人部门的投资积极性，但这是以在纯市场经济状态下的前提进行的分析。二是公共部门利用政府税务机构的职能增加税收收入来为政府财政支出筹措资金，这也是公共部门最常用和最有效的手段之一。根据税收原理分析"挤出效应"，当公共部门的税收收入增加时，私人部门的存量收入会相应地减少，这就降低了私人消费和私人投资的积极性，从而在实际操作中资金的投放量会相应地减少。三是考虑到经济对充分就业的影响，公共部门在其上的支出增加会引起价格总水平上涨，这样一来价格总水平上升会引起私人消费和私人投资的意愿降低，达到"挤出效应"。四是从私人部门未来预期的角度分析，在公共部门扩大财政支出的情况下，私人部门考虑到市场上资本的大量存在未来资本回报率很可能降低，会对未来的预期产生悲观的想法。在投资开放的经济环境中，假设一个国家或地区贯彻执行的是固定利率，公共部门扩大财政支出的支出量引起一个国家或地区的物价水平上涨，故而导致一个国家或地区的商品、劳务在全球市场上竞争力减弱，从而导致出口下降，大量的订单会转移到竞争对手那边，进而导致私人投资减少。

3.通货风险

国家实施经济刺激计划，以便于拉动内需，这些扩张性财政政策的制定和贯彻执行的目的是扭转经济低迷状态转向复苏，扩张性财政政策的贯彻执行需要大量的资金作为后盾，这样一来扩大了货币在市场上的供给量，在市场上供给量的增加将导致居民的可支配收入增加，存量和流量财富的增加将促使居民在消费上的意愿加强，假设在供给不变的情况下，最后会抬高物价。同时也面临一个重要的问题：考虑到通货膨胀的因素，原本高效率的资源配置被持续的负利率所扭曲变得低效或是无效，房地产和金融产业吸收了巨额资本的进入，而这些资本原本是在实体产业领域当中的，这将给经济社会带来巨大困难。

扩张性财政政策影响通货膨胀的传导途径，具体包括：一是信贷途径。扩张性财政政策的贯彻执行需要大量的资金，公共部门为了拉动经济的发展投放大量的资金进而会放开信贷规模，这样一来引起信贷增加，信贷规模的放开会使私人部门即居民和企业的投资量集聚，不断增加的投资量会吸收大量的就业和创造出更多的国民产出，因为不断的就业需求增加，将导致工人工资上升，工人工资上升带动生产成本的上升，进而反映在出厂品价格中，最后造成物价上涨。二是货币渠道。在一般情况下，货币的流通速度和居民可支配收入的水平维持稳定，物价水平的变动直接受到在市场上的货币供给量的变动影响即为通货膨胀。由于要摆脱经济低迷状态，国家采取扩张性财政政策，会导致财政赤字的增加。财政赤字的表达内容是指基于公共部门的财政支出过大，超过了财政收入量，换一句表达即为财政收支非平衡状态的表现。当一个国家或地区的公共部门发生财政赤字的时候，财政赤字的弥补要依靠借款来实现平衡，基于借款主体的不同，划分为向社会公众、商业银行以及中央银行借款。三是国际途径。通货膨胀形成过程：从国内产品制造方面分析，国内需求的激增直接受到一个国家或地区的扩张性财政政策刺激，国内投资以及各种原材料需求的增加直接受到国内需求增加的影响，国内生产的各种原材料是有限度的，尤其是在扩张性财政政策的初期阶段，必然对进口原材料需求增加，对进口原材料需求增加引起国际大宗商品价格的上涨，反映在国内企业的生产成本，最终导致物价的上涨。

（三）扩张性财政政策调节效应

1. 直接扩张效应

从扩张效应的成效来看，主要体现在以公共部门的直接财政投资为主的投资拉动总需求，在有效需求不足的情况下和经济增长乏力的时期内，通过发行国债、政府投资拉动社会总需求，与其他调节工具相比具有不可替代性和直接调节性。根据经济发展的具体情况实施扩张性财政政策，通过一系列的财政措施形成连锁反应：通过加大举债力度来增加财政支出，在市场上的货币资金增多，私人部门中的居民受到消费刺激，私人部门中的企业看好了投资预期。另外，公共部门采取有效的经济改革措施，可以剔除制约社会需求不足的政治、经济、法律等制度上的因素，从而促进国民经济的增长。从国债重点在基础设施的角度分析，扩张效应的成效还体现在：以公共部门为主大规模投资，投入在基础设施建设上，办成了一些国家多年想办而未办成的大事，为以后经济发展提供了有力的环境，给经济发展提供了后劲。从中国国内的情况分析，中国在中部和西部地区制约中国经济发展的瓶颈是在基础设施上，而中国国内工业产品生产过剩，产能外运受到影响，消化产能速度减慢。扩张效应的成效不仅体现在经济发展的方面，还影响着社会进步的步伐。扩张性财政政策是在经济低迷时政府和国家实施的反经济周期的宏观经济政策，其目标就在于扭转经济低迷和增长速度偏低的状态，促进了社会各项事业的发展，改善居民生活的各个方面，满足人民群众的需求。

2. 间接影响总需求的收入效应

所谓收入效应，是指由于商品的价格变化所导致的可支配收入水平变动，进而由可支配收入水平变动所引起的商品需求量的变动。实施扩张性财政政策，财政赤字激增刺激公共部门财政支出增加，社会投资量和消费量的增大推动了经济总量的增长，政府的税收减少，货币增多，商品的价格上升，致使居民可支配收入增加，进一步带动了商品需求量的上升。扩张性财政政策就是要通过扩大财政支出刺激需求，用高国债、高财政赤字的方法拉动国内经济，其实质是扩张性财政政策。扩张性财政政策所引起的收入效应表示消费者的效用降低。具体来说，就是当居民在购买一种商品时，由于扩张性财政政策导致了通货膨胀，物价水平上升，该种商品的价格上升。对于消费者来说，名义货币收入是固定不变的，但价格上升后，你的实际购买力减弱了，消费者能买得更少的该种商品。这种实际货币收入的降低，会改变消费者对商品的购买量，从而达到更低的效用水平，这就是收入效应。我们也可以换一个角度来看扩张性财政政策所引起的收入效应，由于扩张性财政政策的实施，中央政府会给予地方政府补助，会使地方政府可支配收入增加，地方政府会因为得到了拨款而放松开辟自身财源、扩大税收收入的努力，使自身的财政收入来源减少，影响地方经济的发展。

第二节　紧缩性财政政策调节

一、紧缩性财政政策概述

（一）紧缩性财政政策含义

1. 概念

从含义角度分析，紧缩性财政政策表达的内容是财政分配活动被公共部门借助于抑制压缩社会总需求的一种政策行为。紧缩性财政政策的转化趋势往往出现在社会总供给低于社会总需求的时候，从典型形式来看，政府支出规模被财政盈余所压缩。[①] 因为社会总需求部分是财政收入所组成的，为了达到压缩社会总需求的目的，社会总需求冻结的部分包括财政盈余这一部分。实现财政盈余，从两个方向出发，增加税收和尽量压缩支出，具体含义为财政盈余不可能有所增加的情况是增加税收的同时，支出也相应地增加，为了达到增加财政盈余的目的和防止被扩张社会总需求的效应所抵消，增加税收的同时得压缩社会总支出。

2. 目的

依照宏观经济理论，如果一国的经济快速增长伴随着较高的通货膨胀，说明这个国家的有效需求过旺，政府应采取紧缩性财政政策，以求得社会总供求平衡，实现经济稳定目标。结合我国情况，1992－1996 年我国实现了经济快速增长，GDP 年均增长 12.1％，而通货膨胀率也高达 11％以上。此外，财政赤字连年不断，尤其是自 1993 年以来，财政赤字大幅度增加：1993 年为 293.35 亿元，1995 年增加到 581.52 亿元，年均增长 48.5％。因此，从总量角度来看，我国应当采取紧缩性财政政策。

3. 特征

紧缩性财政政策的典型特征是财政收入增长高于财政支出增长。在基期财政收支状况平衡的情况下，紧缩性财政政策表现为财政收入大于财政支出，使财政出现盈余。按程度区分，可以有三种情况：一是适度紧缩（轻度紧缩），表现为有少量财政盈余；二是中度紧缩，表现为财政盈余较多；三是极度紧缩，表现为大量财政盈余。紧缩性财政政策的直接效应是缩小总需求，在基期财政收支状况是赤字的情况下，适度紧缩体现为财政

---

① 赵志耘. 关于"适度从紧"的财政政策 [J]. 经济管理，1998（01）：9－10.

收入增长略高于财政支出增长，赤字略有减少；中度紧缩体现为财政收入增长幅度较大，高于财政支出增长，赤字大量减少；极度紧缩则意味着财政收入远远高于财政支出增长。赤字基本上控制在一个很少量的范围内，或基本上实现财政收支平衡。

（二）紧缩性财政政策形成的背景

1. 财政赤字

从含义角度出发，财政赤字表达的主要内容，在会计计量的时候用红色字体来标记财政支出大于财政收入而形成的差额，所以称为财政赤字。作为宏观经济重要的一项指标，就现在来说，财政赤字逐渐并且越来越成为一种世界性的现象，财政赤字几乎出现在全球许多国家的财政策略上。财政收支未能实现平衡的一种表现，反映着一个国家政府的收支平衡情况。从其名称上就可以理解赤字财政（也叫预算赤字）的含义，其实际表达的是在每个财政年度开始之初，一个地区或者国家的公共部门在编制预算时，在收支安排上就有赤字，财政收入小于财政支出。相反地，财政盈余是最后决算中收入大于支出。

根据我国的预算法，地方财政预算和决算要保持盈余，因而中央财政收入和支出的差额产生的赤字大于中央财政赤字扣除地方结余产生的赤字。从财政管理体系上看，中央财政和地方财政是相对独立的，因而就会存在两种不同口径的赤字，即所谓收支差额是中央财政收入和支出的差额；另外一种是将中央财政赤字扣除地方结余。

财政赤字又分为结构性赤字和周期性赤字，这是从赤字的经济背景和原因角度来讲的。结构性赤字表达的内容是政府财政政策的变量决定下并且发生在充分就业水平条件下的赤字，体现财政政策对经济的影响。而由于经济周期性波动的不确定性所引起的周期性赤字，依据经济周期波动变化而进一步变化，是经济衰退的结果和表现。

2. 通货膨胀加剧

通货膨胀是与价格上涨相关联的范畴，通货膨胀为一般价格水平（或价格总水平）持续较大幅度的上升趋势。国内方面，出现这些部门的产品价格稳步攀升是由于 2007 年中国房地产开发投资扩大了对土地资源、原材料、能源等诸多产品的需求。从房地产市场价格泡沫角度来分析，实体经济部门的经营成本的拉升是由于价格的提升直接加大的，往往这一部分成本又被实体经济部门努力转嫁到消费者身上，引起通货膨胀。同时，投资品需求的扩大是由于全社会固定资产投资扩张的供给量增加所致，受到瓶颈制约、生产能力界限被投资品的需求超过或经济结构、产品结构出现严重畸形，而且在短期内难以进行有效因素的扩张因而导致持续上涨的投资品价格的出现，必然导致投资品的价格在高位徘徊，这样一来其会向下游产品转移。国外方面，推动国内价格的上涨和产生国民经济通货膨胀的压力是 2003 年以来，扩张型货币政策在国际上是主要经济体实行的战略政策，全球流动性泛滥就是这样造成的，由于受国际市场需求量的增加和美元贬值等因素的影响，加之已经连续 5 年的高增长在世界范围内出现，国际市场原油、重要矿产品、原材料以及基础产品价格都出现了大幅上涨的态势。

二、紧缩性财政政策主要措施

（一）收入方面的政策工具

1. 税收工具

从宏观政策层面上分析，若想要保持财政赤字规模稳定，实现财政策向紧缩过渡，就会需要减少对总需求特别是投资需求的扩张效应；从微观政策层面上分析，为达到减少税收的额外负担和对民营投资的"挤出效应"的目的，在选择行为方面紧缩微观经济主体受到税收的影响。新一轮税制改革方案的实施，即营业税改征增值税，就其理论效应来说其主要效应是扩张性的，它的实施措施也是扩张财政政策的手段，显然有悖于"紧缩"的财政政策。

2. 非税收工具

从政府非税收入来看，其主要包含：政府性基金、彩票公益金、国有资源和资产有偿使用收入、国有资本经营收益、罚没收入、以政府名义接受的捐赠收入、主管部门集中收入、政府财政资金产生的利息收入等。非税收入是政府财政收入的重要组成部分，其概念表达为除一个国家或地区的税款收入之外，还由公共部门依据法律法规利用公共部门的职能、威信、资源、资产或提供公共服务取得的财政性资金。非税收入存在无依据收入、无依据分摊、无依据罚款的现象。

3. 国债工具

当一国经济过热时，为了抑制国内总需求、拉动经济，政府一般会采取政策抑制居民和企业进行消费和投资，还可以削减政府财政支出直接抑制经济过热，政府也可以同时采取两种方式。无论采用哪种方式，都会减少财政赤字和政府债务。由于增税政策往往会有较长的时滞，政府通常更会考虑利用减少政府财政支出的手段来抑制经济过快发展。减少政府财政支出势必要减少社会融资，政府债务也随之降低。在经济高度膨胀的时期，减少政府财政支出，缩减举债的规模，对经济总量的增长起到极大的抑制作用，防止经济过快发展。

（二）支出方面的政策工具

1. 政府投资

从西方发达国家来看，一般把政府投资称为"政府项目"或是"政府工程"。政府把投资项目分为政府项目和私人项目，公共机构投资一般视为政府投资，在中国政府投资兴起于改革开放和现代化建设。政府投资是一种投资行为，也是一种经济行为。政府投资行为与所有的经济行为一样，从其行为的发端到其行为的终结，自始至终都围绕着任何投资行为都不能回避的几个要素进行，如投资方向、投资范围、投资规模、投资收益等。

2. 购买性支付

政府购买性支出是政府以等价交换为原则，通过市场直接获得所需的商品和劳务而形成的财政支出，它与市场运行具有密切关系，因而对生产、就业和分配都产生重大的影响。其主要表现在以下三个方面：

（1）政府购买性支付对国民经济总量变动产生直接影响。购买性支出要遵守市场交易原则等价交换，如同市场上的正常卖家和买家，做公允的交易活动，是一种有偿的财政支出政策，其影响包括直接效应和间接效应，对私人部门中企业的生产和就业有直接的影响，但对私人部门中的居民收入的影响是间接的。所产生明显的影响是政府购买性支出数量的变化，往往是政府调控经济增长的一个重要手段。

（2）政府购买性支付对国民经济结构变动产生直接影响。政府购买性支付数量既定的前提下，这种支出结构的变动将对社会资源的配置状况、对经济结构产生直接影响。比如，在市场交易过程中，某一种产品或服务需求的增加和公共部门购买某一种产品或服务是有关系的，从供需理论角度来说，需要的增加会导致这类产品供给的扩大，同时相关生产要素和资本要素投入的增加，提高了要素报酬率，社会游资也会流入这一领域；恰恰相反的是，当公共部门对某种产品或服务的购买性支出减少的情况，整个流程分析是完全不同的。生产结构、劳务供应结构的调整效应跟一个国家或地区的公共部门的购买性支付方向变动有直接或间接的联系。有鉴于此，在市场经济条件下，政府购买性支付的结构调整，作为强有力调节手段往往是引导社会经济结构的调整。

（3）从收入分配角度来讲，一个国家或地区公共部门购买性支付间接影响收入分配。一般来说，增加一个国家或地区公共部门购买性支付所带来的结果是对生产的刺激、扩展效应，资本利得的增加和劳动报酬率的提升在一定程度随国民收入或社会财富增长而增长。与此相反，当政府购买性支付减少时，资本利得的减少和劳动报酬率的下降速度是随国民收入或社会财富的减少而有所减缓,从而达到抑制经济过热的目的。由此可见,如果商品和劳务的结构被一个国家或地区公共部门购买的情况有所变动,将直接影响到资本利得和劳动报酬。

3. 转移性支付

政府转移性支出是政府单方面把一部分收入的所有权无偿转移出去的支出。狭义上一般包括:(1)社会保障支出,主要由社会保险和社会救济两大部分内容构成;(2)财政补贴支出;(3)国债利息支出;(4)对外援助支出。其中,社会保障支出具有稳定经济的作用,在经济过热时,通过削减转移性支出,减少消费支出,从而降低总需求,缓解经济过热的状况。

第三节　中性财政政策调节

一、中性财政政策概述

(一)中性财政政策含义

1. 概念

与扩张性政策和紧缩性政策相比较来看,中性财政政策的含义可以从两个维度来分析,第一是前一时期因经济低迷公共部门采取了扩张性政策治理通货紧缩,经过一定时期的适度从松,由扩张性政策的调控政策向目前中性政策的调整,客观上具有从紧的效果,能起到抑制一些部门过快投资需求的作用;第二是前一时期因经济增长过热公共部门采取了紧缩性政策治理通货膨胀,经过一定时期的适度从紧,现在向扩张性政策过渡。[①]首先,中性财政政策意味着财政支出进度的放缓。财政部门可能采取将预算中已确定的建设性支出向后推迟的办法,来削减整个社会的当期投资需求;也可能将财政应负担的政策性银行向央行的贷款及时归还以减少经济中的"流动性"。其次,"中性"财政政策的调整作用可以解决结构问题。从行业结构分析,对经济发展中的薄弱环节加大支持力度,如农业、社会事业、生态环保等;投资过热的行业从紧,如钢铁、水泥等。为了逐步缓解和克服瓶颈制约和结构问题,必须既坚决控制投资需求扩张又努力扩大消费需求的原则,经济周期上升阶段就能得以延长,维持经济的平稳、健

---

① 刘尚希. 财政政策:从"积极"到"中性"[J]. 地方财政研究,2004 (01):22—24.

康发展。

2. 目的

为解决需求结构性失衡，实现既防通胀，又防通缩的宏观调控目标，以及为释放和化解财政的风险压力，保证财政发展和改革的可持续性，扩张性政策理应淡出、退出。中性财政政策实施的要点是在总量上的"稳步退出"和结构上的"有进有退"。中国实行中性财政政策取得了明显成效，社会经济的发展需要续续贯彻执行中性财政政策，为了促进经济又好又快发展，要突出中性财政政策在结构转型和促进协调发展中的作用，注重与从紧货币政策的配合，进一步完善和落实稳健的中性财政政策是客观要求，适时适度调整政策的方向和力度，把控总量、稳物价、调结构、促改革有机结合起来。

（二）中性财政政策形成的背景

1. 经济局部性过热

中国一段时期处于经济上升周期的投资热阶段，为了防止更大的波动出现，中国已经逐渐摆脱单一的刺激性财政政策，并逐渐转到中性财政政策和着眼于效率和稳定成长并重的金融政策，这是现阶段最明智的选择。中国实施了几年的积极财政政策后经济局部性过热，所以正由"扩张性"向"中性"转变。对于"中性"的理解应当是：总量控制下的结构性调整的战略指导，是以具体事情具体分析的方式来区别对待项目的减少、放缓，支持或不支持，通过调整财政资金的运动方向从而达到中性财政政策的效果。而从积极转向中性，意味着财政支出的进度放缓，是根据当前实际情况所作出的举措。眼下的中国经济问题重重，中国存在局部地区局部行业投资过大、经济过热的问题，与此相对比的是，投资不足的现象比比皆是，如农业、能源交通、高科技产业、消费服务业等。基于这些实际问题，在制定和实施宏观调控政策时就要求遵循总量控制下的结构性调整的战略指导，区别对待、分类指导，要采取"有保有控"的财政政策，一定要谨防出现"急刹车"和"一刀切"的现象。

2. 地方性投资项目超高速增长

依据当前宏观经济形势的变化态势转向中性财政政策是必然之举，根据宏观经济状况来确定公共部门依靠具体的中性财政政策调控手段。当前宏观经济"摩擦性过热"现象存在的一个重要原因是长期未得到缓解的结构性和体制性矛盾，虽然现在表现出的是局部的状态，但在未来有加剧和扩散的风险。在投资方面中"摩擦性过热"反应得比较强烈，究其背后的原因是政府与市场行为的叠加所致。

一般来说，有两种选择可以控制投资的过快增长：第一是控制政府投资，第二是控制市场投资。在投资过快增长这种情势下，可能出现火上浇油的态势和抵消前一阶段采取宏观调控措施取得的成果，其原因是公共部门一味倡导扩张性财政政策，不断地扩张政府投资。因此，在当前形势下减弱政府投资扩张的力度是十分必要的。与政府投资相比较，市场投资的复苏确实是我们所希望的，在投资总量增长过快的前提下，我们可以选择通过扶持市场投资代替政府投资来达到控制增长和抑制社会投资总量的过快扩张。

3. 货币信贷规模的扩大

多年来持续使用扩张性财政政策手段，单单就几十亿元之多的长期建设国债就是在此期间发行的，越来越大的财政风险犹如悬在人们头上的利剑，使私人部门愈发地关注。若是继续实施积极的财政政策，爆发财政危机的可能性还是很大的，但正是国债发行出现"淡市"的现象，表明扩张性政策正日益接近极限点，这一信号给人们以利好消息。

二、中性财政政策的工具

（一）调整和完善财政政策

1. 适当调整国债投资的规模和方向

伴随着中性财政政策的贯彻，从国债规模和方向来看，这一转变应该从发行规模管理向余额管理过渡。其原因可以分为三点：一是以中性财政政策为前提的经济环境中，长期建设国债发行调减幅度适度变大，从长期建设国债发行量上看必然会有明显减少。二是要想保持财政中性和逐步降低国债的偿债风险，那么就要通过财政收入偿还国债，这样可以减少建设性财政支出，避免扩张和加剧筹资的速度和力度。压缩国债余额管理，降低偿债风险发生在一个国家或地区的国债余额已经相当庞大，尤其银行间市场存量的债券余额已达到巨大数额的时期。三是当经济周期属于上升阶段，财政从节约成本的角度也会进一步缩短国债发行期限，必然会伴随着升息过程。从以上方面分析，在中性财政政策下国债投资的规模管理不尽相同。在中性财政政策下，国债余额管理的变化过程是：短期国债需求量替代长期国债需求量，大量短期债的滚动发行。"适度从紧"的财政政策将会成为实施中性财政政策一个主要的政策变化，随后还应该配套一系列较为具体化的措施，这标志着中性财政政策转入实质性的调整时期，密切关注中性财政政策的各方动向和适应国债市场变化和发展，是未来期间国债投资者的关注重点。

2. 实行适度的结构性减税

从中性财政政策的角度来看，在税制方面的配套调整内容为实行适度的结构性减税。考虑到营改增对地方税收体系的影响，实行适度的结构性减税需要逐步建立税种配置合理、调整地方税主体税种，为了使地方税收体系和中央税收体系相协调，建立和完善增值税扩围之后功能健全、相对完整的新地方税收体系。新地方税收体系改革的内容主要变化是在营业税改征增值税之后，如改革房地产税制、开征统一规范的物业税、社会保障税、环境保护税、逐步进行费改税的改革。税收具有稳定经济增长的作用，从税收负担角度分析，税收负担的稳定可以划分为实际税负的稳定和名义税负的稳定，其中对于企业生产经营活动的正常开展至关重要的影响是实际税负的稳定；而名义税负不变，不同的征管环境和条件，往往意味着不同的实际税收负担。在依法治国的大背景前提下，依法治税应运而生，税收各要素根据宪法法律和税收相关法律规定而制定，这是税负确定性的要求，也是公平税负的要求。依法治税可以让企业的税负更加确定，减少政府部门乱收费、乱摊派的行为，而同类企业税负不同，就会有不公平的竞争，因而要营造公平的税收环境。实行适度的结构性减税，虽然在税收收入和财政收入上有所减少，对于国家和政府履行经济职能和社会职能等会产生一些不利的影响，但对于企业和居民是一个利好的政策，"还富于民"是市场的财富增加，带动市场活力，这也是中性财政政策的核心目的之一。以市场为主导，税收优惠政策，能够减轻市场主体的税收负担，以更快地促进市场力量的成长。从根本上说，经济增长需要激发市场活力，税收优惠政策在培育经济新动力、促进就业、拓宽创业投融资渠道的市场行为方面大有可为之处。

3. 完善社会保障体系

从社会保障体系含义的角度来看，其主要内容为一个国家或地区给社会各阶层提供的保障是一个有机的、系统的、有序的、相互联系、相辅相成的政策体系。从中性财政政策的角度来看，完善社会保障体系关系着经济新常态下的改革、发展、稳定的全局，关系到社会的和谐平稳运行和人民群众的幸福安康，是社会主义社会的重要的组成部分。中国的社会保障体系市场化进程比较晚，需要向适应市场化趋势的方向加快建设健全的社会保障体系的步伐，逐步使经济发展成果通过社会保障制度安排转化为切实的国民福利，这也是中性财政政策的核心目的之一。整个经济社会良性发展的基本条件包括两个方面：一方面，经济持续增长要依靠市场规则，而且经济社会的稳定、协调要以社会保障为基础；另一方面，同市场追求效率是一件再正常不过的事情一样，社会保障制度建设的本质是追求公平。效率和公平是实现发展成果共享的基石，是实现公平有序分配的基础。中国是社会主义国家，人民群众是社会的主人，社会保障制度建设应基于国家和人民群众整体利益，着眼于增进全体人民群众的福祉，不能偏向某一部分人群，社会保障制度的设计需要从全局与长远出发，维护国家富强和安定团结。

（二）实施结构性财政政策的若干选择

1. 瞄准收入合理分配，保证国家财政收入合理水平

财政的带动经济增长效应使国内生产总收入这块"蛋糕"做大、做强，把经济总量提高之后的下一个问题就是如何分配这块"蛋糕"，即如何合理调整分配结构。如何合理调整分配结构是当前经济态势下解决内需的关键环节，这其中涉及两方面结构问题：增量收入和存量收入合理分配。就增量方面分析，调整增量收入结构的原则和途径是：市场运转机制的利用和市场运转作用的发挥将使经济总量变大。同时，市场运转机制的长效运行，能提高社会事业的运转效率。考虑到社会收入分配不均和财政政策落实不到位的情况，财政部门要积极监督，督促各地方财政部门和相关部门积极"补位"，做政府部门该做而且必须做好的事情。同时，财政部门和相关政府机关该淡出来的要淡出来，尤其对于财政"越位"。就存量方面而言，增量收入结构调整是比较复杂和困难的。正像李克强总理所说"触动利益比触及灵魂还难"，既得利益者的既得利益都难以调减，这严重影响了收入的合理分配，同时也不利于保证国家财政收入处于合理水平。要找到改变这种局面的切入点，合理改革分配的资本要素、技术要素、劳动要素等的管理体制、管理机制，促使把原有的收入合理用好、分配好，同时增量也要逐步进行调节。在合理调节存量收入分配结构的同时，不能忽视经济增量的增长和调节增量经济的分配结构，还要兼顾保证国家财政收入的合理性，这在实际操作和管理中是比较复杂的课题。

2. 创新财政制度和财政体制

为适应我国在经济全球化发展中的挑战与机遇，完善、创新财政体制和制度，实行税收政策倾斜，对新经济给予税收支持，以适应和促进知识经济的发展。加快转型，逐渐以公共财政为导向，使财政支出结构得到充分升级和优化。就经济制度而言，中国与西方发达国家有很大区别。从工业化、市场化水平来看，仍低于发达国家。这些因素导致短期内的公共财政要求无法完全实现，必须加快公共财政转型速度并快速适应经济社会发展的新形势，同时增加财政对公共物品和公共服务的供给量。建立科学有效的运行机制，适应经济波动的变化，加快中性财政政策的各项配套政策改革；加快营业税改征增值税范围改革的推进速度，使税收政策惠及更多

的企业和个人，配套调整地方税收体系，继续研究调整消费税。在学术界、理论界充分讨论开征物业税的可行性和实施时间的选择；完善地方财政管理体系，在地方税收体系发生重大变化的条件下，一方面要重新确立地方的主体税种，另一方面要合理划分各级政府的财政收入。创新财政制度和财政体制是实施中性财政政策重要的、具有战略意义的关键环节，有助于熨平经济运行中的波动，使经济长久发展。

第四章　财政政策与产业发展

第一节　促进基础产业发展的财政政策

一、基础产业的内涵与特性

(一) 基础产业的内涵

1. 基础产业的概念

基础产业是指对其他产业的发展起着决定作用，制约其他产业发展的产业群，一般在一国的国民经济发展过程中处于最基础的地位，它的产品往往是后续的产业部门加工、再加工及其生产过程所必需的投入品，往往具有不可再生性。通常来说，基础产业越是发达的国家，其发展后劲更足，国民经济的整体运行会变得更有效率，人民的各项生活也会变得更加便利，生活水平也会得以提高。由此看来，像农业、能源、交通、运输、原材料这样的基础产业是支撑社会经济运行的基础，决定着国民经济活动的发展方向和运行速度。[①] 由此看来，发展基础产业是一个国家保持自身国民经济稳定、协调、有序发展的重中之重。

按提供的是有形产品还是无形产品，可以把基础产业分为狭义和广义基础产业。狭义的基础产业包括经济社会活动中的基础工业、农业及基础设施。其中，基础工业是指电力能源工业及包括建筑材料、石油化工材料、钢材在内的基础原材料工业；农业指我们耳熟能详的农、林、牧、渔业，农业被称为国民经济的基础；基础设施是指为了满足生产发展和生活供应从而提供公共服务的部门、机构及其设施等，包括桥梁、港口、机场、交通运输、水利、通信及其城市供水、供气、供电的基础设施。广义的基础产业除了以上定义，还包括提供无形产品及服务的部门，包括科教

① 杨嵘，赵婷，李娟. 石油产业的基础产业特性及对策建议 [J]. 改革与战略，2010，26 (04)：112—115.

文卫等部门，都对社会经济发展有深远影响。

按照能否产生经济效益为准，基础产业又可以划分为经营性基础产业和非经营性基础产业（王辰，1996）。作为经济运行的基础部门具有社会效益，但经营性基础产业还具有一定的经济效益，在产业运营的过程中能够产生新的价值，实现价值增值。

2. 国外学者对基础产业的认识

在 20 世纪中期，平衡增长理论的先驱罗森斯坦·罗丹最早提出了"社会先行资本"这一概念，体现在他的著名著作《东欧和东南欧国家的工业化问题》中，著作主要强调在一般产业投资之前，一个国家或者社会首先应该具备在基础设施领域的积累。罗森斯坦·罗丹指出，工业化进程中起决定性作用的是基础设施。而像电力、通讯、运输这样的基础工业属于社会先行资本，必须要在那些成效更快的直接生产性投资之前发展基础工业。基础产业构成了经济、社会的基础设施结构和总体国民经济的分摊成本。

艾伯特·赫希曼在他的著作《经济发展战略》中较深刻地分析了基础产业，他明确划分了"直接生产活动"和"社会间接资本"。他认为，社会间接资本主要指那些进行一次、两次及其三次产业活动所必需的基本服务。在他看来，广义的社会间接资本包括从法律、秩序及公共卫生、教育，到通讯、供水、运输、动力以及农业间接资本包括排水系统、灌溉在内的公共服务。但是，从另外的角度，他又认为，社会间接资本的核心部分仅包括交通和动力方面。他还指出，如果社会间接资本投资的产出量可以衡量的话，那投资与产出之比应该很高，并且因为这种投资在技术上具有不可分割性，所以具备一定的规模来集中进行。

美国著名的经济学家 W．W．罗斯为了分析并且论证他的"经济成长阶段论"，专门提出了"部门分析方法"，利用这种分析方法，他得出了经济部门重要程度是依次变化和经济成长阶段的依次更替之间的关系的结论。

日本著名学者南亮进也曾研究基础产业问题，在他看来，基础产业以通讯和运输为代表，可以被称为社会间接资本，它是经济发展过程中必不可少的初期条件。

3. 国内学者对基础产业的认识

1980 年以来，产业政策得以不断地深入研究，国内学者对基础产业理论方面的研究也逐步深化，基础产业更加受到人们的高度重视。中国社会科学院周叔莲教授在他的著作《中国产业政策研究》中提出，基础产业主要包括原材料、交通运输、能源等部门，研究该课题的其他人认为，农业也应该包括在基础产业内。

冯兰瑞教授认为，英文中的 infrastructure 翻译过来应该是基础设施或者基础结构，不完全等同于目前国际上通用的基础结构，也不等同于过去使用的主要用于装备重工业的冶金、煤炭、机械、石油等基础工业。基础结构分为广义基础结构和狭义基础结构。狭义基础结构主要指能源、通讯系统、交通运输等基础设施。而广义基础结构还包括提供教育、科学、卫生、文化等无形产品的部门。

国家发展与改革委员会宏观经济研究院等若干部门组成"基础产业建设资金筹集"课题组，对基础产业进行了深入和系统的分析研究。他们认为，基础产业包括基础设施和基础工业。其中，基础设施包括铁路、公路、港口、邮政、通讯、机场等，基础工业包括石油、电力、煤炭等能源工业和石油化工、有色金属、钢铁等原材料工业。近年来，物流业发展迅速并且在经济活动中发挥越来越重要的作用，有专家称物流业也应是构成基础产业的重要部分。

（二）基础产业的特性

1. 基础

这是现代基础产业最一般的经济特征。基础产业为其他产业的发展提供最基本的服务，在国民经济产业链中处于"上游"环节。其中，基础产业中的基础工业为其他生产部门提供所必需的投入品，而其中的基础设施也为经济社会发展提供所需的共同条件。

2. 管制

基础产业的投入特点决定了其被管制和垄断经营的特征。这是全世界基础产业的共同之处，区别只是被管制的范围和程度有差别。在日本，基础产业是受管制程度非常高的产业，例如，煤炭、电力、采矿业等基础产业受管制程度高达 100%，交通运输业、通讯业高达 96%[①]。

3. 经济发展

基础产业即便不能主导整个经济的发展，也是经济发展过程中必不可少的重要部分，它贯穿于每个经济部门的生产过程，直接制约着其他产业的发展，支撑着整个社会经济发展的运行。

4. 混合商品

大部分基础产业属于混合商品，一般都具有排他性和非竞争性。基础产业的这种特性，决定了它作为经济、社会发展的先导，使得各国政府在

---

① 谭克虎. 试论基础产业的属性及其分类 [J]. 生产力研究，2005 (09)：162—164.

不同程度上对其进行干预。尤其是发展中国家，存在着经济发展薄弱、市场投资不足等方面的问题，需要政府对其进行干预。

二、结合实例分析促进基础产业发展的财政政策

农业是国民经济的基础，是社会发展的必要因素，党的十八大报告指出，农业是发展的"重中之重"，强调应该走中国特色农业现代化的道路，要大力发展农业，农业在任何历史时期都具有重要的战略地位。但目前中国财政政策在支持农业这一基础产业方面还存在很多问题，因此，有必要对促进农业发展的财政政策进行研究，以便更好地促进农业发展。

（一）促进农业发展的财政政策研究

1. 中国财政支持农业发展存在的主要问题

（1）财政对农业的投入规模增长缓慢

连续多年以来，中国对农业发展的资金投入一直呈上升趋势，但从相对规模上来看，农业的财政投入占财政总支出的比重在 2008 年之前基本上是逐年下降的，从 2008 年之后虽然略有提高，但是增速缓慢，与现代农业发展所需要的扶持力度有一定反差，而且与国际上农业现代化发展程度较高的国家和地区差距很大①。

根据国家统计局相关数据显示，中国用于农业方面的财政支出占财政总支出的比重，2008 年为 6.8％，2010 年为 7.8％，2013 年为 9.5％，一直都保持在 10％以下。而像美国等农业现代化程度高的国家，用于农业方面的财政支出占财政总支出的 12％－13％，有的甚至更高。

（2）财政对农业发展的支出结构尚不合理

首先，财政对农业支出项目结构不合理。中国国家财政农业支出分为支农支出、基本建设支出、农业科技支出和农村救济支出四个方面。但是在这四项中，所占比重最多的是支农支出，其次是基本建设支出、农村救济支出和农业科技支出。农业科技支出一直处于比较低的水平，甚至低于农村救济支出。然而，众所周知，科技是第一生产力，科技对农业生产效率的提高和劳动力的解放起着重要的作用，但是中国财政对农业科技支出却很低。另外，农村基本建设支出的比重也不高，由于前期对基础设施的投入不足，现已制约了中国农业的发展。

其次，财政对农业支出的地区结构不合理。中国有七个农业主产区，由于自然条件、科技水平、劳动力素质、经济发展水平的不同，财政对农

---

① 赵庭楷. 促进农业发展财政政策研究［D］. 财政部财政科学研究所，2012.

业支出产生的效益也不一样。有的地区没有发展农业的潜力，即使政府投入大量资金，其产生的效益也微乎其微；而有的地区政府如果给予相应的财力支持，加大对科技支农的引导便会产生巨大的效益。但目前根据中国现行的财政农业支出体系来看，中央一级财政占全国支农财政的比重很小，不足 5%，而且对不同地区财政支农的总体调控还很薄弱。

最后，财政对农业的支出方式不合理，主要体现在两个方面：一方面，中国农业资金的支出方式比较分散，财政部、水利部、农业部、气象局分别负责相应项目的支出，导致的问题是在整体上缺乏统一性，很难实现统一的规划。另一方面，财政资金直接向农户支付，使得资金规模优势很难体现出来，而且农户很有可能使得原本该用于生产的资金用于日常消费，这样就无法达到支农的目的。

（3）财政对于农村制度创新的支持力度有待提高

习近平总书记指出："同步推进新型工业化、信息化、城镇化、农业现代化，薄弱环节是农业现代化。"在"四化同步"发展中，农业现代化是短板。加快发展现代农业，就要瞄准新问题，找准突破口，当务之急要尽快启动系统性改革，进行农村制度创新。当前中国的农村经济制度在一定程度上已经阻碍了农业现代化的发展，中国财政政策在农村制度创新方面还存在很多不足之处。

首先，中国财政政策对农业发展所需的融资渠道的拓宽缺乏有效支持。理论上，农民可以通过向银行贷款来获得生产过程中所需要的资金，但是农民贷款却成为一项难题。第一，农村普遍缺乏可供担保的有效财产，金融机构不愿意接受；第二，农村金融产品服务与农民的实际需求差距较大，且利率高，还款期限短；第三，国家支农金融政策存在权力寻租现象，阻碍了农业生产效率的提高和农业的发展，中国亟须通过相应财政政策为农业发展进行融资提供支持。

其次，中国财政政策在促进农村土地规模化经营方面缺乏强有力的支持。农村土地规模经营是指根据耕地资源、社会经济、物质技术装备及政治历史条件来确定一定的农业经营规模来提高劳动生产率、土地产出率和农产品商品率的农业经营形式。土地规模经营，一方面可以提高经济效益，表现在既可以降低购买种子、化肥这些投入品的成本，又可以提高与农产品流通企业的议价能力，提高农产品价格；另一方面，可以推进大规模机械化生产，提高生产效率，促进科技拉动农业生产的能力。像美国、德国积极实施土地调整政策，鼓励通过以土地出租、交换、买卖等方式来扩大土地规模经营，而中国农村土地多是分散经营，生产效率非常低下，往往投入成本很高，收益很少。

2. 促进农业发展的财政政策建议

（1）加大财政对农业支出的力度

对农业投入资金的不足是制约中国农业发展的关键问题。因此，要促进农业发展，提高农村的生活水平，就要加大对农业支出的力度，解决农业发展过程中资金缺乏的问题，才能保证农业顺利发展。以目前情况来看，1992年以来，中国的年均财政收入增长率和支出率都高达19%，GDP的年均增长率为16%，年均财政收入和支出的增长率均高于GDP的年均增长率，我们国家具备雄厚的财政实力，也具备加大对农业投入的能力。而农业是国民经济发展的基础，中国政府更应深刻认识到，加大对农业的支出力度，以保证国民经济顺利运行。

（2）优化财政对农业的支出结构

首先，加大农业科技和基本建设支出。应适当加大农业科技支出和基本建设支出，适当降低支农支出和农村救济支出的比重。农村救济支出更侧重的是公平而不是效率，适当的救济支出是必要的，但支出太多就阻碍农民的积极性，而相比支农支出，目前对基础设施的投入更为有效，因为现在基础设施较为薄弱，已经制约了农业的发展。而在科学技术迅速发展的今天，必须发展科技兴农政策。政府应该建立农村专项科研基金，建立农村科研机构，向农民传授农业科学知识，引进现代化机械，进行大规模机械化生产，从而提高农村人口的整体素质和生产力水平。

其次，加大财政向资金使用率高、农业产出比重大、地方财政收入低的地区进行转移的力度。中央政府在决定向各个主产区投放资金的比重时，要考虑主产区占全国产出的比重、各主产区的资金使用效率、比较优势在哪、财政状况，根据具体情况决定资金的投入比例和投入方向。对那些资金使用率高、农业产出比重大、财政收入低的主产区投入更多的资金，这样可以实现资源的优化配置，发挥资金的最大作用。

最后，改进财政对农业的支出方式。要加强法制化建设，用法律的手段约束财政对农业的支出。一方面以立法形式决定财政的投入规模，另一方面约定对重点项目的支出规模。中央一级的财政农业支出由全国人大制定的法律进行约束，地方的财政农业支出由所在的省级人大制定的地方性法规进行约束，这样对违法行为则可以追究相应的责任主体。另外，法律应该明确规定统一规划各部门的农业资金。将农业资金管理统筹到一个部门，可以避免缺乏整体上的统一性，降低效率低下的问题。

为了解决财政资金直接向农户支付导致的资金规模优势降低的问题，可以借鉴国外的经验，直接把财政资金向农村集体和龙头企业拨付。向农村集体拨付可以防止农民对资金的滥用，发挥资金的规模优势。向龙头企业拨付可以利用其发展带动技术的创新，带动更大范围的农村经济的发展。

（3）加大财政支持农村制度创新力度

首先，拓宽农业发展所需的融资渠道。第一，要加快推进农村产权制度改革，尽快修改农村土地承包法、担保法等法律法规，允许在土地经营权、农民住房上设置担保权利，扩大有效担保物的范围，并且要建立对担保物产品价格科学有效的评估制度和方法。第二，大力推进农村金融产品和金融服务的创新。要根据不同地区、不同人的需求，开发不同档次、不同期限的贷款产品和服务。针对农民最需要的贷款种类进行扶持，大力发展规模主体贷款、农村中长期基础设施贷款等，通过优先扶持这些贷款种类，使财政资金发挥最大的支农效果。针对向农民贷款利率高的问题，政府应加大财政补贴，对农户用于农业生产的贷款给予部分贴息，减小其融资成本。第三，严格农村金融强农惠农政策的贯彻实施。针对国家的支农金融政策到部分人手里就"变质"的问题，应发挥法律法规的作用，加大法律对支农资金全过程的监督，包括事前、事中、事后监督，防止变相操作和权力寻租。严格涉农贷款统计和检查监督，确保国家政策实惠落在现代农业发展和农业经营主体上。

其次，引导土地规模化经营。中国现在采用的是农村集体所有制的土地所有权制度，农民可以获得土地的使用权而非所有权。目前中国土地承包法规定：通过家庭承包取得的土地承包经营权可以采取诸如出租、转包、转让或者互换等方式进行流转，农村土地承包经营权在法律上具有流转权，中国也可借鉴发达国家的经验采取多种手段促进土地的流转。一方面，对土地出让方进行一定的财政补贴，使土地从劳动能力弱的人手中转移到劳动能力强的人手中，从而提高劳动生产率。另一方面，加大对农业的科技投入，大规模推进机械化生产，用机器替代单纯的劳动力，引导农民参加职业教育，学习先进的农机技术，从而推动土地规模化经营，解放劳动力，提高效率。

（二）促进能源发展的财政政策研究

能源工业是采掘、采集和开发自然界能源或将自然资源加工转换为燃料、动力的工业，是基础产业的重要组成部分，一般分成两大类：一类是能源开采工业，其产品为"一次能源"，如煤炭工业、石油工业、天然气工业、制氧工业等；另一类是能源加工转换工业，其产品为"二次能源"，如炼焦工业、石油冶炼工业、电力工业和蒸汽动力工业等[1]。随着科技进

---

[1] 杨聪杰. 促进我国能源可持续发展的财税政策 [D]. 中共中央党校硕士学位论文，2011.

步和社会生产的发展，许多新能源或过去难以大规模利用的低热值能源被逐步开发利用，成为能源工业新的组成部分，例如，太阳能发电、地热能发电、垃圾发电、沼气生产和核电站等。目前，中国在财税政策方面对能源的扶持还存在一些问题。

1. 现行中国能源财税政策存在的问题

（1）财政支持的力度不足且不稳定

长期以来，能源研发、可持续能源建设、节能都不是财政支出的重点，中国财政向发展循环经济投入的数额还是有限的。目前中国的预算支出结构只包括环保支出科目，不包括节能支出科目，并且没有配套的节能发展专项资金的支持，中国对节能的投入分散在高新技术发展项目及企业技术改造方面。另外，政府对于节能方面的投入缺乏经常性、稳定性的支出，在研发方面的投入更是少之又少。

（2）现行税制体系中很多方面抑制能源合理调整

目前，中国与能源、环境相关的税种主要体现在增值税、消费税、资源税中，没有专门的能源税、环境税。而且，目前关于能源税种的税率较低，对环境污染、能源浪费方面缺乏相应的措施，使得原本就稀缺的能源浪费严重。在增值税方面，能源产业固定资产所含税款不能抵扣，使得能源产业税负较高，而且新能源水电、风电的进项税无法抵扣，使得新能源难以和传统能源竞争。消费税方面，中国对汽油和柴油征收的消费税总体税负在23%左右，低于大多数国家，这样使得价格偏低，造成能源的低效和高耗能①。

（3）可再生能源和新能源开发利用缺乏必要的政策扶持

中国利用财税政策支持和鼓励可再生能源和新能源的开发利用方面的手段比较单一。目前，中国在可再生能源发展方面颁布实施了《中华人民共和国可再生能源法》等法规，但是促进这类能源发展的有关财政税收政策还没有制定出来，在可再生能源企业和相关产品方面缺乏统一的税收优惠政策，仅对部分企业和产品有极少的优惠措施（如沼气适用13%的增值税税率）。

（4）对低能效产品和环境污染问题缺乏惩罚性措施

结合国际经验不难看出，建立相应的惩罚机制是推动能源可持续发展的重要措施。但中国对环境污染和能源利用低效的处罚力度远远不够，因而对企业的约束十分有限，使得很多企业宁愿去支付一定的罚款也不想在

---

① 刘松万. 发展新能源产业的财政政策与措施［J］. 山东社会科学，2009（11）：116－118.

能源的高效利用和环保方面进行投入，这不利于企业的长期发展，也不利于产业结构的优化升级和社会的可持续发展。

2. 缓解中国能源问题的财税政策建议

(1) 构建中国能源财税政策体系

选择适合本国国情的财税政策，构建符合国情的财税政策体系是促进能源节约和可持续发展的重要手段。借鉴国外经验，结合中国国情，可以概括出中国能源财税政策体系的大体框架。在政策目标上，应制定近期和中长期目标。近期主要侧重调整与优化能源结构，中长期主要支持可再生能源和新能源发展；政策手段包括激励性和约束性手段。激励性手段主要包括政府优先采购、税收优惠、财政补助或贴息，约束性手段包括增加税负和收费；政策职能包括四个方面：一是实现能源的节约，二是大力发展新能源和可再生能源，三是能源供应得以优化，四是最终实现环境友好的结果。

(2) 支持节能的财税政策 (短期)

一是发展节能的财税支出方面的政策。首先，需要在经常性支出项目中设立节能支出科目。每年财政收入的一部分要用于节能预算资金，也可以调整一下预算支出结构，通过减少其他方面的支出来增加节能投入。节能投入主要包括以下三个方面的内容：其一是节能科技方面的研发，其二是相关节能技术的不断推广，其三是关于节能方面的培训。其次，努力加大"绿色政府采购"。"绿色政府采购"是指政府采购的过程中着重选择符合中国绿色认证标准服务和产品。由政府发挥带头表率的作用，努力贯彻和落实 2004 年实施的《节能产品政府采购实施意见》，政府采购的范围更多地集中在节能和环境标志产品方面，政府办公设备应强制采购那些高效节能的产品[①]。

二是推动节能的财政收入政策。在企业所得税方面，适当降低企业所得税，以推进国家节能战略目标的实施，实现投资抵免。例如，企业购置节能产品 (设备) 的，可按其产品购置额的一定比例 (如 30%) 从企业应纳所得税额中抵免，当年不足抵免的，可用下一年度应纳所得税额继续抵免；对于企业生产节能产品的关键设备，可采取适当缩短折旧年限的措施，或者采取加速折旧的方法计提折旧。在增值税方面，可以对节能减排设备投资给予增值税进项税抵扣；对生产节能产品的企业，可以实行即征即退、免征或减征的增值税政策。在消费税方面，可以适当扩大消费税税率与税额的差别，以体现国家政策的导向，比如，适当提高汽油和柴油的

---

① 苏明，傅志华，牟岩. 支持节能的财政税收政策建议［J］. 经济研究参考，2011 (14).

消费税税额。

（3）鼓励可再生能源发展的财税政策（中长期）

一是促进可再生能源发展的财政支出政策。首先，加大对可再生能源研究与开发的政策支持力度，合理分配能源研发的费用，增加可再生能源的投入，努力实现可再生能源在产、学、研三方面的结合，最终达到促进可再生能源发展的目标。其次，更加完善财政对于可再生能源的补贴，通过完善补贴办法，把补贴和企业的经营状况相结合，以刺激企业开发利用可再生能源。最后，大力支持农村的可再生能源建设，比如沼气、小水电。

二是加大可再生能源的财政收入政策。首先在增值税方面，给予可再生能源与新能源统一的增值税税率，对可再生能源的进项税额抵扣方面实行相应的优惠，对可再生能源发电设备税收实行即征即返。其次是企业所得税方面，对可再生能源的所得税优惠政策，不仅仅要局限在高新技术开发区，应该在全国范围内都按 15％ 的税率进行征收，对小企业实行相应的优惠，可实行 20％ 的优惠税率。

（4）能源可持续发展的其他财税政策建议

首先，要改革中央和地方在能源公共财税体制方面的思路和建议。要发挥中央与地方两个积极性，合理确定中央和地方在能源上的财权分配范围，加大中央对地方的转移支付力度，以解决地区间能源不平衡问题。其次，要通过排污费制度的建立和能源环境友好基金的设立来促进环境友好目标的实现。

（三）促进交通运输业发展的财政政策研究

1. 中国交通运输业发展的财税政策现状

虽然自改革开放以来中国的交通运输业发展取得了很大的成就，但是目前的财税政策却影响了交通运输业的进一步发展。由于实际税负很高，使得企业持续发展的积极性受到影响；各税收间标准没有统一，使得运输企业的资产重组与优化受到制约；由于从事国际运输的企业无法退税，使得海外运输的竞争力极为有限，而且税收征管不能与增值税形成良好的衔接，又在一定程度上增加了运输成本。

2. 促进中国交通运输业发展的财税政策建议

（1）发挥财政政策的宏观调控作用

财政政策作为宏观调控体系的重要手段之一，应逐步减少对竞争性领域的专项转移支付，逐步清理并且规范相应的税收优惠政策，以政府购买服务的方式来推广事务性管理服务。在某种程度上要求我们打破传统的思维模式，使用新的调控方式，充分利用市场规则、市场竞争在资源配置中的作用，同时利用发展战略、政策、规划、标准的调控作用，使中国交通运输业有一个更好的发展环境①。

（2）对交通运输业实行税收优惠政策

政府可以选择在交通运输业振兴和调整的实施期内，对运输企业给予税收优惠，以促进对运输企业的扶持，从而减轻运输企业的负担，提高其竞争水平，主要措施体现在：根据中国经济发展需要降低企业所得税负，比如，减半征收，再借鉴国外的相关税收优惠政策，给予引进国外先进技术和设备的运输公司，减免关税和进口环节税的优惠。

（3）简化税收征管，促进交通运输企业发展

在中国，应该发展打破区域界限、行业界限、行政区域界线的大型交通运输集团。假如企业想委托长距离的运输，可以充分发挥铁路和公路的统一调配作用，统一安排运输，就能够提高效率。此外，还需要加强基础设施建设，充分发挥资本市场的作用，整合各种产业，达到提高运输企业效率的目的。

第二节　推动主导产业发展的财政政策

一些经济学家认为，"纵观历史，老牌发达国家趋向衰落的基本原因之一就是未能及时转换产业结构"。所以产业结构政策对于一个国家繁荣发展是十分重要的。产业结构政策能够促进产业技术水平的提高、协调产业的发展、加快产业结构的转换。而产业结构政策以主导产业为实现路径，主导产业的发展能够促进国民经济各产业部门的发展。

一、主导产业的内涵

（一）主导产业的内涵

主导产业的概念，最早是由美国经济学家赫希曼提出。美国经济学家罗斯托在其著作《经济成长阶段》（1960）一书中对主导产业作出了详细阐述。② 他认为，在不同产业结构中各种产业的地位和作用是不同的，而且在不同的区域经济中，各个产业的地位、作用也是不同的：有的产业主要满足外部市场的需要，有的产业则主要满足地区内部市场的需求。罗斯托强调的是产业的不同对经济产生的影响也不同。

由此可知，可以将主导产业概括为，在产业结构中，处于主要支配地位，且比重较大，综合效益较高，与其他产业关联度较高，对国民经济的

---

① 陈健.统筹发挥政府和市场作用，进一步增强交通运输财务保障有效性 [J]. 交通财会，2014 (01).
② 姜微. 安徽省工业主导产业选择问题研究 [D]. 合肥工业大学，2007.

驱动作用较大，具有较大的增长潜力的产业。在经济发展的某一过程中，主导产业发展迅速，通过技术革新带动高创新率，对一定阶段的技术进步和产业结构升级转换具有重要的导向作用和推动作用，对国民经济的发展具有重大意义。主导产业的本质特征就是强带动性和强扩散性。

（二）主导产业的特征

现代产业体系要求产业结构具有先进技术水平和持续增长能力，各产业门类间存在复杂的关联性。因而现代经济系统的关联性和经济发展目标的多阶段、多层次性决定了主导产业具有以下特征：

（1）高新技术产业作为当今世界科技发展的新趋向，不断引入创新成果，发展新技术，持续的高增长率远远超出了国民经济总增长率；

（2）在中国，主导产业多为制造业部门，产业增长的弹性大，对国民经济增长的贡献大；

（3）主导产业的产品需求收入弹性较高，在市场中占有较大的市场份额，潜力巨大，发展前景十分广阔；

（4）主导产业具有强带动性和强扩散性，能够引导和推动整个经济的发展。

二、主导产业与其他产业的关系

（一）主导产业与基础产业的关系

基础产业是指为其他产业的发展提供基本条件并为大多数产业提供服务的产业，基础产业一般包括电力、石油、冶金、化学等基本生产资料的基础工业部门，以及交通运输、邮电通信、城市公共设施等提供基础设施的产业部门。基础产业是国民经济发展的前提，其发展状况直接决定其他产业的发展，从而影响整个国民经济的发展水平和效益。基础产业与主导产业的联系：（1）两者在产业结构体系中都占有不可或缺的重要地位，都是源于自身发展的好坏能够影响整个国民经济发展而必须优先发展的产业；（2）在一些特定的情况下，可选择基础产业作为主导产业。基础产业与主导产业的区别：（1）基础产业的作用主要表现在如果自身得不到合理发展就会制约其他产业的发展，而主导产业的作用主要表现为自身快速发展和对其他相关产业的带动；（2）与主导产业相比，基础产业相对比较客观、稳定。一个区域在不同的发展阶段上，所选择发展的主导产业往往是不同的，而基础产业的基础性地位在任何时候都是难以发生改变的，是客观存在的且具有一定的稳定性①。

---

① 孙明. 辽宁省主导产业选择基准及其方法研究 [D]. 北京邮电大学，2013.

（二）主导产业与先导产业的关系

先导产业是国民经济体系中具有重要的战略地位，并在国民经济规划中先行发展以引导其他产业往某一战略目标方向发展的产业或产业群。主导产业与先导产业的联系：（1）主导产业与先导产业在时间上具有继起性。先导产业在国民经济中比重不是很大，主要是一些未来发展潜力巨大的高新技术产业。当下来说，先导产业的地位和作用还不是很显著，但具有重大发展潜力，发展前景很广阔，在未来的经济发展中有重要意义，可以在较短的时间内发展成主导产业；（2）主导产业与先导产业在战略位置上具有相似性。主导产业与先导产业都是在经济发展过程中起带头作用的产业；（3）主导产业与先导产业在选择标准上具有相同性。赫希曼基准、罗斯托基准、就业弹性基准等不仅适用主导产业的选择，而且适用先导产业的选择。

（三）主导产业与支柱产业的关系

支柱产业是指在区域产业体系中占有重要战略地位，产业规模在产业系统中占有较大比重，支撑区域经济发展的产业或者产业群。支柱产业作为国民经济的主体和国民收入的主要来源，它的形成和发展直接关系到区域经济发展的规模和水平。支柱产业与主导产业的联系：（1）支柱产业与主导产业一样，不是一直不变的，而是随着市场需求、产业结构的变化而发生变化；（2）在区域产业结构体系中都占据着重要地位，都具有较高的增长率和生产率；（3）随着产业的发展，支柱产业很有可能就是由主导产业发展而来的，而且有些区域的支柱产业本身就是当地的主导产业。支柱产业与主导产业的区别：（1）主导产业的重要性主要体现在它的扩散效应，促使产业结构向合理化、高度化演进。支柱产业则主要体现在对国民经济的支撑作用，对产业结构演进的影响不大；（2）主导产业处在成长阶段向成熟阶段发展的动态过程中，且产业发展速度快。支柱产业一般处在成熟期甚至可以处于成熟后期，产业发展比较平稳；（3）有些主导产业发展成为未来支柱产业的概率很大，但这不意味着所有的主导产业在未来都会成长为支柱产业①。

三、区域主导产业的内涵及特征

（一）区域主导产业的内涵

区域主导产业形成于 20 世纪 50 年代，是属于区域经济学和产业经济

---

① 聂龙. 沈阳市主导产业选择问题研究 [D]. 沈阳大学，2014.

学研究的范畴。对于区域主导产业的内涵界定，国内学者主要有两种主张：一种主张是以西方区域经济中的区域分工、输出基地理论为依据，把区域主导产业定义为主导专业化部门。也就是说，区域主导产业可以分为专业化部门和非专业化部门，而专业化部门又分为一般专业化部门和主导专业化部门，我们这里所说的区域主导产业就是主导专业化部门。另一种主张则是现代产业经济学关于主导部门理论在区域经济分析的延伸和应用，以罗斯托的主导部门理论为出发点，把国家层面上的主导部门原理应用到国家范围内的区域经济层次，由此形成区域主导产业的范畴。

由此可知，区域主导产业是指在地区经济发展的某个阶段，具有广阔的市场前景和较强的技术进步能力，代表着产业结构演变的方向或趋势，并且能够带动和促进整个区域经济发展的区域专业化产业或产业群①。在区域经济发展中，主导产业起主导作用，这种主导作用可以体现在两个方面。一方面在区域范围内，主导产业与其他产业有着密不可分的联系，主导产业的发展情况直接影响其他行业未来的发展前景，进而影响整个区域的发展。另一方面在区域范围外，主导产业的规模较大，生产的产品除满足区域内需求外，更主要是满足区域外需求。换句话说，主导产业的主要功能之一，就是参与区域分工，是区域的主要专业化产业。

（二）区域主导产业的特征

1. 标志着区域分工

从横向发展来看，各个区域经济彼此之间既有千丝万缕的联系又有一定的区别，而造成这种现象背后的原因就是分工。区域分工作为区域之间经济联系的一种形式，发挥着不可替代的作用。由于每个区域的资源和能源分布的不均衡，造成各个区域之间的经济发展条件和基础建设方面的差异，所以假设在资源和要素不能完全自由流动的前提下，各个区域就需要遵循比较利益原则，选择其具有比较优势的产业进行发展，追求最大的经济效益，以此满足本地区生产、生活等多方面需求。于是，区域之间就产生了分工。区域分工有利于专业化生产，充分发挥各区域自身的优势；有利于合理利用各地区的资源，提高生产技术，推动自主创新和研发能力，提高产品质量和管理水平；有利于提高各区域的经济效益和国民经济发展的总体效益②。

2. 推动产业升级

区域间分工促进了主导产业的形成，同时主导产业也在本区域中发挥

---

① 汪新君. 区域主导产业的选择和培育 [D]. 浙江大学，2006.
② 潘晗. 区域主导产业选择的理论模型及其应用 [D]. 郑州大学，2004.

着扩散效应，并以此来拉动区域经济发展。美国经济学家兼经济史学家罗斯托认为，一个地区总有一些产业能最快、最大量地吸收新的技术成果，这些产业就是主导产业。主导产业可以利用新的技术建立新的生产函数，提高效率，降低生产成本，增加企业利润，并不断扩大产品或服务市场，进而带动对其他产业的产品或服务的需求，产生联动作用，促进整个经济的发展。主导产业的扩散效果由此体现出来。

区域主导产业就是在工业化的各个阶段，在整个产业系统中处于主要、支配地位的一个或几个部门。从动态上看，区域主导产业是因时而异、因地而异的，但也有其共同特征，即具有双重的作用，或者说集双重职能于一身。一方面，与其他地区同类部门相比，区域主导产业具有投资少、产出快、成本较低而且生产率较高的特点，能够集中进行规模化生产，专业化生产产品，同时还能面向其他区域、参与整个经济体系的分工和交换，充分发挥自己的特长，充实、完善上一级区域系统；另一方面，区域主导产业是推动区域产业结构演化的主角，它的发展可以带动区域经济增长，是所在区域经济增长的驱动轮，构成了区域经济的主体、核心，决定了区域产业结构的层次①。因而这两者是密不可分的，它们共同构成区域主导部门质的规定性。

3. 具有不断演进的特性

区域主导产业在时间维度上具有一个重要属性，即它是一组不断演进的产业群。区域主导产业的演进过程表现为两个方面：第一，它是区域内部主导产业不断升级的过程；第二，它是区域内主导产业向外转移的过程②。第一个过程是指作为区域主导产业群，区域主导产业自身存在着优胜劣汰，整个区域主导产业群会动态地不断更新，这实际上就是区域产业结构不断升级的过程；第二个过程则是指主导产业具有关联效应和扩散效应，因而它会向其他地区转移和扩散，而且随着新主导产业的诞生，原有的主导产业也会向成本更低、市场更为广阔的区域进行转移。

四、推动主导产业发展的财政政策

（一）推动装备制造业发展的财政政策研究

1. 辽宁省装备制造业的现状

早在新中国建立初期，辽宁省作为中国重要工业基地，为中国的工业化建设做出了巨大贡献。2002年，辽宁省以装备制造业作为重要的产业。

---

① 陈国洲. 区域主导产业选择决策模型研究 [D]. 中南大学，2008.
② 马利彪. 区域主导产业选择问题研究 [D]. 吉林大学，2009.

与此同时，辽宁省以装备制造业为主导的新型工业化经济发展思路得以形成，并取得了重大成果。

"十一五"是辽宁省装备制造业实现承上启下阶段的关键时期。在此期间，辽宁省装备制造业有了很大的发展，总体呈现上升趋势。辽宁省坚持走"新型工业化"发展道路，提高制造业生产能力，增强自主创新能力，努力从"辽宁制造"的传统发展模式向"辽宁创造"的新型创新发展转变。同时，辽宁省也非常重视产业集群所带来的聚合效益，把相关产业进行整合集聚，减少土地占用，节约生产要素和运输成本，加强产业配套设施建设和提升上下游产业的物流效率，并在此基础上大力发展新兴高科技产业。在聚合效益的作用下，辽宁集群产业销售额高达 20000 亿元，规模百亿元以上的产业有 55 个。国内知名的辽宁省产业集群有沈阳市铁西区装备制造产业区和大连市软件信息服务高新区。

截至 2011 年年底，辽宁省装备制造业总产值占规模以上工业总产值的比重达 31.8%，占工业产业增加值比重达 40.4%，成为辽宁省经济发展的领头兵，先后建立了沈飞、华晨、东软等一批先进的装备制造企业。全省规模以上工业企业共 16781 家，工业总产值增加 10696.5 亿元，位居全国第 5 位，仅次于苏浙鲁广四省。辽宁省规模以上工业企业主营业务收入共计 4.4065 亿元，利税共计 3496.8 亿元，比十年前的 2001 年增长了8.6 倍。全省装备制造业增加值比 2010 年增长 18.9%。其中，通用设备制造业增加值增长 21.6%，专用设备制造业增加值增长 18%，交通运输设备制造业增加值增长 14.6%，电气机械及器材制造业增加值增长13.3%，通信设备、计算机及其他电子设备制造业增加值增长 15.7%，金属制品业增加值增长 23.4%，仪器、仪表及文化、办公用机械制造业增加值增长 20.9%①。

2. 装备制造业现行财政政策存在的问题

（1）政府优先采购政策缺乏操作性和执行力

首台（套）重大技术装备是指尚未取得市场业绩的成套装备或单机设备。首台（套）设备由于没有市场业绩，存在运行风险，在市场销售中非常困难。在政府采购招标中，市场业绩是一个重要的投标因子，没有业绩意味着无法参与投标。虽然在 2012 年，辽宁省就率先设立重大技术装备首台（套）政策，制定下发了《辽宁省首台（套）重大技术装备专项补助资金管理暂行办法》（简称《办法》），旨在实现快速提高产业的自主研发

---

① 井崇任. 促进高端装备制造业发展的财税政策研究 [D]. 东北财经大学，2013.

能力，打造出属于自己的新优势，促进国产化进程，但是《办法》缺乏政策细则，在现实中难以操作。在鼓励购买"首台（套）"产品和国产产品政策中，既缺乏实质性的鼓励政策，也缺乏有执行力的限制政策，对装备制造业支持非常有限。

（2）对重大装备技术及基础零部件产业扶持力度不足

国家近些年对装备制造业的财政支持虽然逐年加大，但对于提升企业技术研发能力的带动作用仍然很弱，而且总体上仍是零散的支持方式，缺乏支持重点。根据国外相关研究，当研发强度不超过1%时，技术研发处于使用技术的阶段；当研发强度在1%到2%之间，技术研发就处于技术改进的阶段；当研发强度超过2%，技术研发就处于技术创新的阶段。2011年中国研究与发展（R&D）的支出占国内生产总值的比重为1.84%，这意味着中国仍处于技术改进阶段，还需要发展一段时间才能达到技术创新阶段，这也表明了国家的科技投入体系还不成熟。

政府的扶持在两个层面上都缺乏支持力度，一是重大装备技术，二是基础性的零部件产业。重大技术装备，由于其研发投入强度高、风险大，因此，完全依靠企业研发是非常困难的，不得不依靠进口解决，且依存度居高不下；一些基础零部件也依赖国外进口，受制于人。如输变电设备制造中使用的一部分开关、套管、纸板等基础零部件依靠进口，液压主阀等元器件，中国目前主要从德国等发达国家进口，大概有30%－70%的行业利润都会花费在进口零部件上面，对装备制造业市场竞争力的提升影响较大[①]。

（3）财政政策不能有效推进产业集中度提升和专业化分工

促进装备制造业产业组织发展的财政政策主要有两个方面：一是针对提升企业的集中度，支持企业兼并重组，做大做强；二是针对提升专业化分工程度，促进专、新、特、精小企业提高产品技术，提升竞争力。目前针对两个方面的财政政策较少，强度低，政策绩效有限。

装备制造业作为典型的规模经济行业，在市场上对其他行业的支配程度低，产业的竞争性和垄断性低，由此带来生产的规模经济性变差。对于规模经济行业，如果企业的规模没有扩大到一定程度产生规模经济，那么企业将难以增加经济效益，抢占市场份额，提高自主研发的能力，增强企业自身的实力，等等。随着装备制造业战略地位的不断提升，目前全国有20多个省、市的发展规划提出打造装备制造业集聚区，国内竞争越来越

---

① 张万强. 提升中国装备制造业市场竞争力的财政政策研究［D］. 辽宁大学，2013.

激烈。而且在全球化进程高速发展的形势下，装备制造业又面临着巨大的国际竞争力。企业的规模直接影响企业的市场份额和利润率，以及在国内和国外的竞争力，进而决定了企业能否在残酷的竞争中生存与发展。

3. 推动装备制造业发展的财政政策

（1）降低装备制造业的宏观税负

通过税收优惠促进装备制造业发展的政策包括技术开发费扣除、固定资产可享受加速折旧、国产设备投资可享受抵免、亏损结转、所得税税前抵扣、减免所得税及高新技术企业税收政策等。具体措施有：第一，通过降低宏观税负为装备制造业发展建立良好的投资、创业、发展环境；第二，进一步加大所得税税前抵扣范围。《东北地区扩大增值税抵扣范围若干问题的规定》要求对企业购进固定资产进行增值税抵扣，以促进企业投资。但"纳税人外购和自制的不动产不属于本规定的扣除范围"，而实际上企业建立新厂房等不动产投入是企业投资的重要组成部分。从促进装备制造业发展、激励企业投资的角度来看，建议对外购和自制的不动产纳入抵扣范围；第三，推进所得税优惠政策。目前，中国在西部地区正在实施所得税降低10%的优惠政策，建议将此政策延伸到全国装备制造业，或首先延伸到老工业基地地区装备制造业，以体现对装备制造行业和老工业基地地区的特殊支持。

（2）建立国产化财政激励机制

建立装备制造业国产化财政激励政策应包括两个方面：一个方面是对生产者的激励政策，使企业有动力、有能力、降低风险来开发首台（套）产品。另一方面是对用户的激励政策，事实上承担首台（套、批）产品风险的主体更多地集中在使用者一方，对使用者的政策激励意义更大。

目前，装备制造业虽然已具备了实现国产化的能力，但落实到实际还是有些难度的。国家应出台一些税收优惠政策，加大扶持装备制造业的力度。由于装备制造业的规模比较大、研制和生产周期长，所以国家可以给予在贷款总额和还款时间方面适当放宽，在还款方式上允许企业分期付款，固定资产加速折旧等优惠。对国内制造业尚无竞争优势的产品，政府在投资的一些项目时，因考虑采取同等条件优先采购政策，促进国内制造业的发展；对于国内制造业已能制造的产品，鼓励企业优先采购国内产品，提高关税减少进口；对于国内装备制造业为国产化需进口部分材料或配套件，应减免关税和进口环节增值税。

（3）增加财政补贴，扶持企业发展技术

对于"企业技术改造贷款财政贴息资金"、"科技专项资金"等进一步提高额度，扩大装备制造业企业享受此项政策的范围，引导企业不断增加研发投入，提升自主创新能力。健全、完善支持企业研发财政资金的监管机制，对虚报研究项目骗取资金的企业建立黑名单，追回项目资金，并在5年内不再受理企业申请财政补贴。对于财政补贴资金使用效率低、存在资金挪用等问题的企业，应给予批评教育，责令改正，并降低或暂时取消财政补贴资金。对于财政补贴资金使用取得显著成效，自主创新能力明显提升的企业，应给予持续追加财政补贴奖励。设立科技研发引导资金，鼓励装备制造企业针对制约自主化发展的核心环节，加大科研开发投入，努力实现跨越式发展，占据世界技术发展的最高端，从"中国制造"迈向"中国创造"，实现从装备中国到服务世界的根本转变。

（二）推动辽宁省煤炭行业发展的财政政策研究

1. 辽宁省煤炭行业发展现状

截至 2014 年底，辽宁省有煤矿 299 个。其中，省属国有煤矿 30 个，隶属于抚顺矿业集团公司、阜新矿业集团公司、沈阳煤业集团公司、铁法能源集团公司、辽宁南票煤电公司 5 户省属国有煤炭企业。地方小煤矿 269 个，隶属于抚顺、本溪、丹东、锦州、阜新、辽阳、铁岭、朝阳、葫芦岛 9 个产煤市。

2015 年，辽宁省煤炭地质储量约 46 亿吨，可采储量约 20 亿吨，年核定产能在 7000 万吨以上，实际煤炭产量控制在 6000 万吨以内。截止到 2015 年 4 月末，6 家省属国有煤炭企业（抚顺矿业集团公司、阜新矿业集团公司、沈阳煤业集团公司、铁法能源集团公司、辽宁南票煤电公司、本溪彩屯煤矿有限责任公司）原煤成本产量、商品煤销量同比小幅下降。原煤成本产量 1766 万吨，比同期的 1917 万吨减少 151 万吨。其中，省内企业产量 1376 万吨，同比减少 147 万吨；省外企业产量 390 万吨，同比减少 4 万吨。商品煤销量 1384 万吨，比同期的 1567 万吨减少 183 万吨。其中，省内企业销量 1042 万吨，同比减少 169 万吨；省外企业销量 342 万吨，同比减少 14 万吨。营业收入、利润总额同比也大幅下降。营业总收入 117 亿元，比同期的 162 亿元减少 45 亿元，减幅 27.8%。其中，省内企业收入 101 亿元，同比减少 45 亿元；省外企业收入 16 亿元，同比持平。利润总额－6.9 亿元，比同期的－2.2 亿元增亏 4.7 亿元。其中，省内企业亏损 4.9 亿元，同比减利增亏 5.1 亿元；省外企业亏损 2.0 元，同比减亏 0.4 亿元。商品煤综合售价 316.88 元/吨，比同期的 358.68 元/吨降低了 41.8 元/吨，降幅 11.7%①。

---

① 数据来源：辽宁省煤炭工业网。

2. 煤炭行业现行财政政策存在的问题

(1) 煤炭行业的增值税税负过重

增值税税率高，煤炭产品增值税抵扣范围太窄、转型不到位是煤炭企业税费负担较重的主要原因。2009 年 1 月 1 日，中国全面实施增值税转型，煤炭产品增值税税率由原来的 13% 恢复到 17%，增值税税率增长 4 个百分点，煤炭企业增值税率较高。除此之外，煤炭企业增值税抵扣范围较窄，只有辅助材料、电力、维修费、生产用工器具和设备等，而对于占生产成本比例较大的迁村购地、青苗补偿、塌陷治理和采矿权、煤矿的矿井与巷道等费用，由于无法取得抵扣凭证，不能抵扣进项税额，加重了煤炭企业增值税负担。

(2) 资源税对煤炭行业的约束有限

资源税作为中国矿产等自然资源保护类税费的主体，并没有充分发挥其应有的作用。在煤炭行业，中国资源税课税对象是原煤和原煤加工产品，按照从量定额的方式征收，征收税额较低，没有考虑煤矿的实际储备量，造成煤炭企业过多地开采那些高纯度、容易开采的煤炭。企业在考虑成本和收益的基础上，对于那些杂质过多、不宜开采的煤炭则放弃开采，减少不必要的费用支出，在国家和社会的角度上来看这是一种资源浪费[①]。

(3) 煤炭行业"双轨制"使政府勘探成本分摊失效

在计划经济体制下，煤炭行业的勘探行为所产生的成本一直都是由政府来承担的，勘探成果归政府所有，政府再将勘探成果无偿地分配给直属的煤炭企业，煤炭企业将生产出来的煤炭产品按照国家的意愿进行统一分配，勘探成本并不需要单独核算。1986 年 10 月 1 日《矿产资源法》中规定，资源有偿使用。1998 年以后该法的修正本规定，允许流转探矿权、采矿权，同期出台的《矿产资源勘查区块登记管理办法》、《矿产资源开采登记管理办法》更明确规定，企业申请获得在政府已探明的矿产地行使探矿、采矿权需分别支付探矿权价款和采矿权价款。这也就意味着政府的勘探成本有人承担，勘探成果可以有偿转让，但是由于探矿权、采矿权的价格是相关部门评估定价，市场并没有发挥它应有的作用。与此同时，政府以行政审批为基础的无偿划拨方式依然合法且普遍，这就形成了煤炭行业探矿权、采矿权无偿与有偿并存的"双轨制"获取方式，进而造成了非法承包、转包，甚至私下里炒作的混乱局面，为寻租行为创造了机会，损失

---

① 杜吉明. 煤炭资源型城市产业转型能力构建与主导产业选择研究 [D]. 哈尔滨工业大学，2013.

了国家利益，政府连最基本的探勘成本都无法收回。

3. 推动煤炭行业发展的财政对策研究

（1）降低中央政府对煤炭企业增值税的分享比例

在煤炭企业的整体税负中，增值税所占的比重最多，按照增值税税法的规定增值税属于中央地方共享税，分享比例为 3:1，也就是说，煤炭企业税费中的很大一部门成为中央政府的财政收入。中国的增值税应从生产型增值税向消费型增值税转型，不应再对生产资料征收增值税，因而对煤炭企业征收增值税本身并不合理。可以将煤炭产业视同农业产业，免除煤炭企业缴纳增值税的义务，同时也为环境保护税的开征奠定了基础。但是，考虑到这一改革在短期内还无法实施，可以采取调整中央与地方政府利益之间的分配，降低中央政府对煤炭企业增值税的分享比例，以此作为过渡，逐步变动既得利益的分配格局。

（2）资源税的征收权上交中央政府

税收是政府调节收入分配的重要手段，有利于促进社会公平。相较于地方政府行使收入分配这一手段来说，中央政府在职能上更适合来征收资源税。因为资源税作为地方政府增加财政收入的主要来源之一，一方面地方政府有扩大资源税税基的倾向，造成乱收税费的情况发生；另一方面我国资源税在税制设计上存在缺陷，使得企业乱开滥采资源的现象频繁发生，地方政府非但没有足够的动力去制止，反而还会发生不同程度的道德风险。另外，从资源权益的所有权角度看，一个国家的资源并非某一地区的公民所独有，由中央政府代为行使才更为合理。

（3）合理分配煤炭矿产权市场化转让收入

随着国家对"双轨制"改革进程的不断加快，煤炭矿产权市场化转让的收入将成为政府获取与煤炭资源相关税费的重要来源。合理分配煤炭矿产权市场化转让收入至关重要，主要原因有两个方面：一方面，地方政府在转让煤炭矿产权时获得的利益越少，其承担的成本越无法分摊，则越有可能干预市场。另一方面，由于多级委托代理的关系，当地方政府官员发生寻租行为时，中央政府无法进行有效的监管。

综上所述，为了保障国家利益最大化，适当地提高分成比例可以提高地方政府的积极性；更高的分成比例还可以用来弥补未来地方政府资源税上缴的损失，以及部分补偿长期以来企业所得税的共享制度不合理给地方政府造成的损失。所以地方政府获得更多的煤炭矿产权市场化转让收入，既可以不减少中央政府原有收入，又可以加强地方政府财权。

（三）推动汽车行业发展的财政政策研究

1. 辽宁省汽车行业发展现状

辽宁省汽车工业的产品主要有轿车，大、中、轻型客车、SUV 多功能车、轻型货车；柴油和汽油两大系列车用发动机；按市场需求生产的各类改装车以及汽车零部件。截至 2011 年年底，辽宁省汽车工业拥有规模以上生产企业 452 家，其中，整车生产企业 11 家，改装车生产企业 51 家，汽车发动机生产企业 6 家。现有整车生产能力 126 万辆，其中，轿车生产能力 55 万辆，发动机生产能力 154 万台。

从汽车产量上来看，2011 年，辽宁省汽车产量为 74.5 万辆，在各省市排名第 12 位，同比增长 7.1%，其中，轿车产量 44.4 万辆，同比增长 6.4%；轻型客车产量 8.65 万辆，同比增长 11.8%；多用途车产量 8.87 万，同比增长 24.1%。从各类型汽车占汽车总产量的比重来看，轿车占全省汽车总量的比重为 59.6%，轻型客车占全省汽车总量的比重为 11.6%，多用途车占全省汽车总量的比重为 11.9%。2011 年全省汽车出口 3.62 万辆，同比增长 13.7%；实现出口交货值 70.01 亿元，同比增长 25.0%。从从业人数上来看，全行业全部从业人员平均人数 13.03 万人，同比增长 11.6%。

2. 汽车行业现行财政政策存在的问题

（1）对零部件生产企业的扶持力度不够

中国生产企业缺乏自主研发和技术创新能力，最主要的一个原因就是国家的扶持力度不够，政策的关注度不够，很少有政策的主体是直接零部件生产企业，对零部件生产企业的税收优惠也较少。除此之外，国家尚未建立关键零部件共性技术平台，整车和零部件企业不能形成完整的战略合作关系，共同研发技术创新，这对双方技术水平的提高都是不利的。

中国的零部件生产产业有集群现象，但是政府还没有及时将其进行专业化分工和联合开发。而且国内零部件企业在技术的获得上主要是来源于国外技术的借鉴、购买与外溢、人员流动，等等，不同体系之间信息不流动，规模性专业化分工基本上没有，更谈不上集群间的联合开发，产业集群并没有能帮助零部件企业提升自主创新的能力[①]。

（2）在技术方面的税收优惠政策较少

政府出台税收优惠政策有助于促进企业自主研发，帮助企业提升竞争力。但是现有的税收优惠政策还很不完善，比如，增值税税收优惠方面，

---

① 田博. 中国电动汽车产业发展财税政策研究［D］. 财政部财政科学研究所，2012.

只适用于集成电路产业和软件产业，对高新技术企业的优惠覆盖面较窄；所得税税收优惠方面，研发费用的扣除范围较小，扣除比例较低，税收优惠方式较单一等。

在技术研发的初期，需要投入大量的人力、物力、财力，而且技术创新活动想取得成果也是很难的，存在一定的风险性，使得小微企业根本不想进行技术创新活动，大型企业对于初期的大量投入也会持慎重考虑的态度。政府出于社会效益的考虑，应该出台税收优惠政策，对自主研发的企业进行扶持，保障单个企业能够开展技术创新活动，领导和组织同行业内的科技合作，为企业与企业之间的技术合作提供公平的竞争平台。

（3）汽车报废补贴政策不健全

美国、德国这些汽车工业发达国家，由于市场的成熟和汽车报废回收体系的健全，更新需求是汽车消费的主要需求，在此基础上国家出台的"报废更新"政策效果很明显。

由于中国汽车市场还不是很完善，政府出台的政策还在摸索阶段，只有大型载货载客汽车、城市公交车、农用运输车等几种车辆可享受税收优惠政策。大部分的报废车辆不在补贴范围，还是会选择直接流转入二手车市场或是直接在农村地区进行转卖，交通安全得不到保障，存在安全隐患，而且再次使用一些排放量较大的汽车不利于环境保护。

除此之外，中国《老旧汽车报废更新补贴资金管理暂行办法》中规定单车的补贴金额原则上不超过该车型车辆购置税，同时《报废汽车回收管理办法》中又规定了报废车回收价格按其"金属含量折算"，并同时"参照废旧金属市场价格"来计算。由于以上两个政策规定，车主获得的补贴要远远小于转让报废车所获得的收益，使得报废更新政策进展缓慢。

3. 推动汽车行业发展的财政政策

（1）合理规划临时性优惠政策

政府在制定汽车行业相关的财政优惠政策中，会有一些为了短期刺激消费而出台的临时性政策，这些临时性政策对市场的冲击作用十分明显，如果不能充分考虑其所带来的不良效果，合理地预期其带来的负面影响，就可能会对市场造成意外冲击。因此，政府不仅需要考虑优惠政策的有效期间，而且还要考虑临时性优惠政策结束时的后续措施，平缓优惠结束期的影响。

与此同时，临时性优惠政策会造成收入分配不公平的现象，比如"报废补贴"政策会给高收入的人群额外的收入补贴，拉大了贫富差距。因此，政府应该合理规划临时性优惠政策，尽量减少其所带来的对市场的冲击，统一规划长期性财政优惠政策体系。

（2）出台扶持汽车零部件企业自主研发的相关政策

在考虑中国汽车核心零部件自主发展存在问题的基础上，政府应出台相关政策，促进汽车生产企业自主研发和联合开发新产品。具体有如下几个措施：第一，政府需要积极引导汽车零部件生产企业更好地发展，使其在未来具备自主研发能力，提高投资水平，促进企业的规模化发展；第二，政府发挥主导作用，积极调动高校和科研院所技术资源，将这些技术资源与企业相结合，构建组织化和制度化的共性技术研发平台和战略技术联盟，推动中国汽车零部件行业的发展；第三，培养和发展零部件企业，建立整车企业与零部件企业协作发展关系，逐步完善汽车行业发展体系；第四，鼓励零部件企业扩大生产规模，提高产品质量，并以新能源为突破口，抓住机会推动电动汽车及其关键零部件自主化、产业化发展[①]。

（3）健全汽车回收环节的相关政策

一方面，汽车报废补贴政策有待完善。这个方面可以借鉴国外有关经验，实施报废补贴和更新补贴。在采用更新补贴政策时要充分考虑到人们的收入水平这一要素，拥有老旧汽车的人大部分都不是高收入者，所以在设置补贴水平时要考虑到可能因为补贴水平低，大部分人会选择继续使用老旧汽车。所以在政府采用更新补贴政策时，对更新为新能源车的车主提供相对高的补贴，对更新为大排量汽车的车主提供相对较低的财政补贴；另一方面，加强对二手车市场的监管力度，规范市场秩序。提升我国的二手车市场的服务质量，完善看管二手车程序等。先建立完善的二手车市场，在此基础上再扩大市场的规模和增加交易量。

（4）完善发展新能源汽车的相关政策

在推动新能源汽车发展方面，应先引进外国先进技术，对外国先进技术进行分析和研究，在此基础上提炼出适合中国企业发展的技术流程。日本的新能源汽车发展计划为中国提供了很好的借鉴[②]。日本政府对新能源汽车发展给予大量的税收优惠政策，比如，在新能源汽车研发的过程中，日本政府提供50％−70％的资金支持，并给予这些企业一定的税收减税、免税和财政补贴。因此，中国政府在制定发展新能源汽车的政策时，可以重点考虑优先采购自主品牌的新能源汽车，并对私人新能源汽车给予补

---

① 顾瑞兰. 促进我国新能源汽车产业发展的财税政策研究［D］. 财政部财政科学研究所，2013.

② 严敏悦. 汽车行业发展的财税政策研究［D］. 东北财经大学，2013.

贴，开展试点活动，完善补贴程序尽快推向全国，以此提高新能源汽车企业的竞争力。

第三节　实现产业结构优化升级的财政政策

一、产业结构优化升级的内涵和规律

（一）产业结构优化升级的内涵

产业结构优化升级是产业结构的合理化和产业结构的高度化的有效统一。产业结构优化是一个动态的过程，从以第一产业为主向以第二产业为主、继而向以第三产业为主转变，是不断升级的过程。在发展的不同阶段，产业结构优化的衡量标准也不一样，产业结构优化升级的原则是产业间的协调发展和最高效率，要达到的目标是自愿的优化配置和整体的经济效益最大化。

（二）产业结构变动存在的普遍规律

1. 产业结构合理化

产业结构合理化是指在目前掌握的技术基础上达到各产业间的协调发展。其中涉及在产业间各种关系的协调发展，包括产业之间关联程度的提高、技术结构之间的协调发展、资产结构和产值结构的协调发展、不同产业在生产规模上各比例关系的协调等。

2. 产业结构高度化

产业结构高度化指产业结构根据一定的逻辑序列和经济发展的需要由低级向高级水平不断地发展。包括产业结构逐步由第一产业占主导向第二、第三产业占主导地位的逐步转变；由那些制造初级产品的产业占比重高向制造中间产品及最终产品占优势比重逐步演进；由劳动密集型产业逐步向技术、资金、知识密集型的产业逐步演进。

3. 产业结构合理化和高度化的统一

产业结构合理化和高度化的关系可以表述如下：前者是后者的基础，后者是前者发展的必然结果。促进产业结构的优化升级是我国长期经济发展的一项重要任务。

二、中国现行促进产业结构优化升级的财政政策及其缺陷

政府可以借助信息、财政和货币政策来引导产业结构的优化升级，但相比之下，货币政策擅长总量调控，而财政政策（包括财政支出和税收政

策）则擅长结构性调节。因此，中国现行促进产业结构优化升级应立足于财政政策。

（一）中国现行促进产业结构优化升级的财政政策

1. 中国促进产业结构优化升级的财政支出政策

目前，促进我国产业结构优化升级的财政支出政策，主要体现在以财政投资、财政补贴、财政奖励、财政拨款等为主要形式的各种财政专项资金支出上，涉及诸如基础研究、应用研究、技术创新、产业集群、产业转移、节能环保、可再生能源发展等领域，贯穿在研发、生产、销售、消费等各个环节。中国现有的财政投资主要用于基础设施、产业园区等的直接投资，具体投资项目不仅包括铁路、公路、城市电网、机场，还包括对国家重点实验室、国家产业园区的投资。中国现有对产业结构优化升级方面的财政补贴和奖励措施，主要体现在技术研究与开发、技术创新、节能环保、可再生能源发展等项目。针对这些项目进行奖励和专业补助，如中国设立的"淘汰落后产能财政奖励资金"、"太阳能光电建筑应用财政补助资金"；中国近些年来的财政拨款也用于促进科技发展和产业结构的优化升级，主要分布在国家科技支撑计划、新兴产业创投计划等方面。

2. 中国促进产业结构优化升级的税收优惠政策

促进中国产业结构优化升级的税收优惠政策，主要体现在流转税和所得税所实施的包括税收减免、低税率、投资抵扣、投资抵免、减计收入、加计扣除、减免所得额等规定中。在增值税方面，自 2009 年 1 月 1 日起，中国增值税从生产型转为消费型，允许企业（一般纳税人）新购入的机器设备所含进项税额在销项税额中抵扣；现行《增值税暂行条例》第十五条规定，直接用于科学研究、科学试验和教学的进口仪器、设备免征增值税。在营业税方面，《营业税暂行条例》及其实施细则规定，对单位和个人以及非营利性科研机构从事技术转让、技术开发业务和与之相关的技术咨询、技术服务业务收入，免征营业税。在企业所得税方面，《企业所得税法》及其实施细则规定，高新技术企业的所得税税率为 15％，低于其他一般企业；对于那些符合标准的节能、节水项目，环境保护企业及需要重点扶持的基础设施项目，自项目取得第一笔生产经营收入所属纳税年度起，实行"三免三减半"的优惠政策，等等。这些税收优惠政策的实施，促进了企业加大科技的投入和节能减排的力度，促进产品结构的调整，一定程度上推动了产业结构的优化升级。

（二）中国现行促进产业结构优化升级的财政政策的缺陷

1. 政府财力有限，对国家产业政策缺乏相应的资金支持

改革开放以来，中国财政收入（预算内收入）占国内生产总值的比重

较低，使得财政缺乏足够的资金对产业政策进行投入，这样容易造成一方面政府可能放弃对某些产业的扶持，特别是放弃对前期投入比较大、短期效益比较低的诸如科技产业的扶持，这样更不容易促进产业结构的优化升级；另一方面，政府可能通过扩大财政赤字促进产业结构调整，但有可能导致通货膨胀，更会抑制产业结构的优化升级。

2. 财政支出结构不合理

首先，财政政策不能因地制宜、因企制宜。地方按照国家出台的政策条目、国家税法的各项税收优惠政策执行，一般上级有多少项，下级基本有多少项，并且对于经济欠发达地区和经济发达地区所实施的政策基本一致，这样无法因地制宜，缺少联系当地实际发展的需要。而且，财政政策对大中小企业也缺乏区别对待，可能中小企业在发展过程中需要更多的资金支持；对大企业来说，可能更需要的不是资金方面的支持，更需要政府搭建公共平台。

其次，领域支出不足，财政"缺位"严重。财政的缺位体现在：一方面，长期以来，片面注重发展工业，忽视了农业的基础地位，对农业投入少，使得农业专业化、机械化程度比较低；另一方面，对于行政事业支出较多，却忽视了教育、科技、社会保障方面的支出，这种支出结构的不合理，抑制了产业结构的优化升级。

最后，在税收政策方面还存在一些缺陷。虽然中国为支持产业结构优化升级采取了一系列税收政策，但现在的税收政策还有一定的缺陷。一是税收优惠政策缺乏整体性的法律规范。中国促进产业结构调整的税收优惠措施缺乏统一的法律规范，多是分散在各税法的实体法和有关的部门通知文件中，并且多是以行政规章的形式存在，法规层次过"低"。二是税法中缺乏对企业研发投入的税收激励政策。中国现行所得税法对研发投入虽有"三新"费用加计扣除的规定，但却没有实施对企业提取的技术开发或科研开发准备金允许税前扣除的税收激励政策，而且一般是企业科技研发成功了，有盈利之后才享受税收优惠，一旦失败要自行承担费用。三是税收优惠方式欠科学。税收优惠包括直接优惠和间接优惠两种形式，直接优惠主要是实施减征、免征或低税率、退税等政策；间接优惠指投资抵免、加计扣除、加速折旧等。但是中国主要采取的直接优惠方式往往受时间限制，难以激励受惠企业持续开展研发与创新、技术成果转化等活动。[①]

---

① 涂晓今. 我国促进重点产业结构优化升级的财政政策创新探讨 [J]. 政策研究，2012（02）：8—12.

3. 评价监督乏力，财政资金使用效率不高

一般情况下采用企业自主申报、财政相关职能部门审批的程序对财政专项资金进行下拨，但对于财政专项资金的流向以及使用效果等能否达到预期的目标，政府却不能实时进行监督，缺乏全程跟踪（事前、事中、事后）的检察监督机制，也会存在评价主体缺乏公信力，评价方法存在问题，从而影响对资金使用效率的监管。同时，也会出现有关部门对财政资金划拨的计划、程序管理不规范而存在资金拨付不及时或者不足额的情况，影响了对产业结构调整所需资金的使用。

三、优化产业结构升级的财政政策

（一）加强财政资金支持体系的完善，改变传统方式，提高财政资金使用效率

1. 建立分层次、协调的财政政策体系

财政部门应根据企业规模的不同、地域的不同及产业的不同，建立分层次、全方位的财政政策体系。比如，对小型企业提供再担保融资平台，财政贴息及拨款补助等资金支持，而对大中型企业应鼓励其技术创新，支持其自主研发、实施品牌战略；从地域方面来说，应加大对中西部相对落后地区的财政支持力度，鼓励承接东部发达地区的传统优势产业；从产业方面来说，应完善高新技术产业的税收激励机制，健全政府采购制度，而对传统优势产业应支持其兼并重组。

2. 集中财政资金扶优扶强扶大

集中财政资金，有针对性地扶持、改变财政资金"撒胡椒面"的现象。当前针对产业和企业下拨的专项扶持与鼓励资金广而散，财政部门应将分散的专项资金进行重新整合，设立重点产业专项资金。根据上缴税收、营业收入、相关行业技术标准，筛选出一批税收贡献大、自主研发创新能力强、产业关联度高的企业重点扶持，并集中资金支持企业的重大创新发展项目、重大创新示范工程、重大创新成果产品化等。

3. 创新财政政策对产业优化升级的支持方式

可采取有效的激励机制，如"以奖代补"、"事先公布标准，达到标准予以奖励"，以提高企业进行技术改造与创新和节能减排的积极性。

（二）加大政府对科技创新的支持力度，为重点产业优化升级提供强大支撑

1. 提高我国经费强度指标，加大政府对科技创新的支持力度

第一，中国目前研究与发展（R&D）经费强度指标偏低，政府应尽快提高其强度指标，鼓励企业科技创新。加大财政资金的扶持，积极引导

和鼓励企业和社会加大其投入，争取在短时期内使中国研究与发展（R&D）经费强度指标达到并超过 2％的水平，并制定相应的增长目标，保证政府的科技引导性资金投入能够稳定增长。第二，提高公共财政预算中"科学技术支出"的数额，保证其增长速度大于整个财政支出的增长速度。加大支持企业进行前沿技术的研究以及重大关键性技术的研发，鼓励企业创造具有自主知识产权的专利技术和自主品牌，支持企业加强与国内外研发机构的合作，使一批具有影响力的创新型企业和高新技术企业能够快速做大做强。第三，借鉴发达国家支持科技创新的做法，提高对政府部门所属的科研机构和高等学校科研机构的经费投入，鼓励政府部门所属的科研机构和高等学校科研机构根据企业、市场需求开展技术研发与创新活动。

2. 设立战略性新兴产业发展专项资金

根据现有的财政政策和资金来源，由中央、省、市、县四级分层次拨出专项资金以鼓励战略性新兴产业的发展，并运用财政贴息、风险投资等投入方式，集中力量支持国家重大关键性技术的研发以及重大产业创新发展项目等，推动高新技术与战略性新兴产业深度融合，解决阻碍战略性新兴产业发展的重要问题。在战略性新兴产业发展专项资金成立后，要选择合适的资助对象，使其真正用于那些能够有效带动产业结构优化升级的项目，从而发挥其潜力，并在款项支出后进行跟踪管理。

（三）创新税收激励手段，引导地方和企业加大科技投入

1. 制定税收优惠综合性的政策法规

发达国家一般都会出台统一明确的税收政策来促进产业结构的优化升级，比如韩国曾出台《税收减免控制法》及《技术开发促进法》，日本政府也曾出台《关于加强中小企业技术基础的税制》、《促进基础技术开发税制》等法律法规。中国也必须制定综合性、符合现实的税收优惠政策来解决中国目前尚不统一的法律法规现状，这样可以使纳税人更能清楚地知道国家的税收政策倾向，同时也使税务人员更容易进行相关业务的操作和税收优惠政策的解读。

2. 创新税收激励手段

鉴于当前中国的税收政策在促进产业结构优化升级方面存在很多问题，税收激励政策需要在以下三个方面做出改变：一是税收激励政策的目标要和产业结构优化升级匹配起来，要结合产业发展的不同阶段和科技创新成果的技术含量来采取不同的、有区别的税收政策，大力支持各企业和地方把资源更多地分配到新兴产业及其科技创新的产业中来。二是改变之前的税收优惠政策，即轻视过程只看结果，重视事前优惠而非事后优惠。为此，可以学习国外采用的技术准备金制度，主要指企业可以根据自身销售收入的一定的比例来提取新产品试制准备金、技术开发准备金，根据实际情况进行税前扣除，来弥补可能出现的诸如研发失败的风险。三是变直接优惠的方式为间接优惠的税收鼓励方式，促使企业通过加速折旧等一系列方式来加大科技创新的投入。

（四）发挥政府采购政策导向功能，推进产业结构优化升级

1. 扩展政府采购范围，以此扩大政府采购规模

中国政府采购的现状是以货物类和少量服务类产品为主要采购对象，要想扩大政府采购规模，重点在于扩大政府采购范围。借鉴国外经验中国可以将采购实施范围从传统的货物类产品扩大到工程类、服务类产品，将货物类产品采购延伸到通用类向专用类，将服务类产品采购从传统的专业服务扩展到合同能源管理、物联网、云计算、服务外包等新型服务领域，并将工程类采购逐步纳入政府采购管理范围。政府在扩大采购规模，扩展采购范围过程中，需不断完善采购评审方法，结合中国当前的基本国情，优先采购自主创新企业生产的产品，建立健全节能环保相关方面的政策，形成科学化和规范化的政府采购和订购制度，以充分发挥政府采购对产业结构优化升级的政策导向功能。

2. 尽快出台《政府采购自主创新产品目录》

自 2006 年《国务院关于实施〈国家中长期科学和技术发展规划纲要（2006—2020 年）〉若干配套政策的通知》（国发［2006］6 号）以来，中国已出台《自主创新产品政府首购和订购管理办法》、《自主创新产品预算管理办法》，但作为实施政府采购政策的基础和前提的《政府采购自主创新产品目录》至今尚未发布。因此，应以扶持自主创新企业为目标，在现行各省市制定的自主创新产品目录的基础上，尽快制定《政府采购自主创新产品目录》，不断完善政府采购体系。

3. 落实政府采购制度

国家应要求各级财政每年在首购和订购上必须安排资金，在中央和地方进行政府采购时，应优先考虑首购列入国家和地方《政府采购自主创新产品目录》的产品，以及由政府出资或立项需要研究开发的重大创新产品、技术和软科学研究的创新产品。在采购程序完成之后，政府需对其进行实时跟踪、绩效评价，以此来促进自主创新企业的发展。

（五）完善财政支出的绩效评价和监督机制

1. 改进财政项目支出的绩效评价制度

我们要借鉴发达国家"结果导向"的做法，改进财政受惠项目支出绩效评价制度。具体措施：第一，提升绩效评价依据的法律层次。实施绩效评价较成功的国家，一般都有较高层次的法律依据，如英国有《中央政府

产出及绩效评估技术指南》，美国有《政府绩效与结果法案》，韩国有《政策评估框架法案》（2001）等。而中国的财政专项资金绩效评价的法律依据只是财政部和各省、市出台的"暂行办法"、"试行办法"，法律体系需要不断完善。第二，合理选择绩效评价的财政受惠项目。首先选择支持资金数额较大的项目进行绩效评价，在兼顾传统重点产业和新兴产业的基础上，选择具有典型性或有代表性的项目进行绩效评价。第三，采用科学的财政支出绩效评价方法。适用于定量分析方法的项目，可选择成本效益分析法；适用于定性分析方法的项目，可以选择目标预期与实施效果比较法。

2. 监督财政支出"全过程"

各级人大应承担审查监督项目支出预算编制合法性及合规性的责任，把好项目源头；财政部门应控制监督财政支出项目整体流程，强化内部监督；政府审计部门则应将资金使用合法性、合规性审查扩大到绩效审计，做好事后监督；社会审计机构对财政扶持项目的资金投入、成本费用、产生效益情况进行客观公正的评价，并出具相应的评估报告。对绩效评价结果优良的项目，可以根据实际需要在以后年度预算中优先安排；对绩效评价结果一般或较差的项目，财政部门可提出建议，不再纳入预算安排或减少预算安排；对于绩效目标未完成，可以责令相关部门（单位）认真整改；对发现违法违纪行为的，按照相关规定移交有关部门依法处理。

第五章 财政政策与充分就业

第一节 就业与财政

一、就业的含义

(一) 就业基本概念

就业的内涵主要从理论以及实践两个角度来分析,研究就业的理论含义有助于从根本上找到就业问的题解决依据,从实践的角度来研究就业,可以使得就业问题更具有直观性,增加解决失业问题相关对策的可操作性。

1. 什么是就业

(1) 就业的理论内涵

主要是通过研究微观经济学中劳动力市场 (要素市场) 的供求规律来研究和判定就业与失业的经济学标准。通常来说按照供给标准,主要指的是按照市场中劳动力的供给总量作为判定标准,如果就业人口低于市场中的劳动力供给量,这就表明存在着失业。主要是因为实际工资水平(W/P)上涨,按照劳动力市场的供求规律,会导致劳动力供给过多。我们通常会提到充分就业,充分就业指的就是在劳动力市场中劳动力的供给与需求都均衡状态,也就是说劳动力市场的资源配置实现了最优。值得注意的是,我们在研究劳动力市场时一定要密切关注实际工资水平 (W/P),不能只关注名义工资 W 的变动,前者才会对劳动力市场产生直接影响。就业与失业虽然是两种不同的状态,但是二者之间的关系却十分密切,二者关系主要表现在失业人数与从业人员之间有着重合的部分,虽然不同的国家(地区) 对于从业人员的年龄限制有所区别,但是每个国家 (地区) 人口构成从就业的角度划分,可以分为适龄劳动人口与非适龄劳动人口,有些人员虽然处于适龄劳动人口阶段,但是由于其他别的原因 (例如,在校学生、服兵役等情形),无法从事经济生产活动。还有些人员虽然不属于适龄劳动人口但是却有可能从事经济生产活动（例如，雇佣的童工，还有老年人已经超过了这一标准仍然参加相应的工作并且获取一定的劳动报酬）。有的家族成员在家族内企业虽然不直接领取经济报酬，但是却在企业中从事相应的劳务活动，而且企业的经营成果直接关系到个人的切身利益，这也属于就业的范畴。所以存在着许多就业或者失业人口与实际不相符合的情况。

（2）就业的统计学内涵

就业通常指的是一个国家或者地区，按照本国的劳动法律，在规定的年龄段内从事以赚取必要的劳动报酬为目的而从事生产或者提供劳务的活动。失业则是与此相对[①]，主要指的是适龄劳动人口，具备工作能力却失去工作而又在寻找新的工作的一种状态。就业通常有以下情形：一是企业正在雇佣的员工并且正在从事生产或者提供劳务的活动；二是企业正在雇佣的员工，但是暂时未从事生产或者提供劳务的活动；三是雇主自己（包括自由职业者、个体经营者等）。他们共同具有一个十分明显的特征，即都是适龄的劳动人口，都具备劳动能力，都有着可以从事生产或者提供劳务活动的职业。此外，当他们从事生产或者提供劳务时，他们都以获得一定的经济报酬为目的（包括那些家族式企业中的亲属雇员，不直接领取劳动报酬，却享受经营成果）。

许多国家有着不同的失业登记标准，而且采用的统计方法也不一致，中国 2009—2014 年登记的失业率为 3.7%、3.5%、4.1%、4.2%、4.4%、4.2%。单从统计指标上看，这个失业率其实不高，但由于我们的统计口径只包括城市地区，广大农村被排除在外，这个统计口径过于狭窄，[②] 根本无法真实地反映中国当前的就业形势，因而参照性不强，即使是城镇地区的失业率统计也排除了下岗人员（注意下岗人员虽然有职位，但是并不直接从事生产活动），而且城市当中存在着许多进城务工者，他们当中也存在着一定的失业问题，我们不能无视这一群体的存在。国际上通行的做法是采用人口普查与抽样调查相结合的方法，然后将失业人数与劳动力的供给总量（适龄劳动人口且具备劳动能力）相比，这个比值就是失业率，国外对于失业的统计口径是一种宽口径的统计方式，包括农村与城市两类地区。所以我们应当改革统计指标体系，采用更加符合实际情况的调查方法，不单单依靠失业登记，要主动调查，坚持普查的原则，将一

---

① 冯彦明，夏杰长. 就业机会：政府必须提供的一种公共产品 [J]. 经济学动态，2004（07）：26－29.

② 郭继严，王永锡. 中国就业战略研究 [M]. 北京：经济管理出版社，2006.

直忽视的农村人口以及进城务工的失业人员纳入调查范围。从统计学的角度定义就业，主要是通过各种统计学手段以及统计学的相关指标去分析就业问题，因而统计标准与统计手段显得十分重要。当前中国官方发布的调查数据是依据窄口径的统计方法所得出的结果，必须适当地有所改变。从统计学角度来看失业与就业，我们在统计过程中，要坚持动态的观点。劳动力市场中，劳动者在一定程度上是可以自由进出劳动力市场的，既有就业人员失去就业机会或者主动退出劳动力供给市场，也有新的失业人员通过职业培训，提高自己的劳动技能而重新进入就业状态。因此，失业人口与就业人口的基数是一个动态概念。我们可以给出如下统计学公式：

失业人数＝下岗人员总数－失业再就业人员总数＋已登记的失业总人数

2. 什么是充分就业

20世纪50年代，有些经济学家认为，失业率低于3％—4％，就达到充分就业水平。中国正处在经济转型时期，我们必须按照国情来制定充分就业的标准。现行的国际标准为，当一个国家或地区的失业率不超过5％，就可以称之为达到充分就业水平。中国学界一般认为，当一个劳动者的工资水平未达到最低工资水平，而且劳动者自愿要求更多的工作时间，这就属于不充分就业。中外学者对于充分就业的定义之所以有所区别，主要有如下原因：

首先，中国是世界上人口最多的国家，劳动力资源十分丰富，而社会能提供的就业岗位无法满足基数如此之大的劳动力人口。而西方国家人口相对比较少，没有如此之大的就业压力。

其次，西方国家与中国经济发展阶段不同，西方已经处于后工业化阶段，城市化水平一般都已经达到70％以上，而我国工业化尚未成熟，城市化水平50％左右，因而面临着大量的农村剩余劳动力向城市地区转移的问题，而且由于工业化程度比较低，所以第二产业、第三产业对于就业的吸纳能力还不够充分。

再次，中国的劳动力市场不够发达，存在着机制不完善、信息不对称、调节滞后等问题，这样很容易导致劳动力市场供需结构不合理，产生结构性失业问题；然而西方国家由于市场经济发展已经十分成熟，劳动力市场的各项制度、法律都比较健全，调节机制也比较及时，信息传递渠道也比较通畅，因而劳动力市场供需双方可以及时地调整自己的行为，维持劳动力市场的均衡状态。

政府宏观经济目标之一就是为了实现充分就业，我们国家的学者通常认为，不管就业状态如何，只要劳动者的收入超过了当地的最低工资标准，都属于充分就业的范围，即在劳动力市场中，在某一工资水平下，能接受这种工资水平的劳动者都能够拥有一个工作岗位。

中国经济学界对于充分就业有以下基本认识：首先，充分就业不等于零失业率，国民收入处于充分就业水平之上。其次，充分就业主要指的是各种生产要素都能得到充分利用。随着我国市场经济的发展，工业化水平不断提高，我们有关充分就业的标准也应当与时俱进。我们在确立新的充分就业标准时应当从如下几方面来考虑：一要重视市场调节与政府宏观调控的有机结合；二要能够统筹城乡发展、统筹东中西部发展；三要能够充分利用中国的人力资源优势；四要坚持兼顾效率与公平的原则，促进社会和谐。没有实现充分就业的主要表现，就在于劳动者自愿通过劳动来获得劳动报酬或者是自愿增加劳动来增加劳动收入的主观愿望得不到实现。在农业为主的社会体系中，不充分就业表现为，由于土地资源紧张，无法让劳动力资源得到充分利用。在工业文明的时代里，主要有两个表现：首先是生产要素利用不充分；其次是劳动者的有效劳动时间不足。经济欠发达的国家与地区比经济发达的国家或地区存在着更为明显的就业不充分的问题，举个简单的例子，中国有着大量的需要转轨的国有企业，有大量员工需要安置，这些员工虽然有工作岗位，但是由于企业停产或者改制却不从事生产活动，这是十分典型的隐性失业现象，这也构成了就业不充分的主要表现。因此，充分就业的概念在不同的国家和地区很难有一个统一的标准，因为它本身也是动态发展的，我们应当因时而异，因地制宜，要用发展的眼光去审视充分就业的内涵。但是从国民经济发展的角度来看，充分就业要求经济发展要能够不断地满足劳动者对于工作岗位的要求，要保持劳动力市场的总供给与市场对于劳动力的总需求平衡，只要在一定的工资水平下，适龄劳动人口自愿从事劳动，市场都可以提供相应的工作岗位。

就业是民生之本，就业不单纯是一个经济问题，更是一个十分重要的社会问题，它既关系到国民经济的长期稳定与健康，又关系到一个社会环境的稳定与和谐。

从经济学方面来看，就业是由于人们对于商品以及劳务的需要所产生的一种引致需求，前者是就业产生的前提，如果人们不再需要市场提供商品与劳务活动，那么就业也将不复存在，正是因为人们日益增长的物质文化需要，才导致了就业机会的不断产生与维系。就业反过来也推动了经济的发展，没有充分就业，那么产出水平就比较低，使得经济发展缓慢。一个国家或地区的经济发展水平取决于自身的就业水平，经济发展迅速，社会对于商品与劳务的需求越旺盛,那么所能提供的就业岗位就越多,二者之间是正相关的关系。一个国家或地区的经济产业结构也决定了一个国家或地区的就业结构的变化。很明显,在封建社会时期,农业活动是最主要的生产活动,农民成为当时就业的最主要标签。但是在工业文明时期,随着工业化水平的逐步提高,产业结构不断调整与升级,那么就业的结构与层次也不断变化。在广大的发达国家,第三产业吸纳的就业最多,即便在发展中国家由于工业化水平的不断提高,第三产业所占比重越来越大,因此,第三产业所容纳的就业所占比重也在不断地增大。

从社会角度来看,就业是一个国家稳定和谐的重要前提,就业关系到每个劳动者的生存与发展,因为在市场经济的体制下,劳动者并不直接占有其他生产资料,只拥有能够自主转让的劳动力,劳动者只有通过有偿出让自己的劳动能力,通过自己的劳动去获得收入以维持自身的生存与发展的需要。而且劳动给劳动者带来的满足主要分为两个层次,第一个层次指的是物质层面,劳动者通过自己的劳动,取得劳动报酬,满足自身的生活或者整个家庭日常的生活开支。第二个层次指的是精神层面,劳动者通过自己劳动,获得了他人的认可与尊重,自身也得到了一种满足感与认同感,找到了自身存在的价值。劳动者失去工作机会,不仅意味着收入减少,有可能会影响到自身与家庭的生活水平。虽然政府可以通过社会保障等措施来保证劳动者的正常生活,但是生活水平可能会下降,更为重要的是,劳动者内心将会受到很大打击,因为失去了证明自己人生价值的机会,失去了得到社会认可的渠道。

根据中国人社部最新的一项调查的结果表明,有 20％的劳动者在失业后会感到自己无法面对,70％的失业者觉得自己无论在生活上还是心理上都会遭受重大考验,仅有 10％的劳动者对此抱有比较轻松的态度。尤其是中年群体(生活压力最大的群体)对于失业问题看得最为沉重,就业事关社会的和谐,家庭的稳定。因此,就业是一个政治问题,是一个社会问题,不能不高度重视。如果一个国家的就业市场状况比较好,自愿劳动的适龄劳动人口都可以获得一个合适的工作岗位去充分发挥自己的才干,能够为企业、为社会创造出巨大的物质生产力,那么自身也能够获得充裕的劳动收入,国家也拥有丰裕的财力去提高社会保障水平以此来维持劳动者的生活水平。当然,个人也从中获得了一种极大的满足感与认同感,无论在精神上、还是物质上都得到了满足。这些有利于提高劳动者的劳动积极性,增强了劳动者生活的幸福感,有利于维持社会的长治久安。如果一个国家的就业环境特别差,劳动者无法找到工作,那么其生活很有可能无法维持,而且心灵也承受了巨大的创伤,这些都不利于社会稳定,可能会引发犯罪等不良社会现象。由于劳动力的自身的特点，在一个国家或地区经济状况不好时，十分容易受到外界环境的影响，无论是经济大环境的变化，还是企业自身的经营状况的变化，都会影响到劳动者，因而劳动者在市场中的抗风险能力比较弱，需要国家在制定经济政策时给予特殊安排。

（二）影响就业的因素

就业市场的均衡指的是劳动力市场的需求与供给能够均衡，当劳动力需求超过劳动供给时，劳动力市场上就会出现劳动力供给不充分的问题，会制约经济的增长速度，当劳动力的供给超过劳动需求时，劳动力市场则会出现劳动力供给相对过剩的情况，就会导致失业情况的出现。然而，劳动力市场由于信息传递机制不完善，市场调节滞后等问题会导致劳动力市场上的供需双方在进行双向选择时无法实现合理配置。所以影响就业的因素主要包括如下方面：

1. 劳动力的供给

劳动力供给主要指的是，劳动力市场上，按照一定的工资水平，适龄劳动人口自愿提供的劳动供给的总规模。供给曲线一般斜率为正，工资水平与劳动供给量通常存在正相关关系。从劳动者自身的角度来看，劳动供给表明劳动者按照一定的工资水平提供劳动量；从整个劳动力市场来看，整个供给曲线由所有的劳动者的单个供给曲线组合而成，表现为全体所有劳动者的单个供给曲线叠加。我们通常从以下的角度来分析劳动力供给对于就业状况的影响：

首先，从市场上的劳动供给总量来看，影响劳动力资源的因素主要有人口数量、人口构成、劳动力的参与程度等。通常不难理解，一个国家或地区的人口总量会决定一个国家劳动力的供给规模，[①] 人口数量越多，意味着可用的劳动力资源越丰富。与此同时，人口的状况是发展变化的，我们不能只考虑人口的规模，还要考虑人口的结构，人口结构表现为不同属性的群体在总人口中所占的份额，不同属性指的是区分不同群体的标准，它主要包括人口的年龄、地域结构、文化层次、性别等方面，其中最受各国重视的就是人口的年龄结构，一般我们把一个国家的劳动人口通常区分为适龄劳动人口与非适龄劳动人口。如果一个国家老年人口或者青少年人口过多，会导致一个国家适龄劳动人口偏少，因而会限制劳动供给总量，这种状况往往表明市场上缺乏充分劳动力的问题。如果一个国家人口构成

---

① 蔡昉. 城乡收入差距与制度变革的临界点 [J]. 中国社会科学，2003 (05)：93—111.

中，青壮年人口比较多，会使得该国的劳动力供给总量比较大，使得该国可用的劳动力资源特别丰富。一旦劳动力市场的需求跟不上劳动力供给的规模，就会出现失业问题。

其次，劳动力的质量也是影响到劳动力供给的重要因素。通常劳动者自身的素质、专业技能和文化水平，就是我们所定义的人力资本。当前我们已经进入新科技革命时期，科技发展十分迅猛，经济竞争的核心表现为人才的竞争，人才对于一个国家经济发展的重要性十分突出。我们应当高度重视人力资本的投入，[①] 提高劳动者的素质，提升一个国家或者地区经济的核心竞争力。如何提高劳动者的素质，我们应当从以下三个方面来看：第一，要高度重视义务教育。义务教育对于提高整个社会的劳动力素质至关重要，义务教育具有普及性的特点，它的影响广度与深度是别的因素无可比拟的。[②] 一方面，通过接受义务教育，人们可以获得必要的科学文化知识，具备一定的专业素养，使得自身能够具备从事劳动所必要的文化水平。另一方面，通过义务教育可以帮助劳动者树立正确的价值观，提高劳动者的服务意识与风险意识，有助于劳动者能够全身心地投入到未来的工作岗位上。而且通过学校教育，劳动者具备了未来从业的最重要能力——学习能力，[③] 这样可以使得劳动者能够通过不断地学习来适应工作内容的变化。第二，要高度重视职业培训。职业培训有利于增加劳动力的价值和提高企业的劳动生产率。劳动者通过职业培训学习了许多新的业务知识与业务本领，会使得他们能够适应市场的发展变化，增强劳动者对于劳动力市场环境变化的适应能力。第三，要高度重视社会保障制度的完善。[④] 一个健全的社会保障制度不仅不会成为"养懒汉"制度，反而会激发劳动者要求劳动的主观能动性。因为社会保障措施免除了劳动者的后顾之忧，使得劳动者能够更加全身心地投入到自己的工作，最终会提高劳动力质量。例如，良好的医疗卫生水平不仅仅会提高劳动者的身体素质，也提高了劳动者工作时的劳动效率。

2. 劳动力的需求

劳动力市场上，按照一定的工资率，企业或者其他组织愿意雇佣的劳动力总数量就是我们通常所说的劳动力需求。值得注意的是劳动力需求是

---

① 陈祯. 中国经济增长的就业效应问题研究 [D]. 中国优秀博士学位论文数据库，2010.

② 陈志，李盼道. 劳动力供给膨胀所导致的市场失灵及其纠正 [J]. 北京科技大学学报：社会科学版，2005，21（03）：46－50.

③ 陈晴晔. 略论扩大就业与政府的角色"归位"[J]. 学术论坛，2005（10）：70－73.

④ 董克用. 就业问题的公共政策思考 [J]. 经济理论与经济管理，2005（04）：12－16.

一种有效需求，它体现了劳动力市场对于劳动供给的吸收情况。

从企业的角度来看：企业作为社会大生产的基本单位，[①] 直接吸收了劳动力，通过安排劳动力进行生产活动或者提供劳务，以此获取经济利润，然后积累扩大再生产的资本，扩大生产规模，创造出更多的新的就业机会。一般来说，企业都比较重视劳动力的雇佣成本与收益的对比。影响雇佣成本的因素一般有两个：一个是工资率的变化，另一个便是用人规模的变化，如果劳动力的投入量虽然会增加雇佣成本，但是带来的经济利润更高，因而企业会主动雇佣更多的劳动力，那么市场就可以提供更多的就业机会，有利于扩大就业。[②] 如果企业的用人成本过高，影响到企业的经济利润，那么企业有可能不愿意扩大生产规模，企业会选择维持当前的劳动规模。整个行业的就业需求是由行业内同类企业的就业需求叠加而成，因而其需求变化取决于全体企业对于劳动力需求的总变化。最后还是回归到企业的劳动力需求变化上。企业本身是逐利的，为了实现自身经济效益的最大化，企业会根据用人成本与经济收入的对比来决定自己的用人规模，从而影响到整个市场的劳动力需求。通常如果企业扩大生产规模，那么企业就会增加更多的劳动力，也就是劳动力市场的需求会更大，有助于解决就业问题。但是经济组织中我们应当注意以下两种不以盈利为目的的企业和政府机构的特殊性。

第一，公益性企业。这种企业一个十分明显的特征就是生产活动不是为了获取利润，一般是由政府主导或非政府组织领导的企业。这一类型的企业通常会将自己的经营水平固定在一个范围内，国家通过税收优惠或者财政补贴等手段来支持这类企业的发展，这类企业还可以细化为：微利企业，适当保持一定的利润水平，政府一般不希望看到这类企业出现亏损局面，也不会要求这类企业利润水平较高。因而这类企业能够比那些以追求利润最大化的企业可以雇佣更多的劳动力，而且这类企业的需求弹性往往更大。非盈利企业，这类企业不仅不盈利，反而处于亏损状态，这类企业一般主要依靠政府的扶持，依靠国家提供财政补贴等方式，来保证企业的扩大再生产，这类企业的社会福利性质十分明显，政府就是要依靠这类企业去承担解决就业问题的任务，而非依靠这些企业去创造更多的经济利润。第二，政府机构。政府机构很明显不是一般的物质生产部门，他的目标不是为了获得经济报酬，政府机构的设置是为了给社会提供公共物品，为了国民经济的发展而创造必要的有利环境。政府雇员的劳动报酬主要来

---

① 顾建平. 中国的失业与就业变动研究［M］. 北京：中国农业出版社，2007.
② 郭继严，王永锡. 中国就业战略研究［M］北京：经济管理出版社，2006.

自政府的财政收入，然而财政收入中，税收所占的份额最大，税收又来自企业。所以政府机构的设置，雇佣员工的规模既要考虑满足公共需要，还要兼顾企业的纳税成本。因而政府雇佣劳动力的选择是在权衡两者利弊下制定的，这种劳动力需求曲线很难给出一个确定的形状。

二、财政影响就业的基本原理

（一）财政职能与就业的关系

从就业的定义中，一个人的物质生活和精神生活受就业的影响很大，劳动者通过自己的劳动获得劳动收入，不仅仅满足了自身的生存与发展的需要，更重要的是通过自身的劳动，[①] 劳动者还获得了一种满足感与认同感，在精神层面得到了慰藉。此外，就业还是一种公共物品和公共需要，就业关系到一个国家与社会的稳定与和谐，如果这个社会的就业状况比较好，说明这个国家的劳动力资源得到了充分利用，有利于提高整个社会的总产出水平，[②] 推动了经济发展水平的不断提高。从这个角度来看就业属于公共物品的范畴。然而，就业资源本身又是稀缺的，具有一定的排他性与竞争性，从这个角度看就业不是纯公共物品，应当视为一种准公共物品。

首先，就业机会增加会使得整个社会受益，就业所带来的外部溢出效应对整个社会的经济发展都是十分有利的。就业会使劳动者通过自己的劳动取得一定的劳动报酬，既满足其基本的生存需要，又获得了社会的认同，有利于劳动者增加自身生活的幸福感，有利于社会的和谐稳定。与此同时，实现充分就业，充分利用生产要素，创造出更大的物质生产力，推动了经济发展水平的不断提高，有利于整个社会的进步。就业这种正的外部效应，使得就业成为一种公共物品。

其次，就业资源具有稀缺性，整个社会所提供的工作岗位是有限的，而且工作岗位之间的区别很大。当劳动力市场的需求有限时，劳动力总供给则会出现相对过剩的情况，这种情形就是由于就业资源的稀缺性所产生的失业问题。就业机会具有明显的竞争性，也就是说，增加一个工资岗位其边际成本不为零。每年用人单位的新增就业岗位都是根据自身的发展状况来设定，多增加一个就业岗位，意味着企业的人力成本投入就会相应增加，会影响到企业当前的盈利能力。另外，工作岗位也

---

① 郭庆旺. 税收与经济发展［M］北京：中国财政经济出版社，2008.

② 郭庆旺，赵志耘，何乘才. 积极财政政策及其与货币政策配合研究［M］. 北京：中国人民大学出版社，2004.

是有区别的，好的工作岗位，求职者往往比较多，相应的求职门槛也就比较高，雇主往往会设置比较多的条件来挑选自己需要的人才，这就是一个排他的过程，所以就业具有排他性。如果想增加就业岗位，必须得扩大劳动力的有效需求，这就需要国家大力发展经济。目前，在当前出口压力较大的情况下，应当着力于深度挖掘内需，提高整个社会的总需求，这样企业才会有扩大再生产的动力，才有可能创造大量的新增就业岗位。所以扩大就业从劳动力需求的角度来看，还是应当从经济发展的角度来解决这一问题。中国是一个发展中国家，人口众多，劳动力资源十分丰富，当前在经济发展已经步入新常态的情况下，再依赖过去那种9%－10%的经济增长速度来扩大就业，已经不现实，而且也不可持续。所以，政府应当从保增长、稳民生、调结构的角度出发，大力调整我国的经济结构，转变经济发展方式，高度重视第三产业尤其是现代服务业的发展，这不仅会推动中国经济发展方式的转变与产业结构的优化升级，更会大大提高整个社会的劳动总需求，这才是解决就业的根本之策。

分析就业的准公共物品的性质是十分必要的，研究就业的准公共物品性质，[①]才能从根本上找到解决就业问题的理论基础。理论是实践的先导，我们一切有关解决就业的具体措施如果没有充分的理论基础作科学指导，不仅不会从根本上解决就业问题，甚至会适得其反。一方面，如果我们不考虑就业的性质，把就业简单地视作是一种私人物品，完全依靠市场去调节，这样很多文化水平不高，专业素养较低的劳动者很有可能会被市场所淘汰，失去工作机会，这不仅是社会不安定的根源，更有可能导致生产要素利用不充分，导致社会总产出水平低下，制约了国家的经济发展水平。另一方面，我们不研究透彻就业的性质，就把就业视为纯公共物品，政府大包大揽，没有能力创造如此多的就业机会，这不仅会使政府背上一个难以承受的沉重负担，而且也会导致就业资源配置的低效率。例如，计划经济体制时期，我们国家对应届大学生实行统一分配制度，导致了劳动力市场双方的供需不匹配，出现结构性失业的问题等。

所以我们应当十分明确就业的准公共物品性质，需要市场调节的，应当充分运用市场机制；对于市场调节缺失的部分，政府应当进行宏观调控。

① 胡鞍钢，杨永恒，盛欣. 经济增长转型与就业促进 [J]. 数理统计与管理，2008（09）：1－9.

1. 就业与收入分配

财政进行收入分配主要指政府参与国民收入的分配过程，在社会不同群体之间进行收入的重新调配。[①] 因为在市场机制下，就业主要依靠市场机制来实现，弱势群体不可避免地会处于不利地位。市场经济下的就业问题带有社会性，这也就是我们所说的公平问题，政府在就业过程中，必须重视弱势群体的处境，对其提供必要的就业指导与帮助，政府要通过财政的转移支付功能来为低收入阶层提供基本的生活保障。

2. 就业与资源分配

财政的配置职能指的是政府对经济资源进行调配，来促进经济发展。市场经济环境中，市场是资源配置的主要手段，根据经济学中的理性人假设，按照市场规律，劳动者参照市场价格去自主择业，雇主则依据自身发展需要选择合适的雇用对象。总的来说，市场经济的就业机制是一个双向选择的过程，雇用对象需要与雇主建立一定期限的雇佣关系。[②] 市场机制有利于劳动力资源的有序流动与分配，有利于充分发挥劳动力的创造性和调动企业生产的积极性。从总体来看，市场经济更加有利于扩大就业，市场机制应当在就业中发挥主体作用。所以财政政策在资源分配过程中不能无限膨胀，必须适度合理，否则会破坏市场机制的决定性作用。

3. 就业与经济增长

经济增长指的是，一个社会的总供给与总需求保持大体平衡，物价水平相对稳定，产出水平与就业水平都稳定提高。这一个目标的实现既符合效率原则也符合公平原则。政府一般通过调整财政支出规模与结构、税收政策来实现稳增长的目标。失业一般分为摩擦性失业、结构性失业、周期性失业这三大类型。摩擦性失业取决于劳动力市场的供给方，一般不会构成严重的经济问题。然而结构性失业与周期性失业对经济增长危害突出，它会降低社会的总产出水平，使得国民收入低于充分就业水平，需要政府及时地调整财政政策来调控社会总需求与总供给的平衡，以此来解决就业问题。

（二）财政影响就业的宏观经济理论

1. IS—LM 模型中财政对就业的影响

IS 曲线上每一点都代表投资与储蓄之间的等量关系，而 LM 曲线上每一点都代表货币供给与货币需求之间的等量关系。IS 曲线的斜率为负，LM 曲线的斜率为正，二者分别代表了产品市场与货币市场均衡时国民收入与利率的组合。如要产品市场与货币市场同时均衡，只有当 IS 曲线与

---

① 贾民. 从就业弹性角度看我国的就业 [J]. 宏观经济管理，2006（04）：29—31.
② 刘军. 城市新弱势群体的就业与税收政策 [J]. 税务研究，2010（02）：3—7.

LM 曲线相交时才能实现，交点处的国民收入与利率组合就是均衡国民收入与均衡利率组合。当 LM 曲线保持不变时，如果政府采用扩张性的财政政策，会使得 IS 曲线向右上方移动，此时交点发生改变，均衡国民收入上升，均衡利率也上升。举例来说这是因为，如果政府扩大了当年的财政支出规模（或者减税），会使得社会总需求扩张，根据凯恩斯需求决定国民收入的理论，国民收入会增加，导致货币需求随之扩大，那么货币的价格——利率也会随之上升。通过宏观经济学的学习，我们都知道，财政政策的效果与 LM 曲线的斜率关系密切，如果 LM 曲线越平坦，财政政策越有效。反之，财政政策越无效。因此，财政政策需要结合货币政策来调控宏观经济的供需平衡，以此来促进就业。

2. AD—AS 模型中财政对就业的影响

AD—AS 模型中，主要是考虑了实际工资水平的变化，实际工资水平首先影响到劳动力市场的供求变化，这会直接影响到社会的就业水平，进而影响到社会总产出水平。AD—AS 模型把劳动力市场、商品市场、货币市场三者结合起来，如果社会总需求不足，即社会总产出尚未到达充分就业水平，这会产生失业问题。此时可以采取扩张性的财政政策，使得 AD 曲线向右移动，这样会使得产出水平重新恢复到充分就业水平。在经济发展过程中，总需求不足是多方面造成的，例如，消费者的有效需求不足，这可能来自于实际工资水平的下降，商品价格的上涨等原因；也有可能是社会总投资水平较低，这个问题的原因可能来自于利率水平过高，政府投资减少[①]。总供给不足主要因为生产技术落后以及要素价格过高所致，当工人工资上涨时，生产效率虽然提高了，但是后者的幅度不如前者，这会降低产出水平，从而导致供给减少。因而这就需要财政政策发挥"有形的手"的作用去进行调节，解决失业问题，实现充分就业的产出水平。

第二节　财政政策与劳动力供给

一、劳动力供给理论分析

（一）劳动力供给的特点

劳动力供给指的是劳动力的所有者，愿意以一定价格将自己的劳动力

---

① 陈志，李盼道. 劳动力供给膨胀所导致的市场失灵及其纠正 [J]. 北京科技大学学报：社会科学版，2005，21（03）：46—50.

出售给雇主。主要有以下特点：

第一，假设劳动力所有者是理性的。在经济活动中，我们假定所有主体都是理性的，劳动力的所有者会在工作与闲暇、劳动的投入程度、自己的就业方向上进行自主选择。这种选择一般都是以自身利益最大化作为自己的动机，劳动者会将两者带来的效用进行比较，进行理性配置。劳动者选择就业方向也是理性的，例如，劳动者在不同用人单位之间的比较，就是一个理性的选择过程。

第二，劳动力供给具有双重性。劳动力供给的双重性体现在：首先，劳动力供给是指个人行为，这是一个劳动力所有者自身进行选择的过程，从这一角度来看影响劳动力供给的因素主要由实际工资水平、个人的自身条件、教育文化水平、家庭情况、个人偏好等因素构成。其次，劳动力供给指的是集体行为，主要指的是一个国家或地区劳动力供给的规模或者总量。从这一角度来看，影响劳动力供给的因素有：一个国家的人口数量、一个国家适龄劳动力的参与程度、国家法律对于工作时间的规定等。因此，财政政策的制定一定要考虑到这种双重性，来促进充分就业。

第三，劳动力供给具有引致性。劳动力的所有者，进行劳动是为了获取劳动报酬，来满足自身的生存发展需要以及为了满足自身被认可的精神需要，劳动力供给是引致性的，这种供给是由其他需求派生出来，因而劳动者往往关注一些劳动力价格以外的因素，如商品价格的变动（往往导致劳动者的实际工资水平变化，从而影响到劳动者的生活水平）、工作条件（工作是否心情舒畅、是否得到上级以及同事的认可与尊重等），所以，财政政策在影响劳动力供给时，一定要考虑到这种引致性，要对症下药。

（二）供给决策模型

1. 假设条件

要想研究劳动力的供给决策的过程，必须从以下四个方面进行考虑：

（1）劳动者是理性的。

（2）劳动者在时间的选择上具有自主性，可以自由分配劳动与闲暇的时间。

（3）劳动力的市场价格不由劳动者来决定，劳动者被迫接受。

（4）所有劳动力的劳动质量都是同样的。

2. 决策过程

如果一个人具备必要的劳动能力，而且有固定的可支配时间，他可以自主决定工作还是休息。

按照劳动经济学理论，无差异曲线以及预算约束线可以反映个人追求效用最大化的劳动供给决策过程，当二者相切时，劳动者在既定的预算约束下，实现了个人效用最大化。预算约束线与无差异曲线的切点（最优组合点）也就是个人劳动供给的最佳状态，个人在劳动与闲暇的选择中实现效用最大化，而且均衡点处，无差异曲线与预算线斜率相等。

（三）制约劳动力供给决策的因素

1. 微观层面上影响劳动供给的因素

（1）个人收入

个人收入指的是一个人拥有的全部财富。如果劳动力价格不变，个人收入的变化应当是一种非工资收入的变化，这样对劳动者产生的是只有收入效应，没有替代效应，劳动仍是人们谋生的主要手段时，劳动供给受个人收入影响最大。当工资不变时，也就是闲暇的机会成本不会发生变化，如果一个人收入增加，那么他会减少劳动，增加闲暇；当收入减少时，他会增加劳动，减少闲暇。

（2）年龄状况

一个人的年龄状况也是影响劳动供给的重要因素。当处于青年阶段时，一般会处于求学阶段，不具备正式工作条件；当处于中年阶段，处于事业的黄金时期，以及家庭的负担，往往工作时间比较长，老年阶段由于已经退休或者年龄限制，往往劳动时间会大量减少。从一个人的生命周期来看，劳动供给应该是倒 U 型分布，中年阶段的工作时间相对最长。

（3）家庭状况

每个劳动者都会组建自己的家庭，当劳动者进行劳动决策时，出发点不仅仅是个人，很有可能来自于自己的家庭。因而这个决策的理性程度不是能够用个人效用最大化来衡量的，应该用家庭效用最大化来衡量。所以劳动者的劳动供给决策既会受到家庭的影响，也会影响到家庭其他成员的劳动供给决策。如果一个家庭中，丈夫工资水平上涨了，那么妻子可以选择增加闲暇，减少劳动。如果丈夫的工资水平下降了，那么妻子可以选择增加工作，减少闲暇，这是家庭对个人劳动决策影响的典型例证。

（4）规定的工作时间

与劳动者自由选择劳动时间的方式相比，制度工作时间对劳动者如何提供劳动力会产生差异性影响。如果劳动者积极性比较高，那么他自愿工作的时间将会超过规定的工作时间，也就是当规定的工作时间不足以满足劳动者的劳动需求，那么劳动者则会要求增加劳动，提高劳动强度，减少闲暇，劳动者主观上更加倾向于提供劳动而不是选择闲暇。反之，规定的工作时间如果超过了劳动者自愿提供的劳动时间，那么劳动者会在规定的工作时间内消极怠工，或者退出劳动力市场的供给。

（5）税收制度

在其他条件不变的情况下，税收的开征，特别是对劳动报酬进行征税，直接降低了劳动者的自由分配的收入，导致实际工资收入的减少，这样闲暇的机会成本减少，劳动者可能会减少劳动。但是，由于劳动者必须要维持一定的生活水平，所以不得不在原有基础上增加工作时间，可见税收制度对劳动供给的影响是双重的（也就是税收对劳动供给的替代效应与收入效应）。

（6）社会保障制度

社会保障是为了维持社会稳定，保证低收入阶层基本生活水平的一种转移支付。社会保障政策如果过于优渥，可能会大大降低劳动者的劳动意愿，从而使劳动供给明显减少，但是如果社会保障制度不健全或者社会福利水平较低，会使得劳动者不得不提高劳动时间，减少闲暇，以维持正常的生活水平。

2. 宏观层面上影响劳动供给的因素

（1）人口规模与结构

一个国家或地区的人口状况决定了这个国家劳动力资源的丰富程度，一般来说，人口数量越多，那么这个国家可用的劳动力资源也就越多；反之，就越少。一个国家的人口结构也是决定劳动力资源的重要因素，如果一个国家的人口构成中，适龄的劳动人口越多，那么劳动力的供给规模就越大。如果适龄人口越少，青少年与老龄人口所占比重较高，那么这个国家的劳动力供给就越少。而且人口结构中，如果一个国家的高素质人口比重较大，那么劳动力供给的质量也会越高。

（2）劳动力参与程度

当一个国家劳动力资源固定时，那么劳动的供给总量还受到劳动力参与程度的影响，劳动力参与程度越高，劳动的供给量越大，劳动力参与程度越低，劳动的供给量越小。影响劳动力参与程度的因素有很多，例如，法定的工作时间、一个国家的教育水平、国民的整体素质等。

3. 制约劳动力供给质量的机制因素

（1）教育机制

劳动力素质的高低取决于一个国家的教育水平，只有通过教育才能使得一个国家潜在的劳动力转化为现实的劳动力。教育机制可以改善人口素质，造就高素质的劳动力，教育政策可以提高适龄劳动人口的工作时间与工作的参与程度，从而提高整个社会的劳动参与程度，这些都会有效地提高劳动供给的质量，从而提高劳动生产率；劳动生产率的提高又会带动产出水平的提高，这些会有利于企业扩大再生产，创造出许多新的就业机会，从而营造一个优良的就业环境，这又会促进就业的教育与培训体制的改进。教育越普及，青少年可以接受教育的人口数量就越大，这会推迟整个社会的首次就业年龄，缓解整个社会的就业压力。整个社会接受职业教育与培训的人越多，种类越齐全，那么越有利于适龄劳动人口的就业分流，防止出现集中就业的情况。

（2）政府政策

政府的政策导向对就业质量有着重要的作用，政府应有意识地采取一些鼓励措施去支持劳动者接受职业教育与培训，补偿人们在教育方面所产生的各项开支。通过税收手段，允许家庭教育支出在计算应纳税所得时予以扣除。政府还可以对于社会上的相关教育机构进行政策扶持，通过财政补贴、税收优惠、产业扶持等方式来支持职业培训机构的发展，政府也可以直接举办培训课程。此外，政府的医疗政策也是影响劳动力质量的一个重要因素，政府提供一个良好的医疗卫生保障，可以提高劳动者的身体素质，这有利于提高劳动者的劳动质量。

二、财政政策对劳动力供给影响的分析

（一）财政支出与劳动力供给

1. 政府购买性支出

购买性支出，指的是政府作为市场主体直接购买商品与劳务的活动，这会对劳动供给产生间接影响。

政府增加教育、职业培训、社会保健等方面的支出会提高劳动者的劳动素质，使劳动者能够更好地适应就业环境的变化。这不仅提高了劳动质量，也在一定程度上提高了劳动供给。如果增加在幼儿保障设施方面的支出，例如，增加公立幼儿园，也会增加劳动供给，减少闲暇。如果政府增加了许多休闲生态设施，那么人们有可能增加闲暇，减少工作。

2. 政府转移性支出

转移性支出主要体现为政府单方面无偿地转移，政府转移性支出会对劳动供给产生两方面的影响。首先，政府通过转移性支出为劳动者提供了必要的生活保障，使劳动者减少了对于未来生活的担忧，会提高劳动者参与劳动的主观能动性①。其次，政府通过转移性支出，提供完善社会保障体系，会使人们降低劳动的主观愿望。尤其是高度发达的社会保障制度，

---

① 刘军. 城市新弱势群体的就业与税收政策 [J]. 税务研究，2010（02）：3—7.

往往需要大量税收作为保障，这样也会增加劳动者的税负，更进一步降低劳动者的劳动积极性。

（二）税收与劳动力供给

1. 所得税对劳动供给产生的双重性

在其他因素保持不变的情况下，工资水平对劳动供给影响最大，对所得征税，会直接减少劳动者的可支配收入。当工资率达到某个临界值时，随着工资率的提高，劳动供给会随之而提高；当超过某一临界值时，劳动供给会随着工资率的提高而减少，这表现在劳动供给曲线呈半月形。对劳动者所得进行课税，一方面，会减少劳动者的可支配收入，使得劳动者实际工资水平下降，劳动者会增加劳动，减少闲暇，这就是税收对劳动供给产生的收入效应；另一方面，由于对所得进行课税，会使得实际工资水平下降，降低了闲暇的机会成本，人们会增加闲暇，减少劳动，这就是税收对劳动供给产生替代效应。因此，对所得进行课税所产生的收入效应是增加劳动供给，所产生的替代效应是减少劳动供给。因而，所得税对所得进行课税对劳动供给产生的影响是双重的。

2. 其他税种对劳动供给的影响

对所得一次性征税，由于斜率保持不变，不会对劳动供给产生替代效应，只会产生收入效应。对所得一次性征税会促使人们增加劳动，减少闲暇时间。按比例征税，这时候既有替代效应又有收入效应，替代效应会促使人们减少工作，增加闲暇，收入效应会促使人们增加劳动，减少闲暇，所以其对劳动供给的影响是二者相互作用的净值，它对劳动供给的影响低于前者。如果采用累进所得税税率，累进所得税的边际税率比平均税率要高。然而，比例所得税的边际税率等于平均税率（与同额的累进税率作比较），所以等量的累进所得税与比例所得税，如果二者产生的收入效应相等，但是由于比例税的边际税率低于累进所得税边际税率，所以累进税的替代效应比较大。因此，等量的比例税与累进所得税相比，征收比例所得税会提供更多的劳动供给。总的来说，会有如下结论：第一，替代效应的大小取决于边际税率，边际税率越高，替代效应越大，越减少劳动供给，第二，收入效应的大小取决于平均税率，平均税率越高，收入效应越大。越有利于提高劳动供给。国家在设计税制结构时，应防止税收对劳动供给负面作用过大，制约供给总量，从而也不利于提高社会总产出水平。

3. 税收中其他因素对劳动供给的影响

税收中的其他因数主要产生程度不同的收入效应、替代效应，征税的收入效应会增加劳动供给，征税的替代效应则会减少劳动供给。

（1）生活方式

我们的世界是个多样化的世界，许多的民族都有着自身的生活方式。有些人更加喜欢劳动，不断地追求高水平的物质生活，崇尚这种生活方式的人群，会主动增加工作时间，因而劳动供给量会大。有的民族崇尚自由散漫的生活方式，强调享受生活，对于闲暇会更加重视，他们宁愿选择闲暇，也不愿意劳动较长时间，因而劳动供给量比较小。而且在征税时后者生活方式下的人群与前者相比，其征税所产生的替代效应会比较大，收入效应则会比较小。前者的收入效应超过替代效应，即使边际税率高，只要收入效应大于替代效应，那么也不会对劳动供给产生很大的不利影响，后者收入效应小于替代效应。必须通过降低边际税率才能够刺激劳动者增加劳动。

（2）收入水平

收入水平不同，那么面临的供给曲线也不会一致。低收入群体，收入与闲暇对其而言，前者的重要性远远大于后者，征税给其带来的福利损失比较大。高收入群体，收入与闲暇相比较而言，后者的重要性或许更大，征税给其带来的收入减少并不会对他们的整体福利水平产生多大影响。因此，低收入群体征税的收入效应比较明显，高收入群体征税的替代效果则相对来说比较明显。征税对于不同的收入群体，其影响是不一样的。因而政府在制定税收政策时，也应当考虑到社会不同收入群体劳动供给弹性的差异。

（三）累进所得税与人力资本

累进所得税对人力资本投入的影响无法由理论分析来作出确切的解释，而是需要实证分析来验证。一般累进所得税对人力资本投资的作用体现为抑制效应。主要原因如下：累进税率是指针对相同的个体进行征税，随着纳税人的收入增加，征税的比例也上升的税率制度。在这种税制下，税额的增长幅度往往大于纳税人的收入增加幅度。纳税人会因此造成税负增加，而且高收入人的承受税负增加大于低收入人群。人力资本投资将直接导致人们的未来期望收入增加，从而进入到更高的纳税档次。所以，由人力资本投资得到的回报将导致更高的上税金额，而成本却只能补偿相对较少的部分，这样一来，人力资本的投资效益会大大降低，从而不利于人力资本的投资。

三、财税体制与劳动力供给

（一）劳动力供给特征与供给决策

1. 劳动力供给的基本特征

通常一个国家的劳动供给取决于该国劳动参与率、人们的意愿工作时长、工作的努力程度，劳动者在工作中投入的资本量也包含于其中。由于人们工作努力程度和工作中的人力资本投入量没有确切的指标去衡量，因而在多数情况下，劳动参与率和劳动时间就成为考察一国劳动供给的指标。

从劳动参与率来看，中国的劳动参与率的特点如下：第一是各年龄段的劳动参与率均高于世界的平均水平。其中，15 岁以上的劳动参与率比巴西、印尼等发达国家的劳动参与率高出近 85%，而在同一个年龄段上世界的均等水平仅为 70%，这就超过世界水平的 10%。至于欧洲等国家的参与率则更低，比我国低于 20%。从中可以看出中国劳动者的参与率较高。第二是近年来中国的劳动参与率水平一直居高不下，总体呈现出略微上升的趋势，1980 年和 1997 年分别为 79.0% 和 79.8%。第三是中国的劳动参与率性别差异较小，中国已经连续多年成为了世界上女性就业率最高的国家，这是中国劳动参与率较高的直接原因之一。从工作时长来看，中国劳动者的工作时长远超过其他大多数发达国家。根据数据显示，2004年，中国城镇劳动者工作时长约为 45.5 小时，男性平均每周工作 46 小时，女性平均每周工作 44 小时。从就业的层次来看，城镇劳动者每周工作时长约为 42 小时，个体户和私人业主每周的工作时长为 50 小时。实际情况上，劳动者的工作时长往往不能由劳动者自己控制。中国是世界上人口基数最大的国家，各年龄段的劳动者供给量也是世界水平中最高的，这就决定了中国的劳动力供给量将长期都处于异常丰富的状态。

2. 中国劳动力供给决策

中国的经济发展正处于转型时期，在这个时期中国的劳动力供给也显现出了一些明显的体征[①]。在改革开放前，中国是计划经济，国家直接安排劳动者的就业，劳动力的供给处于计划内，劳动者没有选择就业的机会。而且，当劳动者一旦踏上这些工作岗位，他们几乎没有机会能调换自己现有的工作。由此可以进行总结，计划经济下中国的劳动力供给的典型特征是按固定模式进行，劳动供给形式固定，以计划为主。

---

① 董克用. 就业问题的公共政策思考 [J]. 经济理论与经济管理，2005（04）：12—16.

这种分配方法使得中国的劳动力资源不能充分配置，导致了中国劳动力的效率低下。新古典经济的劳动供给理论与中国计划经济时期的劳动供给特别不符。中国计划经济时期的中央集权体制忽略了市场的竞争作用，价格机制对于资源配置来说是不起作用的，劳动力的供给仅仅取决于国家的计划，而并不是由工资所决定的。

因此，并不能用古典经济学中的劳动供给模型来勾画中国的劳动供给情况。这个时期中国劳动供给的曲线有两种情况，一种是劳动供给曲线是一条垂线，其供给弹性为零，不论工资变动如何，劳动供给都与工资水平无关。另一种是劳动供给曲线的弹性无限大，这表明工资水平完全不受劳动供给的数量影响。

改革开放以后，中国劳动力市场已经形成了双向选择的形式，即用人单位和劳动者都有权选择对方，劳动者选择工作不再受制于国家的计划，而是可以根据自己的禀赋、个人知识技能、工作偏爱、性格特征及工作环境进行择业。理论上看来，中国劳动供给符合古典经济学的供给曲线，但由于中国在经济转型的过渡时期，一些存在的客观因素影响了劳动者的自主择业行为。中国这个时期经济环境的特殊性决定了劳动者的收入，从而影响了他们的择业情况。随着市场的不断深化，中国劳动供给行为越来越接近古典经济学，但市场的流动性远远不够。

（二）财政体制对劳动力供给的影响

1. 中国现行财税制度特征

中国是世界上最大的发展中国家，中国政府用了几十年时间进行经济体制改革，从最初的计划经济转化为市场经济。中国近年来经济增长飞速，但由于中国人口基数较大，人均资源极少，这些都决定了中国财税制度的制定必须按照中国的具体国情来制定，绝对不能仿照其他与中国国情不同的国家。

首先，中国的税制特征取决于征税水平。税制设计的主要标准是政府的财政收入及效率的高低，公平性也要兼顾。因此，中国税制的核心部分是商品劳务税，中国税制中所得税所占有的比重低于其他发达国家。加之中国的社会保障税并不完善，保险费仍然是中国居民养老、失业及医疗等费用支出的主要形式，中国社会保障税的征税规范性不完善，影响了中国税收的预期收入。其次，中国财政支出的构成结构上，转移性支出只占了相对较小的部分，中国社会保障体系的不完善，覆盖范围不全面，城乡差别较大，

虽然近年来中国社会保障的覆盖不断完善，但总体覆盖率仍然较低，城乡差距没有改善。比如，虽然国有企业事业单位已经基本有社会保障，

但从整个城镇范围看，也不到 80％，个人、私营企业等的覆盖率不足 20％，大部分外资和民营企业并没有为员工购买养老保险，养老金计划只是一个空壳。这些直接影响了劳动者的未来预期收入，进而影响劳动者的就业供给。

2. 劳动供给与当前财政体制之间的关系

中国现行税制对劳动供给影响主要体现在以下几个方面：

第一，劳动者的收入是影响劳动供给的首要因素，即劳动者之所以参加工作，最主要的目的为生存，为了满足自己以及家庭成员的衣食住行，如果最基本的生存需求都不能得到满足，那么就业毫无意义。

第二，中国是世界上人口最多的发展中国家，大部分劳动者的收入较低，处于较低的收入水平的劳动者要求工作的愿望更为强烈。由于中国的人口数量过多，导致中国的劳动供给一直处于供过于求的状态，这种状态长期持续且得不到改善。工资带来的替代效应也较小，劳动者休闲娱乐的代价较大，税收的替代作用在中国劳动者身上是微不足道的。

第三，中国目前的个人收入水平仍在世界范围处于靠后位置，社会保障制度的缺陷，直接导致了大多数劳动者的预期未来收入的极其不确定。因为，税收对于劳动供给的收入效应超过了高收入国家。由此可以看出，减免税负或者提高税收水平都不会直接影响到劳动者的劳动供给决策。但是，商品税作为中国税制的核心，如果政府减免税收，就可以降低商品的售价，从而刺激消费，进一步扩大市场就业需求，对中国经济发展也会产生积极影响。

第四，尽管短时期内税收对中国劳动供给的影响不大，但在长时期，人们的收入会随着经济水平上升，劳动者所缴纳的税收也会随之上升。政府所制定的税收标准会直接影响到劳动者的个人可支配收入，它会产生替代与收入两种效应，高收入群体与低收入人群对此反应不一，低收入人群一般收入效应更加明显，所以征税往往会增加劳动，而高收入阶层则替代效应更加明显，征税往往会导致收入较高的阶层增加闲暇，减少劳动。所以政府在制定税收政策时，应当考虑到税收对于劳动力供给影响的双重性。税制设计应充分考虑这一部分人群，毕竟中低收入者的人力资本投资很可能被刺激或者抑制。税收更应该被用来提高劳动者的素质，从而改善中国劳动力供给参差不齐的现状。

四、优化劳动力供给的财政政策选择

在中国，无论是短缺型失业、体制型失业、结构型失业还是摩擦型失业，其根本的原因就在于，中国的劳动力供给远远大于劳动力需求，即现有市场中所提供的工作岗位满足不了中国庞大的人口基数需求。因此，在中国解决就业问题的一大关键就在于缓解劳动力的供求矛盾。而从劳动力供给角度上来看，存在着两大难以解决的问题，一是劳动力供给总量过剩，并在短期内无法发生显著变化；二是劳动力供给的质量较低，无法适应经济社会的发展需求①。在这种大环境下，中国无法改变劳动力总量的供给问题，但却可以从提高劳动力素质方面入手，优化劳动力的供给，故而加强对劳动力的培训，提高劳动力素质这类加大人力资本投资的政策选择就为优化劳动力供给提供了财政政策的相关选择。

（一）完善教育财政政策，普遍提高劳动者素质

百年大计，教育为本。按照西方的公共财政理论，教育作为一种有着较强正外部性的公共产品，其主要作用在于提高受教育者的相关技能，使得企业在雇佣这些劳动力后能够帮助自身取得更加长远的发展。所以，想要进一步提升劳动者的素质，政府应当大力发展教育，以起到优化劳动力供给的目的。一方面，政府应当利用财政手段优化教育的投资结构，加强对基础教育与中等职业教育的投入比重，并且由于教育具有混合物品的属性。因此，政府可以将其在一定程度上推向市场，并鼓励民间资本投入到教育领域。另一方面，政府也可以运用税收政策，对从事教育相关的机构进行税收减免，② 并充分考虑教育支出在家庭支出中所占的比重，适当时可以提出教育花费在家庭所得税中减免或是实行教育税收抵免等政策。这样一来，也可以鼓励劳动力自发地接受教育培训，达到优化劳动力供给的目的。

（二）完善社会保障政策，提高劳动生产率

在中国，关于劳动者的社会保障状况，一直以来是政府重点关注的问题。社会保障问题得不到有效解决，不仅会产生相关的社会矛盾，而且在一定程度上也打击了劳动力供给的积极性，不少劳动力就是因为没有切实的社会保障而放弃工作岗位。社会保障由于其养护的性质，有助于提高人们的劳动年限，保护和提高人们的体力和智力，并且在劳动力遭遇失业、疾病、退休时给予资金保障。对此，中国政府应当在社会保障制度的基础之上，按照公共财政的相关要求，严格规范社保资金的分配与使用，并适时调整财政投资力度，改变财政补助方式，对医疗、养老等公共事业的发展提供支持，进而提高劳动力供给的积极性，以起到优化的目的。

---

① 舒尔茨. 人力资本投资——教育和研究的作用［M］. 北京：商务印书馆，1990.

② 陈共. 积极财政政策及其财政风险［M］. 北京：中国人民大学出版社，2003.

（三）加强职业培训，增强劳动者对劳动力市场的适应能力

就职后的职业培训也是劳动力资本投资不可忽视的一个层面。众所周知，不少劳动者在就业之后依然会参加职业培训，因为这些相关培训会使得劳动者在学习知识技能的同时，将其与自身的实践工作相结合。从本质上看，职业培训与教育一样，都可以通过提高劳动力素质，以达到促进社会劳动生产力的目的。但是职业培训与教育也存在区别，前者属于一种短期性的，是为了适应劳动力市场的需要而随时进行的。因此，职业培训应当理解为劳动者为了适应市场所发生的变化与新兴产业的相关需求，从而学习新的知识与技术，以保障自身劳动能力的持续发展。因此，政府的相关财政支持是必不可少的，例如：对培训机构实施税收优惠、企业用于职业培训方面的费用允许税前扣除、增加对弱势群体的培训补贴等一系列措施，使劳动力能够有效地投入社会工作，增强劳动者对劳动力市场的适应能力。

第三节　财政政策与劳动力需求

一、劳动力需求理论分析

（一）劳动力需求的特征

劳动力需求，其含义可以理解为在某一个特定的时期内，并在某一种特定的工资水平的前提下，雇佣方有意愿并且也能够雇佣到的劳动力的数量，也可以理解为是在一定的条件下，雇主能够吸收与容纳市场上劳动力的数量①。劳动力需求与商品的需求特质相比，其具备了以下几个显著的特征：

一是劳动力需求属于派生需求，这是相比于对某种产品的需求而言的，即劳动力需求是由对劳动这一要素参与生产的产品需求所派生出来的。因而从事产品生产的雇主需要劳动力的数量，在一定程度上来说并不是取决于雇主的主观意愿的，对于劳动力需求来说，它是由所处市场当中产品需求所引起的一种派生需求②。通过上述分析，我们可以得出以下结论，市场上对于劳动力的需求规模，主要由以下两个方面所决定：劳动力的生产效率与其相对应的产出商品的市场价格。如果某一种劳动在其对应

---

① 保罗·萨缪尔森，威廉·诺德豪斯. 宏观经济学［M］. 北京：人民邮电出版社，2004.
② 哈维罗森. 财政学［M］. 北京：中国人民大学出版社，2000.

产出商品的生产过程中有着较高的生产效率，同时，该产品也有着较高的市场价格水平，那么该种劳动在市场中的需求就会变强。相反，如果某一种劳动在其对应产出商品的生产过程中有着较低的生产效率，同时，该产品有着较低的市场价格水平，那么其市场需求就会变弱。

二是劳动力的需求数量由其边际成本与边际收益的比值所决定。经济学中的边际生产理论对此是这样描述的：产品生产者基于某种产品的实际产量所作的决策，应当受其成本与收益之间的对比所影响。同理，雇主对于劳动力的需求也取决于劳动力增加后所花费的成本与其能够带来的收益之比。如果在其他影响因素不变的前提下，产品生产者想要追求最大利润，则其在产品生产中所使用的劳动力数量，一定是劳动力边际成本等于边际收益时的均衡值。

三是劳动力需求是意愿与能力二者相统一的行为。在关于对劳动力需求定义的描述中，我们得知劳动力需求的形成，必须由雇主的意愿与能力二者统一构成。首先，劳动力需求的雇用单位，即企业或政府机关，必须有着雇佣劳动力的意愿；其次，劳动力需求方所雇佣的劳动力数量也必须由其能力所决定，即向劳动力支出工资的能力，并根据劳动力生产率的高低向劳动力支付不同数额的工资。综上，只有在雇主有雇佣意愿并且能够支付一定工资的前提下，劳动力需求才能够形成。[①]

四是劳动力需求的联合性。由于在产品生产的过程中，劳动力只是生产要素的一部分，因此，雇主对于劳动力的需求就必须作为一种非独立的存在，具体表现为劳动力在其使用过程中，必须同生产该产品的其他要素相结合，只有这样才能产出满足消费者需求的产品。这样一来，雇主在决定劳动力雇佣数量的时候，不仅仅要了解整个劳动力市场的供需状况，还要在一定程度上考虑与其相结合的生产要素市场中的情况，因为后者的变动也会引起劳动力需求的变动。

（二）劳动力需求行为

一般来说，市场经济的环境下，雇主雇佣劳动力的需求是以追求企业利润最大化为目的的，因而市场中企业对于劳动力的需求行为，也是以此为基础实现的[②]。由于在现代市场经济条件下，一般是按照经济运行周期的长短，即短期与长期来分析一系列的经济行为，在追求利润最大化的前提下，从事产品生产的企业对于劳动力需求的行为一般可以分为企业劳动

---

① 萨尔·霍夫曼. 劳动力市场经济学 [M]. 北京：三联书店出版社，1998.

② 坎贝尔·麦克南，斯坦利·布鲁，大卫之麦克菲逊. 当代劳动经济学 [M]. 北京：人民邮电出版社，1993.

力的短期需求与长期需求。首先分析企业的短期需求，在企业的短期生产过程中，我们通常认为，企业将劳动力的投入界定为可变要素，而其他产品生产要素的投入是固定不变的，从而企业所生产的产品数量便可以理解为是其所需劳动力数量的调整来决定的。而相较于前者，企业的长期其他生产要素同长期劳动力需求一样，是可变的，所以此时应该考虑全部要素的实际状况。

1. 企业短期劳动力需求

短期内，产品生产企业的劳动力需求原则一般是劳动边际成本等于边际收益时的均衡值，达到这一水平的劳动力雇佣量就成为了短期内企业所需的最佳劳动力需求。但是，由于劳动力带来的边际成本与边际收益分别取决于劳动力市场与产品市场双方的实际情况，从而当企业面对不同结构的劳动力和产品市场时，其劳动力的边际成本与边际收益也会不同，使得劳动力需求存在一定的差异。

（1）完全竞争劳动力市场

首先我们分析的是劳动力市场处于完全竞争的条件下，不同结构的产品市场会对劳动力需求产生不同影响。如果企业面对的是完全竞争的劳动力市场，那么其供给曲线就会变成一条弹性无限大的水平直线，该状况表明，企业可以以劳动力市场中的均衡工资来雇佣劳动力。此时，企业的劳动要素边际成本（MFC_L），即雇佣每一个劳动力所引起的总成本变化量。而此时企业为劳动力需求所支付的工资 W，应等于劳动力的边际成本，即 $W = MFC_L$。另一方面，就劳动力的边际收益角度来说，完全竞争条件下的劳动力市场，其边际收益情况则一般可以分为以下两种：

第一种情况为产品市场是完全竞争条件下的。当企业处于该种条件下，其市场中产品的需求就会呈一条水平直线，它表明此时产品的价格弹性无限大。对企业而言，这种情况下产品可以以市场中的均衡价格进行出售，此时产品的价格 P 就是产品给企业带来的边际收益 MR，故而劳动力投入所获得的边际收益就为劳动力的边际产量 MP_L 与产品价格 P 的乘积，即边际产品价值 VMP_L。

故而，当从事产品生产的企业面对完全竞争条件下的劳动力市场与产品市场时，该企业为了追求利润最大化的生产目的，就应当满足如下条件：企业雇佣最后一个单位的劳动所能带来的边际收益恰好等于该企业所提供给劳动者的工资水平，即 $VMP_L = P \times MP_L = MFC_L = W$。

第二种情况为企业面对的产品市场是不完全竞争的。在这种情况下，市场中产品的需求是一条斜率为负的曲线，表明企业如果想要使产品销量有所提高，就必须降价销售。这意味着企业每多销售一个单位的产品，其给企业所带来边际收益 MR 是低于市场中产品价格 P 的，而劳动力投入所获得的边际收益就应该是边际产量 MP_L 与边际收益 MR 的乘积 MRP_L，即劳动力的边际收益产品。

因此，当企业面临劳动力市场完全竞争而产品市场不完全竞争的条件下，为了追求利润最大化的经营目的，就必须满足如下条件，即企业所雇佣的最后一个单位的劳动所能够带来的边际收益恰好是支付给该单位劳动的工资，即 $MRP_L = MR \times MP_L = MFC_L = W$。

（2）不完全竞争劳动力市场

在面对不完全竞争的劳动力市场情况下时，企业通常会处于市场中劳动力的买方垄断地位。故而这时企业的劳动力供给曲线会变成一条斜率为正的曲线，这条曲线所表达的含义为：如果企业想要增加生产过程中劳动力的绝对数量，就必须提高支付给劳动者的工资水平。

当企业处在不完全竞争的劳动力市场中时，其劳动力需求应当满足以下条件，即企业的劳动力边际要素成本 MFC_L 等于边际收益产品 MRP_L。在这种情况下，劳动者的工资水平 W 一般低于其在完全竞争的劳动力市场条件下的水平。与此同时，企业的劳动力雇佣量也会低于其在完全竞争条件下的数量。

2. 企业长期劳动力需求

与短期的生产经营情况相比，企业在长期生产过程中，所投入的全部生产要素的数量都是可变的，这就意味着在追求利润最大化的前提下，企业应当通过对所有生产要素的投入量进行调整这一手段来实现经营目的，而非之前短期中的仅是通过改变劳动力的投入量就可以获得企业利润的最大化。依据经济学的基本原理，在假设企业生产中仅是需要劳动与资本两种要素的前提下，企业长期生产的要素组合在图像分析上应当处于等成本线与等产量线二者相切的切点。

众所周知，某种产品的等产量线，其表达的含义是指在其他条件不变的前提下，企业生产一定数量的产品，其过程中所需要的劳动力与资本投入的各种可能组合相连所形成的曲线。通俗地讲，就是该曲线表明了企业生产相同数量的某种产品所可以采取的不同要素组合情况。该曲线斜率为负，表明了劳动力与资本之间的替代关系，即在产量不变的前提下，若劳动力这一生产要素减少，必将增加资本的投入。

而等成本线则是指在资本与劳动力这两种生产要素价格不变的前提下，企业在预算支出水平一定的情况下，所能购买到的劳动力与资本数量的各种组合所构成的曲线。其反映的是企业一定成本下所能够做出的生产要素之间的各种组合，即成本对企业生产的一种约束。

我们将二者放在一起考察，可以看出长期中生产要素的最优组合即两线的切点，此时的劳动力数量 L 就成为长期中企业对劳动力的最佳需求量。

其中，等产量线各点的斜率表示劳动力 L 对资本 K 的边际技术替代率 $MRTS_{LK}$。它的经济学含义为，企业在保持产品总产量一定的条件下，通过增加雇佣劳动力来替代资本投入时，资本所减少的投入量与相对应劳动力增加投入量之间的比值。其反映企业在某一特定的生产过程中，劳动要素对资本要素的替代能力，它的数值大小等于劳动同资本的边际产量之间的比值。

$$MRTS_{LK} = -\Delta K/\Delta L = MP_L/MP_K$$

其中，ΔL 表示劳动投入的增加量，ΔK 表示资本投入的减少量，MP_L 表示劳动边际产量，MP_K 表示资本边际产量。

当企业采取最优的生产要素组合进行产品生产时，该企业的等产量线应当与等成本线相切，在这种情况下，企业的 $MRTS_{LK}$ 应当与企业等成本线的斜率 w/r 相同。综上所述，企业在长期生产中最优选择应为：

$$MRTS_{LK} = MP_L/MP_K = w/r$$

（三）影响劳动力需求的因素

通过前几个部分的分析，我们能够得出以下结论，从事商品生产的企业，无论是在其经营活动的短期还是长期，影响其劳动力需求的条件都较为复杂。因此，在之后的分析过程中，我们不仅要考虑到经济社会的宏观因素，也要充分了解企业生产经营的微观因素。

1. 影响微观劳动需求的因素

从企业的微观因素上来看，劳动力需求通常受到以下三个方面因素的影响，即企业的生产经营规模、企业销售产品所带来的利润以及企业的相关技术管理水平。

第一，企业的生产规模具有最为主要的影响，企业的生产规模越大，其劳动力需求就越多；第二，就一家企业的利润率而言，当边际劳动生产率为正时，企业的劳动力需求增加，反之亦然；第三，企业的技术与管理水平也对劳动力需求有着一定的影响，当一家企业的技术与管理水平提高时，其相关职位则产生劳动力需求，同时也可能使得经济效益增加，生产规模扩大，增加企业的劳动力需求。

2. 影响宏观劳动需求的因素

从宏观的社会经济因素角度来分析，企业的劳动力需求主要取决于社会的生产发展状况。其具体因素包括社会生产规模、社会经济结构状况、科技进步程度和制度等因素。

第一，就全社会的生产规模来说，其规模越大，就表示整个社会能够吸纳越多的劳动力，反之亦然；第二，从全社会的经济结构来看，不同的所有制的经济结构与产业结构，其对劳动力需求也产生着不同的影响；第三，应该看到科技进步这一因素对劳动力需求所产生的双重影响，首先，科技的进步在一定程度上能够改变劳动生产率与资本有机构成的状况，总的来讲其效果是使上述二者的水平显著提高，从而在一定程度上排斥劳动力的绝对数量，其次，科技进步所引发的新产业会对劳动力需求有着增加的效果；第四，一国的制度因素也对劳动力需求有着影响，这包括就业制度、社会福利制度、社会意识形态、民族习惯等。

二、财政政策对微观劳动力需求的影响

(一) 财政支出与劳动力需求

财政支出指的是国家或地区的政府采取集中性的方式将财政资金按其需求进行分配的一种行为。该行为一般会对从事产品生产企业中的劳动力需求产生一定影响，其主要作用于财政支出的总量及支出结构两个方面。

1. 财政支出总量变化对劳动力需求的影响

首先，政府通过财政支出指导经济运行，由于财政支出总量的宏观调控作用在一定程度上会改变经济社会环境，进而间接地促使企业劳动力需求状况发生改变。在20世纪30年代之前，古典的经济学派主张政府的财政支出过大，会对一国的经济产生负面影响。政府的职能应主要集中在维护国防安全与社会秩序、完善法律体系等方面，而整个社会的经济发展应当以市场为主，按照市场的规律自发地进行调节。故而，早期的政府财政支出规模不是很大，而且预算的平衡性极高。其财政支出的主要作用也只是为企业的生产经营提供一个良好的社会环境，而对于劳动力需求的方面，其主要是由市场机制进行调节的。但随着大萧条的出现与政府干预理论的提出，自20世纪三四十年代以来，各国政府在凯恩斯主义的影响下财政支出规模逐步增大。并且财政支出在一国中的职能也越发重要，其指导资源配置、改变收入分配与维护经济稳定的作用也随之增强。

对于财政支出总量的规模影响劳动力需求变化这一问题，在经济社会中主要可以从以下两个方面进行观察。首先，财政支出总量的增大有利于企业扩大劳动力需求。这是由于财政支出可以为政府公共物品的供给与修正市场中的负外部性等方面给予一定的资金支持，而这些行为恰恰是市场机制所无法做到的。由于国防、基础设施、公共工程建设等领域的特殊性，使得企业一般不会进行相关涉足，而此时政府的财政支出却可以为这些领域提供足够的资金支持，从而降低相关企业的经营成本，使其扩大生

产规模，增加劳动力需求。其次，财政支出总量规模上的不断扩大也表明政府在履行职责的过程中需要更多的财政收入作为支撑，而财政收入的增加，一般被认为是纳税人负担的加重。另外，政府的财政支出在一定程度上会对私人投资产生挤出效应，即政府消费会挤出私人消费。政府财政支出的总量变化会对社会的总需求产生影响，主要体现在财政支出总量的增加，会减少社会需求，从而影响劳动力的需求。

2. 财政支出结构调整对劳动力需求的影响

就财政支出的结构方面而言，政府财政支出结构一旦出现变化，部分企业的利润率将会受到影响，进而改变该类企业对劳动力的需求状况。一般来说，政府的财政支出主要可以分为购买性支出与转移性支出两大类，其中，政府购买性支出在性质上属于政府的消耗性支出，其表现为政府对于经济产业的直接性投资，为相关企业创造引致性需求，并通过投资领域的乘数效应，促进企业生产规模的扩大，从而增加劳动力需求；而转移性支出则与前者相反，它一般不直接消耗经济资源，但却可以改变居民的可支配收入，而一旦家庭的可支配收入有所增加，其消费能力也会随之增强，使得社会总需求扩大，有利于劳动力需求的增加。

总之，财政支出的变化只是作用到社会的总需求，而这一作用对于劳动力需求这一派生需求来说是属于间接影响的。

（二）税收与劳动力需求

财政影响劳动力需求的相关理论，大部分都是财政支出对产业企业造成影响，从而间接改变经济社会的劳动力需求，而对于劳动力需求受到税收影响的相关分析研究则较少。究其原因，可以理解为在经济社会运行过程中，税收并不直接对劳动力需求产生影响，或者说税收与劳动力需求二者并没有十分明确的关联[①]。首先，劳动力需求在性质上属于派生需求，是受市场运行状况所影响的，市场所决定的商品与劳务需求是劳动力需求发生变动的原因所在，而税收并不直接作用于劳动力的需求方面；其次，由于税收当中税负转嫁与对商品和劳务的需求弹性等相关问题的特殊性，使得在考虑税收影响劳动力需求这一问题上的角度较为复杂，这不仅要充分考虑到加入税收转嫁程度这一因素，还要对不同弹性的产品与劳务进行考查。在这里，我们将从商品税与所得税两个方面对税收影响劳动力需求这一问题进行间接性的相关分析，旨在通过对以上税种的研究，得出税收与劳动力需求的现实关联。

---

① 邓远军. 课税对我国就业影响的经济分析 [J]. 税务研究，2006（12）：14—19.

1. 商品税与劳动力需求

商品课税作为一类规模较大的税种，通常会对企业所生产的商品产生影响，故而征税后企业利润的大小就成为了劳动力需求产生变化的主要原因。由于不同商品有着不同的供求弹性，进而具有不同程度上的税负转嫁。因此在其他条件不变的前提下，某种商品所具有的供求弹性就成为决定相关生产的劳动力需求的关键因素。

首先，就那些需求弹性大，但供给弹性小的商品而言，其征税后所具有的税负转嫁程度一般会比较低，这就使得生产企业很难对其价格进行调整，从而实现税负的全部转嫁，在这种情况下，企业往往会由自身承担一部分的税负，其生产经营成本也会不可避免地有所提高。这样一来，企业为了维持其利润水平，会采取降低产量，减少雇佣劳动力的措施。

其次，对于需求弹性小，供给弹性大的商品而言，其自身的税负转嫁程度较为容易，即消费者易受该类商品的税负转嫁，所以这时企业将会采取提高商品价格的方法，把大部分甚至全部的税负转嫁给消费者，企业不会对其产量作出太大的调整，从而劳动力需求也不会受其产生太大的影响。

在现实生活中，政府往往对奢侈品征收重税，对低收入者所需的生活必需品课税较少，这就集中体现了税收的效率与公平目标二者的协调。

2. 所得税与劳动力需求

（1）劳动力市场的超额税收负担

在商品市场中，当发生对任何的商品征收税款这一行为时，都会造成商品的供需价格间出现一个楔子，这个现象说明了某种商品的企业销售价格与消费者支付价格之间，抛开税款的因素之外，还存在着一个净损失。它意味着税收这一行为的经济成本超出了该行为所带来的经济收入，经济学中将这个净损失称之为"超额税收负担"。基于此，我们可以进而分析劳动力市场中的情况。在劳动力市场当中，由于这种税收楔子的存在，使得雇主雇佣劳动力所花费的实际劳动成本与工人所获得的实际税后工资不符，而这之间的楔子，我们将其称之为劳动力市场中的超额税收负担。

由此可见，劳动力市场中超额税收负担的存在，会对经济社会中的市场产生重要影响①，当一个国家劳动力市场中的超额税收负担增加时，就表明国人的实际消费工资水平不断降低，商品生产企业与政府为了弥补这一损失就会额外地进行支付，对于企业来讲，这无疑会使得企业的实际经

---

① 付伯颖. 税收优惠政策的就业效应探析 [J]. 现代财经：天津财经大学学报，2006，26（11）：21—23.

营成本有所增加。在这种情况下，部分相关企业往往会采取减少自身劳动力需求的措施，从而规避这种情形。从世界各国的经济发展状况中，我们可以看出，当某国有着较大的税收楔子时，其经济社会的失业率也通常会处在较高的水平。

（2）税收的替代效应与规模效应

从经济学的基本原理出发，在其他条件不变的情况下，税收影响劳动力需求的过程一般如下：首先，所得税的征收会影响到劳动力所获得的工资；其次，为了维持劳动力的实际消费工资，生产企业往往会对劳动力的成本进行调整，以作出符合企业利润最大化的生产决策；最后，企业会根据自身的实际情况来增加或者减少生产过程中劳动力的需求。总的来说，税收影响劳动力需求主要作用于第二步，即征税后的实际生产工资与实际消费工资是否相协调。假如劳动力可以承担转嫁的税负并接受征税后而降低的实际生产工资，那么企业的劳动力成本就不会发生变化，市场上的劳动力需求状况也不会受到影响。然而在现实生活中，企业的工人往往拒绝接受征税后较低的实际工资水平，故而企业只能被迫提高工人们在税负转嫁下的实际生产工资，这样一来，企业的劳动力成本就会增加，而劳动力需求就会下降。

税收通过对工人实际工资水平的影响从而使劳动力需求发生变化，这种影响可以体现在两种经济学效应当中，一是替代效应，二是规模效应。值得一提的是，这里两种效应单单是指在税收与劳动力工资水平领域内适用的相关含义，并不是广义上的经济学解释。

替代效应，指的是若征收所得税后使得劳动力市场中的工资水平发生变动，则企业生产要素中的资本要素同劳动力要素的相对比价也会随之发生变动。如果政府征收所得税的行为造成劳动力的工资率下降，而市场中的资本要素价格水平又保持不变，那么企业就会使用相对于原先而言较为便宜的劳动，而减少相对昂贵的资本的使用。故而企业的经营策略就会发生变化，即在企业的商品生产过程中，雇主往往会使用价格相对便宜的劳动要素来取代价格相对昂贵的资本要素，进而使得该企业对劳动力的需求得到增加，并减少对资本要素的需求。反之，如果政府征税后工人拒绝接受降低后的工资，那么企业往往会迫于工会方面的压力，提高劳动者们的工资水平，这样一来，企业主就会采取利用资本要素来取代劳动力要素的措施。

规模效应，其经济学含义是指在其他条件不变的情况下，倘若政府征收所得税使劳动者的实际工资水平下降，那么雇佣其进行商品生产的企业的产品边际成本也将随之降低。而在企业产品的边际收益处于固定的前提下，该产品的边际收益将会大于其边际成本。企业为了追求利润最大化，必将会扩大其生产经营规模，并增加所有相关要素的投入，使企业的劳动力需求增加。反之，如果征税后企业不得不提高实际工资水平，就会出现产品的边际成本大于边际收益的情况。在这时，企业往往会缩小其生产规模，减少其劳动力需求。

　　3. 社会保障税对劳动力需求的影响

　　从之前的分析，我们可以总结出所得课税对劳动力需求的影响方式，即政府通过征收所得税，使得劳动力的成本发生改变。而企业劳动力成本的变化，则由税负的转嫁情况所决定。然而，除了对工人实际工资的影响之外，所得课税同样也作用于具有专税专用性质的社会保障税上，按照西方的税后理论，社会保障税作为所得课税的重要组成部分，对劳动力需求的影响十分重要。

　　在西方，社会保障税被称为工薪税，它指的通常是由企业雇主进行缴纳的税款。而在现实生活中却由雇主与雇员一起负担的社保类税种，显而易见，社会保障税的转嫁将会影响到劳动力市场中的供给与需求。假如在其他条件不变的情况下，政府所规定的社会保障税由雇主，即企业支付，那么企业所支付的实际工资水平将会上升，然而工人们不会因此改变自己的劳动生产效率，同样其所获得的实际工资水平也不会发生变化。① 这样一来，企业的生产经营成本就会大大增加，而雇主为了维持之前的利润水平，便只能通过减少劳动力需求的方法，使得多余的雇员被解雇，并重新调整工资水平，以使得劳动力市场回到均衡状态。

　　在现实生活中，对于一个劳动力资源十分丰富的国家，其劳动力的供给弹性通常大大小于需求弹性，这就使得社会保障税的绝大部分都是由工作中的劳动者自身所负担。同理，企业雇主也会对影响劳动力需求的实际工资成本变得更加敏感，使得整个社会的就业压力加大。

三、财政政策对宏观劳动力需求的影响

　　通过之前部分的分析，我们可以得出这样的结论，企业的微观劳动力需求主要是由于雇主受到政府财政支出与税收政策的影响，为了继续从事企业经营，而作出了一系列增加或是减少劳动力需求的决策。然而，对于

---

　　① 尽管中国尚未开征社会保障税，但由于社会保障费也具有固定的比例，而且具有一定的强制性。因此，笔者认为，这种社会保障费对工资及劳动需求也具有影响。实际上，西方发达国家对社会保障税的称谓也各不相同，比如，多数国家称为社会保障缴款或国民保险缴款，但其都具有税收的性质，只是具有专用性。

整个经济社会的劳动力需求变化情况而言，其主要取决于宏观的经济环境，本书下面将通过对经济增长、产业结构和所有制结构三个宏观方面对财政政策是如何影响劳动力需求这一问题进行相关分析。

（一）税收对经济增长与就业的分析

1. 税负与经济增长

经济学领域通常认为，税收对于经济增长的影响是负面的。按照西方供给学派的理论，高边际税率将有可能妨碍一国的经济增长，于是他们才提出了政府应当减税的政策主张。不少西方学者通过实证研究，也纷纷表示税收每增长 1%，GDP 就会下降 0.3%—0.6% 的水平。

经过改革开放三十余年的发展，中国宏观经济学领域的专家学者也对中国的总体税负水平同与之对应的经济增长情况之间的关系进行了诸多研究。尽管所得出的结果不尽相同，但总的来说，也纷纷表明改革开放以来经济的持续稳定增长，是与中国政府的减税让利政策分不开的。并表示为了中国经济社会在今后更好的发展，国家的宏观税负不宜过大，否则高税率将对中国经济增长产生消极的影响。

2. 经济增长与就业相关性分析

就经济增长与就业的相关分析而言，经济学界最为代表的两个理论为索洛增长模型与奥肯定律，这两个理论分别从不同的角度揭示了一国经济增长对该国的就业大环境所产生的影响。

首先，索洛增长模型是从探讨经济增长的源泉这一角度出发，认为一国或者地区，其经济增长应当是由该国科技进步、资本积累（储蓄）与劳动力增加等多个要素综合作用的结果，并就一国的长期总量生产函数而言，提出了以下模型：

$$Y = AF(K, N)$$

在这个模型当中，假定劳动 N 与资本 K 是仅有的生产要素投入，A 为技术水平，故而公式就显示出产出 Y 与要素投入 N、K 以及技术 A 之间的关系，并说明了 Y 与 N 为正相关。

基于这个公式，再加上对美国近 40 年的数据研究，索洛认为，科技进步、劳动力供给的增加与资本积累三个要素，是决定一国或地区经济增长的重要因素。这一结论也表明了就业增长率的变动与经济增长率的变动之间有着无法否认的一致性，即经济增长越快，就业率就会随之越快地增长①。

除了索洛增长模型之外，西方经济学界的其他研究成果也纷纷揭示了经济增长与就业之间的关系。其中著名的奥肯定律就认为，一国或地区的实际 GDP 短期变动与该国或地区的失业率变动是存在关联的，其具体表现为 GDP 相对于潜在 GDP 每下降 2％，就会带来失业率 1％ 的上升。因此，这一定律也揭示了产出市场与劳动市场之间极为重要的联系。

由此可见，经济增长与就业之间存在着正相关的关系，即 GDP 的增长会带来失业率的降低，再加上之前所分析的税收对于经济增长有着一定的负面效应，我们可以从中得出这样的结论，即税负的总体增加会降低一国的经济发展水平，进而带来失业率的增加②。反之，如果一国采取减税的政策，便会刺激该国经济的发展，并从而提高该国的就业水平。

（二）财政政策与不同产业结构的劳动力需求

1. 产业结构与劳动力需求

产业结构，也被称为国民经济的部门结构，主要是指国家或地区各产业部门之间或是各产业内部的组成结构。其主要体现了该国或地区的资源配置情况。通过近现代的经济研究，经济学界普遍认为，不同的经济发展阶段有着相对应的产业结构，而且随着经济社会的发展，一国的产业结构也会随之发生变化。

对于产业结构这一概念来说，当下分析的切入点应为产业的划分，即从不同产业的划分来对产业进行分门别类的分析。目前，对产业结构的划分主要采用的是三次产业划分法，即产业划分为第一、第二与第三产业。随着一国的经济不断发展，其生产力水平、市场供需结构状况等因素也会随之发生改变，这就使得国家的产业结构因此发生演变与升级。同样，产业结构的这种变化又会反过来在一定程度上改变不同产业对劳动力市场上需求的变化。

首先，三次产业结构的划分与其升级规律必然改变劳动力市场上的需求结构，克拉克定律就很好地揭示了这一点。即历史证明，经济主体的产业结构演变，一般都是先由劳动密集型产业转换至资本密集型产业，而后再随着科技的发展，向技术密集型产业发生转换。在这样的转换过程中，

---

① 是一般内生增长模型与荷兰传统政策分析中常用的宏观经济模型的结合物，其核心是生产模块，其中技术资本和人力资本投资有十分重要的作用，并且研究与开发的外溢效果对人力资本产生正面影响。

② 蔡昉. 为什么"奥肯定律"在中国失灵——再论经济增长与就业的关系［J］. 宏观经济研究，2007（01）.

劳动力需求结构也会随着产业的兴起与衰落发生改变。简单来说，就是随着产业的演变升级，劳动力先是从第一产业转移到第二产业，然后再从第二产业向第三产业发生转移。西方国家几百年的经济发展与中国改革开放以来的事实也证明，产业结构的改变必然引起劳动力需求结构的改变，这就进一步对劳动力的技能、素质等方面有了新的要求。

其次，一国产业结构的升级与改变对于劳动力市场的需求结构有着双重效应，即产业结构的不同改变会引起需求的增减。归根结底，产业结构发生改变的原因是技术进步的结果，而技术进步对于劳动力的就业而言，一般也是具有双重作用的[①]。一方面，技术进步将破坏旧的工作岗位，造成失业；另一方面，随着技术的进步，新的产业将会出现，从而创造出新的就业机会。造成这一现象的原因是由于技术进步的种类有所不同，现实中既有资本增进型的技术进步，也有劳动增进型的技术进步。如果技术进步属于资本增进型，那么这就意味着劳动的节约，即劳动力的重要性不断降低，进而会减少劳动力需求。同理，劳动增进型的技术进步则会增加劳动需求，增加就业。所以，总的来说，技术进步对劳动力需求的净影响是不确定的，应按照不同的情况进行划分。

最后，从中国的产业结构变动与升级状况来看，其发展变化具有一定的特殊性[②]。中国现如今正处于工业化的中后期，然而就业结构方面却还处在库兹涅茨一般模式的第一阶段。即虽然从事第一产业的劳动力比重有所下降，但其所占比重仍然是就业结构的主体；而第二产业在产值方面具有绝对的优势，但其劳动力需求增长较为缓慢；第三产业正在蓬勃发展，其产值与劳动力需求都呈上升的趋势，但占其所处结构的比重都不是很大。总的来说，中国的这种就业状况与世界其他国家相比还是存在着一定的差距。

2. 财政政策对产业结构发展的影响

一国的财政政策作为政府调节经济的工具，是通过改变经济社会中的某些因素，使得市场机制发生作用，从而来影响该国的产业结构的，在这里，笔者着重分析财政的支出政策与税收政策对产业结构的影响。

首先，就财政支出政策来说，在市场经济的条件下，政府的主要职能应当是为市场所不能有效提供的公共物品和服务进行提供，从而营造出有利于企业发展的市场大环境。但是，中国由于人口众多，故而劳动力供求之间体现出劳动力供给无限大的特点，因而单一地依靠市场机制难以使企业作出符合国家产业布局的正确选择。故而，政府应当在不影响市场基本

---

① 袁志刚. 失业经济学 [M]. 上海：三联书店，1997.

② 顾建平，刘葆金. 中国经济的结构变动与就业增长 [J]. 中国软科学，2001 (12)：26—29.

职能运行的前提下，利用财政手段对特定的产业进行支持，并通过就业补贴与研发补贴等手段对劳动增进型的产业进行扶持，从而使其创造出较多的劳动力需求。

其次，税收政策对产业的影响主要体现两个方面。一是税制结构对产业升级进程的影响，税制调整、税收优惠政策的制度等方面都会对产业的经营成本造成影响，进而影响企业所生产的产品的市场价格与附加值。这样一来，产业结构就会由能耗多、物耗多、占地多、污染多和附加值低、技术密集程度低的行业向能耗少、物耗少、占地少、污染少和附加值高、技术含量高的行业进行转移，而劳动力需求也会在这一过程中发生一系列的改变。二是伴随着产业升级的进程，中国的产业结构已开始从劳动密集型转向资本密集型和技术密集型。这种转变虽然符合经济社会发展的需要，在根本上能够促进经济的增长，但却会造成就业压力过大的情形，故而中国单纯靠经济的增长来解决就业问题就遭遇了瓶颈。面对这种情况，中国政府的税收政策应当保障就业优先增长。一方面，减税让利政策措施鼓励企业发展科研技术能力，从而加强高新技术产业的发展；另一方面，对那些有利于吸纳劳动力，促进就业的产业和部门，应当给予一定的税收优惠，尤其是作为服务业的第三产业，其吸纳劳动力的特点将会成为日后中国产业发展的重点关注领域。

（三）财政政策与不同所有制结构的劳动力需求

党的十五大提出了混合经济的概念后，经济的所有制结构也得到了进一步明确。现如今，中国的经济可以分为公有制经济与非公有制经济两种所有制结构，其中公有制经济包括国有经济、集体经济和混合经济中国有与集体成分，而非公有制经济包括私营经济、个体经济、其他经济和混合经济中的私营和个人成分。

1. 公有制经济

改革开放以前，中国实行计划经济政策，公有制经济作为中国经济的所有制结构，在新中国建立初期以及社会主义建设时期发挥了重要了作用。国家通过宏观调控，集中资源进行工业化生产，建立起了许多国有企业，而正是由于这些国有企业的存在，对当时的劳动力吸纳状况有着极大的改善。改革开放后，中国逐步采用社会主义市场经济政策，虽然公有制经济中国有和集体经济仍占主导地位，但随着经济体制转轨过程中企业下岗分流、减员增效、破产兼并等原因，致使其对劳动力的吸纳能力减弱。此时，随着经济的发展，非公有制经济单位对劳动力的需求逐渐上升。

2. 非公有制经济

现如今，非公有制经济对中国经济发展的贡献程度不断加深，并具有增加劳动力需求的巨大作用。中国在改革开放的过程中不断鼓励非公有制经济的发展，并使其成为国民经济增长和吸纳劳动就业的一支重要力量。进入 21 世纪后，中国政府大力吸引外资来促进经济发展，并实行了多种所有制经济共同发展的经济制度，这就使非公有制经济的发展得到了保障。因此，各种劳动密集型的私营经济的高速发展，为吸纳劳动力就业起到了十分重要的作用。尽管目前公有制经济仍然是拥有就业存量最多的经济结构，但这一比重却在不断下降。与之相对的是，非公有制经济在工业增加值、劳动就业份额和财政收入贡献率等主要经济指标上的地位不断上升，并逐步成为促进经济增长的重要力量[1]。

总的来说，无论是公有制的经济结构还是非公有制的经济结构，其在经济社会的发展中对吸纳劳动力就业，创造劳动力需求都有着一定的积极作用。因此，国家应当出台相应的财政政策，以鼓励不同所有制结构的经济发展，并进而起到增加劳动力需求的效果。

一方面，政府应当创造平等的竞争环境，这有利于非公有制经济的健康发展。为此，政府应当立足于完善基础设施建设，为企业进入市场创造公平的环境，并与其他政策相配合，使非公有制经济与公有制经济享有同等的国民待遇。另一方面，政府应当运用财政补贴或税收优惠等手段，引导非国有经济的发展方向。非公有制经济中的私营企业往往仅从追求其自身利润最大目标出发，在投资方式、投资领域的选择上可能不符合优化国家产业政策的要求。为此，政府应当有效地运用财政政策进行引导，通过财政补贴或税收优惠等措施，引导非公有制经济的健康发展，并使得劳动力需求趋于稳定[2]。

四、扩大劳动力需求的财政政策选择

通过财政政策扩大劳动力需求，其方式主要可以分为两类，一类是直接扩大劳动力需求，而另一类则是间接扩大劳动力需求[3]。前者主要通过政府的财政投资、税收政策等制度性的形式，鼓励企业雇佣更多的劳动力，从而直接形成对劳动力的需求；后者则主要是通过政府的财政政策促进经济社会的整体发展，增加消费者的购买力，从而扩大商品与劳务需求，因而影响企业的生产，间接地增加劳动力需求。从中国的现实情况来

① 刘伟，李绍荣. 所有制变化与经济增长和要素效率提升 [J]. 经济研究，2001 (01).

② 安体富. 支持民营经济发展的税收政策 [J]. 经济理论与经济管理，2003 (12)：22—25.

③ 胡鞍钢. 关于降低我国劳动力供给与提高劳动力需求重要途径的若干建议 [J]. 中国软科学，1998 (11).

看，扩大劳动力需求的财政政策应着重从以下几个方面入手。

（一）大力发展劳动密集型中小企业

非公有制经济具有吸纳就业和促进经济发展的巨大潜力。为此，中国应当在坚持公有制经济为主体的同时，鼓励非公有制经济，特别是私营经济的发展，而私营经济中属于劳动密集型的中小企业，则应成为重点扶持的对象。制造业作为传统产业中的重要组成部分，应当给予政策上的支持，政府可以采取针对中小企业的减税让利政策，鼓励劳动密集型的中小企业发展。与此同时，还应重视能够吸纳劳动力的资本、技术密集型企业。只有这样才能够发挥中小企业对于劳动力吸纳的潜力，增加整个经济社会的就业岗位。

（二）引导非正规部门就业

非正规就业，指的是在非正规的部门就业。这些非正规的部门通常具有较低的组织水平，利用较少的劳动与资本等生产要素，其生产规模也相对较小①。这些部门中的劳动关系一般是临时性的，劳动力并没有正式签订就业合同。而在中国，非正规就业一般说的是没有在工商部门进行登记，不参加社会保险并且企业与劳动者之间的劳动关系不正式规范的就业形式，比如，我们常说的临时工等就业方式。

非正规就业在全世界有着普遍性，在发展中国家中，非正规就业由于其雇佣成本低、市场调整灵活等特点，特别适用于转型经济中的创造就业。以中国为例，在城镇化的进程中，农村劳动力进入城镇后，非正规部门创造了大量的劳动力需求从而为其提供了大量的就业机会，缓解了中国城镇化进程中的一大难题。为此，中国政府应当加大引导非正规部门的就业形势，一方面，利用财税政策为这些部门的发展创造便利，另一方面，政府应当保障从事非正规部门工作的人员的权益，不能因为其就业部门的特殊性而忽视其工资、福利的相关保障。

（三）理性对待财税优惠政策的作用

财税优惠政策的发挥具有一定的局限性，其只能在市场机制的基础之上，发挥其自身的功能，这样看来，财税政策仅仅是弥补市场失灵的一种手段。倘若政府的财力拮据、财源匮乏，再好的财税政策也不能够发挥预计的效果。此外，过分依赖于财税优惠政策也有可能影响市场配置资源的功能，使得经济社会的发展出现失调。因此，财税优惠政策并不是万能的，解决就业问题，扩大劳动力需求的根本途径还是促进经济的增长。基

---

① 刘俊霞. 论我国劳动力供给与需求矛盾及其对策 [J]. 财政研究，2005（05）：50-53.

于上述观点，中国的财税优惠政策应当重新定位，并且应当与其他手段相互配合。

首先，政府应当对促进就业的财税政策进行重新定位。从目前来看，中国鼓励就业的财税政策大部分还是具有过渡性的色彩，其主要针对的是下岗就业人员等领域，体现出转型期经济的主要特点。随着社会主义市场经济的不断发展，中国的就业形势发生了本质上的变化，非公有制经济在创造劳动力需求，吸纳就业等方面发挥了重要的作用。因此，政府的财税政策应当适时侧重于非公有制经济的发展，并在法律与政策方面保障其国民待遇。

其次，应当加强完善财税优惠政策自身的科学性，弥补财税优惠政策本身的不足之处。一方面，要尽可能地完善当前的财税优惠政策，通过政策鼓励劳动力资源向劳动密集型的产业进行转移，真正实现财税优惠政策促进就业的目标。另一方面，国家应积极开展研究征收社会保障税、失业保险税等税种，以税制的形式保证社会保障基金有较为稳定的来源，从而缓解当前社会保障资金不足的状况，以此来维护劳动者的权益，鼓励劳动者参与就业。

最后，财税优惠政策应当适应于经济社会的大环境。由于中国实行的是社会主义市场经济，所以中国的财税政策应当与其市场化目标相一致，从而避免财税政策阻碍市场化进程这一情况的发生。此外，利用财税优惠政策会在短期内减少税收收入，面对当前中国财政赤字颇高的形势，政府在运用财税优惠政策时应当符合量入为出的原则，并通过其他灵活的手段达到创造劳动力需求的目的。例如，进一步完善社会保障政策，促进劳动力市场的健康发展，鼓励劳动力参加就业培训，加大对教育领域的资金投入等。

第六章 收入分配与财政政策

第一节 财政调节分配的基本理论

一、财政调节收入分配的必要性

(一) 市场机制导致社会分配不公

市场机制在现代经济运行中是实现资源高效配置的有效机制，它合理解决了资源有限性与需求无限性的矛盾，使人们对经济中的各种资源在各种不同使用方向之间进行选择，以获得更高的效率和效益。在这样的机制下，社会成员凭借自己拥有的资本、土地、劳动力等生产要素，并按照这些要素的种类、数量、质量以及在市场上所能获得的价格实现收入的初次分配。初次收入分配作为生产要素和劳动效益的交换，必然受到市场机制的调节。

然而市场机制既是一种自由竞争、优化资源配置的机制，也是一种价值规律起作用的"唯利是图"的机制，其运行效率越高，越将自发地维护按生产要素分配的机制：拥有生产要素种类和数量越多、质量越高的人得到的收入就越多。反之，收入则越少。市场机制以这种分配方式导致富者越富穷者越穷，促成经济分配领域中的"马太效应"。对市场机制来说，当市场自身资源配置的效率性与从社会分配角度判断的公平性产生矛盾时，其自身是没有义务去解决社会公平问题的，其优越性和生命力全部都体现在效率上，市场机制以机会均等为前提，价格为信号，按照优胜劣汰原则进行收入分配，它并不考虑人与人之间能力、受教育程度、努力程度、初始经济条件以及偶然事件（例如灾难）等因素的差异，这样的分配方式必然拉大社会成员之间的收入差距，虽然这在一定程度内是可以容忍的，但当它超出一定限度时，就会成为严重的政治问题和社会问题。

在资源配置的过程中，市场机制也无法保障完全竞争，完全竞争是在众多假设条件限制下的理想化市场运行模式，而现实中寡头、垄断、信息不对称等市场失灵现象普遍存在，这些都加剧了社会在收入和财产分配上的两极分化。

（二）政府作为调节主体的现实需要

既然市场机制不可避免地会使收入分配结果偏离社会收入分配公平的理想状态，那么就需要安排一种非市场的力量来弥补市场缺陷，矫正市场失灵。从经济理论和社会实践来看，私人部门和政府都具有调节收入分配的功能，但私人部门的再分配规模小、范围窄，难以形成全社会范围内的有效调节机制。只有政府能够从整个社会的角度，长期、规范、系统、稳定地实现收入再分配功能，政府作为公共权力机构，有其他任何个人和组织都不具备的权力和权威，可以支配国民财富，有能力根据收入不公的程度加大或缩小调节力度。因此，调节收入分配，促进社会公平，必须要依托政府的政策作用。

在社会主义市场经济条件下，政府在调节收入公平分配上发挥着无可替代的作用。在初次分配中，政府以市场机制对收入分配的自发调节为基础，通过制定和执行相关法律法规，明晰产权，保证公民合法权益，政府还可以通过公有制企业确定劳务报酬在初次分配中的比重来调节收入分配；在再次分配中，政府可以利用各种政策手段来矫正和调节初次分配中形成的贫富分化趋势，将不公平的程度限制在社会容忍的范围内，如运用强制性税收大幅削减高收入阶层的收入和财产，扩大转移支付，提高低收入阶层的收入水平，取缔非法收入；再如，完善基础设施建设，增加科教文卫支出，不断健全社会保障制度，构建社会公平保障体系等。此外，政府还能够影响第三次分配，进一步促进收入公平分配。

虽然政府在调节居民收入分配过程中也存在低效率的现象，如政策制定错误或腐败，但与市场机制和私人部门相比，其社会化的公共属性更能有效地缓解社会群体间收入分配的差距，尤其是在再分配环节，可以说当今世界，绝大多数政府执政的重要目标和财政政策着力调整的任务之一就是促进收入公平分配。

二、财政调节收入分配的目标和原则

（一）财政调节收入分配的目标

从改革开放至今，历史和实践表明，要想把中国建设成为富强民主文明和谐的现代化国家就要走中国特色社会主义道路，坚定不移地发展社会主义。早在改革开放初期，邓小平就曾多次从不同角度强调过什么是社会主义，他认为没有贫穷的社会主义，社会主义的本质是富，而且是人民共同富裕的富，1992年更是在南方谈话中明确提出"社会主义的本质就是解放生产力，发展生产力，消灭剥削，消除两极分化，最终达到共同富裕"①。可见共同富裕是社会主义本质的根本要求，也是发展社会主义的最终目标。因此，作为调节收入分配的重要手段，财政再分配政策的使用和调整都应当以缩小贫富差距、实现共同富裕为目标。

在经济总量和综合国力大幅提升的今天，贫富差距扩大问题越来越凸显，针对共同富裕的讨论也是越来越广泛，每年两会期间收入分配不公都是议案提案涉及最多的领域之一。一个普遍的看法是贫富差距的扩大已经威胁到改革开放的成果，缩小贫富差距、实现共同富裕已经成为人民群众的迫切要求，将财政调节收入分配的目标定位在这样的高度有利于在最大程度上维护人民切身利益、实现社会稳定，进一步推进深化改革，实现国强民富。

在运用财政政策致力于缩小贫富差距、实现共同富裕时，要注意把握以下几点：

其一，缩小贫富差距、实现共同富裕的前提是人民的物质财富一定是增长的。也就是说，缩小贫富差距、实现共同富裕的基础是生产力的发展和物质财富的增加，所以在财政政策的调整过程中一定要充分发挥市场的基础调节作用，明确界定财政调整范围，既不"越位"也不"缺位"。

其二，缩小贫富差距、实现共同富裕的目标并不意味着平均主义或社会成员收入均等化。缩小贫富差距、实现共同富裕、允许差别富裕，但这种差别不能拉大，可容忍范围内的收入差距有利于激发创造热情，提高经济效益，但平均主义最终只会导致吃"大锅饭"、共同落后，所以财政在发挥再分配职能时必须克服平均主义倾向。

其三，缩小贫富差距、实现共同富裕并不意味着同时富裕或同速富裕，而是要允许和鼓励一部分人、一部分地区先富起来，先富带动后富，逐步实现共同富裕。先富和后富是手段和目标的关系，没有先富容易导致平均主义，没有后富就会加剧贫富两极分化。所以财政政策一方面可以先向部分人或部分地区倾斜，帮助他们先富起来，另一方面要形成先富带后富、先富帮后富的政策机制，保障落后地区和低收入阶层能够发展和富裕起来。

（二）财政调节收入分配的原则

1. 公平与效率兼顾

效率和公平是财政调节收入分配首先要处理好的一对关系，它们常常

---

① 邓小平文选：第 3 卷［M］. 北京：人民出版社，2001：154.

被比作"做蛋糕"与"切蛋糕",收入分配要求"蛋糕不仅要做大而且要分好",即既要保证效率,又要重视公平。效率与公平是相互依赖、互为前提的,只有蛋糕做大了才能分好,每个人才能分得更多,而分得越多越能提高大家的积极性,从而进一步做大蛋糕。在注重效率的同时不能离开公平,没有公平保障的市场环境,效率就无从谈起。同样注重公平也不能不要效率,没有效率的公平就是无源之水、无本之木。因此,财政在调节收入分配时,应当激励企业在公平规则基础上注重效率,在保护企业发展活力的基础上注重公平,切实做好公平和效率兼顾。

纵观新中国成立至今60多年的发展历程,不难发现,凡是能够正确处理公平与效率关系的,就能带动经济长足发展,反之则相反。新中国成立初期,只讲公平、效率缺失,极大地抑制了生产积极性和经济社会的发展,从党的十三大开始收入分配改革逐渐向效率倾斜,党的十四大明确提出"效率优先、兼顾公平"原则,极大地提高了中国生产力水平,经过一段时间的发展,效率由最初的弱势逐渐变强,公平则由最初的强势逐渐变弱,由此,党的十七大重新调整效率与公平关系,并"把提高效率同促进社会公平统一起来"作为中国摆脱贫困、加快实现现代化、巩固和发展社会主义的十大宝贵经验之一。今天,党在十八大报告中给出了现阶段应当遵循的效率与公平兼顾原则的清晰表述:提高居民收入在国民收入分配中的比重,提高劳动报酬在初次分配中的比重,初次分配和再分配都要兼顾公平和效率,再分配更加注重公平,多渠道增加居民财产性收入。

2. 劳动者收入增长与国家经济发展兼顾

劳动者收入增长与国家经济发展兼顾原则主要强调的是财政在调节收入分配中要妥善协调好个体与国家在不断增长的国民收入中的分配比重关系。在所有个体收入中,劳动是决定因素,劳动者收入增长与国家经济发展的协同程度就反映了整个社会财富创造者参与分享经济发展成果的程度,这个程度既不能过大也不能过小,应当在这两者之间找到一个适当的平衡点。如果劳动者收入增长速度过分小于经济发展速度,就会严重挫伤劳动者积极性,降低生产效率,劳动者收入增长过缓还会通过抑制消费减少总需求来影响经济增长,不论何种方式最终都不利于社会生产力的提高和社会稳定发展。例如,中国曾经盛行一时的"一大二公"、"一平二调"都是过分强调国家和集体利益,忽视个人利益,对农业生产造成了极大的破坏。同样,如果劳动者收入在国民收入比重中占有较大份额,而不注重国家和集体积累,也不利于经济发展和收入合理分配,充足的资金是国家实施有效宏观调控的重要保证,民生社保支出、转移支付等政策的实施都需要财政作支撑。因此,过分强调个体和民主利益,忽视国家和集体积累，容易导致财政危机，最终制约经济的发展。

可见，合理的财政再分配政策应当遵循劳动者收入增长与国家经济发展兼顾原则，这样才能使经济持续稳定增长并实现国民福利最大化。具体而言，从微观上，财政再分配政策应当通过协调个体间及生产要素间的分配份额，激发个体生产积极性、创造性，从而扩大经济总量、提高生产效率；从宏观上，财政再分配政策应当通过协调积累和消费比例，协调公共产品和私人产品提供比例，最终实现发展成果由全体公民共同享有。

3. 兼顾按劳分配与按要素参与分配

确立按劳分配为主体，土地、资本、技术和管理等生产要素按贡献参与收入分配的原则，是发展社会主义市场经济的基本要求。这一原则极大地拓宽了生产成果的分配范围，财政在调节分配中既要保护按劳分配收入，又要鼓励其他要素积极投入生产，兼顾按劳分配与按要素参与分配，有利于各经济主体增加收入，实现收入合理分配。

随着社会主义市场经济的发展，生产要素的种类越来越多，范围越来越广，贡献也越来越大。如果只重视按劳分配，而忽视按要素贡献分配，就会打击要素所有者参与生产的积极性，阻碍各要素合理配置到经济活动之中，进而影响经济发展速度；如果只重视按要素贡献分配，而忽视按劳分配，就会拉大收入分配差距，造成两极分化，忽视按劳分配不仅本身会导致收入不平等，而且还会导致对按要素贡献分配依赖上升，而过多依赖按要素贡献分配会加剧收入不平等，同样不利于经济社会的发展。

因此，在财政调节收入分配时，应当遵循在坚持按劳分配为主的同时兼顾按要素贡献参与分配的原则，财政再分配政策不仅要激发劳动者劳动积极性并提高劳动技能，还应当能够激发科技工作者和管理人员的创新精神和创业活力，鼓励居民拓宽除劳动者报酬以外的其他收入来源。

4. 市场调节与政府调控兼顾

调节收入分配一定要遵循市场调节与政府调控兼顾的原则，虽然政府在弥补市场缺陷和干预收入分配中具有重要作用，但并不意味着政府可以越俎代庖替代市场调节，两者在调节市场收入分配的过程中都有促进公平分配的一面，也有失灵的一面，市场调节和政府调控是互补关系，不是替代关系。

市场是资源配置的基础，然而通常所说的"帕累托最优"仅仅只是设计生产要素投入的最优化和功能性分配，残酷的竞争必然导致市场缺陷，从而引起收入不公、贫富分化，当市场机制不能实现收入公平分配时，政府可以通过经济、法律和行政等多种手段来调节收入分配差距，以修复市场失灵。但政府调节收入分配也不是万能的，政府调控也面临着利益保护、城乡分割、官员腐败、生产要素流动限制以及税收的逆向性和累退性等障碍。因而两者需要相互配合，利用政府调节收入分配中的市场失灵，利用市场机制在政府改变个人禀赋初始值之后实现资源优化配置。

因此，在社会主义市场经济下，政府要尊重市场调节，要在充分发挥市场调节的基础上，完善市场机制，缩小行业及要素收入差距，同时加强财政对收入再分配的调控能力，建立廉洁高效的政府，纠正市场调节偏差，改善收入分配。只有市场调节和政府调节共同配合，才能更好地实现收入调控目标。

三、财政调节收入分配的政策工具

（一）税收

作为政府掌握的最为重要的经济杠杆，税收是财政进行收入分配调节的有力手段。税收运用税制结构、税种要素设计、税收征管水平以及税收福利成本等，在初次分配、再分配和第三次分配环节中，通过直接调节收入分配或间接影响社会经济行为引起社会经济活动变化，实现调节收入分配。

1. 所得税

中国目前所得税主要是指企业所得税和个人所得税。所得课税以纯收入或净所得作为计税依据，考虑纳税人的实际情况和负担能力设置税率，税负由纳税人直接承担，难以转嫁，因而所得税具有直接调节收入分配的功能。再者，所得课税富有弹性，所得税的税基是国民收入的有机组成部分，它随着经济增长而增长。因此，所得税不仅税源可靠，而且能够灵活调整个体与国家在国民收入中的分配比重，适应财政调节收入分配的需要。

企业所得税的征收会同时影响工资和个人资本收益，通过调整法定扣除项目和税率等，能够减少资本收益，缩小企业股东的资本利得与劳动者工薪收入之间的差距。此外，企业所得税允许一定比例的公益捐赠在税前扣除，从而鼓励富裕阶层主动帮助困难群体，缩小收入差距。

个人所得税是调节收入公平分配最重要的税种，其直接对个人所得征税，从根本上符合调节收入分配的需要。个人所得税收入的再分配功能主要体现在：（1）税制模式。个人所得税税制模式有三种，分别是分类所得税制、综合所得税制和分类与综合相结合的混合所得税制。分类所得税制利于将不同性质、不同来源的收入区别对待，通常对投资所得课征重税，对勤劳所得课征轻税；综合所得税制能够更好地体现按支付能力课税原则，体现量能负担；混合所得税制能够将分类和综合所得税制的优点结合起来，但需要有完善的征管体系作支撑。（2）累进税率。税率的累进性能够改变负税人的边际税率。在实际运行中，居民收入越高，边际税负越高，纳税越多，能够起到削减高收入者收入的作用。反之，收入越少，缴税也越少，甚至有些国家实行负所得税率，当收入小于一定数额时，不仅不纳税还能够得到一定的补贴。（3）免征额及费用扣除标准。免征额及费用扣除标准通过直接缩小计税依据，使大部分中低收入者不纳税或少纳税，以减轻他们的负担。

2. 财产税

财产税是以纳税人拥有或支配的财产价值为课税对象所征收的一种税，主要针对居民收入存量进行调节，缩小由财产拥有差异造成的收入差距过大，有效弥补所得税在调节居民收入分配上的不足。财产税的课税对象主要是包括土地、房屋、车辆、股票、银行存款等在内的各种财产及与其相关的收益。一般来说，各国的财产税并不是对所有的财产都征收，而是选择某些特定的财产进行征税，财产税中最主要的有房地产税、遗产税与赠予税等，这些税种可以在个人财产的积累环节、流通环节、继承或赠予环节发挥调控作用，财产税通常针对高收入阶层且财产税税负难以转嫁，因而能够更好地分散社会财富，抑制其向少数人集中，从而改善收入分配不公现象。

房地产税课征以房屋、土地价值或租金收入作为计税依据向产权所有人征收，房地产税侧重对个人持有房地产所带来的财产收入进行调节，通过提高房、地所有者在房地产保有环节、处置环节的税负来降低持有房地产带来的高额资产收益。[①]

赠予税和遗产税的开征能够有效防止纳税人通过转移财产避税以及消除财富代际转移造成的收入起点不公。赠予税和遗产税以赠予财产和继承财产为课税对象，允许一定的扣除和抵免，通常采用累进税率，且税率设置较高，即纳税人得到的财产越多，适用税率越高，缴税越多，从而有助于降低财富的集中程度，促进个人收入分配起点公平。赠予税和遗产税还对慈善捐赠产生激励，其作用机制是允许捐赠者将捐赠额从遗产税税基中扣除，以促使财富进行第三次分配，进一步缩小收入差距。

3. 流转税

流转税不像所得税和财产税那样对收入分配具有直接调控功能，其通常以价格为中介在初次分配阶段间接地发挥调节作用。在流转税中能够起

① 莫连光，洪源，廖海波. 收入分配财政政策调节居民收入差距效果的实证研究 [J]. 财经论丛，2014（03）：32－39.

160

到调节收入分配作用的是消费税和增值税，其中具有最直观作用的是消费税，增值税对收入分配调节能力较弱。

消费税具有税负可转嫁性、应税范围选择性和税率水平差异性，三性三位一体共同发挥调节消费和收入分配的作用。消费税虽然是对生产、委托加工及进口应税消费品的单位和个人征税，但其最终税负都由消费者承担，因而消费税的征收可以削弱部分人的购买力。消费税的应税范围是可以选择的特殊商品，包括奢侈品、高档消费品以及嗜好品等，消费税税率按照不同的税目设置不同税率，以中国为例，现行消费税按应税消费品划分了 14 个税目，共设计 14 档比例税率，8 档定额税率，其中对非生活必需品设置高税率，对日用消费品免税或轻税，使那些收入多、消费能力强、消费档次高的社会阶层承担较多税负；而那些收入低、消费能力弱、消费档次低的社会阶层负担较少的税负，可见消费税通过调节居民消费和财富积累，起到了调节收入分配的作用。

增值税对新增价值实行价外征税，理论上不会对市场产生影响，但增值税税负极易转嫁，按照需求弹性的大小，将税负在生产者和消费者之间分摊，需求弹性小的一方，负担的税负重，需求弹性越小，税负越重。对于低收入阶层，生活必需品购买支出占据了全部支出的很大份额，即他们对生活必需品需求缺乏弹性，这使得他们负担了较多的增值税。因而增值税需要扩大对生活必需品的优惠范围并实行低税率，以降低低收入阶层的税负水平。

（二）财政支出

财政支出是财政分配的重要组成部分，通过财政支出能够调节国民收入的分配结构，在促进收入公平分配方面起着重要作用。财政支出调节收入分配主要有直接调节和间接调节两种方式，直接调节通常通过转移支付来实现，间接调节主要是通过提供公共品和公共服务等民生支出来实现调节功能。

1. 转移支付

转移支付是国家出于实现不同地区居民公共服务均等化目的而进行的财政资金再分配，是用来协调政府间财力分配关系的重要手段，其实质是经政府之手通过各项收入组织形式将富裕地区的部分财富单方面无偿地转移到较为落后地区，实现各地公共服务的均等化，最终缩小居民收入差距。转移支付直接对社会分配产生影响，间接对生产和就业产生影响，是财政调节收入分配的有效手段。

转移支付中，最具均等化功能的是一般性转移支付，这类转移支付不规定具体用途，按照公平、公正、循序渐进和适当照顾老少边穷地区的原则进行拨付，并安排了均衡性转移支付、民族地区转移支付、农村税费改革转移支付、调整工资转移支付等几个方向，以便接受拨款的政府统筹安排和使用。通常一般性转移支付又可分为纵向转移支付和横向转移支付，纵向转移支付以弥补财政收支差额为主，考虑各地区包括人口、资源和贫富等方面差异在内的因素确定具体数额，各地政府可以根据本地区实际情况将这笔资金投入到基本公共服务薄弱的地方。横向转移支付以提高贫困地区财政服务水平为目的，具体数额通常按照依法测算的地区税收能力指数和全国平均税收能力指数之差来确定，这种方式缩小收入差距效果明显。

此外，转移支付的均等化功能也可以通过专项转移支付实现，其均等化效果主要取决于资金的使用目的和结构，当专项转移支付指定用于支援不发达地区或实现最低基本公共服务标准时，其均等化效果往往超越一般性转移支付，能够有力地改善地区间收入差距过大的问题。

2. 民生支出

民生支出是政府通过提供与人民生活直接相关的公共品和公共服务间接实现调节收入分配的政策工具。根据新古典经济学中的边际效用递减规律，低收入者的货币边际效用大于高收入者的货币边际效用，向低收入者提供更多更好的公共服务比向高收入者提供同等水平的公共服务更能增进社会经济福利。政府有必要通过对生活必需品给予补助、提供服务大众的社会设施，如免费学校和低价住宅等，改善收入分配，以实现社会经济福利最大化。在民生支出中，对收入分配影响较大的有科教文卫支出和支农支出等。

科教文卫支出对收入再分配的调节是通过影响人力资本实现的。随着时代的发展，生产对劳动力素质的要求也越来越高，国家通过科教文卫支出能够有效消除人力资本形成过程中的机会不平等。例如教育，其在很大程度上决定着社会成员日后是否能够获得较高的收入水平，因而在全国范围内对全体适龄儿童实行一定年限的免费教育，能够有效改善初始条件的不均等情况。又如医疗卫生支出，该项支出有利于提高居民个人生命质量和谋生潜能，尤其是对农民工等弱势群体，医疗卫生支出不仅能降低其生活成本，还能增强其自身的劳动力质量。

支农支出能够有效缩小城乡和产业之间的收入差距，支农支出中农田水利等基础设施建设支出、农业科技和技术服务支出、农业抗灾支出以及农产品价格补助等支出通过直接服务于农业生产，保障农业生产稳定发展，从而增加农民来自农业的收入。

（三）社会保障制度

社会保障作为经济社会发展的"安全阀"和"稳定器"，能够有效调节国民收入分配，保障低收入阶层的基本权益，缓解居民收入分配差距过大引发的社会矛盾。社会保障调节收入分配借助保险原则，集合社会力量抵御或转移社会风险，通过大范围的社会统筹，实现收入的转移和合理分配。社会保障通常由社会保险、社会救助、社会优抚、社会福利以及补充保障五大部分组成。从世界各国现行社会保障制度来看，社会保险和社会救助是调节收入分配最有效的两个政策工具。

社会保险是社会保障的核心部分，主要包括养老保险、医疗保险、失业保险、工伤保险和生育保险等项目，主要保障社会成员因年老、失业、疾病、伤残等失去收入能力后的基本生活。社会保险不仅具有传统认识中的收入再分配职能，其本身参与国民收入初次分配，并能够弥补初次分配的不足。在初次分配中，企业和劳动者个人都要依法参加各项社会保险，按其薪金收入（企业按工资总额，个人按工资收入）的一定比例缴费，企业与劳动者个人的缴费计入企业成本，享受政府规定的财税优惠政策。这样的社会保险制度是政府让利、企业让利、劳动者获益的一种制度安排，即财政收入和企业利润分别负担部分社保资金并使之成为劳动者报酬的一部分，只是这部分收入并没有当期发放，而是作为延期收入由国家统筹管理。由此，政府通过财税收入和向企业与劳动者个人征收社会保险费，实现了对国民收入初次分配的调节。此外，社会保障还通过影响就业来调节初次分配差距，合理的社会保险制度设计能够为劳动力提供良好的就业环境，保障劳动力质量，城乡、区域、部门之间的社会保险制度差异还会影响劳动力资源的自由流动和重新配置，通过影响劳动力收入来达到调节目的。

社会保险的再分配功能主要体现在待遇给付阶段，通过现收现付制和完全基金制两种不同的社会保险制度模式，能够实现代际间收入再分配和代内收入再分配。现收现付制是用在职劳动者的缴费来支付已退休劳动者的社会保险资金。同样，当前在职劳动者的社保资金由下一代在职者支付，代代相承，实现代际间收入再分配。完全基金制是在职劳动者按照工资一定比例缴费，收入高者多缴，收入低者少缴，而按相同生活需求确定给付待遇时，他们获得的资金将是同样的，从而实现同一时期不同收入成员之间的再分配。

社会救助、社会福利、社会优抚都是专门针对特殊保障人群的保障制度，社会救助以最低生活保障制度为主体指向低收入阶层，社会福利以福利津贴为分配形式分为面向全体国民的普通福利和面向老人、残疾人、妇女儿童的特殊福利，社会优抚主要是对军人退伍、复原、残疾、牺牲等给予抚恤优待。这些社会保障资金都来源于国家财政，而不需要受益者承担任何缴费义务，国家根据社会保障制度直接给予这些群体以补助，增加他们的实际收入或提高他们获得收入的能力，缩小其与高收入阶层之间的收入差距。

补充保障是基本社会保障制度安排之外的，以非政府主导性、非强制性为特征的各种社会化保障机制的总称，其中最主要最常见的就是慈善公益事业。补充保障在公民自愿的基础上，通过救灾、济贫、助学、解危和互助等形式增进特定人群的福利，增加其实际收入，解决其生存危机，补充保障通过为基本社会保障制度查缺补漏，主要影响国民收入的第三次分配，其作为我国国民收入分配格局的重要补充，在调节贫富差距与促进社会和谐等方面发挥了重要作用。

第二节 中国收入分配的现状分析

一、中国收入分配现状的总体分析

（一）国民收入分配格局

国民收入分配格局是指一个国家或地区国民收入在居民、企业和政府之间进行分配所形成的分配关系。国民收入是分配对象，居民、企业和政府是分配主体，初次分配、再分配和第三次分配是国民收入分配的三大层次。在初次分配中，居民通过向市场提供劳动或生产要素，以获得工资和财产性收入，企业通过生产经营活动获取营业收入，政府通过提供公共服务和管理、国有资本以及土地、矿产资源等有形资产参与国民收入分配，获得费、利、债、税四大收入；在再分配中，以初次分配为基础，对一部分国民收入进行重新分配，主要表现为居民和企业向政府转移财产税、所得税以及社会保险缴款，而政府则通过各项财政支出及转移支付保障低收入群体基本生活，扶持企业生产、减轻企业负担。第三次分配主要是指以社会公益组织为中介的居民、企业自愿捐赠基础上的慈善活动，目前在中国所占份额较小，对收入分配调节的力度也较小。

国民收入分配格局关系着一个国家经济的可持续发展，其在扩大内需、有序实现经济转型、化解当前社会矛盾中都发挥着重要作用。通常来讲，国民收入分配格局是否合理，主要看"两个比重"是否合理，一个比重是居民收入占国民收入的比重，另一个比重是居民劳动报酬占初次分配的比重。

1. 居民收入占国民收入的比重

改革开放以来，随着中国对中国特色社会主义制度的摸索、建立和不断完善，国民收入分配格局发生了显著的变化。从改革开放到 1990 年，由于农村家庭联产承包责任制的实施以及对平均分配制度的修正，居民收入占国民收入比重大幅上升，从 1978 年的 51％ 上升到 1990 年的 68.9％，企业和政府占国民收入比重有所下降，分别下降 3.9 个百分点和 14 个百分点；1991 年至 1999 年，三大部门占比较为稳定，基本保持在 66％、17％ 和 17％ 左右；[①] 自 2000 年至今，随着企业制度的改革和经济结构的调整，中国逐渐形成了向企业倾斜和政府主导的国民收入分配决定机制，不论初次分配还是再分配，这一期间中国国民收入分配格局总体上都呈现出居民部门占比下降，企业和政府部门占比上升的趋势，表 6—1 列出了 2000 年到 2012 年间中国三大主体部门占国民收入的比重情况。

从初次分配的格局变化来看，居民收入占比整体下降，从 2000 年的 67.15％，下降到 2012 年的 61.65％，下降 5.50 个百分点，而企业和政府收入占比都有较大的提高，2000 年企业收入占比 19.72％，到 2012 年增长到 22.73％，增长 3.01 个百分点，政府收入占比由 13.13％ 增长到 15.63％，增长 2.50 个百分点，从各主体初次分配收入增长倍数来看，2000 年到 2012 年，居民、企业和政府收入绝对值分别增长 4.85 倍、6.09 倍和 6.30 倍，居民收入增速明显慢于企业和政府收入增速。从再分配的格局变化来看，居民收入占比整体仍然呈下降趋势，13 年来下降 5.56 个百分点，企业和政府收入占比仍然呈上升趋势，13 年来分别上升 0.53 和 5.01 个百分点。从各主体再分配收入增长倍数来看，从 2000 年到 2012 年，居民、企业和政府收入绝对值分别增长 5.42 倍、7.08 倍和 4.83 倍。将初次分配与再分配各主体所占比值进行对比，可以发现，经过再分配之后，居民收入占比基本未变，企业收入占比减小，而政府收入占比上升较快、幅度较大。显而易见，中国收入再分配格局中政府部门对企业部门有明显的挤压。从以上分析中可以看出，中国进入 21 世纪以来，初次分配企业增速较快，再分配明显向政府倾斜，只有居民收入份额增长困难。

---

① 张东生. 中国居民收入分配年度报告（2009）[M]. 北京：经济科学出版社，2009.

表 6-1　　　2000-2012 年中国三部门占国民收入比重情况表

年份	初次分配			再分配		
	企业	政府	居民	企业	政府	居民
2000	19.72%	13.13%	67.15%	17.94%	14.53%	67.54%
2001	21.40%	12.67%	65.93%	18.92%	15.01%	66.07%
2002	21.57%	13.94%	64.49%	19.34%	16.23%	64.43%
2003	22.28%	13.62%	64.09%	19.94%	16.09%	63.97%
2004	25.12%	13.74%	61.14%	22.51%	16.43%	61.05%
2005	24.52%	14.20%	61.28%	21.60%	17.55%	60.84%
2006	24.74%	14.53%	60.73%	21.54%	18.21%	60.25%
2007	25.65%	14.74%	59.61%	22.10%	19.01%	58.89%
2008	26.61%	14.73%	58.66%	22.74%	18.98%	58.28%
2009	24.73%	14.58%	60.69%	21.19%	18.28%	60.53%
2010	24.51%	14.99%	60.50%	21.19%	18.41%	60.40%
2011	23.95%	15.38%	60.67%	20.03%	19.19%	60.78%
2012	22.73%	15.63%	61.65%	18.47%	19.54%	61.98%
各主体初次分配/再分配收入增长倍数	6.09	6.30	4.85	5.42	7.08	4.83
分配格局变化	3.01	2.50	-5.50	0.53	5.01	-5.56

　　资料来源：2000-2009 年数据根据《中国统计年鉴 2012》、2010-2011 年数据根据《中国统计年鉴 2013》、2012 年数据根据《中国统计年鉴 2014》资金流量表（实物交易）整理

　　2. 居民劳动报酬占初次分配的比重

　　中国实行按劳分配为主体，多种分配方式并存的分配制度，在初次分配中将按劳分配和资本、技术、管理等要素按贡献参与分配相结合。受中国经济水平所限，大多数居民收入主要还是依靠劳动报酬，财产性收入和经营性收入比例较小。

　　自 2000 年以来，中国劳动者报酬从 52299.1 亿元增加到 2012 年的 256676.8 亿元，年均增长 14.21%，但其低于国民生产总值增长率 0.66 个百分点，可见中国居民劳动报酬并没有取得与国民生产总值相同的增长速度，这一现象直接导致居民劳动报酬在国民收入中的比重整体下降，从

2002 年峰值时的 53.67％下降到 2012 年的 49.41％，可见劳动要素所得与其对经济建设和发展的贡献并不相匹配。相比而言，生产税净额和财产收入占比虽小，但其比重稳健上升，尤其是财产收入，由 2000 年的 14103.7 亿元，增加到 2012 年的 130019.5 亿元，年均增长 16.61％，高于国民生产总值增长率 1.74 个百分点，其占比也由 2000 年的 14.22％增加到 2012 年的 25.03％，如表 6－2。因此，在初次收入分配格局中，资本要素更具有分配优势，而劳动要素所获得的分配份额总体呈下降趋势。

表 6－2　2000－2012 年中国居民劳动报酬占初次分配比重情况表

年份	劳动者报酬	生产税净额	财产收入
2000	52.71％	12.07％	14.22％
2001	52.53％	11.83％	12.65％
2002	53.67％	12.27％	11.92％
2003	52.88％	12.90％	11.76％
2004	50.70％	12.89％	11.46％
2005	50.45％	12.81％	13.43％
2006	49.26％	12.79％	17.06％
2007	48.20％	13.28％	18.08％
2008	47.99％	12.60％	19.79％
2009	49.02％	12.31％	18.57％
2010	47.56％	13.12％	19.28％
2011	47.04％	13.16％	22.65％
2012	49.41％	13.26％	25.03％

资料来源：2000－2009 年数据根据《中国统计年鉴 2012》、2010－2011 年数据根据《中国统计年鉴 2013》、2012 年数据根据《中国统计年鉴 2014》资金流量表（实物交易）整理

（二）相关衡量指标反映下的居民收入分配现状

1. 基尼系数反映下的居民收入分配现状

基尼系数，是国际上用来综合考察居民内部收入分配差异状况的一个重要分析指标。基尼系数的数值在 0 至 1 之间，基尼系数越小，表示收入分配越是趋向于平等；基尼系数越大，则说明收入分配越趋向于不平等。按照联合国有关组织规定，通常把 0.4 作为收入分配差距的警戒线，基尼系数在 0.4－0.5 之间表示收入差距较大，0.5 以上表示收入差距悬殊，如表 6－3。

表 6—3　　　　　　　　　　　　基尼系数区段划分

基尼系数	区段含义
低于 0.2	收入绝对平均
0.2—0.3	收入比较平均
0.3—0.4	收入相对合理
0.4—0.5	收入差距较大
0.5 以上	收入差距悬殊

1978 年，中国属于个人收入差距比较小的国家，基尼系数为 0.33。1994 年，基尼系数为 0.434，超过 0.4 的国际警戒线，并在随后的十余年里一直保持在 0.4 以上的水平。观察表 6—4 和图 6—1 可知，中国居民收入基尼系数在 2008 年已达到了 0.491，这表明中国的总体收入分配差距扩大问题已十分严峻，2008 年以后，中国基尼系数逐步回落，到 2014 年下降到 0.469，这也说明中国的收入分配还存在很大的改进余地。

表 6—4　　　　　　2001—2014 年中国居民收入基尼系数统计表

年份	2001	2002	2003	2004	2005	2006	2007
基尼系数	0.447	0.454	0.479	0.473	0.485	0.487	0.484
年份	2008	2009	2010	2011	2012	2013	2014
基尼系数	0.491	0.490	0.481	0.477	0.474	0.473	0.469

资料来源：国家统计局资料

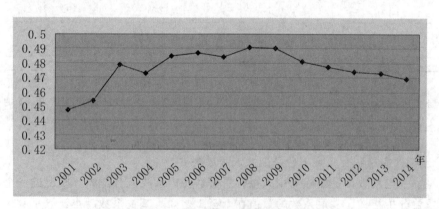

图 6—1　2001—2014 年中国居民收入基尼系数

2. 收入不良指数反映下的居民收入分配现状

收入不良指数，即欧希玛指数，是指以最高收入的 20% 的人所占的收入份额与最低收入的 20% 的人口所占有的收入份额之比表示一个社会的收入分配状况。这一指数的最低值为 1，指数越高，说明穷极和富极的差距越大，收入不平等状况越严重。

表 6－5 显示了中国历年来城乡居民收入不良指数的变动情况，2000年城镇居民收入不良指数为 3.61，农村居民收入不良指数为 6.47，到2013 年城镇居民收入不良指数经过先增后减整体上升至 4.93，增幅为37%，农村居民收入不良指数从 6.47 持续增长至 8.24，增幅为 27%。收入不良指数显示，十多年来，中国城镇居民收入差距扩大速度快，农村居民收入差距居高不下，如果再加上隐性收入，收入不良指数将进一步增大。

表 6－5　　　　　　2000－2013 年中国城乡居民收入不良指数

年份	城镇居民收入不良指数	农村居民收入不良指数
2000	3.61	6.47
2001	3.81	6.77
2002	5.10	6.89
2003	5.30	7.33
2004	5.52	6.88
2005	5.70	7.26
2006	5.56	7.17
2007	5.50	7.27
2008	5.71	7.53
2009	5.57	7.95
2010	5.41	7.51
2011	5.35	8.39
2012	4.97	8.21
2013	4.93	8.24

资料来源：根据《中国统计年鉴 2014》数据整理

二、中国收入分配现状的具体分析

（一）城乡居民收入差距不断扩大

改革开放以来，中国城镇居民和农村居民的收入均实现了增长且人们的生活水平得到了很大的提高，但是城乡居民收入差距仍然存在，并呈现出不断拉大的趋势，见表 6－6。

　　从城乡居民人均可支配收入差额来看，随着城乡居民收入的增长，城乡居民人均可支配收入的差额越来越大，从 2000 年的 4026.6 元扩大到 2013 年的 18059.2 元。由此可知，总体上收入分配仍然在向城镇居民倾斜，农村居民收入的快速增长也无法弥补如此巨大的差距。

　　从城乡居民收入增长速度来看，在未扣除价格因素的影响下，城镇居民收入的增长速度总的趋势是快于农村居民收入的增长速度的。城镇居民人均可支配收入由 2000 年的 6280.0 元增长到 2013 年的 26955.1 元，平均增长率达到 11.55％；农村居民人均纯收入由 2000 年的 2253.4 元增长到 2013 年的 8895.9 元，平均增长率为 10.56％。

　　从城乡居民收入比例来看，在 2000 年至 2013 年的 14 年间，除了 2000 年、2001 年，城乡居民收入比值分别为 2.79 和 2.90 之外，其余年份城乡居民收入差距持续维持在 3 倍以上，差距最大时在 2007 年和 2009 年分别达到 3.33 倍。虽然自 2007 年以来，中国城乡居民收入差距表现出逐步缩小趋势，但 2013 年城乡居民收入比例仍然维持在 3.03：1 的高水平。

表 6-6　　　　　　　　2000—2013 年中国城乡居民收入变动

年份	城镇居民家庭人均可支配收入（元）	名义增长率（％）	农村居民家庭平均每人纯收入（元）	名义增长率（％）	城乡居民人均可支配收入差额（元）	城乡居民人均可支配收入比例
2000	6280.0	7.3	2253.4	2.0	4026.6	2.79
2001	6859.6	9.2	2366.4	5.0	4493.2	2.90
2002	7702.8	12.3	2475.6	4.6	5227.2	3.11
2003	8472.2	10.0	2622.2	5.9	5850.0	3.23
2004	9421.6	11.2	2936.4	12.0	6485.2	3.21
2005	10493.0	11.4	3254.9	10.8	7238.1	3.22
2006	11759.5	12.1	3587.0	10.2	8172.5	3.28
2007	13785.8	17.2	4140.4	15.4	9645.4	3.33
2008	15780.8	14.5	4760.6	15.0	11020.2	3.31
2009	17174.7	8.8	5153.2	8.3	12021.5	3.33
2010	19109.4	11.3	5919.0	14.9	13190.4	3.23
2011	21809.8	14.1	6977.3	17.9	14832.5	3.13
2012	24564.7	12.6	7916.6	13.5	16648.1	3.10
2013	26955.1	9.7	8895.9	12.4	18059.2	3.03

　　资料来源：根据历年《中国统计年鉴》计算整理

（二）城乡内部收入分配不合理

在市场化取向改革不断深化的大背景下，中国城乡内部所有制结构、就业结构、财产结构发生了较大变化，城乡居民内部收入差距日趋明显。本书通过五等分法分别将城乡人口按收入高低顺序分成五等份组，以便层次清晰地考察城乡内部高低收入户之间的收入分配差距。

从表6-7中可以看出，从2000年到2013年间，中国城镇低收入户人均可支配收入从3132.0元增长到11433.7元，年均增长10.68%，同期中国城镇高收入户人均可支配收入从11299.0元增长到56389.5元，年均增长13.22%，城镇家庭高收入户与低收入户人均可支配收入的极值比从期初的3.6倍增至2013年的4.9倍。从图6-2中可以更直观地看出，按收入五等份分组的城镇居民人均可支配收入呈喇叭状增长，城镇居民高收入户收入增长明显快于低收入户，收入不断向高收入人群集中，城镇内部收入差距不断拉大。

表6-7 2000-2013年按收入五等份分组的中国城镇居民人均可支配收入

单位：元

年份	低收入户（20%）	中等偏下户（20%）	中等收入户（20%）	中等偏上户（20%）	高收入户（20%）
2000	3132.0	4623.5	5897.9	7487.4	11299.0
2001	3319.7	4946.6	6366.2	8164.2	12662.6
2002	3032.1	4932.0	6656.8	8869.5	15459.5
2003	3295.4	5377.3	7278.8	9763.4	17471.8
2004	3642.2	6024.1	8166.5	11050.9	20101.6
2005	4017.3	6710.6	9190.1	12603.4	22902.3
2006	4567.1	7554.2	10269.7	14049.2	25410.8
2007	5364.3	8900.5	12042.2	16385.8	29478.9
2008	6074.9	10195.6	13984.2	19254.1	34667.8
2009	6725.2	11243.6	15399.9	21018.0	37433.9
2010	7605.2	12702.1	17224.0	23188.9	41158.0
2011	8788.9	14498.3	19544.9	26420.0	47021.0
2012	10353.8	16761.4	22419.1	29813.7	51456.4
2013	11433.7	18482.7	24518.3	32415.1	56389.5

资料来源：《中国统计年鉴2014》

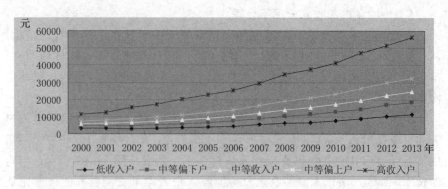

图6-2 2000-2013年按收入五等份分组的中国城镇居民人均可支配收入

如表6-8和图6-3所示，中国农村内部居民收入差距也呈不断扩大的趋势。2000年农村低收入户人均纯收入为802.0元，至2013年增长到2583.2元，年均增长9.57%，农村居民高收入户人均纯收入在此期间由5190.0元增长到21272.7元，年均增长11.52%，高收入户与低收入户的收入比在2000年为6.47:1，到2013年已增至8.24:1。

表6-8 2000-2013年按收入五等份分组的中国农村居民人均纯收入 单位：元

年份	低收入户 (20%)	中等偏下户 (20%)	中等收入户 (20%)	中等偏上户 (20%)	高收入户 (20%)
2000	802.0	1440.0	2004.0	2767.0	5190.0
2001	818.0	1491.0	2081.0	2891.0	5534.0
2002	857.0	1548.0	2164.0	3031.0	5903.0
2003	865.9	1606.5	2273.1	3206.8	6346.9
2004	1007.0	1842.2	2578.6	3608.0	6931.0
2005	1067.2	2018.3	2851.0	4003.3	7747.4
2006	1182.5	2222.0	3148.5	4446.6	8474.8
2007	1346.9	2581.8	3658.8	5129.8	9790.7
2008	1499.8	2935.0	4203.1	5928.6	11290.2
2009	1549.3	3110.1	4502.1	6467.6	12319.1
2010	1869.8	3621.2	5221.7	7440.6	14049.7
2011	2000.5	4255.7	6207.7	8893.6	16783.1
2012	2316.2	4807.5	7041.0	10142.1	19008.9
2013	2583.2	5516.4	7942.1	11373.0	21272.7

资料来源：《中国统计年鉴2014》

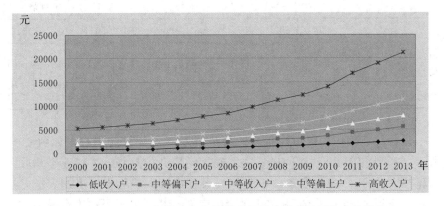

图 6-3 2000-2013 年按收入五等份分组的中国农村居民人均纯收入

（三）行业之间收入分配差距显著

因为垄断行业长期盘踞公共资源高地并独占利润，造成严重收入分配不公及行业间巨大的收入差距。具体来说，处于垄断地位的电力、电信、金融、保险、煤气及水生产供应、烟草等行业的职工劳动薪酬增速很快，而一些竞争性行业以及农、林、牧、渔等行业职工平均薪酬却长期处于较低水平。

根据历年行业平均工资数据显示，城镇单位就业人员平均工资最高的三个行业分别是金融业，信息传输、软件和信息技术服务业以及科学研究和技术服务业。2013 年金融业平均工资 99653 元，信息传输、软件和信息技术服务业 90915 元，科学研究和技术服务业 76602 元，分别是全国平均水平的 1.94 倍、1.77 倍和 1.49 倍；同年，平均工资最低的三个行业分别是农林牧渔业 25820 元，住宿和餐饮业 34044 元，水利、环境和公共设施管理业 36123 元，分别为全国平均水平的 50%、66% 和 70%，最高与最低行业平均工资之比是 3.86：1，行业间的收入差距较大（见表 6-9）。

表 6-9　　　　　　2005-2013 年中国部分行业平均工资水平　　　　　　单位：元

行业	2005	2006	2007	2008	2009	2010	2011	2012	2013
农林牧渔业	8207	9269	10847	12560	14356	16717	19469	22687	25820
住宿和餐饮业	13876	15236	17046	19321	20860	23382	27486	31267	34044
水利、环境和公共设施管理业	14322	15630	18383	21103	23159	25544	28868	32343	36123
科学研究和技术服务业	27155	31644	38432	45512	50143	56376	64252	69254	76602

续表

行业	2005	2006	2007	2008	2009	2010	2011	2012	2013
信息传输、软件和信息技术服务业	38799	43435	47700	54906	58154	64436	70918	80510	90915
金融业	29229	35495	44011	53897	60398	70146	81109	89743	99653

资料来源:《中国统计年鉴 2014》

从各行业平均工资与当年行业中最高工资的极差度来看,如图 6-4 所示,2000 年至 2004 年间极差度呈现逐年攀升的趋势,各行业平均收入明显拉大;自 2004 年以来,行业间收入差距扩大趋势得以遏制,极差度逐步下降到 2009 年的 25 并趋于平稳。表 6-10 列出了平均工资最高和最低的三个行业近五年的极差度,除了农林牧渔业平均工资极差度略有下降外,其余行业平均工资极差度都有或大或小的上升。

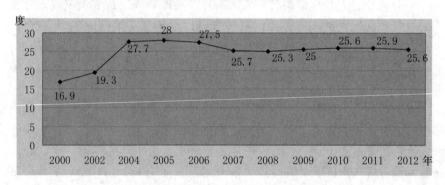

图 6-4　2000-2012 年中国各行业平均工资与当年行业最高工资极差度

表 6-10　　　　　　2005-2013 年部分行业平均工资极差度　　　　　　单位:度

行业	2009	2010	2011	2012	2013
农林牧渔业(平均工资最低)	37.3	37.3	37.2	36.8	36.5
住宿和餐饮业	33.2	33.7	33.5	33.1	33.4
水利、环境和公共设施管理业	31.7	32.5	32.8	32.6	32.5
科学研究和技术服务业	9.6	11.1	11.7	12.9	13.0
信息传输、软件和信息技术服务业	2.1	4.7	7.2	5.9	5.0
金融业(平均工资最高)	0	0	0	0	0

资料来源:根据表 6-9 计算整理

(四)地区之间收入差距明显

受各地区自然条件、社会经济基础以及国家政策导向差异的影响,中国不同地区的经济发展水平存在较大的不平衡，导致中国东、中、西、东北地区之间居民收入差距大，且呈现不断加剧的趋势（见表6－11和图6－5）。改革开放之初，总设计师邓小平提出"让一部分地区、一部分人先富起来"的政策，东部地区凭借其本身的经济发展优势，成为该项政策最大的受益者。日益繁荣富裕的东部并没有遵循"先富带后富，最终达到共同富裕"的初衷，对中、西和东北地区的反哺效应很微小。以2013年为例，东、中、西和东北部地区的城镇居民人均可支配收入分别为32472.0元、22736.1元、22710.1元、22874.6元。其中，东部地区城镇居民人均可支配收入分别是中、西和东北部地区的1.43倍、1.43倍、1.42倍。可见，东部地区和中、西、东北地区的居民收入差距明显。

从各省份层面上比较，东、中、西部之间的差距仍然存在。国家统计局发布的数据显示，2014年全国城镇居民人均可支配收入较2013年增加了1889.0元，总体水平达到28844.0元。2014年城镇居民人均可支配收入最高的是上海市，达到了47710.0元的高水平，紧随其后的有北京、浙江、江苏等省市。2014年青海省城镇居民人均可支配收入为22307.0元，甘肃以20804.0元位居最后。城乡居民收入的总体情况也反映了东、中、西部之间的收入差距。2014年，东部地区浙江、江苏、广东等地的城乡居民收入分别为32658.0元、27173.0元、25685.0元；中部地区湖北省为18283.0元，河南省15695.0元，湖南省17622.0元；西部的甘肃省城镇居民人均可支配收入水平为20804.0元，农村居民人均纯收入仅为5736.0元。

表6－11　　　　　　各地区城镇居民人均可支配收入　　　　　　单位：元

年份	东部地区	西部地区	中部地区	东北地区
2005	13374.9	8808.5	8783.2	8730.0
2006	14967.4	9902.3	9728.5	9830.1
2007	16974.2	11634.4	11309.5	11463.3
2008	19203.5	13225.9	12971.2	13119.7
2009	20953.2	14367.1	14213.5	14324.3
2010	23272.8	15962.0	15806.5	15941.0
2011	26406.0	18323.2	18159.4	18301.3
2012	29621.6	20697.2	20600.2	20759.3
2013	32472.0	22736.1	22710.1	22874.6

资料来源：《中国统计年鉴2014》

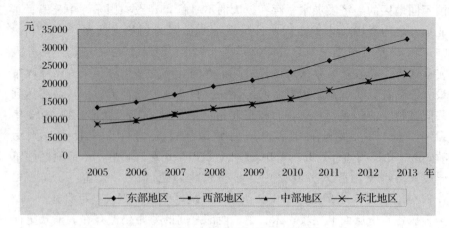

图6—5 各地区城镇居民人均可支配收入

三、造成中国收入分配不合理的财政原因

当前中国居民收入分配差距的形成是长期以来多方面因素共同作用的结果。

中国收入分配不尽合理的部分原因是长期发展过程中积累下来的，新中国成立后，中国实行工业化发展战略，"重工抑农、以农补工"，长期实行工农业产品价格"剪刀差"，从农村汲取了过多的资金支持工业发展，导致农村地区经济建设资本投入不足、再生产能力受限、生产技术落后，加之户籍制度的城乡划分以及与户口挂钩的教育、医疗、就业等权益划分，进一步拉大了城乡之间的收入差距。还有一些收入差距是经济制度改革不完善形成的，一些发展社会主义市场经济需要的体制机制还不健全，垄断、寻租等问题依然普遍存在，导致居民、企业占有资源和享有机会不公，造成利益分配差距。另外，社会改革和公共服务不完善也是拉大收入差距的原因之一，包括劳动者劳动权益得不到充分保障，失地农民和农民工在融入城市中仍然面临重重困难等诸多问题，再加上收入分配机制不健全，分配秩序不规范，法律制度、监管体系缺失，使得隐性收入和灰色收入大量存在，进一步拉大了收入分配差距。

财政对收入差距的调节作用有限也是形成收入分配不合理的重要原因之一，财政政策作为促进社会公平、调节收入差距的重要手段还存在一定的缺陷，下面将主要分析造成中国收入分配不合理的财政原因。

（一）现有税制在收入调控方面严重缺位

1. 税制结构扭曲了收入分配的合理格局

中国现行税制基本上是在1994年税制改革的基础上建立起来的，当时的主要目的是提高"两个比重",保障国家财政收入,为此确立了以流转税为主体的税制结构,虽然之后随着经济社会的发展多次减少流转税比重,增加所得税比重,但以流转税为主体的税制结构没有发生根本改变。当前中国流转税的主体地位非常明显,流转税长期在税收收入总额中占比50%以上,而所得税占比仅为30%左右,其中直接对居民收入分配发挥调节作用的个人所得税只占全部税收收入的6%-7%。房产税、土地增值税等都是地方税的小税种,对收入调节力度不足,其他具有重要调控功能的税种如赠予税和遗产税长期缺位,直接阻碍了税收对居民收入分配的调节作用。

流转税作为间接税,主要作用于商品生产和流通环节,通过促进资源优化配置、合理调节产业结构,间接调节收入分配,这样的调节对缩小收入差距作用有限,远远比不上具有直接调节功能的所得税和财产税。另外,流转税在调节收入分配过程中通常具有累退性和税负转嫁性,累退性会造成低收入者负担的税收占毛收入的比重高于高收入者,而税负转嫁会将税负由企业转嫁给居民,对生活必需品需求弹性越小的居民转嫁越多,而中国也没有像国外一样对生活必需品免税或低税,使得中低收入者在购买衣食住行等生活必需品时比高收入者承担了更多的税负。可见以流转税为主体的税制模式虽然满足了中国经济发展的需要,但流转税占税额比重过大直接制约了所得税份额,严重弱化了直接税调节收入分配的功能。

中国房产税和土地增值税还有待于进一步完善,离真正意义上的房地产税还有一定的距离,中国房产税和土地增值税多注重转让环节而忽视保有环节对居民财富的调节。

随着中国经济长期持续高速增长,高收入阶层积累的财富规模越来越巨大,"富二代"不劳而获的现象已十分普遍,然而中国赠予税和遗产税却迟迟未开征,使税收对高收入阶层财富的代际调节一直处于真空状态,严重影响了税收对居民收入分配的调控效果。

2. 具体税种要素设计不利于收入再分配功能的实现

各个税种由于其税制要素的设计不同,其发挥的税收作用也不同。当前中国部分承担着收入差距调节作用的税种,由于税制要素的设计不尽完善,其在调节收入分配方面发挥的作用也相对有限。

(1) 个人所得税对高收入阶层调节力度较弱

中国现行个人所得税采用分类所得税制,将个人取得的各种所得划分为十一类,分别适用不同的费用扣除规定、不同的税率和不同的计税方法,这样的课税模式使得收入相同的个人会因为收入来源不同而负税不同，收入来源较分散、综合收入较高的纳税人负税较轻，而收入来源较集中、综合收入较少的纳税人负税重，现行个人所得税难以按照纳税人真实纳税能力课征。

现行个人所得税税率结构复杂，级距设置不合理，虽然工资薪金所得设置了七级超额累进税率，但适用档次低，低档税率级距小，使工薪阶层成为了纳税主体。另外，工资薪金所得最高边际税率为45%，而非勤劳所得性质的"利息、股息、红利所得"、"财产租赁所得"、"财产转让所得"等仅采用20%的比例税率，这往往为收入渠道较多且具有一定隐蔽性收入的高收入者提供了规避税收的机会。

个人所得税扣除方式不合理也是阻碍该税种调节收入再分配的重要原因之一，个人所得税费用扣除采取定额和定率相结合的方式，针对不同的所得采取不同的费用扣除方式，这样分散的费用扣除方式容易造成纳税人分解收入逃避纳税。在最常见的生计费用扣除中缺乏对地域、赡养人口、医疗费用、子女教育费用、通货膨胀等因素的充分考虑，未能充分体现量能纳税的原则。

（2）房产税对居民收入差距的调节甚微

房产税作为中国开征财产税中最重要的一个税种，其在调节收入差距上存在征税范围过窄、计税依据和税率设计不合理等问题。

目前中国的房产税仅对城镇居民用于营业的房产征税，那些富人拥有的别墅或高档住宅在保有期间付出成本很少，再加之大量减免税项目，使得房产税税基更窄。由于房产原值难以体现房产市场价值，因而以房产原值为基础确定的计税依据难以反映纳税人的纳税能力。同时，不论自营住房还是出租房都按照比例税率计征，没有考虑不同城市和不同地段等明显差异对纳税人的影响。此外，中国房产税房产登记和评估都不完善，征管漏洞多，税负普遍较低，没能起到应有的调节作用。

（3）消费税部分税目在调节收入分配上具有累退性

相比经济发展速度和人民生活水平提高幅度，消费税税目调整较为滞后，过去的一些非必需品已经成为今天的必需品，而一些新出现的奢侈品及奢侈消费行为尚未纳入征税范围，消费税税目调整滞后，不仅加重了中低收入者的负担，对高收入阶层也没有起到应有的调节作用。

消费税部分税目的税率结构仍然存在与国内当前消费水平和消费结构不相适应的地方。部分奢侈品适用税率并不是很高，例如，高尔夫球及球具、游艇仅适用10%的税率。而一些日常品，尤其是烟酒，税率过高，使烟酒消费税在收入再分配效应中出现累退性①，拉大了居民之间的收入差距。

（二）财政投入对收入分配调节作用有限

1. 民生支出规模尚待提高，结构不平衡

随着经济社会的发展，中国对民生的关注度越来越高，各项民生支出不断增长，但总体上，民生支出仍然不能满足需求，支出结构有待优化，其在调节居民收入分配中未能充分发挥出应有的积极作用。

相对于民生支出，政府特别是一些地方政府更热衷于将财政资金投向经济建设或用于政府自身消费，在过去的十几年间，低效率的政府投资和"高效率"的政府消费挤占了大量民生支出，这和中国注重 GDP 政绩考核与政府膨胀密切相关。以主要民生支出为例，2013 年全国教育支出 21877亿元，占当年 GDP 的 3.89%，不仅低于美国、加拿大、欧盟等绝大多数发达国家，也低于巴西、阿根廷、墨西哥等发展中国家；中国社会保障和就业支出 14417 亿元，占 GDP 比重为 2.57%，而全球经济合作与发展组织（OECD）国家占对应 GDP 比重达到 21.7%，最低的智利占比 10%，最高的法国占比达到 32%；由 OECD 统计的中国医疗卫生支出为 649 亿美元，占 GDP 比重为 5.6%，OCED 国家平均水平是 9%，OECD 中的 20个欧盟国家平均水平是 8.4%，美国为 16.4%。② 这些数据表明，中国在基本民生方面的财政支出规模小、比重低，减小了民生支出调节收入分配的作用空间。

民生支出结构失衡也是阻碍收入调节作用的重要原因。民生支出结构失衡既存在着物力与人力资源配置的内部结构不合理，同时还表现为城乡间、地区间的多维外部结构不合理，不同因素相互交织，彼此影响。例如，支农支出对农田水利建设支出多，直接给予农民的补助少；教育支出对高等教育投入比重大，而对公共财政最应当大力扶持的基础教育却投入不足，普通教育、职业教育、成人教育和特殊教育等方面资金分配比例失调；医疗卫生支出方面，财政对效益回收快的医院体系投入多，对卫生防疫这种难以看到显著效果的事业投入较少。再如，中西部地区教育、医疗卫生和公共设施与东部地区相比，农村义务教育、基础医疗卫生条件和水平与城市相比都存在明显差异。另外，在对某些民生项目的支出中，间接支出多，直接支出少；为生产者支出的多，为消费者支出的少，这些都限

---

① 孟莹莹. 消费税收入再分配效应的实证分析 [J]. 统计与决策，2014（08）：95—98.
② 相关数据来源于 OECD 网站：http://www. oecd. org/statistics/和财政部公布的《2013 年财政收支情况》。

制了民生支出公平调节收入分配作用的发挥。

2. 转移支付制度均等化效果不强

中国转移支付制度均等化设计尚存缺陷，在一定程度上仍然存在着转移力度小、功能弱、不规范等问题，对平衡区域间收入分配的作用不强。

1994 年分税制改革时，为照顾地方既得利益，实行税收返还——以 1993 年地方实际收入为基数，与两税增长率挂钩，将上划中央的部分地方税返还给地方。这种以基数法确定的税收返还没有考虑各地区收入能力和支出需要的客观差异，也缺乏较为合理的客观标准，与两税增长挂钩使得经济越发达两税增长越快的地区，得到的税收返还越多。原本以财力均等化为目标的转移支付制度，却由于最初制定政策时存在着"非均衡化"的政策取向（这样的政策取向在短期内还难以发生改变）而固化了发达地区与落后地区之间的财力差距。

均衡性转移支付均等化效果最好，但占比却小。2013 年中央对地方均衡性转移支付仅为 9812.01 亿元，占全部转移支付比重的 20.4%。[1] 国际上通常将均衡性转移支付作为中央对地方转移支付的主要形式，很多国家均衡性转移支付占全部转移支付的比例在 50%左右。[2]

目前，中国专项转移支付主要用于实现中央政府的特定经济目标，具有均等化效果的专项转移支付力度不足，部分专项转移支付需要地方承担配套资金，使配套资金充裕的发达地区更容易得到中央的转移支付，而贫困落后地区资金紧张，越难以得到中央专项拨款。加之专项转移支付覆盖范围广，几乎涉及了绝大多数预算支出项目，在资金的使用上随意性较大，支出标准和分配方案都没有严格的事权或制度法规约束，导致大量资金被分散、低效使用，限制了平衡地区财力作用的发挥。

此外，中国横向转移支付制度尚未建立起来，在中央财力有限的情况下，仅仅依靠中央对地方财政的纵向转移支付制度不足以均衡各地财力，不利于调节地区间利益分配格局。

（三）社会保障制度尚未形成覆盖全社会的安全网

1. 各种类型社会保障的覆盖面差异显著

"广覆盖"是社会保障进行统筹共济、高效发挥收入分配调节功能的重要前提，但中国现阶段社会保障制度覆盖面较窄，还无法普惠全民。

---

① 中华人民共和国财政部国库司. 财政统计摘要（2014）[M]. 北京：经济科学出版社，2014.

② 周佳莹. 调节我国居民收入分配差距的财政支出政策研究 [D]. 首都经济贸易大学，2012.

城镇社会保障体系较为完善，养老保险和医疗保险基本上实现了制度上的全覆盖，但离实现人员全覆盖还有一定的距离。失业保险将一大批真正需要领取失业保险金的"体制外"非正规就业群体的农民工和应届毕业生等排除在外。受长期城乡分治二元结构的影响，城乡社会保障项目推进程度不一，农村社会保障制度起步晚，基础薄弱，除了养老保险和医疗保险，其他保险项目基本上没有建立起来，大多数农民都没有失业保险、生育保险，更不用说住房公积金。社会救济和福利方面，农村救助、福利水平低，涵盖对象也非常有限。近年来，城郊附近的农地大量转变为建设用地，出现了"失地农民"这一特殊群体，大部分的失地农民既不再享有土地保障，也未被纳入城镇社会保障范畴，这部分人大多没有社会保障，只有少部分参与了养老保险或最低生活保障。

按企业、单位所有制类型来看，各社会保障项目在国家机关、事业单位和国有企业等公有制单位以及三资企业中覆盖率较高，而就业于私企、个体工商户、无固定单位以及其他灵活就业人员的社会保障覆盖率较低。

可见，在中国往往更需要保障的人群却游离于社会保障制度边缘，不仅难以提高其生活水平，也会使他们因缺乏安全感而只重视即期收入，导致初次分配中政府、企业和个人之间的利益格局更难以有效均衡。

2. 各类社会保障资金的来源和保障水平差距较大

长期以来，中国社会保障实行地方统筹，社会保障基金由政府、企业（或集体）和个人共同分担，主要社会保障项目的缴费和待遇水平都与各地平均收入水平密切相关，由于经济发展水平不均衡，筹资机制和待遇给付机制不健全，造成城乡之间、地区之间各类社会保障资金的来源和保障水平差距较大，社会保障资金在收入来源和保障投向上没有起到公平分配的作用。

中国养老保险、医疗保险、失业保险不同群体的缴费责任分担不均，国家行政机关和全额拨款的事业单位人员几乎不需要承担各类社会保障费用，还能享受到较高的退休金和其他社会保障待遇，而城镇职工和农民则需要按要求进行缴费，满足一定条件后方可享受各项保险待遇。中国社会保险为了激励个人账户储蓄，强调多缴多得，收入越高、缴费越多、待遇越好，在一定程度上固化了初次分配中形成的收入差距并延伸到再分配领域。而社会统筹部分在筹资过程中企业缴费率设定过高。企业，尤其是中小企业，为了减轻负担，往往会做出压低工资增长率，减少就业岗位，虚报缴费工资基数等行为，严重侵蚀了初次分配中劳动者的收入。特别是养老保险在由现收现付制向"统账结合"的部分积累制改革过程中，转轨成本并未由政府清偿，而是由企业来承担，不仅造成了代际间和代际内不公平现象，而且使得不同地区、不同企业负担的差异较大。此外，中国现行各项社会保险在筹资过程中都按照各地实际情况设置了缴费基数上下限，人为地提高了低收入者和中小企业参加各类保险的门槛。

各类社会救济和福利事业主要还得依靠财政拨款，在国外较为流行的社会捐赠筹资方式在中国能够筹集的资金却较少，由于地区发展水平差异，不同地区财政拨款数量不同，加之不同统筹层次的保障资金无法调剂使用，致使保障资金的来源和保障水平差距较大，不利于社会保障调节收入分配作用的发挥。

第三节 财政调节收入分配的着力点

收入分配的结果不仅会给居民的购买能力和生活水平带来直接的影响，收入差距的扩大也会诱发资源配置不合理、财富分配失衡以及机会不公平等一系列经济社会问题，并最终破坏经济增长的可持续性，从而阻碍社会的整体进步。当前，市场在中国初次分配领域占据着主导地位，社会的进步和发展又要求我们必须遵循市场规律，此时发挥政府的宏观调控作用，通过政策干预有效调节和引导收入分配格局，实现居民收入分配再分配具有更大的现实意义。再分配领域由政府主导，应更加注重收入分配的社会公平性。推进税收制度的改革以实现对居民财富的调节，实现收入再分配上的限高提低，将收入差距控制在合理范围内；利用转移支付等财政手段，加大对贫穷落后地区的扶持力度，缩小城乡差距、地区差距；改革和完善社会保障制度、社会救助制度等，建立符合中国经济社会发展阶段的福利制度，在保证低收入人群基本生活的前提下，提高居民的福利水平。

一、优化税收结构，着力调节居民收入差距过大问题

税收作为政府宏观调控的重要手段和政策工具，是实现国民收入再分配的重要手段之一，可弥补市场经济作用下初次分配结果的不合理，使社会财富的分配更具合理性，起到有效调节收入分配，缩小贫富差距的作用。为调整收入分配结构、缩小收入差距，建立综合的税收调控体系迫在眉睫。

（一）推进个人所得税制度的建设

在整个税收调节体系中，个人所得税兼具筹集财政收入和调节收入分配等重要功能，特别是在调节居民收入分配方面的显著效果使其成为调节收入分配最为有效的工具。政府为充分发挥个人所得税对收入分配的调节

作用，应该从推进个人所得税改革出发，加大对高收入者的调节幅度，使中低收入者从高税收负担中解放出来，从而促进居民收入分配朝着公平、合理的方向发展。

1. 扩大个人所得税范围

目前，中国对个人所得税的征税范围采取的是列举法，中国的税法规定了 10 个个人所得税的应税项目，即工资、薪金所得、个体工商户的生产经营所得、企事业单位的承包承租经营所得、劳务报酬、稿酬、特许权使用费所得、利息股息红利所得、财产租赁所得、财产转让所得、偶然所得，除了上述 10 个税法规定的项目外，财政部和国家税务总局还规定了 8 个其他所得为个人所得税的应税项目。尽管中国对个人所得税的征税范围列举得比较全，几乎涵盖了一切所得，但是随着中国市场经济的发展，市场经济越完善越发达，人们收入的多元化程度就越高，而中国的税法是比较稳定的，使得个人所得税的税收范围难以和经济环境的变化协同，很多人的中介收入和灰色收入远远超过了普通工薪阶层的收入，但都没有纳入个人所得税的征税范围。因此，要结合当前中国居民收入的多样化，丰富个人所得税的征收范围，把更多的所得纳入到征收范围中去，以扩大个人所得税对收入分配的调节作用。

2. 合理设计税率、调整级距

当前，中国个人所得税采取的是繁琐复杂的混合式税率形式，其中实行累进税率的有工资薪金等劳动所得，实行比例税率的有财产租赁、利息、红利所得等非劳动所得。为了削弱混合式税率引起的劳动收入与非劳动收入之间税收的不平衡性，必须合理划分累进税率与比例税率的适用范围，在不违背税收的财政原则和公平原则的基础上，提高个人所得税对收入再分配的调节作用。

按照累进税率征收个人所得税，不同等级的税率使高收入者纳税多，低收入者适用税负低，没有所得者则不必缴税，大大缩小了居民间收入分配差距。由表 6－12 可知，当前中国的七级税率分别为 3％、10％、20％、25％、30％、35％、45％，低收入群体的适用税率过高，中低收入群体的税负依然过重，享受 3％ 和 10％ 的低税率的级距比较窄，使得很多中低收入者的税负依然很重，80000 元过高的级距起点使工薪阶层的中低收入者成为所得税的主要调控范围，无形中缩小了高收入者适用的高税率的范围，违背了提高高收入者的税负水平的初衷。为更好地发挥个人所得税调节收入分配的作用，应该扩大低税率适用的级距"宽度"，使更多的低收入群体享受到税收减免带来的实惠，更好地发挥个人所得税的"补低"作用。同时，应降低适用最高税率的级距"起点"，适当提高高收入群体的税负，更好地发挥个人所得税的"削高"作用。

表 6－12　　　　　　　　　　个人所得税级距分布

级数	含税级距（元）	税率（％）	速算扣除数（元）
1	0—1500	3％	0
2	1500—4500	10％	105
3	4500—9000	20％	555
4	9000—35000	25％	1005
5	35000—55000	30％	2755
6	55000—80000	35％	5505
7	80000 以上	45％	13505

3. 推动个人所得税实现综合制改革

自 1980 年建立个人所得税制度以来，中国实行的一直是分类所得税税制，就是按照一定的方式将纳税人的所得划分为不同的类别，每一种类别都根据税法规定，按照不同的扣除标准和税率来计算应纳税额。该模式最大的特点就是采取分类定率、分项扣除、分项征收等方式对不同来源、不同性质的所得采取差别待遇。其优点是税源可以控制，征收程序简单方便；缺点是在某种程度上违背了税收的公平性原则，主要表现在当收入水平相同时，收入类型不同、所得来源多的纳税人可以通过对收入的分解和所得类型的调整来享受更多的扣除项目，从而承担相对较少的税收，而所得类型、收入来源单一的纳税人却会因为扣除项目少而承担较多的税收，从而成为税收调控的主要对象。非量能课税的横向不公平对收入分配差距起到逆向调节的作用。

与分类个人所得税税制相比，个人所得税综合税制是把家庭全部收入归并在一起计算，考虑家庭赡养系数与支出情况进行调节，即综合相加纳税人在一个纳税年度内的各项所得，再把各项法定扣除费用和不予计征的项目减去，然后按照统一的累进税率计征个人所得税的一种税收制度。综合税制在所得税扣除方面，充分考虑纳税人的年龄、健康状况以及赡养父母、抚养子女的负担等情况，根据不同的家庭状况做出调整，有效避免一刀切的现象，既可加强税源扣缴，确保税款及时入库，又可有效地削弱分类征收税制导致的税负不公平程度，更大程度地实现对收入分配不合理的调节。

国际上实行个人所得税综合税制的发达国家有英国、美国、德国，墨西哥、马来西亚等发展中国家也实现了个人所得税综合税制的建立。以英国为例，英国的个人所得税税制建立于 1799 年，是世界上最早建立个人所得税税制的国家，如今个税已经成为英国的第一大税。受德国综合所得税制的影响，1909年推行个人所得税制的改革，将各类所得汇总计算，综合征收，从而实现了个人所得税向综合税制的转变。已婚扣除项目从有到无的变化、子女抵免和工作抵免的设置都充分体现了英国综合税制以人为本的态度。

2013年，中共中央关于全面深化改革若干重大问题的决定，提出逐步建立综合与分类相结合的个人所得税税制，这为中国个人所得税改革提出了明确方向。鉴于目前中国居民收入信息存在着不完整、不对称等严重问题，中国可以把工资薪金所得、劳务报酬所得、个体工商户的生产经营所得以及对企事业单位的承包承租经营所得、稿酬所得等经常性收入纳入综合累进征收的项目，循序渐进地推动综合制个人所得税，逐步发挥综合税制稳定经济、调节收入分配的作用。

（二）进一步完善财产税

工资性收入、经营性收入、转移性收入和财产性收入四部分共同构成中国居民的收入。其中，财产性收入相对来说基数较小，但是近十年来，其增长速度最快，财产性收入已经成为城镇居民收入新的增长点，对城镇居民总收入差距的贡献率也在不断攀升。2001年至2010年间，中国国民收入实现了10％的年均增长速度，居民收入年均增速仅达到8％，但其中财产性收入的年均增速却达到了22％，可见其增长速度之迅猛。伴随着居民财产的快速积累，居民财产差距也呈现出急剧扩大的趋势，财产与财产性收入分配的不平等又将直接导致总收入不均衡，不利于广大居民共享中国的发展成果。

虽然个人所得税对调节收入差距能够发挥显著的作用，但其对财富存量差距的调节非常有限。除了具有组织财政收入、促进资源配置的功能外，合理的财产税还能够调节社会财富分配。通过征收财产税可以对社会财富进行再次分配，有利于缩小贫富差距，维持社会稳定。然而，一方面由于税源分布广泛、分散，财产税征收部门掌握的信息存在不完善、不对称的痼疾，税收流失较为严重；另一方面，由于中国财产税自身体系的不完善，财产税对居民收入分配的调节效果与理论设想还存在差距。因此，推进财产税体制的完善刻不容缓。

1. 建立完整的个人和家庭的财产信息登记系统

能否准确地掌握个人及家庭的财产状况，有效地控制分布零碎、不集中的税源直接关系到财产税对居民财产性收入和财产存量的调节作用。目前中国财产登记管理体系尚不完善，尤其是私有财产登记制度的缺失，给开展财产税的征收管理工作带来了很多难题。为了配合财产税的改革与完善，必须从可操作性的要求出发，对个人及家庭的财产登记及管理进行规范。

一是要明确对个人财产的产权进行界定，如对于宅基地使用权、土地使用权、不动产所有权等进一步规范管理，增强财产的透明度；二是加强房产管理部门、土地管理部门、户籍管理部门等与税务机关之间的协作配合。以房产登记为例，房产管理部门应该和户籍管理部门建立合作关系，建立以居民身份证号码为依托的财产信息登记系统，减少税源的流失；三是建立对房产等财产的评估系统，这就需要培养专业素养高的评估人员，并建立统一、权威、公平的评估标准；四是为保证财产税足额及时入库，应该强化源头代扣代缴税款，推行高收入行业纳税人建档管理和全员申报纳税制度，加大对逃税者的处罚力度。

2. 开征遗产税和赠予税，完善财产税税制

遗产税和赠予税是对净财富的征税，征收对象主要是高财富者，是抑制富人财富代际转移的有效手段，有利于调节社会成员间收入分配和贫富差距。

当前，许多国家建立了包括遗产税和赠予税在内的财产税体制，如美国、英国、德国等发达国家，还有发展中国家如印度，而中国台湾地区也已开征遗产税和赠予税。然而中国在关于遗产税的开征问题上几多波折，至今仍未能开征遗产税和赠予税，导致居民的财产差距没有相应的税法来进行调控，进而导致居民财产性收入差距的扩大。因此，为防止社会财富过度集中，缓解财产性收入分配不公，更好地发挥财产税在调节收入和财产分配中的作用，必须不断完善财产税的内容，推动遗产税和赠予税的开征。

（三）加强消费税调节力度

中国于1994年税制改革时设置了消费税税种，是为实现特定的财政或调节目标，即对货物征收增值税之后，选择部分消费品和特定的消费行为按消费流转额征收的一种商品税。消费税是间接税的一种，其特点之一就是纳税义务人能够将税收负担转嫁给其他人。20多年来，随着消费税改革的推进，消费税税制不断完善，其在组织财政收入、调节消费者消费结构及调节收入分配等方面作用显著。

但随着经济社会的发展和人们生活水平的改善，消费税在征税范围、税目设置、税率结构等方面出现了与当前形势不合拍的现象。如征税范围只局限于15个应税税目，征税范围窄和税率结构与消费水平和消费结构的变化不相适应，不能满足消费税发挥调节作用的需要等。这就要求推进消费税税制的不断完善，加强其对居民收入分配的调节作用。

1. 根据消费税特点调整征收范围

作为调控功能较强的选择性课征的特殊流转税，消费税的征收范围与

其功能息息相关。为充分发挥消费税调节居民收入差距的功能，推动居民收入差距趋于合理，就需要调整、扩大对高档商品和奢侈品的征税范围，提高高收入阶层的税负水平。

一些原来归属于奢侈品行列的商品逐渐演变为日常消费品，以及新的高档品如高档皮草、私人飞机等的出现，说明奢侈品和高档品的范围并非是一成不变的。这就要求消费税征收范围既要根据经济发展、产业政策、收入调节需要有所增加，也要综合考虑整个社会生活水平的变化，根据不同征税对象的不同性质分别进行有增有减的调整。一方面把具有生活必需品性质的消费品剔除出征收范围，如一般化妆品、啤酒、黄酒等；另一方面是适当扩大征税范围，将高档会所、高档娱乐等纳入消费税课税目录，将对高消费行为或服务征收消费税视为调节中国居民收入分配的一个着力点。

2. 科学合理设置税率

消费税作为选择性课税，其对于消费的调节或者限制主要体现在其税率结构的设计。总体来说，就是要综合考虑消费品的生活必需程度、产品的替代性、环境污染和能耗等因素，从而设计不同的税率水平和形式。消费税的税率设计应寻找税负平衡点，使其收入分配功能和经济调节功能的发挥达到最佳。

按比例征收的消费税具有一定程度上的累退性。家庭收入越低，消费占其家庭收入的比重就越高，消费税占家庭可支配收入的比重趋于下降。为削弱消费税对居民收入分配的逆调节作用，必须实行差别的消费税税率结构来增强消费税的累进性。一方面，对低收入阶层的生活必需品制定较低的税率或免税，降低低收入者的税负水平，减轻其生活负担；另一方面，对高收入阶层集中消费的奢侈品、高档消费品、高消费行为的征税实行高税率，有助于缩小贫富差距。

3. 改变征收环节

现行消费税主要是在生产、委托加工及进口环节征收，只有卷烟在批发环节加征了5％的从价税，零售环节征收消费税的商品只有金银首饰和钻石及钻石饰品。由于消费税的纳税人主要是企业，纳税人和实际负税人之间存在较高程度的背离度。在生产环节征税符合源泉扣缴的原则，在某种程度上减少了纳税人数量，降低了征管成本，提高了征管效率，充分保证了税收收入的及时足额入库，但这使得消费者对消费税并不敏感，削弱了消费税对消费者消费行为引导的效果。

改变消费税生产环节单一课税制度，一是实行多环节征税，这样可以使消费税对居民收入水平的调节体现在各个环节，如对烟、酒等市场需求量大、国家限制生产消费的消费品，可以在生产和消费环节双重征收消费税；二是逐步推进消费税向单一消费环节征收发展，实现消费者及时合理纳税，更好地发挥消费税的功能。受中国税收征管水平的限制，实现全面推行单一消费环节征税还需要很长一段时间，可以先对石油、汽车等会计核算较健全的行业实行消费环节征收消费税。

二、扩大民生支出及社会保障范围，着力改善城乡收入差距扩大局面

（一）加大民生支出支农力度

1. 加大农村教育投入

劳动者的知识能力和效率越高，他所创造的价值也就越大。贫困地区要消除贫困和实现自我的发展，就必须依靠教育来提高国民素质。随着中国经济发展水平的提高，中国在支持民生方面取得了很大的进步，特别是农村基础教育方面的九年义务教育。但是与对城市高等教育的扶持力度相比，农村基础教育占教育支出的比重依旧较小。除此之外，在与农村居民就业问题密切相关的职业教育、成人教育和特殊技能培训等方面的财力投入依然不足。要突破农村经济发展瓶颈，缩小城乡居民收入差距，可以从以下几个方面入手：

（1）提高农村教育经费标准，为农村教育注入发展资金，扩大其在中国教育支出中所占的比重。（2）加大对经济欠发达地区教育投入，促进区域教育协调发展。（3）充分发挥政府的政策效应，给予从事农村教育者更多的优惠，保证农村教育的师资力量。（4）创新教育投入体制，改变教育支出在普通教育、职业教育、成人教育和特殊教育等方面资金比例失调的现象，推动农村居民再就业。

2. 加大对农村医疗卫生领域的扶持

作为一个以农业人口为主的国家，医疗卫生事业的相对公平不仅是关乎社会和谐发展的重要问题，也是影响农村居民健康、生活条件、生产效率提高的关键因素。中国现行的医疗体制存在着严重的不公平现象，高收入城市享受的医疗补助占我国医疗卫生补贴的绝大部分，而农村医疗卫生经费长期短缺，时常出现一场大病拖垮一个家庭的现象。农村居民所承担的沉重医疗卫生支出，大大削减了居民的实际可支配收入，向城市医疗卫生领域倾斜的财政政策也对城乡居民收入起到了一定的逆向调节作用。因此，要更大程度地减轻沉重的医疗卫生支出对农村居民生活水平和发展能力的制约，发挥民生支出公平调节收入分配的作用，加大对农村医疗卫生服务的财政倾斜和扶持力度。

（1）在原有的资金拨付基础上，进一步加大对农村医疗卫生的财政支出，并确保资金及时落实到位，保证医疗卫生仪器和医务人员的数量和专业质量。（2）开展农村人口健康状况的调查统计工作，遏制农村居民"看病难——更贫困——健康水平更低"的恶性循环，使医疗卫生的财政资金投入发挥到实处，实现民生支出公平促进收入分配的宏观效率。

3. 加大农村基础设施建设投入

农村基础设施是农业生产和农民生活赖以依存的重要物质基础，农村基础设施建设投入具有现实重要性、必要性和紧迫性，是保障国家粮食安全的迫切需要，也是增加农民收入的迫切需要，更是提升农业竞争力的迫切需要。

加大农村基础设施建设投入，应做到：（1）加强农业投入立法，提高农村基础设施建设投入及资金管理的法律级次。（2）加大农业基础设施建设投资力度。（3）加强互动，尊重农民意愿。对于农村基础设施建设，农民既是受益主体，又是实施建设的主力军，应充分调动农民群众积极性，组织和引导他们积极参与改善自身的生产和生活条件的活动。（4）要重视外源动力，更要培养内生动力。

（二）完善社会保障制度

社会保障通常被称为社会的安全网，是政府进行收入再分配的重要手段，也是实现收入分配合理公正的重要途径，具有收入分配的调节作用。社会保障的调节机制主要是通过转移支付形式对不同的社会群体提供不同程度的保障，帮助生活困难的弱势群体，提高他们的收入水平。有助于在一定程度上缓解市场的初次分配不公，缩小收入差距，保证社会的稳定。近年来中国的社会保障制度不断完善，更多的弱势群体被纳入了这张有保障的安全网，缓解了社会不公的矛盾。但是中国的社会保障依然存在着覆盖范围小、区域发展不平衡等众多的问题。特别是与西方发达国家相比，社会保障水平总体较低，不平等的社会保障制度反而成为拉大城乡、区域居民收入差距的不利因素。因此，中国仍然有必要把完善社会保障制度作为收入再分配的重要手段。

1. 扩大社会保障覆盖范围，逐步实现城乡统筹，全民覆盖

所谓全民覆盖，就是指基本养老保险制度、基本医疗保险制度、保障房制度、最低生活保障制度等要覆盖所有人口，不分城乡并且尽可能地缩小区域差别。当前，中国社会保障覆盖面小主要表现在以混合所有制、非公有制等经济组织的从业人员以及非正规灵活就业人员和农民工等就业人群参与社会保障的程度还比较低，即尚未实现全民覆盖。覆盖面的大小集中反映了一个国家或地区的社会保障的总体情况。

2015年中国人力资源和社会保障部数据显示，截止到2014年年末，中国已有84232万人参加了基本养老保险，比上年年末增加2263万人，实现了2.7%的增长速度。其中，参加城镇职工基本养老保险的人数为34124万人，比上年年末增加1906万人。参保职工和离退休人员，分别比上年年末增加了1354万人和552万人，达到了25531万人和8593万人的水平。参加城镇职工基本养老保险的农民工人数由4895万人增加到5472万人。企业参加城镇职工基本养老保险人数为31946万人，比上年年末增加了1896万人。2014年年末全国参加城镇基本医疗保险人数为59747万人，比上年年末增加了2674万人。其中，农民工人数为5229万人，比上年年末增加了211万人。全国参加失业保险人数实现了3.8%的增速，达到17043万人。其中，参加失业保险的农民工人数为4071万人，比上年年末增加了331万人。2014年年末全国参加工伤保险人数为20639万人，比上年年末增加了722万人。其中，参加工伤保险的农民工人数比上年年末增加了98万人，达到7362万人。

近几年，伴随中国社会保障制度的不断完善，中国社会保障覆盖的人口快速增加，参保的人群也实现了向多种所有制企业职工及灵活就业人员的扩展。但是中国社会保障的覆盖率依然较低。只有广泛覆盖，才能体现公平，才能提高低收入者抵御风险的信心和能力。因此，当前最主要的任务就是以就业形式及居民生活状态的变化为重点依据，扩大社会保障的覆盖范围，使更多的人群特别是低收入者共享经济发展和社会进步的成果。

2. 完善城乡之间最低生活保障制度

最低生活保障是国家对家庭人均收入低于当地政府公告的最低生活标准的人口给予一定的现金资助。中国最低生活保障制度的建立是从沿海发达地区起步，逐步向中西部推进开展的，当前中国的4个直辖市、27个省都实现了最低生活保障制度的建立。杨立雄（2011）通过检验36个中心城市1999—2008年的最低生活保障标准和人均可支配收入的离散度，发现两者呈现一致性，尤其是2008年，两者的标准差几乎相等，也就是说，最低生活保障地区差距正在拉大，逐步接近地区间人均可支配收入的差距。

2015年，中国各地陆续出炉了最新的城乡最低生活保障标准。其中，上海、北京、南京等地实现了城乡低保标准并轨，且最低生活标准分别调整为790元/月、710元/月、700元/月。其中，上海市的城乡低保标准最高，北京次之。实行城乡低保标准的统一，是社会救助实现城乡一体化的具体体现，有助于打破城乡二元壁垒，保障居民生活底线公平，让更多的困难群众享受到经济发展的成果，有利于调节低收入者的收入分配。与此同时，我们也必须意识到，当前中国各地的最低生活标准依旧在很大程度上低于国家的扶贫标准（2300元）。这就要求中国在推进低保标准并轨的同时，还应该上调最低生活保障标准，尽快地实现低保与扶贫这两项制度的有效衔接。

3. 建立统筹城乡间的多层次社会保险体系

社会保险具有一定的补偿性，能够发挥居民收入再分配的功能。它能够帮助居民分散由于失业、疾病、工伤、生育和年老等问题给生活带来的风险和压力，应对一些突发事件给居民带来的经济负担，降低收入减少的速度，在一定程度上保障社会成员的收入水平，缩小收入差距。

社会保险是社会保障体系的核心部分，它的保障对象是劳动者，即人口中最多最重要的部分。它所承担的风险最多，包括劳动和在全部生命周期中发生的使他们失去工资收入的生、老、病、伤、残、失业等所有风险。目前中国的社会保险项目主要有：养老社会保险、医疗社会保险、失业保险、工伤保险、残障保险、死亡保险等。随着中国经济的发展和居民生活水平的提高，社会保障体系不断完善，但是仍然存在一系列的问题，如覆盖面小，执行力度不强，特别是城乡社会保障体系存在着较大的层次差别。

为克服当前中国城乡社会保险体系层次参差不齐、效用不均衡的现象，必须建立统筹城乡间的多层次社会保险体系。应尽快打破体制机制障碍，统筹城乡医疗保险制度，逐步将城镇职工基本医疗保险、城镇居民基本医疗保险和新农合三项制度整合为统一的基本医疗保险制度，构建城乡一体化医疗保障体系，满足城乡居民医疗保障需求，实现可持续发展与促进社会公平正义。

4. 完善社会救助体系

社会救助是国家通过国民收入的再分配，对因自然灾害或者其他社会经济原因而无法维持最低生活水平的社会成员给予救助，以保障其最低生活水平的制度。社会救助的主要内容是贫困救济和灾害救济，多用于应对突发性事故。当前中国的救助体系存在的问题有：救助水平低、救助主体各自为营、没有形成较完整有效的救助体系。

完善社会救济体系，应该做到以下几点：（1）拓宽救助资金的筹集渠道，增强政府应对风险的财政能力，降低自然灾害等对落后地区贫困居民的收入减少效应；（2）规范社会救助行为，加大公开公示力度，建设社会救助的"阳光工程"；（3）建立完善的自然灾害、贫困情况的信息制度，推动社会救济及时进行。

三、运用财政综合手段，着力缩小行业收入差距

(一) 鼓励非垄断企业参与市场竞争，打破垄断

经济垄断是资本扩张本性与规模经济发展的必然结果，然而经济垄断不仅遏制有效竞争，而且导致诸如市场供应单一、新生企业与新技术受到压抑、垄断利润引起过度两极分化，从而拉大行业间收入分配的差距，最终威胁市场经济制度的正常运行。将新的竞争机制引入垄断企业，弱化其垄断性质，实现对垄断行业内的高收入进行改革和调控将会有利于国民收入分配的公平性。

中国社会主义经济体制下，允许合理的自然垄断的存在，但也存在着不合理的非自然垄断，如行政性垄断，现代市场经济中的行政性垄断，就是政府权力介入市场的结果。鼓励非垄断企业参与市场竞争，打破不合理垄断，削弱垄断行业势力，优化资源配置，降低垄断行业的高额利润，将会极大地缩小行业之间以及行业内的收入差距。

1. 取消国家给予垄断企业的特殊政策和不合理补助

自然资源是属于所有人共同拥有的，一直以来许多国有垄断企业耗费大量石油、天然气、煤炭等资源来获得利润，国有企业还享受了资源要素方面的优惠和财政补贴，相当于得到了全体国民的补贴。一项政策具有它的时效性，特定时期内，它会把自身的正面作用发挥得淋漓尽致，从而达到预期的政策效果。同时，也会随着时间的推移和政策环境的变化，逐渐凸显出负面效应，政策本身也会呈现出老化、不适宜的现象。这就要求国家政策要适应时代的进步和社会的诉求适时地作出调整和修改。政府政策曾一度倾向于垄断行业，大大地扶持了垄断行业的发展，但是政策的余温也造就了垄断行业的高收入水平，拉大了行业间的收入差距。为了及时解决行业发展外部环境的不平衡所产生的收入分配不公平问题，就必须取消部分有失公平或已经完成特殊使命的政策。这不仅是消除垄断高收入、解决不合理收入差距的重要途径，塑造公平竞争的社会环境，也有助于国家整体经济效益的实现和提高。

2. 利用财税政策推动民营企业发展，尤其是小微企业的发展

民营企业，特别是中小微企业为社会创造了大量的工作岗位，吸纳了大量的就业人口。在发展初期，创新型中小微企业大多承受着巨大的竞争压力，且利润极其微薄，较低经济效益和社会效益使其不能够像大型企业那样轻松获得税收优惠或财政补贴，沉重的税费负担更使它们的发展举步维艰。因此，应该将财税政策更多地聚焦于中小微企业，发挥其促进就业、改善分配格局、维护社会稳定的重要作用。

原来的垄断行业，像电信、交通等，过去由于资本很密集，靠国企的经营，带来比较优势。但现在国有企业大都是盈利行业，是有竞争力的行业，这种情况，应该允许民营经济的进入，进行竞争，深化改革。当前，中国已经在逐步推行对小微企业的财税政策支持。以对小微企业所得税的优惠为例，2010年小微企业应纳税所得额的上限为3万元，2012年提高至6万元，2014年再调高至10万元。2015年1月1日开始，享受减半征收企业所得税优惠政策的小微企业范围扩大了到年应纳税所得20万元以内（含20万元），并按20%的税率缴纳企业所得税。在减半征收政策范围扩大的同时，税率按20%征收，比正常税率25%低了5个百分点，进一步加大了减税的力度。一方面把所得额低的小微企业排除在征税的范围外，另一方面降低了属于征税范围内的小微企业税负水平，从而使得小微企业双重受益。

加大对中小微企业的税收优惠扶持力度，有利于中小微企业轻装上阵，鼓励和吸引更多的人投入创新创业，在实现自主就业的同时，吸纳更多的就业者，缓解社会就业难的窘境。在经济增长速度放缓的当下，中小微企业发展面临着融资难、经济效益低等严峻问题。为帮助中小微企业走出发展困境、推动民营企业的发展，中国政府应该进一步完善公共财政职能，发挥财政资金对企业发展的引导作用。在综合考虑区域差异的基础上，要高度重视企业发展环境的差异化，积极整合各种支持资金和政策，形成支持民营企业特别是小微企业发展的合力。

3. 科学制定垄断行业竞争政策，正确引导新企业进入

进入壁垒高是垄断性行业发展的最大特点之一，过高的壁垒限制了新企业的进入，这样会更加剧行业的垄断性，巩固其垄断地位。

为推动收入分配机制的完善，中国政府可以采取法律和制度手段逐步消除垄断。首先，应明晰政府与市场的界限并明确政府在初次分配领域的定位，着力提高生产要素的市场化程度，打破产权与生产要素流动的行政壁垒，消除行政垄断；其次，在配置资源的问题上，引入竞争机制，降低进入垄断行业市场的门槛，通过民营化和提高市场化率等方式实现投资主体多元化以消除行业垄断的不公平性。

（二）利用财税手段直接调节行业收入差距

1. 对建立工资增长机制的民营企业明确给予减免税优惠

改革开放30多年来，中国以年均9.9%的经济增长速度快速发展，然而职工工资增长速度与经济增长的速度不相匹配，职工工资占GDP的比重呈下降趋势。针对垄断性行业和竞争性行业间职工工资的不均衡现象，应该在保证企业实现经济效益增长的基础上，综合考虑不同行业和企业的

实际情况，推动把中低端岗位劳动者工资增长作为集体协商重要内容的劳资平等协商制度的形成，进而建立起正常的工资增长机制，实现各行业中、低层级劳动者的工资合理增长。对国有企业，则需按工资总额预算管理等办法来区别安排工资增长。从整个社会平均工资增长速度看，重点实现普通职工的工资增长稍快于平均工资的增长，实现劳动报酬增长与劳动生产率提高同步。

金融保险业、电力、煤气及水的生产与供应业、交通运输、仓储和邮政服务业等行业职工平均工资一直处于较高的位置，而这些行业在中国当前均存在一定的垄断或者专营的特性。"十二五"期间，中国树立了形成正常的工资增长机制的目标，其主要内容是推动职工工资收入水平合理较快增长，实现最低工资标准年均增长13%以上，绝大多数地区最低工资标准达到当地城镇从业人员平均工资的40%以上。

西方市场经济国家工资增长机制主要是通过工会集体谈判和立法程序来实现的，工资增长与市场经济表现联系密切，能够受市场供求关系来调节，随经济增长和劳动生产率提高稳步增长，同时与物价水平变化高度相关，增长机制在具有规律性同时也是经常性的。工会是工人阶级的群众组织，是职工利益的代表。工会力量的基础来自会员团结一致以及国家法定权力。在中国发展非公有制经济的过程中，非公有制企业的工会力量比较薄弱，这主要是由工会组织不健全、员工入会的积极性不高导致的。同时新时期工会的角色转换没有跟上以及职能定位的模糊，工会没有真正发挥维护职工权益的职能，工会仍然是企业内部的附属机构，没有独立性，在维护职工权益方面显得很软弱。这就要求中国在推动工会组织走向成熟的同时，除了建立工资薪酬保障金之外，还应该对建立工资增长机制的民营企业明确给予减免税优惠，激励其积极地调整工资水平，使其有能力和财力去促进企业职工工资的增长。

2. 灵活运用财税手段加强对垄断企业职工高收入的调节

垄断行业收入畸高是导致行业间收入差距过大的主要原因，也是引起社会非议最大的诱因。近年来，垄断性行业依靠其工资水平不断提高，以超过其他行业数倍的速度增长。一方面，垄断行业职工工资水平高、增长速度快有其合理的因素。部分垄断行业生产经营状况好、经济效益大，推动着职工工资较快增长，并且人力资源的优化配置，职工素质及受教育程度也要求有较高的收入水平与之相匹配。另一方面，也不排除部分经济效益低、经营管理落后的垄断性行业仅仅依靠其垄断优势获得高额利润的可能性。于良春、张俊双（2013）采用因子分析法进行了行政垄断对行业间工资差异的相对贡献度的研究。结果表明，与企业的生产能力、获利能力、创新程度以及企业职工的性别比例相比，行政垄断程度对行业间工资差异的贡献度最大，是导致行业间工资差异更重要的原因，垄断性行业与竞争性行业间的收入差距主要是由行政垄断造成的。

在实现市场化的进程中，为逐步加强对垄断性行业的就业收入机制进行改革，降低其溢价程度，实现收入分配的公平化，可以采取合理的财税手段。一是将垄断性行业职工的劳动报酬与其缴税水平相挂钩，多得多缴；二是对于部分垄断性行业依靠垄断地位无偿使用的属于全体国民的资源设置资源税；三是将对应的税收收入以转移支付和财政支出的方式转移给低收入者。这有利于改善少数垄断行业、企业凭借垄断地位获得过高职工工资的局面，并有效地扭转垄断性行业和竞争性行业间职工工资水平不均衡的局面。

四、发挥转移支付和税收调节作用，着力调控地区间收入分配差距

（一）深化转移支付制度改革，加强对地区间的平衡作用

转移支付制度包括税收返还、一般性转移支付和专项转移支付三项内容。调节政府间财力分配、促进政府间财力均衡是转移支付制度的主要目标，但新体制下过时的税收返还基数法固化了原有财力不均的格局，背离了转移支付的初始目标，拉大了地区之间的发展差距，即税收返还的存在，造成越是发达地区得到的转移支付越多。相反，落后地区得到的税收返还越少，这无疑加剧了地区间公共服务水平上的差距和居民收入水平的差距，推动贫富两极分化现象的加剧。

1. 提高专项转移支付使用效率，拉动贫穷地区收入增加

转移性支付作为平衡经济发展水平和解决贫富差距的财政方法，政策性最强。受各地区经济发展不平衡特点的影响，中国地区间收入差距不断扩大，缓解地区收入差距尤其是增加对西部及落后地区的财政支持，已成为对转移支付制度提出的现实需要。专项性转移支付作为上级政府为实现特定的宏观政策目标，以及对委托下级政府代理的一些事务进行补偿而设立的专项补助资金，具有专款专用的性质，即资金接受者需按规定用途使用资金。按用途划分，专项拨款主要用于基础设施建设、公共卫生体系建设、社会保障制度建设、贫困地区义务教育工程、天然林保护工程、退耕还林还草工程等关乎民生、经济、社会事业发展项目的实施。

在转移支付制度中，专项转移支付的规模要远超于一般性转移支付，正如中央财经大学财经研究院院长王雍君所说：专项转移支付的问题，除了规模过大外，最主要的是类别分得太细，管理太分散、不透明，忽视支

出绩效。当前中国专项转移资金存在着层层截留、转变成地方政府存量资金的现象，这大大降低了使用效率，没能实现对地方政府财力的均衡作用以及推动当地经济建设，也没能有效地拉动当地居民收入的增长，削弱地区收入差距的作用极其微小。

为提高专项转移支付使用效率，推动地区区域发展，尤其是大力支持贫困地区、少数民族地区、革命老区经济社会的发展，拉动其经济的增长，提高居民收入水平和生活水平，削弱地方贫富差距，应该积极推动专项支付账户的清理。一方面及时唤醒沉睡在账户上的财政资金，将其投入到需要的地方去；另一方面通过建立专项转移支付资金监督机制，时刻追踪资金的使用情况，推动专项项目及时有序地进行。

2. 增加一般性转移支付，提高偏远落后地区的科教文卫水平

社会保险、卫生保健、教育和社会福利等公共服务分布的不均等加大了城乡间的收入差距。增加对落后偏远地区科教文卫的支出能够显著缩小区域间收入差距。以中国推行的九年制义务教育制度为例，在某种程度上它提高了包括农民在内的全体国民的素质，推进了农村人力资本的积累，可以有效地缩小收入差距。但对于西部等经济发展相对落后的地区而言，科教文卫支出主要集中在城镇，加之偏远农村人力资源流失，使得西部地区科教文卫支出对提高人力资本、减少城乡收入差距的影响并不显著。

在主要以 GDP 为政绩考核指标的现实情况下，财政资金更偏向于流向基础设施建设等有利于拉动 GDP 增长的项目，而教育、卫生、医疗、环保等公共服务支出所占比重偏低。此外，财政资金在地区间的分配存在着严重的不公，居民能够享受到的政府提供的公共服务并不均等，不利于控制收入差距的扩大。

非均等化的公共服务供给政策会造成城乡差距在代际间的传递和持续扩大，主要表现在不均衡的公共服务配置会进一步拉大城乡居民后代在医疗、健康、教育等消费上的差异，进而会对下一代的能力和收入水平造成不利的影响。因此，提高偏远落后地区的科教文卫水平成为缩小地区收入差距的重中之重。

由于中国的一般性转移支付实质上是均衡型的一般性转移支付，因此，它的作用和目标便是消除各地方政府存在的税收能力与其基本支出需求的横向不平衡，保证各地区社会公共服务水平的基本一致。这时通过一般性转移支付扭转地区间财力差距扩大的趋势，逐步实现地方政府基本公共服务能力的均等化，对于调节各地区收入分配差距是非常有利的。当前一般性转移支付的规模相对较小，影响力有限，所以要增加一般性转移支付。

3. 调整税收返还，削弱其马太效应

马太效应，就是富者愈来愈富，而贫穷者愈来愈贫穷的社会现象，表现在中国居民收入分配领域就是贫富两极分化。税收返还作为转移支付的重要内容，在某种程度上减轻了纳税人的负担。但是传统的基数计算法却固化了收入分配的不平等，甚至导致了贫富两极分化的加剧。为削弱其负面效应，可以用"因素法"逐步替代"基数法"，把各个纳税人的经济条件、收入状况和生活生产环境综合考虑在内，推进税收返还实现更加公平的收入再分配功能。

（二）扭转地区间不合理税收转移

1. 区域性优惠政策侧重点应体现"向西倾斜"的导向

区域经济差异不仅是一个经济问题，还是一个社会问题和政治问题，如果不加以控制，势必会影响整体的发展。同时，区域经济发展不平衡和地区经济差距的存在也是加剧居民收入不合理的重要因素之一。受改革开放初期中国政策向东倾斜的导向，当前中国已经形成了长江三角洲、珠江三角洲、环渤海地区三大经济增速快、发展水平高的区域，而中国中西部特别是西部地区的发展仍然令人担忧。

为推动中国区域经济的协调发展，促进区域居民收入分配差距的缩小，必须实行区域优惠政策。区域税收优惠是选择不同地区所采取的一种税收优惠政策。中国现行的区域性优惠大体上有 16 类，其中，中西部及贫困地区是其中之一。促进西部地区的脱贫与发展，从而缩小区域差距，中央政府和西部地区政府应通过区域优惠政策，积极引导生产力布局向西部落后地区倾斜、政府转移支付向西部落后地区增强。以政府主导项目和政府财政资金为中心，加强中高端人力资源和科技要素向西部落后地区的集聚。

一是完善区域税收优惠政策机制，如减少西部地区投资企业所得税，推行再投资退税，这样在推动西部地区经济发展的同时，也可以提高西部地区居民的收入水平，缩小区域居民收入分配差距；二是积极推进社会救助、社会福利和社会保险等事业的发展，加强对西部贫困地区、革命老区和民族地区的扶贫开发，充分发挥社会保障制度作为调节国民收入分配经济杠杆的作用，以缓解社会贫富差距问题。

2. 对企业所得税汇总纳税进行合理调整

汇总纳税作为企业所得税制度的一项重要内容，也是影响区域间税收收入分配的重要因素。汇总纳税的推行容易导致税收与税源背离，按照区域范围的大小，主要表现为县际间的背离、省际间的背离、地方与中央之间的背离等。这是因为，在总分机构跨区经营的现状下，虽然总的纳税规模没有变化，但是税收入库地点的改变，必然会表现出企业经营地与纳税地不一致。由于中国发达地区往往在交通、地理、融资环境等多方面拥有优越的条件，比西部等欠发达地区更能吸引企业总部的落户，而现行的汇总纳税方法明确规定了企业所得税的 25％直接分配给总部所在地，这必然会严重制约西部地区经济发展。

要进一步推动西部等落后地区经济、社会的发展，就必须对跨地区企业所得税分配的问题加以高度重视，进而调整税收政策。一方面，要集中精力解决跨地区税源转移的问题。可以将总机构统一汇总核算后的应缴所得税额结合各分支机构的实际经营状况按一定比例在各分支机构之间转移分配，并设定上限额，防止总机构所在地税源的外流。另一方面，要制定与中国企业集团实际情况相匹配的合并纳税制度，以规避税收从经济欠发达地区向发达地区的转移。首先，母公司和子公司作为法人主体可以分别独立申报纳税，就地缴库。再根据应纳税额与母子公司分别缴纳的所得税部分的差额进行补缴或退税。其次，可以改变现行的采用经营收入、职工工资、资产总额等主要反映生产规模的三因素法，考虑仅把经营成果作为应纳税所得额的划分依据，让各分支机构的盈利能力决定其当年对地方财政的贡献，使得税收与税源逐步趋于一致。

第七章 财政政策效果评价

第一节 财政政策的有效性

一、关于财政政策的几种观点及财政政策有效性的体现

财政政策是指政府变动税收和支出进而影响总需求，最终对就业和国民收入产生影响的政策。财政政策的有效性广义上来说是通过对税收变动和支出变动等财政政策工具的运用，对就业和国民收入的影响程度以及实现预期目标的程度。由此可见，财政政策是国家宏观调控的政策支柱，而财政政策的有效性决定着宏观调控的效果。不同流派的西方经济学家对财政政策的有效性所持的观点并不一致，但大体上形成了三种观点，一种是财政政策对于国家实现宏观调控的目标是有效的，另一种观点与此截然相反，即认为财政政策对于国家实现宏观调控目标是无效的，而最后一种观点则比较中性，认为财政政策只有在一定条件下才能实现国家宏观调控的目标。

（一）财政政策的几种观点

1. 财政政策有效

认为财政政策有效的经济学家大部分是从财政政策在宏观调控中所发挥的乘数作用入手，分析财政政策在调节经济，尤其是在应对经济危机时所发挥的作用，重点分析影响财政政策有效性的因素。财政政策可以有效地促进经济增长，实现稳定物价、充分就业、国际收支平衡等宏观经济调控的目标。

凯恩斯主义学派认为，财政政策能够有效地调节总需求进而影响国民经济的总体运行状况。20 世纪 30 年代的资本主义国家经历了大危机，1936 年凯恩斯发表《就业、利息和货币通论》，在该书中，凯恩斯指出，经济危机的根源是有效需求不足，自由放任的经济政策与现阶段的经济发展状况已经不相适应，市场的自动调节已经无法增加有效需求。凯恩斯认

为，"有必要对自由运行的经济力量或因素加以制止或引导"，为了增加有效需求，渡过经济危机，政府必须对社会经济活动进行积极的干预，运用一定的财政政策工具，通过乘数作用促进社会有效需求成倍的增加，实现经济的发展。

新凯恩斯主义学派认为，财政政策可以对经济运行发挥积极的作用。该学派假设工资和价格是具有黏性的，自发的经济运行不能够保证劳动力和资本市场的出清，即在经济运行中存在市场失灵的现象，通过对财政政策的正确运用，可以起到促进经济正常运行的作用。同样，现实中的经济冲击是随机的，经济波动是不规则的，需要政府运用灵活的政策来应对不同的经济冲击。特别是经济陷入"滞胀"，即经济衰退和失业率并存，政府不可以让经济继续自由放任下去，必须采取一定措施。他们认为，"相机抉择的财政政策可以而且也有助于稳定经济"。

2. 财政政策无效

以亚当·斯密为代表的古典经济学派主张政府应该实行自由放任的经济政策，不应该通过财政政策来干预经济。古典经济学家认为，"看不见的手"可以自动调节劳动力和资本市场，经济波动可以通过"看不见的手"自动熨平。

20世纪70年代初期，资本主义国家再次陷入了经济危机的局面，而传统的凯恩斯主义的财政政策无法有效地解决此次危机，在这种经济背景之下，出现了反对政府干预经济活动的新自由主义学派，其中以弗里德曼为代表的"货币主义学派"和以卢卡斯为代表的"理性预期学派"最为出名。

货币主义学派提出，在货币供给没有增加的情况下，运用财政政策不仅不可以缓解经济波动，而且还会引发通货膨胀，进一步加剧经济波动。在货币主义看来，只有减少政府对经济的干预，适当地压缩政府开支，保证财政预算平衡，才能够实现没有通货膨胀的经济增长。

理性预期学派提出，理性的经济人能够运用一切信息来预测和改变预期，因为理性的经济人在实现理性预期的情况之下，一切公开实施的财政政策都在自己的预料之内，能够提前作出有利于自身的反应，加之任何政策都具有一定的"时滞性"，进而导致政府的财政政策达到预期的效果。

3. 财政政策在一定条件下有效

财政政策不一定总是有效。任何财政政策的实施必然会对经济中的其他因素产生影响，比如：扩张性财政政策的实施，会影响利率的变化，而利率的变化进而会对私人投资产生影响，也即是所谓的"挤出效应"，使财政政策的扩张效果减弱；同样，财政政策也存在"挤入效应"，促进私人投资的增加。可见，财政政策不一定总是有效，也不一定完全没有效果，财政政策发挥作用的大小受到很多因素的影响。因此，财政政策在一定条件下是有效的。在本节后面会着重分析影响财政政策效果的因素。

(二) 财政政策有效性的体现

从理论上来看，财政政策有效性的概念含义包含两个层次。简单地说，财政政策有效性是指财政收入和支出的调整能够通过一定的路径显著地影响到国民经济的实际产出、就业等真实的经济变量。更深一层次来说，是财政收入和支出的变动调整对国民经济影响效果的程度及大小。财政政策的有效性主要体现在两个方面，一是财政总量政策效应，二是财政收支的结构效应。

1. 财政总量政策效应

财政总量政策效应是指财政收入（主要是指在财政收入中占绝大多数的税收）和财政支出的调整是否能够影响实际产出、就业的总量，以及对产出、就业总量的影响程度和影响大小。总体上来说，财政总量政策效应就是财政收支的调整会引起实际产出、就业发生变化的情况。

2. 财政收支的结构效应

财政收支的结构效应是指在执行各种财政政策时，各种财政收入（税收）和财政支出进行总量上的比例调整时，能否影响实际产出、就业的总量，以及对产出、就业总量的影响程度和影响大小，即财政收支按照一定比例进行调整时会引起实际产出、就业发生变化的情况。

二、财政政策有效性的理论模型

(一) IS－LM 模型

IS－LM 模型又称为"希克斯—汉森模型"，是英国经济学家约翰·希克斯和美国经济学家阿尔文·汉森在 1937 年提出的模型。该模型阐述了凯恩斯的宏观经济理论思想，在现代宏观经济分析中被广泛运用，是各国政府运用财政政策干预经济的直接理论依据。模型基于对产品市场和货币市场的分析，采用一般均衡的分析方法，可以直观地说明财政政策有效性的问题。

1. IS、LM 曲线及 IS－LM 模型的推导

(1) IS 曲线的推导

IS 曲线是描述产品和服务市场上产生的利率和收入水平之间关系的曲线，而产品市场的均衡是产品市场上总供给等于总需求。在此模型中的假设条件：价格水平是外生变量；私人消费由收入尤其可支配收入决定；私人投资是利率的函数；小型开放经济。

在给定假设条件下，IS 曲线可以用下列数学模型表示出来：

$$Y = AD \tag{7.1}$$

$$AD = C + I + G \tag{7.2}$$

$$C = C_0 + \alpha Yd \tag{7.3}$$

$$Yd = Y - T + TR \tag{7.4}$$

$$I = I_0 - dr \tag{7.5}$$

$$T = tY \tag{7.6}$$

（7.1）式表示产品市场均衡时总收入 Y 等于总支出 AD；

（7.2）式表示总支出函数，总支出等于居民消费 C、私人部门投资 I、政府购买 G 之和。

（7.3）式表示居民消费函数，其中，C_0 是居民的自发消费，α 是居民的边际消费倾向（$0 < \alpha < 1$）。边际消费倾向越大，消费越大，即居民消费与边际消费倾向成正相关关系。

（7.4）式表示居民可支配收入函数，居民可支配收入＝总收入－税收＋政府对居民的转移支付。

（7.5）式表示私人部门的投资函数，投资与利率成负相关关系。I_0 表示私人部门的自主投资，d 是投资需求对于利率变动的反应程度，即利率弹性，d 值较大时，投资对利率较敏感。

（7.6）表示税收函数，假设此经济中实行的是比例税率，t 表示税率（$0 < t < 1$）。

当产品市场达到均衡时，根据上述 6 个等式可以得到描述产品市场均衡时收入和利率关系的 IS 曲线，收入和利率的关系式如下所示：

$$Y = \frac{C_0 + I_0 + \alpha TR}{1 - \alpha(1 - t)} + \frac{G}{1 - \alpha(1 - t)} - \frac{d}{1 - \alpha(1 - t)} t$$

由上式可以得到反映利率和收入之间关系的曲线，这条曲线就是 IS 曲线。很明显，收入和利率是负相关关系，IS 曲线向右下方倾斜，在 IS 曲线上任何一点投资和储蓄是相等的，产品市场是均衡的。

（2）LM 曲线的推导

LM 曲线描述在货币市场均衡条件下收入和利率的关系。凯恩斯认为，人们对于货币的需求主要是受三种动机的影响，分别是交易动机、谨慎动机和投机动机。

交易动机是指个人和企业需要货币是为了进行正常的交易活动，并且收入越高，交易数量越大，需要的货币量也就越大。由此可见，出于交易动机的货币需求量与收入成正比。

谨慎动机又称为预防动机，主要是指预防意外支出而持有一部分货币的动机，对货币的这种预防动机主要是因为对于未来收入和支出的不确定性，由于谨慎动机产生的货币需求大体上也与收入成正比。

投机动机是指人们为了抓住有利购买有价证券的机会而持有的一部分货币的动机。在现实生活中，有价证券价格的高低与利率成反比，即有价证券价格越低，利率越高。人们预计有价证券价格会上升，因此会买入有价证券，出于投机动机而持有的货币量减少。相反，有价证券价格越高，利率越低，人们预计有价证券价格会下降，人们因此会卖出有价证券，货币需求量增加。由此可见，出于投机动机的货币需求与利率成负相关关系。

根据上述三种对于货币需求的动机，我们可以得到以下数学模型：

$$L_1 = kY \tag{7.7}$$

$$L_2 = -hr \tag{7.8}$$

$$L = L_1 + L_2 = kY - hr \tag{7.9}$$

$$m = \frac{M}{P} \tag{7.10}$$

（7.7）式表示出于交易动机和谨慎动机而产生的对于货币的需求，k 为货币需求的收入弹性，$0 < k < 1$。

（7.8）式表示货币需求量和利率的关系，h 代表货币需求的利率弹性，$h > 0$。

（7.9）式表示实际货币需求量，是具有不变购买力的实际货币需求量。

（7.10）式实际货币供给量，其中 m 代表实际货币供给量，M 代表名义货币供给量，P 代表价格水平。

当货币市场达到均衡时，货币需求＝货币供给，即有下式：

$$kY - hr = \frac{M}{P}$$

进一步整理得到：

$$r = \frac{kY}{h} - \frac{M}{hP}$$

由上式可知，在货币市场达到均衡的时候，利率与收入成正相关，LM 曲线向右上方倾斜，在 LM 曲线上任何一点，货币需求等于货币供给。

（3）IS－LM 模型的建立

能够使产品市场和货币市场达到均衡的利率只有一个，同样也只有一个收入水平，由此可以建立 IS－LM 模型。

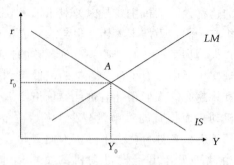

图 7-1　IS-LM 模型

　　在产品市场和货币市场同时达到均衡时，由图 7-1 模型可知，均衡点为 A 点，此时均衡收入为 Y_0，均衡利率为 r_0。下面来研究财政政策变动对于均衡收入的影响，即研究财政政策的有效性、财政政策变动对于总产出变化的影响以及对于总产出变动程度的影响。

　　2. 基于 IS-LM 模型财政政策有效性的分析

　　财政政策的有效性在 IS-LM 模型中可以看做是政府收支的变化（包括变动税收、政府购买支出以及政府转移支付等方面）使 IS 曲线移动，对国民收入变动产生影响的大小。从 IS-LM 模型中可以看出，财政政策效果的大小会随着 IS 曲线和 LM 曲线斜率的变化而变化，下面着重分析 IS 曲线、LM 曲线斜率不同情况对财政政策有效性的影响。

　　（1）影响财政政策有效性的因素：IS 曲线的斜率

　　LM 曲线斜率不变时，IS 曲线越陡峭，即 IS 曲线斜率的绝对值越大，IS 曲线移动的时候，收入变动就会越大，表明财政政策效果越好，财政政策越有效。反之，IS 曲线越平坦，即 IS 曲线斜率的绝对值越小，IS 曲线移动的时候，收入变动越小，财政政策效果会越差。下面用图 7-2(a)、图 7-2(b) 进行分析。

　　在图 7-2(a)、图 7-2(b)中，假设 LM 曲线的斜率不变，即货币市场处于相同的均衡状态，并且初始均衡状态完全相同，在初始状态中所达到的均衡收入 Y_0 和均衡利率 r_0 是完全相同的。在此基础上，政府实行扩张性财政政策，如扩大政府购买支出、减税等。由于政府实行扩张性财政政策，导致 IS 曲线向右上方移动，图 7-2(a)、图 7-2(b)中 IS 曲线移动相同的单位，很显然，国民收入会随着扩张性财政政策的实施而增加，增加的幅度因 IS 曲线的斜率不同而不同。

　　现在假定政府增加政府购买 G，导致 IS 曲线向右上方移动 $K_G \times \Delta G$ 个单位，曲线由 IS_1 移动到 IS_2，在图 7-2(a)中，均衡点从 A 点移动到 B 点，均衡收入由 Y_0 上升到 Y_1，即均衡收入变动量为 Y_0Y_1；在图 7-2

(b) 中，均衡点从 A 点移动到 C 点，均衡收入由 Y_0 上升到 Y_2，即均衡收入变动量为 Y_0Y_2。比较图 7－2(a)、图 7－2(b)可知，$Y_0Y_2 > Y_0Y_1$，也就是说，图7－2(b)所代表的财政政策的效果要大于图7－2(a)所代表的财政政策的效果。

通过上述分析可知，财政政策的有效性与 IS 曲线的斜率有关，并且 IS 曲线斜率的绝对值越大，财政政策就越有效。反之，IS 曲线斜率的绝对值越小，财政政策有效性越差。

（2）影响财政政策有效性的因素：LM 曲线斜率

IS 曲线斜率不变时，财政政策的有效性会因 LM 曲线斜率的不同而不同：LM 曲线越陡峭，即 LM 曲线的斜率越大时，IS 曲线移动的时候所引起的国民收入变动就越小，财政政策效果越差；反之，LM 曲线越平坦，即 LM 曲线斜率越小时，IS 曲线移动所引起的国民收入变动越大，财政政策效果越好。下面用图 7－2(c)、图 7－2(d)进行分析。

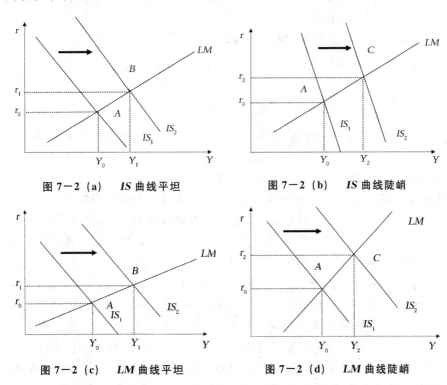

图 7－2（a） **IS 曲线平坦**　　图 7－2（b） **IS 曲线陡峭**

图 7－2（c） **LM 曲线平坦**　　图 7－2（d） **LM 曲线陡峭**

在图 7－2(c)、图 7－2(d)中，假设 IS 曲线的斜率不变，即产品市场处于相同的均衡状态，在初始状态中所达到的均衡收入 Y_0 和均衡利率 r_0 是完全相同的，假设在此基础上政府实行增加政府购买、减税等扩张性财政政策，导致 IS 曲线向右上方移动，图 7－2(c)、图 7－2(d)中 IS 曲线移动相同的单位，国民收入的增量会因 LM 曲线斜率的不同而有差别。

现在假定政府减少税收 T，IS 曲线向右上方移动 $K_T \times \Delta T$ 个单位，曲线由 IS_1 移动到 IS_2，在图 7-2(c) 中，均衡点从 A 点移动到 B 点，均衡收入由 Y_0 上升到 Y_1，即均衡收入变动量为 Y_0Y_1；在图 7-2(d) 中，均衡点从 A 点移动到 C 点，均衡收入由 Y_0 上升到 Y_2，即均衡收入变动量为 Y_0Y_2。比较图 7-2(c)、图 7-2(d) 可知，$Y_0Y_1 > Y_0Y_2$，也就是说，图 7-2(c) 所代表的财政政策的效果要大于图 7-2(d) 所代表的财政政策的效果。

由上可知，财政政策对国民收入的影响程度与 LM 曲线的斜率有关系，财政政策的有效性不仅与 IS 曲线斜率有关，还与 LM 曲线斜率有关，并且 LM 曲线斜率的绝对值越大，财政政策效果就越差。反之，LM 曲线斜率的绝对值越小，财政政策效果就越好。

3. IS—LM 模型长短期有效性比较分析

（1）短期有效性分析

再次回顾 IS 曲线和 LM 曲线的表达式：

$$Y = \frac{C_0 + I_0 + \alpha TR}{1 - \alpha(1-t)} + \frac{G}{1 - \alpha(1-t)} - \frac{d}{1 - \alpha(1-t)}t \quad \cdots\cdots\cdots\cdots\cdots\cdots \quad IS$$

$$r = \frac{kY}{h} - \frac{M}{hP} \quad\cdots\cdots\cdots\cdots\cdots\cdots\cdots\cdots\cdots\cdots \quad LM$$

从 IS 曲线表达式中可以看出，影响均衡收入的外生变量主要包括自发消费、自主性投资、政府转移支付和政府购买，可以把这几项统称为自主性支出。如果自主性支出越大，均衡收入也就越大。当把财政政策引起利率变化考虑在内时，政府购买支出和转移支付支出对经济的刺激作用会受到一定的抑制作用。这是因为扩张性财政政策在刺激经济的同时也使利率上升，利率的上升在一定程度上会影响私人投资，因而财政政策的扩张效果必然会受到一定的抑制，这就是所谓的"挤出效应"。

再来分析 LM 曲线。若 h（货币需求的利率弹性）趋于无穷大，则利率变动几乎为零，此时 LM 曲线几乎是水平的，几乎不存在"挤出效应"，扩大支付支出的财政政策是完全有效的；若 h 非常小，则利率变动就会很大，LM 曲线几乎是垂直的，此时会有完全的"挤出效应"，扩大政府支出的财政政策是无效的。实际上，只要 IS 曲线相对于 LM 曲线更加陡峭，也就是 IS 曲线斜率的绝对值大于 LM 曲线，财政政策就是有效的。

在 IS—LM 模型中，对财政政策有效性的短期分析可以看作是对 IS 曲线和 LM 曲线斜率进行比较分析。IS 曲线和 LM 曲线的斜率不同会影响财政政策对经济干预的有效性：若货币需求的利率弹性越小，即投资需求对利率越敏感，利率的微小变动就会引起投资的大规模变动，"挤出效应"越大，财政政策的效果越差；若货币需求的利率弹性越大，即投资需求对利率变动几乎没有变化，利率变动就不会引起投资的大规模变动，"挤出效应"越小，财政政策对经济的干预能力越强，财政政策越有效。

（2）长期有效性分析

在分析长期财政政策的有效性时，需要引入一个自然率水平的概念。自然率水平是在充分就业情况下的产出水平，此时，劳动力市场处于充分就业状态（失业率为自然失业率，不存在周期性失业），各个市场运转良好，各种资源得到充分利用。自然率水平又叫做潜在产出水平或者充分就业产出水平。在长期财政政策中经济处于充分就业状态，当经济低于自然产出水平时，扩张性财政政策会促使经济向自然产出水平发展。而当经济已经处于自然产出水平时，财政政策只会在短期内使产出水平上升，随着经济的发展，又会恢复到自然产出水平。因此，从长期来看财政政策是无效的。下面用图 7－3 分析长期财政政策的有效性。

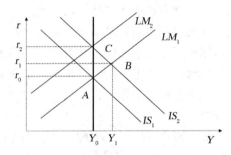

图 7－3　长期财政政策的有效性

假设经济处于自然率水平，起初的均衡点为 A 点，产出处于自然产出水平 Y_0，在某一时期，政府增加购买性支出或者减税，IS 曲线会向右上方移动，移动到 IS_2 的位置，短期内，均衡点为 B 点，由于 Y_1 高于自然率水平 Y_0，会引起物价水平的上涨，实际货币余额减少，LM 曲线自动向左上方移动，直到产出恢复到自然率水平为止，此时财政政策是无效的。

通过短期和长期的财政政策分析，我们可以得到：财政政策在短期内对产出有影响，财政政策是有效的，而在长期中，财政政策对产出没有影响，财政政策是无效的。

（二）蒙代尔—弗莱明模型

在开放经济条件下，实行财政政策时，政策制定者的眼光应该超越本国，考虑到国外的状况，产品和服务的国际流动、资本的国际流动都会不同程度地影响一国的经济发展。

蒙代尔—弗莱明模型是 IS－LM 模型在开放经济中的形式，引入了汇率这个经济变量，在开放经济下，财政政策的有效性会受到汇率制度的影响，不同的汇率制度对财政政策有效性的影响是不同的。下面分别从固定汇率和浮动汇率的角度分析财政政策的有效性。

1. 蒙代尔—弗莱明模型的推导

蒙代尔—弗莱明模型最关键的假设是资本能够完全流动的小型开放经济，也就是一国经济中的利率 r 是由世界利率 r^* 决定的，世界利率 r^* 是外生变量，小型开放经济相对于世界经济足够小，不会影响世界利率。在小型开放经济中，国内利率在短时间内可能会因某项政策而上升，由于资本是自由流动的，一旦国内利率上升，进行投机的外国人会意识到该国利率比世界利率高，会向该国进行贷款，国外资本流入，迫使国内利率恢复到 r^* 的水平；相反，若国内利率因某项政策而低于世界利率，资本就会流出本国，导致国内利率重新回到世界利率 r^* 的水平，因而在资本自由流动的小型开放经济中，$r=r^*$。

（1）IS^* 曲线的推导

在蒙代尔—弗莱明模型中，描述产品市场的方法与 IS—LM 模型大致相同，但是蒙代尔—弗莱明模型引入了净出口，且净出口与汇率 e 成负相关，即汇率增大，本国产品相对于外国产品更贵，人们更倾向于购买外国产品，出口减少，进口增加，净出口减少。相反，汇率减小时，净出口增加。产品市场可以用以下方程式来表示：

$$Y=C+I+G+NX \tag{7.11}$$

其中：C 代表消费，消费取决于可支配收入；I 代表投资，投资取决于利率 r，在开放经济中，$r=r^*$；G 代表政府购买支出；NX 代表净出口，净出口与汇率 e 有关，且与汇率成负相关关系。

产品市场的方程式可以改写成下列形式：

$$Y=C(Y-T)+I(r^*)+G+NX(e) \tag{7.12}$$

上述方程式为开放经济中的曲线，这条曲线描述了开放经济条件下产出 Y 与汇率 e 的关系，可以用图 7—4 表示 IS^* 曲线，该曲线是向右下方倾斜的。IS^* 曲线向右下方倾斜，这是因为较高的汇率会减少出口，净出口减少又会降低了总收入。

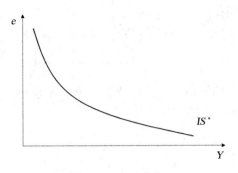

图 7-4 IS^* 曲线

（2）LM^* 曲线的推导

蒙代尔—弗莱明模型用一个与 IS—LM 模型相似的方程式来表示货币市场：

$$\frac{M}{P} = L\ (r,\ Y) \tag{7.13}$$

这个方程式表明，货币的供求是相等的，实际货币余额需求反向地取决于利率，并且 $r=r^*$；实际货币余额需求正向地取决于收入 Y，货币供给 M 是由央行控制的外生变量，假设物价水平 P 是固定的。

货币市场的方程式可以改写成下列形式：

$$\frac{M}{P} = L\ (r^*,\ Y) \tag{7.14}$$

我们把上述方程式称为 LM^*。可以明显地看出，LM^* 曲线是垂直的，这是因为汇率 e 并没有进入货币市场的方程式。给定一个世界利率 r^*，无论汇率如何变化，收入 Y 都是固定的。可以用图 7-5 表示 LM^* 曲线。

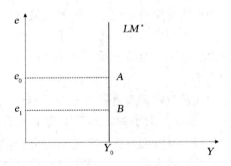

图 7-5 LM^* 曲线

（3）建立蒙代尔—弗莱明模型

将前面推导的 IS^* 和 LM^* 方程组合在一起便构成了小型开放经济中

的蒙代尔—弗莱明模型：

$$Y = C(Y-T) + I(r^*) + G + NX(e) \quad \cdots\cdots\cdots\cdots\cdots\cdots\cdots\cdots\cdots\cdots IS^*$$

$$\frac{M}{P} = L(r^*, Y) \quad \cdots\cdots\cdots\cdots\cdots\cdots\cdots\cdots\cdots\cdots\cdots\cdots\cdots\cdots\cdots LM^*$$

两个方程式分别描述了开放经济条件下产品市场和货币市场的均衡，蒙代尔—弗莱明模型可以由图7—6表示。

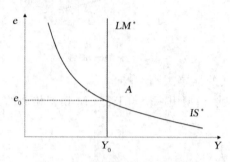

图7—6 蒙代尔—弗莱明模型

财政政策的变动会影响 IS^* 曲线的位置，进一步影响均衡的国民收入。因此，可以根据这个模型来分析财政政策的有效性。在不同汇率制度下，财政政策的效果是不相同的，下面分别从固定汇率和浮动汇率的角度分析财政政策的有效性。

2. 基于蒙代尔—弗莱明模型的财政政策有效性分析

（1）固定汇率制度下财政政策的有效性

固定汇率是指中央银行宣布一个固定的汇率值，并且为了将汇率固定在所宣布的水平上，随时准备买入或者卖出本币。比如，当汇率高于所宣布的固定汇率时，由于中央银行随时按照固定汇率交易，套利者对汇率上升所作出的反应使外汇卖给中央银行，本币的供给自动增加，引起货币扩张，汇率恢复到所宣布的固定汇率的水平；相反，当汇率低于所宣布的水平，套利者会将本币卖给央行获得外币，这样就自动引起了货币紧缩，汇率上升到所宣布的水平。

假定政府通过增加政府购买或者减税来刺激国内经济，IS^* 曲线向右上方移动，如图7—7所示，对汇率产生了上行的压力。但是，由于实行固定汇率制度，中央银行随时准备按照固定汇率交易，进行套利的投机者把外汇卖给央行，从而获得本币，本币的供给自动增加，引起货币供给的扩张，LM^* 曲线向右移动，直到汇率恢复到固定汇率制度为止，均衡点从 A 点移动到了 B 点。在 B 点，汇率保持固定汇率 e_1 不变，而国民收入则由 Y_1 增加到了 Y_2，由此可见，在固定汇率制度下，财政政策是有效的，扩张性财政政策会增加国民收入，促进经济的发展。

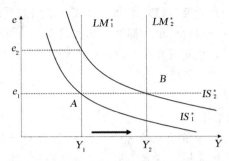

图7-7 固定汇率制度下财政政策的有效性

（2）浮动汇率制度下财政政策的有效性

浮动汇率是指汇率由市场力量决定，允许汇率对经济状况的变动做出反应，自由地变动。在浮动汇率制度下，汇率 e 可以自动调整产品市场和货币市场同时均衡，当某种力量偶然改变该均衡时，汇率可以达到新的均衡值。

假设政府通过增加购买性支出或者减税来刺激国内经济，IS^* 曲线向右上方移动，如图7-8所示，均衡点从 A 点移动到 B 点，均衡汇率增加，但是国民收入并没有增加，保持在 Y_0 的水平，也就是扩张性财政政策在浮动汇率制度下对国民收入没有影响。

在一个封闭经济中，扩张性财政政策会增加国民收入，更高的收入水平增加对货币的需求，利率会上升，当国内利率 r 大于世界利率 r^* 时，资本就会流入国内，资本流入会导致国内利率下降到世界利率 r^*，同时，国外投资者要在国内购买本币进行投资，增加了对本币的需求，汇率 e 增大，国内产品相对于国外产品变得昂贵，导致净出口下降，国民收入减少。扩张性财政政策所带来的扩张作用正好被汇率上升所带来的净出口的减少所抵消。因此，国民收入不会发生变化，财政政策在浮动汇率制度下是无效的。

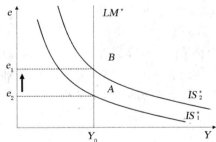

图7-8 浮动汇率制度下财政政策的有效性

（三）AD－AS 模型

AD－AS 模型是研究价格水平和国民收入之间关系的一般模型。在这个模型中，产品市场和货币市场都处于均衡状态，价格水平会影响产出水平，在该模型下，财政政策会对产出产生不同的影响，可以通过分析该模型来探究财政政策的有效性。

1. AD－AS 模型的推导

（1）AD 曲线的推导

总需求是指在一定的价格水平下，经济社会对产品和劳务的需求总量。总需求函数是用来描述总需求水平（通常用国民收入来衡量）与价格水平之间一一对应关系的函数，表示在产品市场和货币市场同时均衡时推导出的价格 P 和国民收入 Y 之间的关系。

IS 曲线是产品在产品市场中根据投资等于储蓄得到的，因此，IS 曲线方程式可以表示为：$I(r)=S(Y)$

LM 曲线是在货币市场中根据实际货币余额需求等于货币供给得到的，因此，LM 曲线可以表示为：$\dfrac{M}{P}=L(Y, r)$

由此可以得到 AD 曲线，国民收入与价格水平呈负相关关系，价格水平越高，国民收入水平越低，AD 曲线是一条向右下方倾斜的曲线。

（2）AS 曲线的推导

总供给是指经济社会的总产出，它取决于生产中投入的经济资源数量和技术水平，与劳动、资本的投入量有关。总供给函数是描述总产出和一般物价水平之间关系的函数，总供给函数可以根据劳动力市场均衡推导出来。

短期总供给曲线可以用以下形式的方程式来表示：

$$Y=Y_0+\alpha(P-EP)$$

其中：Y_0 为自然产出水平；P 为价格水平，EP 是预期的价格水平；α 表示产出对未预期到的价格水平变动做出的反应有多大。这个方程式可以清楚地表明，在总供给曲线中，产出水平 Y 与价格水平 P 是正相关关系，因此，AS 曲线是向右上方倾斜的。[①]

（3）建立 AD－AS 模型

总需求曲线和总供给曲线构成了 AD－AS 模型，如图 7－9 所示，当总供给等于总需求时，物价水平和产出水平分别处于 P_0 和 Y_0 状态。当经济受到需求冲击时，会影响稳定状态的物价水平和产出水平，政府可以通过财政

---

① 但是在长期，产出水平等于自然产出水平，无论价格怎么变动，产出都不会发生改变，AS 曲线是垂直的。财政政策是对一定时期经济的宏观调控，因此，在本章中只考虑短期情况。

政策来影响总需求，进而影响物价水平和产出水平。同样，可以通过财政政策刺激总需求，促进经济的发展。下面在 AD－AS 模型中分析财政政策的有效性。

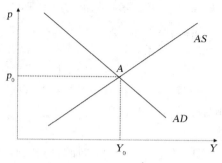

图 7－9　AD－AS 模型

2. 基于 AD－AS 模型的财政政策有效性分析

假定经济在 A 点达到均衡，此时均衡的价格水平为 P_0，均衡产出水平为 Y_0，经济受到某种需求冲击（例如，全球经济增长放缓，净出口需求减少；企业预期收益减少，减少投资需求等），导致总需求曲线向左下方移动，如图 7－10 所示，总需求曲线由 AD_0 向左移动到 AD_1，均衡点从 A 点移动到了 B 点，均衡产出下降到 Y_1，经济处于萧条状态，此时政府采取扩张性财政政策（增加政府购买或者减税）以刺激总需求，总需求曲线 AD_1 向右上方移动，直到经济恢复到初始水平。由上分析可以得出，财政政策在刺激总需求、增加产出方面是有效的。

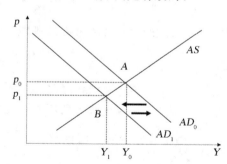

图 7－10　AD－AS 模型下财政政策的有效性

三、影响财政政策有效性的因素

通过建立 IS－LM 模型、蒙代尔－弗莱明模型和 AD－AS 模型，从理论上得出了财政政策对经济增长有显著的促进作用。凯恩斯主义认为，在经济衰退时，扩张性财政政策可以刺激有效需求，对经济具有正向拉动作用。中国在不同时期实行的扩张性财政政策有效地抑制了经济的衰退，缓解有效需求不足，优化了经济结构。但是，财政政策不是在任何时间、任何经济发展阶段的作用都是相同的，财政政策发挥作用也会受到诸多因素的影响。一个典型的例子就是，政府实行积极财政政策时，可以提高人们对于经济发展的信心指数，会刺激私人消费，企业增加投资，引起消费和投资的连锁反应，从而使国民收入倍增，这就是所谓的"乘数效应"，"乘数效应"受边际消费倾向、税率等的影响。同时，财政政策实施效果也会受到与财政政策配套的货币政策的实施情况的影响。下面分别从理论因素和实证因素两个方面来分析影响财政政策有效性的因素。

（一）理论因素

通过 IS−LM 模型的分析，当政府增加政府支出时，会带来国民收入的倍增，即经济活动中某一变量的增减会引起的经济总量变化的连锁反应。我们说财政政策的实施是具有乘数效应的。所谓"乘数效应"，是指在经济衰退或者经济增长乏力、有效需求不足的情况下，政府可以通过扩大购买性支出、增加公共基础设施的建设，以达到刺激总需求，增加国民收入，刺激经济增长。影响乘数效应的理论因素主要有边际消费倾向和利率弹性两个方面，下面分别分析其对财政政策有效性的影响。

1. 边际消费倾向

假设经济中存在个人、政府、企业三个部门，则：

$$Y = C + I + G \tag{7.15}$$

$$C = C_0 + \beta Yd \tag{7.16}$$

$$Y_d = Y - T \tag{7.17}$$

联立方程式（7.15）（7.16）（7.17）可以得到：

$$Y = \frac{C_0}{1-\beta} + \frac{G}{1-\beta} - \frac{\beta T}{1-\beta}$$

其中 C_0 代表自发消费，β 代表边际消费倾向。从 IS 曲线中可以看出，当政府购买性支出增加时，会引起国民收入的倍增，这就是所说的政府购买乘数，即 $K_G = \dfrac{1}{1-\beta}$；当税收减少时，国民收入也会倍增，即存在税收乘数，$K_T = \dfrac{\beta}{1-\beta}$。

由政府购买支出乘数和税收乘数可以看出，乘数作用的大小与边际消费倾向有关。边际消费倾向是指随着收入的增加消费也会增加，但是消费的增加不及收入增加得多，我们用增加 1 个单位收入中用于增加消费部分的比率来表示边际消费倾向的值。

政府支出扩张所带来的产出和收入都能够刺激消费需求的增加，反过来，消费的增加又会刺激产出和收入的增加，不管是政府购买乘数还是税收乘数都取决于边际消费倾向，因而产出和收入增加大小取决于边际消费倾向。通过分析1997—2003年中国边际消费倾向和政府购买乘数的关系（如表7—1所示）可以清楚地看到，边际消费倾向越大，政府购买乘数越大，对经济的刺激作用就越强，财政政策就越有效。

表7—1　　　　1997—2003年中国边际消费倾向和政府购买乘数

年份	人均消费（元）	人均GDP（元）	消费变动（元）	人均GDP变动（元）	边际消费倾向	政府购买乘数
1997	2834	6054	193	478	0.4038	1.6773
1998	2972	6308	138	254	0.5433	2.1896
1999	3138	6551	166	243	0.6831	3.1556
2000	3397	7086	259	535	0.4841	1.9384
2001	3609	7651	212	565	0.3752	1.6005
2002	3818	8214	209	563	0.3712	1.5903
2003	4089	9101	271	887	0.3055	1.4399

资料来源：《中国统计年鉴2004》

据推算，中国经济"软着陆"以来，边际消费倾向呈下降趋势，[①] 中国市场经济的进一步深化、社会保障体系的完善等都对人们未来的消费预期产生了很大的影响，人们更倾向于增加储蓄以应对未来将要发生的不确定的事情，由此导致了边际消费倾向的递减，对财政政策发挥预期效果产生了不利的影响。边际消费倾向的递减反映出了有效需求不足，此时财政政策只会带来单纯的投资，政策效果也会下降许多。由以上分析可知，财政政策的有效性受边际消费倾向的影响，边际消费倾向越大，财政政策效果越好，财政政策越有效；反之，边际消费倾向越小，财政政策对消费的刺激作用就越小，消费拉动经济增长的效果越弱，财政政策有效性越小。

2. 利率弹性

在分析IS—LM模型时可知，LM曲线的斜率会影响财政政策的有效性，在IS曲线斜率不变时，LM曲线越陡峭，即LM曲线的斜率越大时，IS曲线移动的时候所引起的国民收入变动就越小，也就是财政政策效果越差；反之，LM曲线越平坦，即LM曲线斜率越小时，IS曲线移动所引起的国民收入变动越大，财政政策效果越好。从理论上分析，LM曲线越陡峭，财政政策变动时所引起的利率变动就会越大。通过前面分析可以得

---

① 李春艳，张景富. 影响我国城镇居民消费的因素分析及对策 [J]. 当代经济研究，2000（10）：44—47.

知：投资与利率成负相关关系，即利率越高，投资就会越少，这样利率变动就会挤出一部分私人投资，财政扩张的效果就会受到影响。那么利率的变动多少与什么因素有关呢？

如果投资函数可以表示为：$I = I_0 - dr$

I_0 代表自发投资，d 是投资需求对于利率变动的反应程度，即利率弹性，简单地说，就是利率变化所带来的投资的变化：当利率每变化一个单位，投资的变化较大时，我们就说这个利率弹性较高；反之，利率弹性较低。

利率弹性越大，即 d 值越大，投资对利率的变动就越敏感，财政政策变动引起利率变动时，"挤出效应"越大，减弱财政政策的扩张效果；反之，利率弹性越小，财政政策效果越好，财政政策越有效。

（二）实证分析影响因素

1. 货币政策的配合情况

财政政策的实施会使财政支出增加，对消费和投资具有有效的刺激作用，必然会增加货币的需求。因此，货币供给量必须满足财政支出增加的需要。在货币供给不变的情况下，增加财政支出必然会引起利率上升，导致产生"挤出效应"，会在一定程度上减少私人部门的投资，减弱财政政策的扩张效果。

由于中国利率受到政府的管制，利率并没有完全市场化，尽管央行多次下调利率，但是由于物价水平的变动，中国的实际利率实际是在上升的，政府在扩大政府支出的时候，必须辅助以适当的货币政策，控制利率的过度上涨所带来的"挤出效应"。从实际研究中可以看到，中国还是存在"挤出效应"的，财政政策的"挤出效应"是客观存在的，"挤出效应"不可能完全避免，只是程度大小不同而已。在配合以适当的财政政策后，可以减少"挤出效应"，使财政政策变得更加有效。

2. 资源存量和生产力状况

当经济中存在闲置资源和过剩生产能力时，扩大政府支出的财政政策会使产出成倍地增加，价格不会上升得太猛烈，不会轻易造成物价上涨；反之，当经济中的资源已经得到充分利用，社会生活中的总供给大于总需求时，政府支出的增加只会造成物价的上涨，实际国民收入不会有很明显的增加甚至会有引起通货膨胀的风险，严重的还会造成生产过剩的经济危机。政府在制定财政政策的时候，必须充分考虑经济中资源的利用情况和生产力的发展状况，不然财政政策不仅起不到正效应，反而对经济有一定的抑制作用。

从目前中国的经济发展情况来看，资源没有得到充分利用，还存在闲置资源，中国有大量的廉价劳动力存在，只要不存在结构性矛盾，政策制定者就能够制定出正确的政策，财政政策在中国还是有效的。

3. 经济发展的"瓶颈"约束是否存在

资源存量与产业结构对经济的发展会构成制约，如果"瓶颈"约束确实存在的话，即使经济中存在一部分闲置资源和相对过剩的生产力，财政支出的增加也难以使实际生产和国民收入增加，"瓶颈"约束的存在在一定程度上限制了政府投资的可能性，减弱甚至阻碍财政政策的有效性。

中国能源、环境、交通等问题日益突出，在一定程度上成为经济发展的主要障碍，倘若不能突破经济发展的"瓶颈"，扩大政府支出也只是浪费资源，对经济发展起不到任何推动作用。近年来，中国的"瓶颈"约束有所缓解，但是"瓶颈"约束依然存在，必须尽快突破"瓶颈"，使财政政策充分发挥作用。

4. 中小企业融资难

中国中小企业在整个国民经济中的地位越来越重要，在中国，90%以上的企业都是中小企业，中小企业在扩大就业、促进经济稳定等方面起到重要的作用。财政政策可以通过刺激经济使企业增加对未来的收入预期，增加投资，进一步影响国民收入，因而中小企业融资状况对于促进经济和社会发展具有极为重要的意义。

中国中小企业长期以来融资难的问题已经是不争的事实。政府实行财政政策时必然会使市场利率提高，从而挤出私人投资，政府资金集中投资于大规模基础设施建设和国有大中型企业的制度与技术改革，中小企业能够得到的资金少之又少，而中小企业为了生存，只能求助于民间资本乃至国外资本，进行融资的成本会不断提高。政府实施财政政策的初衷是促进企业投资，中小企业在实行财政政策之后融资变得更困难，这也在一定程度上减弱了财政政策的效果。

四、改革开放以来中国财政政策实施与财政政策效果

实践证明，财政政策能够发挥宏观调控作用的一个重要前提是国家拥有一定的财力。改革开放以来，中国经济发展迅速，人民生活水平提高，中国经济体制发生变化，逐渐由计划经济体制向市场经济体制转变，在此后的经济发展中，市场经济体制日趋完善。随着经济模式的变化，中国宏观经济状况发生变化，中国政府根据实际经济状况，运用不同的财政政策加强对宏观经济的调节和干预，各个时期政府所采用的财政政策工具不相同，对经济的刺激作用也不尽相同，因而财政政策的有效性也存在着差别。

总体来说，财政政策调节和干预经济的类型主要有扩张性财政政策、

紧缩性财政政策和中性财政政策。当经济面临衰退的时候，适宜采用扩张性财政政策，经济过热的时候，可以采用抑制经济过热的紧缩性财政政策，当经济发展平稳的时，应该尽量避免实施引起经济波动的政策，而应该选用中性的财政政策。当然，根据不同的经济背景，可以搭配使用不同的货币政策。

改革开放的三十几年以来，中国的财政政策实施情况大体可以分为五个阶段，从这五个阶段所产生的效果来看，中国对财政政策的运用从一个摸索探索的阶段逐渐转变到能够灵活运用的阶段。当然，在其中也或多或少地存在着部分问题。

（一）中国财政政策实施情况回顾

1. 1978—1991 年：扩张和紧缩交替的财政政策

1978 年以后，中国逐渐由计划经济体制向市场经济体制过渡，在这一个阶段，由于经济体制刚开始转型，国家对宏观经济调控的认识还不够全面，一味地根据经济发展中的表面现象实施扩张性财政政策或者紧缩性财政政策。虽然在政策实施后的一段时间内经济状况有所改善，但是当经济经过一个运行周期后，往往会导致经济持续过热或经济持续衰退等后果。在对经济状况没有全面认识的情况下，交替使用扩张性和紧缩性财政政策，会在一定程度上造成不良的恶性循环，导致出现多次不同程度的经济波动。

1978 年以后，中国全面实行改革开放，为了刺激经济快速发展，中国实行扩张性财政政策，在这一时期，GDP 增长率也持续增加，国民经济增速明显，1984 年的 GDP 增长率到达惊人的 15.2%。但是伴随着经济的高速增长，财政赤字的规模逐渐加大。截至 1984 年年底，经济出现明显过热的现象，由于中国当时的宏观调控体制不够健全，再加上经济体制自身不够完善，导致了宏观经济的剧烈波动，投资和消费严重失控，中央政府不得不调整宏观经济政策。

从 1985 年开始，中国财政支出开始下降，实施紧缩性财政政策，财政收支也在 1985 年实现了改革开放以来的首次盈余。显而易见，随着紧缩性财政政策的实施，经济过热现象得到缓解，但同时 GDP 的增长率也在下降，1985 年和 1986 年 GDP 增长率分别为 13.5% 和 8.8%，相比 1984 年 GDP 增长率出现了大幅度下降，对经济发展起到了一定的抑制作用，中央政府意识到从紧的财政政策已经不再适应当时的经济发展，再次调整经济政策。

1987 年中国再次运用宽松财政政策，仅 1987 年 GDP 增速又恢复到了 11.6% 以上，由于中国在宏观调控中的经验少，1988 年第四季度再次出现了通货膨胀和经济过热，在经济剧烈波动的压力下，中央政府改变财政政策，实行紧缩性财政政策，大量减少政府支出，使得社会投资出现了严重的负增长，而在 1990 年 GDP 增长率下降到了改革开放以来的历史最低点 3.8％，经济发展急剧下降，对国民经济的发展造成了极大的阻碍。1990 年下半年实行刺激经济发展的扩张财政政策，国民经济得到恢复，1991 年 GDP 增长率恢复到 9.2％，国民经济运行回到正常轨道中。

从 1978—1991 年中国 GDP 及增长率变化的图 7-11 中可以很明显地看出，这个阶段中国实行的是扩张和紧缩交替的财政政策，扩张性财政政策对经济增长起到促进作用，而紧缩性财政政策则对经济增长起到一定程度的抑制作用。

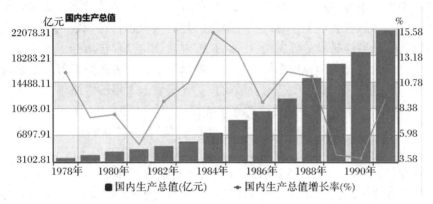

图 7-11　1978—1991 年中国 GDP 及 GDP 增长率变化图

2.1992—1997 年：适度从紧的财政政策

从 1992 年开始，中国房地产业发展过热，银行信贷发展失控，证券市场投机过热，由此造成了严重的通货膨胀，1994 年通货膨胀率达到了历史最高水平，接近 25％的水平，由此引发了"地产热、开发区热、集资热、股票热"的"四热"现象，对经济发展产生了不利的影响，政府开始意识到应该采取适度从紧的财政政策，不应该一味地采取激进的财政政策。1995 年中共中央十四届五中全会提出了适度从紧的财政政策，加强增值税和消费税的征管，充分发挥税收调节经济发展的作用，增加税收在抑制经济过热方面发挥了积极的作用。减少财政支出，减少财政赤字，财政支出增长率也从 1994 年的 24.78％下降到 1997 年的 16.33％（如表 7-2 所示），中国财政赤字也控制在一定水平。

表 7-2　　　　　1992—1997 年中国财政支出增长率

年份	1992	1993	1994	1995	1996	1997
增长（％）	10.5	24.05	24.78	17.8	16.32	16.33

资料来源：《中国统计年鉴 1998》

在适度从紧的财政政策的作用下，中国经济在经历了过热以后，平稳地回落到适度增长的合理区间，成功实现了"软着陆"。

3.1998—2003年：扩张性财政政策

1997年爆发东南亚金融危机，中国经济受到亚洲金融危机的影响，对外贸易出口增长速度大幅度下落。从1998年开始，中国出现有效需求不足，经济增长速度不断放缓，并且开始出现通货紧缩。政府开始实行积极的财政政策，加大财政支出规模；调整税收政策，加大对出口退税方面的相关改革，以此来刺激出口的增长；在这个阶段，逐渐认识到拉动内需的重要性，通过一定的措施调节居民的收入分配，增加社会保障支出，提高低收入者的收入水平，通过多种措施减轻农民负担，增加农民收入，这些措施都是增加居民的可支配收入，扩大内需，推动经济增长。该阶段扩张性财政政策还包括一项重要的措施，即增发国债，表现为发行长期建设国债，大部分国债都用于基础设施建设，投资需求大幅度增加。

4.2004—2007年：稳健的财政政策

从2004年开始，中国经济进入黄金发展阶段，经济持续快速稳定发展，在这四年中，GDP增长率超过了10%（如图7—12所示），其中2007年达到最高的14.2%，通货膨胀率也恢复到了合理水平（3%左右），中国经济在这个阶段发展稳定，各项经济指标都处于新中国成立以来的最好状态，政府不再采取扩张性财政政策，而是实行比较温和的稳健财政政策，使经济保持稳定的发展速度。在经济稳步增长的情况下，财政收入和财政支出都保持高速增长，国家在一定程度上减少财政支出，控制财政赤字，在2007年实现了财政盈余。

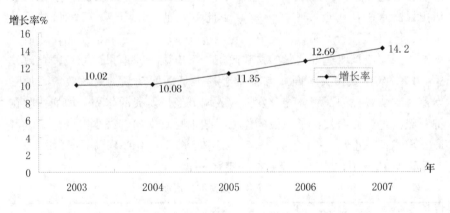

图7—12 2003—2007年中国GDP增长率

5.2008—2010年：扩张性财政政策

从2007年开始的美国次贷危机影响了中国经济的稳定发展，经济增长速度减缓，净出口减少，经济面临着"硬着陆"的风险，为了应对金融危机，政府扩大财政支出，贯彻实行积极财政政策，大力推进包括铁路、公路等在内的基础设施建设，通过税收政策来减少纳税人的税收负担，刺激居民消费。2008 年国家推出了 4 万亿元的投资计划，其中中央承担11800 亿元，并发放一部分政策性贷款，扩大地方企业债券的发行，其余的由地方政府承担。这次扩张性财政政策的规模达到了空前的水平，在国家正确运用财政政策的前提下，中国成功渡过金融危机，经济发展步入正轨。

6. 2011 年至今：积极稳健的财政政策

随着经济的逐渐恢复，中国更加注重以经济建设为中心，"积极稳健、审慎灵活"成为这一阶段宏观经济政策的重心，对比之前财政政策的应用，积极稳健的政策显示出了中国已经能够更加灵活地根据不同的经济状况运用不同的经济政策，这对中国的经济发展有良好的促进作用。

（二）财政政策实施效果分析

对于财政政策有效性的争论一直是宏观经济学争论的焦点，而通过回顾改革开放以来中国财政政策的实施情况可以看出，财政政策对经济发展起到了一定的促进作用，财政政策是通过政府变动税收和支出的途径来调节经济的，下面通过分析财政支出及税收的变动情况来间接反映经济增长情况，分析实际 GDP 的增长情况来说明财政政策的有效性。

1. 财政支出及税收变动情况

自 1978 年改革开放实施以来，中国经济实现跳跃式发展，财政支出从 1978 年的 1122.09 亿元增加到 2014 年的 151662 亿元，增长幅度达到134.16%，伴随着财政支出的增加，经济增长明显，国内生产总值逐渐增加，到 2014 年已经跃居成为世界第二大经济体。如图 7－13 所示，从增

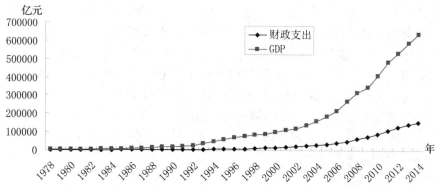

图 7－13　1978—2014 年中国财政支出和 GDP 变化趋势

长趋势是来看，财政支出绝对量的增长趋势与国内生产总值的增长趋势保持一致，大体上都呈现出连年递增的趋势。从图 7－13 中可以看出，从 1992 年开始，两者之间的差距越来越大，并且国内生产总值的增长率远远大于财政支出的增长率。

财政支出占国民收入的比重变化趋势如图 7－14 所示，从 1978 年开始，财政支出的相对规模呈现出先下降（除了个别年份以外）然后再上升的趋势。通过回顾改革开放以来财政政策的实施情况不难看出，在实行扩张性财政政策的年份，即 1998 年至 2003 年这 6 年间，财政支出占 GDP 的比重是逐渐增加的，财政政策与经济增长呈现正相关关系，即财政政策是有效的。从 2009 年开始中国实行积极稳健的财政政策，这期间财政支出的相对规模的增长率是大于零的，从趋势图中可以看出，财政政策对经济增长的影响也是越来越大的。

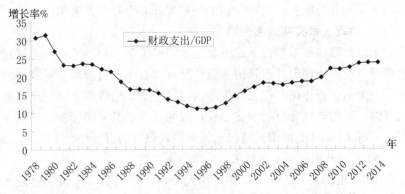

图 7－14　1978—2014 年中国财政支出占 GDP 比重变化趋势

改革开放以后，占财政收入绝大部分的税收收入呈现显著的递增趋势，在改革开放初期，税收占 GDP 比重维持在 13% 左右，经济发展速度很快，导致从 1984 年开始出现经济过热现象。因此，政府从 1985 年开始实行紧缩性财政政策，税收占 GDP 的比重上升到 22.58%，从 1985 年开始到 2014 年，这个相对量的变动大体上与财政支出占 GDP 比重变动的轨迹相似（如图 7－15 所示）。税收的大小在一定程度上决定了国家财政收入的多少，税收占 GDP 比重的大小反映了一个国家可以自由支配的财力占全社会财力的状况，可以间接地反映出政府调控宏观经济的能力，税收收入的增加体现了国家宏观调控能力变强，从 GDP 的增长来看，财政政策的有效性也逐渐增大。

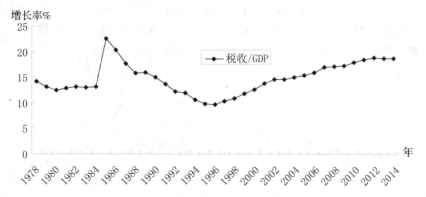

图 7—15 1978—2014 年中国税收收入占 GDP 比重变化趋势

通过对财政支出和税收变动的分析，可以看到财政政策对于中国的经济增长是有促进作用的，也就是说财政政策是有效的。

2. 实际 GDP 的增长情况分析

改革开放三十多年以来，中国取得的成就举世瞩目，中国经济保持高速增长，在改革开放初期的 1978 年，中国国内生产总值仅为 3650.2 亿元，到 2014 年国内生产总值增加到 636463 亿元，增长幅度如此之大，截至 2014 年，中国已跃居全球成为第二大经济体，财政政策也逐渐由摸索前进走向成熟阶段，而从总体上来说，财政政策在中国是有效的，如图7—16所示。

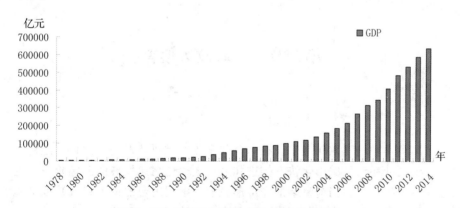

图 7—16 改革开放以来中国 GDP 变化趋势

进入 21 世纪，伴随着扩大政府支出的财政政策的实施，中国经济运行比较平稳，GDP 增长率在 2007 年以前也呈现逐年增长的趋势，2007 年GDP 增长率达到了历史最高的 14.2%，如图 7—17。由此可见，财政政策的效果还是很明显的。受 2008 年国际金融危机的影响，GDP 增长率有所下降，2009 年 GDP 增长率下降到 9.24%。政府采取积极扩张性财政政策，有效地拉动经济发展，经济增长率在2010年恢复到了10.63％。随着经济的逐渐恢复和平稳发展，从2011年起中国开始实行积极稳健的财政政策，经济继续保持较平稳的速度发展，经济增长率保持在7％左右。

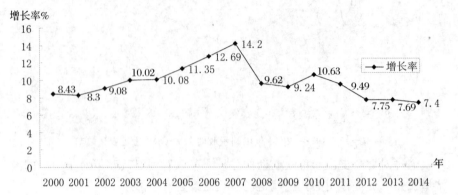

图7-17　2000—2014年中国GDP增长率变动趋势图

通过模型分析、实证分析以及回顾中国财政政策的实施情况，可以得出结论：财政政策在一定条件下是有效的，并且财政政策的有效性受多方面因素的影响，政策制定者必须在不同时期采用不同的财政政策，只有政策选择正确，才能够有效促进经济发展。当然，财政政策在实施过程中也会存在偏差，关于财政政策的偏差性问题我们将在本章第二节作出详细的分析。

第二节　财政政策偏差

一、财政政策偏差理论

目前，中国财政状况正处在向公共服务型财政转型的关键期，经济社会发展则处在新型城镇化快速推进和人口老龄化高速发展的关键阶段。国家审计署揭示，在当前复杂的经济形势下，中国出台的重大财政政策措施在传递和执行过程中存在变形、遗漏和偏差的现象。财政政策执行产生的偏差导致各级政府在财政政策执行的过程中引发地方债务、对经济干预过多、社会保障不完善、国有企业亏损等现象，进而加剧财政风险。由此可见，财政政策偏差直接影响财政政策目标的实现，加强财政政策偏差的研究对现实具有指导意义。本节主要从以下几个方面对财政政策偏差原因、表现及解决措施进行研究和分析。

（一）财政政策偏差概念

财政政策偏差是指财政政策在实施过程中实际效应与预期效应所发生的背离。从理论出发，政策实施能达到预期目标的为政策有效，不能达到预期目标或者效果不佳的为无效。但要评判财政政策的高效或低效，不仅要看政策执行的结果，还要分析执行财政政策付出的成本和政策实施结束后对经济运行的影响。因而，财政政策的偏差会直接影响财政政策是否有效。

1. 财政政策执行理论

财政政策是国际经济政策的重要组成部分，贯穿于财政工作的整个过程，涉及预算平衡、财政收入和支出等多个方面。财政政策的执行是国家财政机关及其工作人员采取相应手段和措施，贯彻政府财政政策的全部活动和整个过程。财政政策的执行者运用多种政治经济资源，通过各种有效的行动将财政政策观念转化为政策的预期目标。因而财政政策的执行涉及多个方面的利益主体。

2. 财政政策效果评价标准

财政政策绩效评价是基于结果导向、运用科学方法规范流程和统一的标准，对财政政策及制度的投入产出进行综合性的测量及分析。财政政策绩效评价的内容主要包括项目政策实施内容、项目功能、财政政策效率、经济效益和社会效益。按照"统一组织、分级实施"的原则，由财政部门统一组织管理，由业务主管部门和项目单位分级实施。财政政策绩效评价的方法、指标体系、标准值和考核工作程序统一由财政部门和业务主管部门根据相关规定和标准共同研究制定。从理论上，财政政策绩效的评价方法主要分为随机试验法和非试验法两种。其中，随机试验法主要是从符合资格的项目中抽取两组样本，并保证这两组样本唯一的差别就是是否受财政政策的影响；通过比较在财政政策实施后的差异来评价该财政政策的有效性。由于这种方法需要较强的专业技术水平，因而很难在各级财政部门直接展开，一般适用于被委托的第三方机构。另一种方法是非试验法，主要有"有无比较法"、"前后比较法"和"政策选择比较法"。不同于随机试验法，其基本的做法是对比两组的差异和预期效果来评价此项财政政策是否有效。相比之下，非试验法较为简单和易操作，是财政部门评价财政政策有效性的普遍方法。财政政策绩效的评价结果作为政策计划和实施的重要依据，效果好的财政政策可以继续实施并加大支持力度；财政政策效果差的要责令其整改，或减少支持甚至不予以支持。

3. 财政政策执行偏差理论

财政政策体制存在的漏洞能够直接导致地方政府在利益诉求上与中央

政府不一致，会直接造成地方政府为追求自身利益而人为产生政策执行过程中的偏差。从理论上讲，财政政策的执行偏差是指由于受主客观因素的制约，政策执行者在实施财政政策的过程中使财政政策的实际效应与预期效应发生了背离，最终产生了不良后果的政策失真现象。

（二）财政政策偏差表现

财政政策执行偏差是一项复杂的政策现象，主要分为自然偏差和人为偏差两大类。其中，在财政政策实施过程中必然发生的偏差称为财政政策自然偏差，在财政政策实施过程中由于人为因素造成的偏差称为财政政策人为偏差。

1. 财政政策自然偏差

首先，财政政策的实施通常会有一个时间周期，这个过程分为四个阶段：政策出台阶段、政策完善阶段、政策成熟阶段和政策弱化阶段。财政财政政策的实际实施效果在政策实施过程的各个阶段是不同的，因而会出现阶段性的政策效应偏差。其主要表现为财政政策的效果在政策完善阶段和政策成熟阶段相对较好，在政策出台阶段和弱化阶段相对较差。这种政策效应通常出现在当经济形势发生变化时，政策执行者对新政策还没有足够的认识和理解的阶段，以及新政策的作用机制尚未有效运转，与其他经济政策还没有取得协调的阶段。其次，新的财政政策普遍存在适应性的问题。由于财政政策的制定总要依据一定时期内全国经济发展的总体状态，因而国家在制定财政政策时主要提出解决经济稳定与发展的一般措施和目标，它所要解决的是带有共性的问题，只与带有普遍意义的政策问题相对应。同时，政策制定者基于对政策效应的考虑，也只着眼于一般影响和一般后果。然而，由于区域发展的不平衡，从全局范围内所认定的政策问题，在局部地区并不一定都存在，或程度有差别，对于同一政策问题，从全局或局部来看也有许多不同的形成原因。因此，一项带有全局性的财政政策在其实施过程中，就会形成政策实际效果的地区差别。

2. 财政政策人为偏差

人为偏差是指财政政策在政策设计上出现与实际脱离、缺乏可操作性和执行中被人为打折扣等原因造成的偏差。在实践中，人为因素在财政政策目标的选择、政策工具的运用和传导机制的设计环节中都起到关键作用。因此，一旦主观意志与客观实际发生背离，财政政策的效应也会因此发生偏差。人为因素所造成的效应偏差最显著的表现有以下三种：第一，财政政策设计不合理，主要表现在期望值脱离实际使得客观上难以实现；第二，财政政策的工具缺乏、选择不当或搭配有误，缺乏可操作性；第三，财政政策执行主体的行为偏差，导致政策贯彻受阻。在很多案例中，财政政策效应的人为偏差常常会与自然偏差相互交叉。

在计划经济时期，中国实行集权管理体制。中央政府对地方政府的财政行为实行严格的控制，使地方政府成为中央政府的分支机构，没有科学民主的财政决策权。地方政府在执行财政政策的过程中存在诸多的偏差与失误，造成巨大的资源浪费，阻碍了社会主义现代化的建设进程。这种财政政策的偏差所引发的财政风险导致财政危机，影响国家政权的稳定。改革开放以来，经济体制发生了根本性变化。中央政府开始实行分权体制，地方政府开始成为相对独立的行为主体，拥有了资源配置权和有较大的自主权，成为政策的执行者和地区的政策制定者。在地方政府的双重地位和地方利益的驱使下，地方政府调整了其对中央政府所执行政策的态度。随着市场经济的逐步发展和分权化的深化改革，中国财政政策在执行中除自然偏差现象，更多的还是人为偏差导致的财政政策失效现象。首先，地方政府对上级政府制定政策的抵触行为。主要表现为地方政府在执行政策时更倾向于只执行对该区域经济发展有利的政策和制度，这在很大程度上增大了中央政策在区域实施的阻力。其次，由于中央对不同地区实行不同的开放政策，各地方政府出现政策攀比的行为，例如，中央政府给予东部沿海地区较多的财税优惠政策，使该地区发展较其他地区更为有利，加工产业的发展过分向这一地区倾斜。相比之下，中部与西部地区经济发展速度较慢，这在很大程度上与中央政府的政策倾斜有关。因而出现各地方政府政策攀比的现象，导致中央对局部地区的优惠政策扩大化。这些人为偏差在很大程度上干扰和阻碍了中国财政政策的贯彻执行，影响了中国宏观经济政策的效益和社会经济的稳定发展。

二、财政政策偏差的影响因素

早期的政策执行学主要在行政学的研究成果基础上，分析政策执行的影响因素。最优政策的执行必须满足以下四个前提条件。第一，对政策执行机构的外部环境没有过度限制，项目必须拥有充足的时间和资源，且不仅整个项目没有资源限制，在政策执行的各个阶段确保具备充分的资源保障；第二，需要执行的政策应建立在正确的因果关系理论基础上，原因和结果之间存在直接的联系，很少有间接的联系；第三，只设置唯一的执行机构且依赖其他机构，其依赖性在数量和重要性上需要达到最小化；第四，要对达成的目标有充分的理解，各因素和机构之间必须进行充分的沟通，确保权威机构人员能够获得完全的认同。

根据最优政策执行的观点，可将影响政策执行的因素分为三类。第一类，按问题的难易程度分析，影响政策执行的因素有技术难度、目标群体行为的差异性、目标群体占人口总数的比例以及要求改变行为的程度；第二类，按法令控制政策执行过程的能力分析，影响政策执行的因素有目标的准确性和重要性、因果理论的符合逻辑性、财政资源的最初分配、执行机构内部或执行机构之间的融合程度、政策执行官员对法令的认同程度以及外部人员的正式接触渠道；第三类，按影响政策执行的非法令性因素分析主要有社会经济状况和技术、公众的支持、追随者的态度和资源、领导者的支持以及执行官员的献身精神和领导技能。

（一）财政政策体制内部原因

1. 财政政策的模糊性

依据财政政策执行的过程，政策的权威性越高，模糊程度就越高。将财政政策的模糊性分为政策目标的模糊性和政策实施手段的模糊性。首先，财政政策目标的模糊性是指由于地区客观环境、经济社会以及人文环境的差异，中央政府为了维护权威体制，保证国家财政政策在全国范围的统一而过滤掉区域间的差异，在宏观层面上提出相对模糊的政策目标，再根据不同地区的实际情况对政策目标作出解释性补充，实现决策统一和执行灵活之间的平衡。其次，财政政策从中央统一制定到各地区执行需要一定的周期，在执行的过程中会出现意外的影响因素。为了保证财政政策的稳定性和权威性，中央政府会选择相对模糊的政策目标来保持政策的弹性。再次，在可操作性上，除去特殊时期的任务，财政政策执行过程基本属于政府的常规性任务，因而中央制定的各项财政政策需要依赖各级地方政府的有效执行，部分政策的实施会与地方利益产生冲突。

财政政策的模糊性不仅体现在政策目标方面，还体现于目标实现的方式和手段上。首先，对于目标模糊的财政政策而言，目标模糊性本身会带来实施手段的模糊性；其次，目标模糊意味着不同执行者对目标以及实现方式的理解不同；最后，在常规性政策试行过程中，中央政府对地方政府实行高目标与低手段的约束性。地方政府依据各自实际情况执行中央政府的财政政策。目前，在中国的现实背景下，财政政策实施的手段模糊比政策目标性模糊涉及的范围更广。

2. 财政政策的冲突性

中国财政制度主要的宏观职能包括资源配置、收入分配和宏观调控。中央政府依据不同时期的政治环境、国家职能与发展任务确立不同阶段的政治目标并制定具体财政政策。以上宏观职能中的矛盾在具体政策实施过程中也同样存在，在中央各部门之间、中央与地方政府之间会存在冲突。中央政府的两项基本任务，其一是为民众提供基本的服务，维持政权的稳定；其二是保证下放的权力不被滥用，下达的政策能被执行。但两项任务的本质是相互冲突的，权力下放到基层使得监督的难度变大，权力被滥用的危险就越大。

（二）财政政策执行主体原因

人为因素造成的财政政策偏差主要表现在政策设计脱离现实，造成期望过高、财政工具选择不当或搭配有误造成缺乏可操作性等。可见，财政政策的执行主体在政策目标的选择、政策工具的运用和传导机制的设计方面起到了至关重要的决定性作用。在中国，财政政策执行主体发生执行偏差的最主要的原因是政绩指标设计得不合理导致的地方政府行为不规范。根据公共选择的理论，中国的多数地方政府官员同市场经济中"经济人"一样追求经济利益和政治利益，形成以投资规模、GDP、经济增长率等为核心的政府绩效评估的标准观念，促使地方政府官员们千方百计加快本地区经济增长，以强化其政绩显示的"正信号"。这些观念导致地方政府无暇顾及甚至规避中央的宏观调控。在中国上级政府和下级政府之间的委托代理关系中，上级政府充当了委托人，下级政府及其领导扮演了代理人的角色。上级政府的目标是经济的发展和社会的稳定，而下级政府及其领导也有自身利益最大化的目标。目前来看，中国上级政府对下级政府的监督措施实质是控制，而从下到上的监督还未起到具有权威性的威慑作用。

（三）财政政策体制外部原因

1. 经济和行政区域划分不一致

财政政策的制定主要依据一定时期经济的共性状态以及全局的共性效应及目标。中国行政区划与经济区划不一致之间的矛盾主要体现在中国现有的省区数量偏少，各省行政管理幅度相差悬殊，各省区的经济发展程度不一，进而形成了自成体系的经济分割发展模式。由于行政区划下官员们执政的功能和其所执行的区域经济功能是完全割裂的，阻碍了财政政策的统一执行。省市行政界限形成的地方壁垒和重复建设也是不利于中央宏观调控的因素之一。全局政策在区域发展不平衡的情况下会带来政策实际效果的地区差别。例如，中国沿海与内地、城市与农村、特区与非特区之间的差异，无法从短期内根本消除，因而政策的执行偏差几乎不可被彻底避免。

2. 财政政策实施的时滞性

IS－LM 模型是传统凯恩斯学派分析财政货币政策对宏观调控有效性的工具，但其假定经济系统的变化是瞬间完成的，忽视了经济政策时滞性的影响。宏观经济政策存在或长或短的时滞。财政政策的实施大致经历政策出台、政策完善、政策成熟和政策蜕化四个阶段。由于新出台的政策本身尚不完善和旧政策的历史惯性，人们对新政策的认识理解还不充分，导致与其他经济政策不能充分协调，使新政策的作用机制未能有效运转。在现实中，在第一和第四阶段政策效果较差，而第二和第三阶段效果较好。由此可见，从经济系统发生变化到财政政策付诸实践期间花费的时间，被称为财政政策的内部时滞；从财政政策付诸实践到对经济系统产生影响所花费的时间，被称为财政政策的外在时滞。财政政策外在时滞的长短不取决于政策制定者的意志，不能通过技术和制度的变革而完全消除，而取决于市场的灵活程度和市场主体对政策参数变化的敏感程度，以及信息在经济系统中的传递速度和经济调整成本的高低。经济系统对财政政策的时滞反应时间越长，两者的差异就越大，财政政策目标实现的可能性就越低，财政政策的偏差效应就越大。

第三节　财政政策的偏差与协调

一、纠正财政政策偏差的措施

(一) 规范地方政府财政政策执行

政策主体指的是政策制定者和执行者。政策主体的行为是否规范，对于政策功能的发挥和政策效应的大小都具有影响作用。在中国的现行体制下，各级政府的行为与偏好，对于政策的制定与执行，起着决定性的作用。因此，纠正政府财政政策的偏差应从分析政策主体的行为和偏好出发，来规范和监督地方政府的政策执行行为。

1. 加强预算绩效管理

首先，建立预算绩效指标体系和预算绩效评价指标体系。强化当前的预算绩效管理方式，做到预算编制有目标，预算执行有监控，执行结果有评价，评价结果有反馈，加快个性化预算绩效指标体系和评价指标体系的建设，打造预算绩效管理的"度量衡"。其次，全面提升绩效管理水平，严格依法、科学、民主理财；全面贯彻落实党的十八届四中全会对财政法治提出的新要求，将法治观念和法治原则作为财政管理的基本原则，做到法无授权不可为。根据新预算法的要求，不断推进预算管理制度改革，以增强预算的法治性；完善政府预算体系，加强全口径预算管理，将所有财政收支纳入预算管理范围内；注重对财税政策、管理制度进行绩效评价，健全和完善政策制度退出机制，有效规避重大决策终身责任追究机制和责任倒查制度带来的财政风险。

2. 规范地方政府担保行为

地方政府融资平台是地方性债务的重要举债主体，规范融资平台是化解地方政府性融资债务风险的根本举措。目前，地方政府融资平台主要由地方政府或其部门、机构等通过财政拨款注入土地、股权等资产设立，承担政府投资项目融资功能，成为拥有独立法人资格的经济实体。由于目前很多融资平台实际上属于介于行政、事业、企业性质之间的混合体，其引发的债务风险主要表现在增资环节不合理操作、自身盈利性不强、区域经济和财政收入的波动对债务产生不利影响。

随着融资平台举债融资规模的迅速膨胀，其运作不规范的问题开始日益突出。部分融资平台盈利能力弱，缺乏规范的管理制度，存在内部管理级次链条长、资本金到位率低等违法行为，这些都是构成地方政府性债务风险集聚的重要因素。地方政府应严格遵守有关法律法规，严格禁止直接或间接吸收公众资金的违规担保行为。首先，严格地方政府管理，不得进行赤字预算。地方各级政府及所属机关事业单位、社会团体要严格执行遵守预算法和担保法的要求，未经有关监管部门依法批准，不得直接或间接吸收公众资金进行公益性项目的建设，不得公开宣传、引导社会公众参与融资平台公司项目融资。其次，规范地方政府以回购方式举借政府性债务行为。对符合法律法规规定的公告租赁住房、公路项目，根据项目建设规划、偿债能力和建设规模，落实分年资金偿还计划。再次，加强对融资平台公司注资行为的管理，进一步规范融资平台公司的融资行为，坚决制止地方政府违规的承诺行为；对于已担保的行为，地方政府应加强信用意识，合理安排还款来源，督促融资企业履行合同，要提升地方政府的债务管理能力，将地方政府债务规模控制在合理、可承受的范围内。

（二）健全财政政策决策体制

财政决策的民主化、科学化和法治化是中国社会主义市场经济法治的内在要求，也是中国政治体制改革及社会民主政治建设的基本任务和目标。

1. 财政决策目标的民主化

积极推行政务公开，实现财政决策目标的民主化。财政政策的民主化是指在作出决策时充分重视财政决策集体中所有成员的意见和判断，使相关人员有公平的机会参与决策，进而使财政决策能够反映广大人民群众的根本利益和要求。实现财政决策过程的民主化，应重视发挥财政参谋咨询人员在决策中的作用，建立财政决策系统的民主机制，实现财政决策目标的民主化。首先，公众参与的形式应该是多样的，政府可以采取决策公开、网上评估、民意调查等方式使决策尽可能做到民主。其次，在决策目标确定的过程中要积极发扬民主作风，在调查得出必要信息后利用相关理论、技术等科学分析手段，实行群体讨论与专家意见相结合，作出可行方案。再次，要建立完善的专家咨询制度，尊重专家学者的意见，集思广益，并保证专家学者的学术独立性，减少不必要的行政干预，通过这种咨询有效解决决策者的能力和职责不对称的矛盾。

2. 财政决策程序的科学化

确定科学合理的财政决策程序是实现政府决策的科学化和民主化目标的前提条件。中国的政府决策基本程序为：确定目标、收集数据、调查研究并拟定备选方案、作出可行性评价、作出决策、反馈信息及决策责任追究。首先，要提升领导者的个人素质和价值观念。领导者须明确自身职责、提升自身的领导素质，确确实实执政为民，服务于人民，想人民之所想，解人民之所急，作出正确科学的决策判断；其次，政府在资料信息收集过程中要提高领导者对行政信息重要性的认识，健全政府信息情报系统，拓宽信息搜集的渠道，尽量采取实地调研，减少信息传播的中间环节，避免其失真失效；再次，要解放思想，打破地区封锁，实现不同地区的信息共享，使信息真正发挥其应有的作用。科学的政府决策最重要的依据是可靠的系统数据和对其所包含信息的科学分析和准确抽象。要进行准确有效的政府决策，必须全面掌握与决策有关的实际情况以及与决策有关的可靠统计数据。

3. 财政决策权力的法治化

财政决策法治化是指以国家的宪法和法律、法规为依据，按照反映财政决策过程规律的原则进行决策，从而使财政决策者的权利受到法律的约束和有效的监督，是实现财政决策科学化和民主化的前提和保证。财政决策权力的法治化主要体现在政府的财政行为受预算法的决定和约束并且受公众的监督。为实现财政决策权力的法治化，首先须完善财政决策模式。中国目前的财政决策程序主要是通过各级政府商定预算和决算方案，再由各级政府报同级人民代表大会审议通过后责成同级政府实施。显然，中国的财政决策权力过于集中，因而在各级财政决策过程中财政行为不规范、财政决策缺乏透明度等现象经常发生。完善重大财政决策项目的程序主要通过多种渠道和形式来广泛集中民智，建立合理的、法定的财政决策体系来实现。在此基础上，应深化部门预算、改革政府采购和预算编制制度，加强各级人民代表大会对本级政府预算的监督和审查，最终实现财政决策权力的法治化。

（三）加强有效的财政政策执行监督

财政政策执行的效果直接决定既定政策目标的实现程度，公共政策在执行中很大程度上受各种因素的影响而变形。因此，加强财政政策执行监督机制是防止政策执行偏差的重要手段。目前，中国的财政政策执行监督机制仍不完善，严重影响了监督功能的有效发挥。

1. 规范政策执行监督人员行为

由于政策执行监督人员易受利益驱使和金钱诱惑，利用手中的权力铤而走险进行权钱交易而牟取暴利。因此，加强财政政策执行监督，加强政策执行监督人员的主体意识、参与意识和监督意识，规范政策执行监督人员行为，有利于提升公共政策执行监督的有效性。将监督、考核和责任追究紧密联系起来，约束政策执行人员的失职行为。同时，要加强对政策执行过程的跟踪和监督，及时发现漏洞和问题并采取有效措施予以解决，保证政策执行活动的正常进行。

2. 增强监督机构的权威性

从制度上确保监督机构的相对独立地位。增强监督机构的权威性，采取切实可行的措施，改进执政党的纪检和政府监察等专门监督机构双重领导的体制弊端。将监督机构现行的双重领导体制转变为垂直领导体制，能够从根本上改变监督主体与客体共存于一个组织单元的不正常情况。使监督机构真正独立，监督机构的人员编制、工资福利、财政支持均由国家权力机关审批，干部任免和工作部署均由上级党政部门和监督机关作出决策。保证监督机构的独立，有利于政策执行活动的监督更具有权威性和有效性，对政策的有效执行发挥充分的保障作用。

3. 构建严密有效的监督网络

财政政策执行监督是一项系统且复杂的工程。加强监督资源的有效合理调配，增设财政政策执行监督的综合协调机构，制定监督的总体规划，同时对各监督主体进行协调，使其各司其职，搭建平台促使监督信息的及时、准确交流，避免监督无序和资源浪费，使监督执行人员在思想和行动上统一，形成有机的整体。建立一个上行监督与下行监督相结合、内部监督与外部监督相互沟通、相互配合、相互补充、协调互动的全方位、多层次的监督网络是发挥各方监督力量，是提高整体监督效率的有力保障。

二、财政政策与货币政策的协调

（一）财政政策与货币政策协调的必然性

从财政政策和货币政策两大政策的长期目标看，财政政策的基本目标主要有：稳定和增长目标、财政收入目标、公平分配目标、总量平衡目标和结构调整目标。货币政策是中央银行为实现既定的经济目标，运用各种工具调节货币的供应和利率，进而影响宏观经济的方针和措施的政策总和。它是由信贷政策、利率政策、汇率政策等具体政策构成的有机整体。因此，两者的协调具有必然性。

1. 财政政策与货币政策的统一性

财政政策与货币政策具有紧密的联系，其主要原因是两者政策调控最终目标的一致性。首先，财政政策与货币政策都是国家对宏观经济调控的手段，都针对社会供需总量与结构在资金运动中所表现出来的失衡等问题。为了保证社会总供给和总需求的平衡，财政政策与货币政策具有统一的目标。其次，财政政策与货币政策在社会资金运行上有着紧密的相互联系。社会总资金由财政资金、信贷资金和企业资金构成，财政政策和货币政策能够共同调节生产资金的循环，制约社会资金的流量和流向。再次，从收入分配领域来看，财政政策通过税收与支出、货币政策通过利率对国民收入再分配进行调节，从而稳定货币供应量、抑制经济波动对社会经济的影响。当财政政策与货币政策的统一性在经济发生波动时，调控作用会发挥得更大。

2. 财政政策与货币政策的互补性

财政政策与货币政策在实施范围和政策效果等方面存在相互制约的关系。一方面，从调节社会总需求的政策结果来看，当经济增长速度放缓，存在较高的通货膨胀，扩张性的财政政策所带动的经济增长效益会被收缩的货币政策作用抵消；另一方面，财政政策与货币政策会产生联动效益，主要体现在扩张性的财政政策将导致减税和扩大财政支出而产生赤字，而赤字货币化又导致货币供应量的增加，造成价格水平的波动，增加企业的生产成本，进而导致流转税的增加和所得税的减少，最终财政支出的增加迫使预算增加；此外，财政政策与货币政策还具有工具的互补性。财政政策工具主要有税收和财政支出，货币政策的工具主要有公开市场业务、准备金制度和贴现率。这些政策工具在调节的过程中，需要配合其他政策工具来发挥自身的作用。

3. 财政政策与货币政策的差异性

首先，两者的调节范围有很大差异性。财政政策与货币政策均是以调节社会总需求为基点来实现社会总供求平衡的政策，但财政政策主要在分配领域实施调节，货币政策对社会总需求的影响主要通过流通中的货币量实现，其调节行为主要发生在流通领域。由于调节范围不同，实施的财政政策和货币政策对社会总需求的调节具有局限性，要求两者必须协调配合。其次，财政政策与货币政策目标的侧重点不同。财政政策与货币政策都对总量和结构进行调节，但在资源配置和经济结构上，财政政策更强调资源配置的优化和经济结构的调节，更具有结构特征。相比之下，货币政策的重担是调节社会需求的总量，具有总量特征。再次，财政政策和货币政策的时滞性不同，财政政策的决策时滞要比货币政策长，但财政政策的效果时滞要优于货币政策。从政策制定的角度出发，财政政策的变动量需要通过立法机构、经过立法程序，而货币政策的变动必须由中央银行决定；从政策执行的角度看，财政政策措施通过立法滞后，还应交付有关执行单位进行具体实施，而货币政策在中央银行决策时候要立即付诸实践。由于财政政策直接影响利率水平的变化，通过利率水平的变化来引导经济活动的变化，因而对社会的总需求有直接的影响。

（二）财政政策与货币政策的协调模式

财政政策和货币政策的总目标不仅要完成经济总量平衡的任务，还应在推进宏观经济结构调整等方面有更大作为。因此，财政政策与货币政策的协调配合需要考虑多重因素的影响，运用多重政策工具进行适时调整，通过最优途径实现两者统一的目标。在不同经济发展的阶段中，财政政策与货币政策的配合模式能形成不同的调节效应。

1. 双松政策模式

双松政策模式是指扩张性财政政策和扩张性货币政策。当社会总需求不足，生产资源大量闲置，解决失业和刺激增长成为宏观调控的首要目标，适宜采取财政、货币双松政策配合模式；当经济萧条时，用扩张性财政政策增加总需求，用扩张性货币政策降低利率以克服"挤出效应"；当社会有效需求严重不足时，采用双松政策模式，通过财政增支减税和降低利率和增加货币供应量等政策组合对经济产生整体扩张效应。

2. 双紧财政模式

双紧政策模式是指紧缩性财政政策和紧缩性货币政策。当经济发生严重通货膨胀时，可用紧缩货币来提高利率，防止利率过度提高，降低总需求水平；当社会总需求极度膨胀，社会总供给严重不足，物价大幅度上升时，抑制通货膨胀成为宏观调控的主要目标，采取双紧或适度从紧的财政货币配合模式，通过增加税收和减少支出的财政政策压缩社会需求和提高存款准备金率、提高利率、减少贷款和再贴现等货币政策，减少货币供应量。

3. 紧财政与松货币模式

在经济运行形式总体较好且没有通胀压力时，宏观调控的主要目标就是经济增长。因此，紧缩性的财政政策和宽松的货币政策配合模式能够有利于政府减税、减少财政支出、抑制社会总需求。同时，政府通过加大货币供给，满足投资需要来保持经济的适度增长，以防止经济倒退。

4. 松财政与紧货币模式

社会总需求远大于供给，通货膨胀严重。当经济面临高通货膨胀风险，社会需求相对不足时，可采取松财政、紧货币的政策配合模式。财政减税、扩大支出来保持经济的适度增长，同时控制货币的供给量，以避免高通货膨胀的发生，促进调节经济结构。

表 7－3　　　　　　　　财政政策与货币政策的组合模式

		财政政策		
		扩张性	中性	紧缩性
货币政策	扩张性	社会总需求严重不足，资源和劳动力得不到充分利用，失业严重。	社会总需求略显不足，企业投资不足。	社会总供求基本平衡，公共消费过多、投资不足，生产能力和资源有增长潜力。
	中性	社会总需求略显不足，供给过剩；经济结构存在公共消费和投资不足的问题。	社会总供求基本平衡，社会经济结构合理。	社会总需求大于总供给，财政支出规模偏大，非生产性积累与消费偏高。
	紧缩性	社会总供求基本平衡，公共事业和基础设施落后，生产力布局不合理。	社会总需求过大，有效供给不足，经济效益差。	社会总需求远大于供给，通货膨胀严重。

（三）中国财政政策与货币政策协调的实证分析

1. 中国财政政策与货币政策配合的基本轨迹

第一阶段，1979—1984 年。这一时期是中国全面开展经济体制改革的准备阶段。首先，中央于 1979 年提出了对国民经济实行"调整、改革、整顿、提高"的方针，自此开始实施财政政策与货币政策配合的双松政策模式。在此期间，财政部门两度对国有企业进行"利改税"改革，通过银行贷款向企业提供流动资金和"拨改贷"，增加了货币和信贷投放量，最终使财政支出幅度达到有序增加。1981 年，根据经济发展的实际情况，中央财政部门调整了财政政策与货币政策的组合模式，开始推进"紧财政、松货币"的配合模式。其中，财政政策在经济运行中占主导地位，货币政策则作为其配套的服务工具。财政部门通过行政手段控制投资的规模，有选择地增加货币供应量，实现了财政和信贷平衡，最终，稳定了物价的增长，实现了经济的稳定增长。

第二阶段，1985—1991 年。1985 年出现了自改革开放以来的首次经济过热，中国实施了"双紧"的政策配合模式，抑制投资和消费的过热倾向。在财政上严格控制政府支出，减少固定资产投资与管控发放消费基金以实现财政盈余；在货币政策上通过严格控制货币发行量和信贷规模来抑制消费和投资。1986 年，由于地方政府加速发展经济的需求，中国的货币政策转向"稳中求松"模式。1988 年物价改革导致全国零售物价总指数达到 18.5％，中央政府自 1989 年下半年继续实行严格双紧的政策配合模式，上调各专业银行存、贷款利率，下调存款准备金，全面紧缩固定资产投资规模。

第三阶段，1992—1997 年。1992 年中国多个地区出现了投资过热的经济局面。为了抑制经济过热，中央财政部门积极推进了适度从紧的财政政策和货币政策的配合模式。1993 年后，相关财税部门落实了中央适度从紧的财政政策，严格控制和清理减免税，积极发行国债，强化税收征管。经过为期 3 年的有效调控，有效控制了财政支出和社会集团购买力的增长速度，挤压了过热的经济泡沫，同时保证了经济的快速增长，形成了"高增长、低通胀"的良好局面，最终实现了经济的"软着陆"。

表 7—4　　　中国改革开放以来财政政策与货币政策组合轨迹

时间	财政政策	货币政策	实施年限
1979—1984 年	松	松	6 年
1985—1991 年	紧	紧	7 年
1992—1997 年	适度从紧	紧（稳健）	6 年
1998—2003 年	松（积极）	紧（稳健）	5 年
2004—2007 年	松	紧（稳健）	3 年
2008 年至今	松（积极）	松	7 年

第四阶段，1998—2003 年。自 1998 年开始，中国出现有效需求不足，经济增长速度不断放缓，出现通货紧缩。政府开始实行积极的财政政策，加大财政支出规模；调整税收政策，加大对出口退税方面的相关改革，以此来刺激出口的增长；在这个阶段，逐渐认识到拉动内需的重要性，通过一定的措施调节居民的收入分配，增加社会保障支出，提高低收入者的收入水平，通过多种措施减轻农民负担，增加农民收入，这些措施能够增加居民的可支配收入，扩大内需，推动经济增长。该阶段扩张性财政政策还包括一项重要的措施，即增发国债，表现为发行长期建设国债，大部分国债都用于基础设施建设，投资需求大幅度增加。

第五阶段，2004—2007 年。从 2004 年开始，中国经济进入黄金发展阶段，经济持续快速稳定发展。在经济稳定发展的阶段，各项经济指标都处于新中国成立以来的最好状态，政府不再采取扩张性财政政策，实行比较温和的稳健的财政政策，使经济保持稳定的发展速度。在经济稳步增长的情况下，财政收入和财政支出都保持高速增长，国家在一定程度上减少财政支出，控制财政赤字，在 2007 年实现了财政盈余。

第六阶段，自 2008 年至今。美国次贷危机影响了中国经济的稳定发展，经济增长速度减缓，净出口减少，经济面临着"硬着陆"的风险，为了应对金融危机，政府扩大财政支出，贯彻实行积极财政政策，大力推进包括铁路、公路等在内的基础设施建设，通过税收政策来减少纳税人的税收负担，刺激居民消费。2008 年国家推出了 4 万亿元的投资计划，中央承担 11800 亿元，发放部分政策性贷款，扩大地方企业债券的发行，其余的由地方政府承担。

在改革开放 30 余年期间，中国财政政策与货币政策的配合方式主要是"双松"和"双紧"模式。其中，实行货币政策和财政政策"双松"政策组合共 13 年，实行"双紧"政策组合共 13 年，实行"松紧"政策组合共 8 年。据相关统计数据显示，同向政策搭配是成本最低的政策组合选择，对经济运行能产生更为有效的影响，在短期内起到立竿见影的作用。尽管同向的政策搭配更具合理性和高效性，但当财政政策和货币政策均处于紧缩或放松的状态时，可供政策执行的调整余地变得极小。相比之下，松紧搭配的政策组合模式能够缓和"双松"或"双紧"政策对微观主体的经济影响，更有利于财政政策的倾斜，兼顾实现其他政策目标。

2. 中国财政政策与货币政策配合的缺陷

政策传导机制不通畅，部门间缺乏配合。从 1996 年到 2002 年期间，中国人民银行共进行 8 次降息，但其效果却没达到扭转信贷缩小的目的。2003 年贷款金额达到 49059 亿元，银行的"惜贷"现象严重；大量的货币沉淀和过度的货币需求使得银行体系变成货币政策的"缓冲器"。其主要原因是中国的货币政策传导机制较为复杂，财政部发行国债与银行下调利率的步调不一致；在认购期内央行宣布再次下调金融机构的存贷款利率，使得国债发行利率明显高于银行利率，最终导致国债的发行无疾而终。此外，由于部门间缺乏配合，财政政策与货币政策配合不一致，在实施积极的财政政策时货币政策仍保持紧缩，使得政策实施的效果发生偏差，影响了扩大内需的效果，加大了财政风险。

功能定位不准确，宏观调控手段过于行政化。改革开放初期，财政和货币两大政策的功能和任务没有严格的界限。在计划经济体制下，中国的财政金融施行"大财政"、"小银行"，即财政政策发挥关键作用，银行起到补充和配合的作用。财政政策在调控宏观经济的同时还肩负补贴企业亏损、补充商业银行资本金等任务，因而造成了财政赤字规模扩大的问题。

与此同时，银行贷款充当财政拨款和财政补贴，进一步导致了财政信贷的扭曲。此外，计划经济的惯性还导致中国经济体制转轨无法完全摆脱以行政手段干预宏观经济的现象。宏观调控方式主要体现在：面对经济过热现象即采取紧缩手段，压缩财政支出、大量减少政府投资；面对经济疲软现象即采取扩大信贷规模，加大投资力度的手段。两大政策调控与经济运行的关系产生了单一循环，反复的"急停急刹车"使得经济发展出现更严重的波动。

3. 完善中国财政政策与货币政策配合的建议

中国财政政策与货币政策存在不够协调的问题，制约了两大政策效力的发挥。为此，应从财政政策和货币政策的目标相对作用、实施主体、搭配方式等方面建立财政政策与货币政策的协调配合机制。

首先，要充分发挥中央财政的积极作用，继续加大货币政策支持力度。针对财政收入下滑，地方政府资金紧张等问题，财政部和央行等相关部门出台的政策应以充分调动地方政府的积极性和加强财务约束性为出发点，加快地方政府债券发行和债务置换的速度，加大银行对地方融资平台在建项目的资金支持。自推行分税制以来，中央政府致力于推动地方政府财政收支平衡，压缩中央转移支付的比重；由中央财政统一对外发行国债，地方政府再建立有偿使用、到期偿还的债权债务关系；针对政府部门争资源、大锅饭、权利寻租等问题，为了化解中央与地方财权和事权不统一的矛盾，中央财政通过预算法的实施抑制地方政府扩大债务的积极性，建立内部市场化资金机制，进而有效地降低政府债务成本和社会融资成本，削弱融资对资本市场和价格的扭曲影响。中央政府的预算控制成效主要体现在，至 2014 年年底，中国国债余额达到 10 万亿元，中国的政府负债率水平处于世界低水平。

其次，加强财政政策与货币政策实施主体的协调配合。通过设立专门的财政、货币政策协调委员会，定期举行会议，增强政策制定和执行部门执行人员的沟通和协作，积极创造在经济结构调整目标下的合作机会，形成财政政策与货币政策从制定到执行的全程配合。完善财政部和中国人民银行的协调机制，在政策准备阶段和政策执行阶段建立磋商机制和信息共享平台，使得政策制定和执行人员能及时交流工作理念和数据，加强政策工具协调路径的磨合，使两大政策配合具有坚实的制度基础，最终达到提高政策调控效果，增强财政、货币政策组合效应的目的。

再次，灵活运用财政政策与货币政策的搭配方式。面对国内外复杂的经济形势，所实施的财政政策与货币政策内部组合方式应该有所变化。第一，在实施积极财政政策时期，政策实施主体应注意政策刺激投资的范围和力度，严格控制赤字的规模以避免投资过度膨胀；第二，所实施的税收政策应体现中性原则，避免政策的实施对微观主体产生扭曲效应，减少税收的额外负担，推进"结构性减税"，以达到降低生产者和消费者成本的目的，同时保证生产、需求以及消费能力稳定增长；第三，提高居民的消费信心，增加基础教育、社会保障等公共开支；第四，根据财政支出结构中出现的变化，政策实施主体还应在财政政策内部实行有增有减的适度微调，逐步减少国家投资性支出，缓解投资快速增长势头。为市场提供更加宽松的货币环境，缓解企业的经营压力，恢复经济实力，保持经济稳定和进一步增长。

目前，中国经济正处于从高速增长向中高速增长转换的换挡期，经济增长面临着复杂和严峻的考验。在以中国为核心的发展中国家改革开放带动的新一轮全球化发展后，中国现处于全球有效需求的潜力挖掘殆尽、世界经济将长期保持整体低迷状态，贸易保护、国家竞争和地缘矛盾等问题都不断加剧的大环境，产能过剩等问题更加严重。因而，为了确保经济社会的稳定，研究财政政策和货币政策的协调配合具有至关重要的现实指导意义。

第八章　中国积极财政政策理论与实践

第一节　中国积极财政政策的背景

一、经济危机的冲击依然存在

（一）美国次贷金融危机加重了中国经济低迷的走势

2008 年美国爆发次级房贷危机，迅速波及全球，对中国的实体经济造成了重大影响。在宏观层面，金融危机导致了中国经济的增长速度下降，进出口额增长速度下降，消费物价指数上涨。在微观层面，金融危机导致了能源和原材料等成本的上升。同时，受金融危机影响，国外的订单需求减少，中国的外贸企业受到严重的冲击。例如，浙江等省份部分中小外贸企业破产，工人失业，对中国的经济、社会方面都造成了不利的影响。各行各业也都直接或者间接地受到了金融危机的波及。

1. 地产和股票市场的低迷

首先，在房地产方面，房地产业作为支持中国国民经济发展的支柱性产业之一，其发展可以带动诸如钢筋、水泥、木材等 40 多个相关产业的发展，产业链效应推动了全社会经济的繁荣发展。在过去的几年中，中国房地产行业由于固定资产投资过热、通货膨胀、人民币升值等影响产生了较大的价格泡沫。并且金融危机以后，随着 4 万亿元的刺激计划，大量资金开始涌入房地产行业，房地产泡沫越来越大，价格的增长速度远超居民工资的增长速度。2009 年，房地产市场又开始急转向上，商品房平均价格增长率高达 23.18%，创 30 年来的历史最高。因此，中央政府在 2009 年底开始出台一系列调控房价的政策，包括"国四条"、"国十一条"、"国十条"、"9·29 新政"和"新国八条"，对房地产市场调控持续加码。上述政策在一定期间内起到了震慑作用，导致房地产市场交易量下滑，但每次调控后房价又会报复性上涨。2012 年，随着货币环境日趋宽松，购房者观望情绪渐趋缓解，刚性需求拉动商品房销量大幅度上升，销售面积达到 111303 万平方米，同比增长 1.77%，全年成交量为近三年最高。随后在 2013 年的"新国五条"出台以来，打击了投机性购房，但并没有改变房价上涨的态势。2014 年房地产情况开始转变，景气指数持续下滑，其下跌态势没有改变的迹象，房产销售额和销售面积同比大幅下降，房地产投资增速明显下滑。在这样的情况下，地方政府 6 月起陆续取消限购，央行的限贷政策也取消了。房地产行业的高速增长态势已经不在，进入了低谷。2015 年上半年一线城市依然上涨，二线城市较为稳定，但三四线城市却呈下降趋势，分化越来越明显。

其次，在股市方面。经过三十多年的发展，股票市场的发展已成为中国经济体制改革众多发展成就中引人注目的领域之一，对中国经济的增长做出了重要的贡献。特别是经过股票市场改革以后，中国上市公司结构发生了变化，股票市场的功能逐步完善，市场资金来源更加丰富，市场的有效性得到增强。但是也应看到，中国的股票市场还处于发展阶段的初期，信息的完整性、分布的均匀性与一些发达国家相比存在很大差距，特别是在过去的几年里，中国股票市场发展一直存在过度投机的现象。

2008 年之前，中国股票价格指数一直保持稳定上涨的态势。但是 2008 年以后，股票价格指数急剧下降，全球股市大幅下挫，受此影响，中国上海证券综合指数跌幅巨大，2007 年 10 月 16 日达到最高点 6124 点，然而一年时间之后到 2008 年的 10 月跌到 1664 点，达到了中国股票市场近几年历史最低点，并逐渐进入到调整和萧条阶段，截至 2014 年 6 月，一直在低位徘徊。金融危机的发生，中国股票价格指数大幅下跌，中国股市市值严重缩水，给中国上市公司和股民带来了巨大的财产价值损失。

虽然国内外许多学者和专家都认为股市是经济发展的晴雨表，但中国股市并不能完全体现中国的宏观经济情况，而且目前存在很多问题。伴随着中国经济体制的改革，中国股票市场虽然历经三十多年的发展，但仍不完善，政府在股票市场的干预也很多。理论和实践上虽然证明没有绝对的自由市场，但中国实行的社会主义市场经济，对股票问题的解决有很多的政策性因素。2014 年 7 月份，中国主板的牛市开启。下半年经济不仅毫无起色，但股市却加速上行。股市指数的上升可以解决很多问题，特别是企业缺少资金的问题，可以通过股票市场来解决。政府也通过发表社论向市场表达意图，并且出台相关政策和文件对股市进行鼓励。主板股票指数一路上涨到 5000 多点，2015 年 6 月 15 日至 7 月 8 日，仅 17 个交易日，沪指从 5166 点跌至 3507 点，暴跌 32%，股票总市值减少 20 万亿元人民币。政府在股市暴跌后也出台相关政策利用各种手段来稳定股市，这些都对股市产生了深远影响。在这之后股市一直处于震荡之中，股票市场处于不确定时期。

2. 人民币升值预期的走低

近十年来人民币汇率一直处于升值状态，但到了 2014 年，人民币汇率走势动荡，面临贬值压力。2015 年，由于中国经济继续面临下行压力，美元持续走强，导致人民币有贬值压力。首先，国际上一直认为美联储会在 2015 年加息，欧元区和日本持续实行量化宽松的货币政策，美元的一路走强，中国面临资本外流的压力，使资金回流到发达经济体。2014 年下半年，随着美国经济强势增长，全年 GDP 增长率为 2.4%，国际货币基金组织 4 月预测 2015 年美国 GDP 增长率为 3.1%。欧元区 2014 年的经济增长率为 0.9%，保持了相对稳定的低速复苏增长，欧盟预测 2015 年欧元区经济增长率是 1.3%。中国经济增长缓慢，进入结构性调整时期。国内经济的不确定性导致资金流向美国再正常不过了。其次，中国面临经济下行的压力仍然很大。2014 年中国全年经济增长率为 7.4%，为 1990 年以来最低，经济形势不是很乐观。2015 年，政府把全年经济增长率的目标调至 7%，可见经济下行压力之大，上行动力不足。2015 年，工业投资增速持续回落，上半年增长 9.3%，增长同比回落 4.9 个百分点。房地产投资增速持续下滑，仍然不容乐观。2014 年，消费对 GDP 的贡献率达到 51.2%，比上年有所提高，但增长率却是下降的。在出口方面，欧美等发达经济体的复苏会提高中国的出口，对中国出口有积极作用，但人民币贬值会降低资本进入中国的积极性，出口数据中虚高成分会被挤出。再次，人民币汇率实行盯住美元制度，2014 年人民币继续升值，美元走强间接导致人民币对欧元、日元和其他经济体的货币被动升值，从而对中国出口产生不利影响，进而影响就业。出口压力大，内需疲弱的情况下，人民币适度贬值会是央行的一个选择。2015 年 8 月 11 日，美元对人民币中间报价 6.2298 元，人民币比前一个交易日中间价贬值 1.86%。央行主动干预汇市，打开人民币贬值窗口，那么下半年人民币将会持续贬值，这对中国出口是利好的。

3. 利率形势的波动

2002 年开始到 2007 年人民币贷款利率一直是上升态势，短期贷款利率从 5.04% 上升到 6.57%，这一情况一直维持到 2008 年 8 月份。随着金融危机的影响，到了 2008 年央行开始下调人民币贷款利率，从 9 月份开始，央行连续五次下调贷款基准利率，9 月份短期贷款利率下调到 6.21%。但到了 12 月份就下调到 4.86%。随着中央各种政策的出台，经济开始有所好转，利率从 2010 年 10 月份开始回调，到 2011 年 7 月份再次调为 6.10%，仍然没有达到 2007 年的峰值。随着中国经济进入"新常态"，利率再次调整，贷款利率重回 4 时代。利率形势随着经济的变化不断变化，这是中央银行实现货币政策目标的手段之一，对中国经济发展起到不可估量的作用。

（二）当前全球经济发展状况

1. 世界经济缓慢增长

爆发于美国次级贷款危机迅速波及全球，引发全球性世界金融危机，各国出台政策来挽救金融危机带来的影响，但各国政府所做的努力没有改变经济衰退的趋势。美国、日本和欧盟等发达经济体出台了各种政策，结果却是日本经济陷入了衰退，欧盟区自诞生以来首次出现衰退，新兴国家经济体包括中国在内都出现了不同程度的衰退。全球股市一片哀鸿遍野，各大股指跌幅纷纷达到 50％以上，这被认为是自 1929 年大萧条以来最严重的一次全球金融危机，全球经济陷入衰退和恐慌之中。2008 年的金融危机对各国打击是巨大的，主要发达国家经济增长都相比 2007 年出现了大幅下滑，甚至在 2009 年都出现了负增长。随着各国采取积极的经济措施，各国经济在 2010 年得到了大幅提升，但金融危机经济采取措施的后遗症却凸显出来。各国采取的积极财政政策造成了巨大的通胀压力。美国等发达国家采取的量化宽松政策，使美元一度贬值，热钱也不断涌入中国、巴西、印度等主要新兴经济体。新兴经济体的通胀压力使经济增长速度下滑，对全球经济的复苏也产生了不利影响。各国经济都有所好转，虽然经济不再出现大幅波动，但经济水平都无法再回到金融危机以前的水平，直到今天各国也没有完全从衰退中复苏。中国经济也随着全球经济的萧条开始放缓，经济增长率一直下滑。2014 年全球经济增长率为 3.4％。国际货币基金组织（IMF）在 2015 年 7 月 9 日预测，把 2015 年全球经济增长率从此前的 3.5％调低至 3.3％。该数据也意味着 2015 年全球经济增速将低于去年。受寒冷天气等因素影响，第一季度美国经济下降了0.2％。受美国经济萎缩影响，拖累第一季度加拿大和墨西哥的经济增长。IMF 认为，第一季度北美地区经济意外受挫只是暂时的。根据预测，2015年发达经济体的增长为 2.1％。

2. 国际大宗商品价格下跌

大宗商品是指可大批量买卖的用于消费和工农业生产的商品。它可以进入流通领域，但非零售环节。可分为三个类别：基础原材料，农副产品和能源商品，较具有代表性的有橡胶、食糖、大豆、玉米、钢铁、矿产品、有色金属、石油，等等。大宗商品作为重要的生产原材料，关系到一国的发展建设和民生，其流通手段、贸易过程及其价格的变化一直受到各界的重视。随着越来越多的金融机构的介入，大宗商品除了在现货市场流通之外，在期货市场上也用于规避风险、防止通货膨胀和美元贬值。

首先，金融危机前，2002 年到 2008 年上半年，短短六七年时间，国际大宗商品史无前例地暴涨，上涨幅度 213%，世界经济强劲增长带动了国际大宗商品的巨大涨幅。随着 2008 年金融危机爆发，国际大宗商品价格呈断崖式下跌，跌幅达 40% 之多。一直到 2009 年，随着全球经济的回暖而上涨，但增幅不大。2011 年后，国际大宗商品的价格波动不大，总体趋势表现为连续三年下跌。2014 年，铁矿石、煤和铜的价格分别大幅下跌了 50%、26% 和 11%。2014 年，89.66% 的大宗商品价格下跌，其中，谷物价格指数跌幅最大。2015 年上半年大宗商品市场较 2014 年略有好转，但依然是跌多涨少，上半年，67.24% 的商品下跌，只有 32.76% 的商品上涨。

其次，原油价格的暴跌。原油为大宗商品期货之母，其价格走势几乎牵动所有大宗商品的神经，同时受宏观经济影响较为显著。2008 年国际原油价格大幅飙升，曾一路飙升到 147 美元/桶，这是有史以来最高点。受金融危机的影响，原油价格出现断崖式的暴跌，2009 年一路跌到了 33 美元/桶。随着经济的好转和其他方面因素的影响，原油价格开始有所回升，但难回 2008 年的辉煌。2014 年又是不平凡的一年，进入 7 月份后国际原油价格就开始下跌，WTI 原油指数，从年初的 98.50 美元/桶，跌至年末的 52.70 美元/桶，全年下跌 46.50%。2015 年情况并没有好转，在小幅回升后又一路下挫，使经济的复苏又蒙上了阴影。国际原油价格下跌会对全球经济产生重大影响。一是油价下跌对产出的影响，石油需求量大的国家有莫大的好处，油价下跌会刺激消费者对油的需求量，从而推动需求的提高。二是油价下跌会对通货膨胀有一定影响。一般情况下，油价下跌会拉低 CPI 的涨幅。据世界银行最新研究结果显示，在一段时期内，油价每降低 30%，那么会使全球 CPI 下降 0.4—0.9 个百分点。三是对国际收支的影响，油价的下跌对石油出口国和进口国形成了收入的再分配。国际油价下跌导致严重依赖石油出口的国家 GDP 下降、货币贬值、汇率大幅下降等。[①]

3. 金融市场波动较大

2008 年全球金融危机爆发，无论是成熟金融市场还是新兴金融市场都未能独善其身，波动幅度都急剧扩大。国际金融市场波动加剧，全球市场各大主要股指断崖式下跌，全球股票市值大幅缩水，创下历史新低；大

---

① 曾晓云. 国际金融市场的机遇与风险 [J]. 商场现代化，2014 (33)：166—167.

宗商品也在下半年出现逆转，呈现崩塌下跌；各国利率总体走低。美国经济在下半年出现负增长，欧元区经济出现十年来首次负增长，日本经济持续恶化，新兴市场及发展中经济体经济增长有所放缓。2009 年全球经济开始从衰退走向复苏，主要股指和大宗商品开始不同幅度地上升，但都没有回到 2008 年的历史最高点。2014 下半年股市、汇市出现大幅波动，大宗商品价格大幅下跌，同时美元走强，欧元和日元走弱。拉美国家由于经济疲弱，墨西哥比索贬值超过 11%，巴西雷亚贬值超过 13%，阿根廷比索全年贬值也超过 22%，俄罗斯卢布由于乌克兰危机和石油价格的下跌全年贬值超过 73%。

2015 年上半年，全球经济持续分化。美国经济复苏依旧，俄罗斯经济迅速衰退，欧洲经济如履薄冰，日本经济挣扎在"荣枯线"上下，就连曾经风光无限的新兴经济体也笼罩在经济增速下滑的阴影之下。

二、经济"新常态"下对积极财政政策的新要求

（一）财政政策的调控空间被大大压缩

改革开放以来，中国经济经历了三十余年的高速发展，综合国力得到突飞猛进的提高。国内生产总值由 1976 年的 0.3645 亿元增加到 63.6463 亿元，增长了 170 多倍。1976 年的财政收入不足千亿元，只有 776 亿元，而 2014 年全国财政收入超过 14 万亿元。世界经济发展规律表明，任何一个国家不可能也不能够一直保持高速的经济发展。中国经济在经历改革开放三十余年来的高速发展显然已经不能再以很高的速度增长下去。2012 年经济增长 7.65%，2013 年增长 7.67%，2014 年经济增长 7.4%，连续三年维持在 7%，经济速度不再有往日的辉煌。但中国经济在"新常态"下平稳运行，经济进入了增长速度下降但质量稳步提高的一种状态，由过去 10% 左右的增长速度，变为如今 7% 到 8% 区间内的增长速度。而经济增长的动力也要由要素驱动、投资驱动变为创新驱动，中国不能永远做廉价工厂。[①]

1. 中国财政收入增长回归常态

中国经过了改革开放三十多年，伴随着 GDP 的快速增长，全国财政收入也经历了同样的增长变化。近十几年的财政收入增长率均超过当年 GDP 的增长率，尤其 2007 年的财政收入比 2006 年增加 32.4%，达到历史最高点。2011 年全国财政收入 103874.43 亿元，比上年增长 25.0%。

---

① 谭雅玲. 2014 年震荡加剧，2015 年风险加大 [J]. 武汉金融，2015（01）.

但是到了 2012 年财政收入增长只有 12.9％，尤其是 2013 年全国财政收入 12.9 万亿元，同比增长 10.1％，创近年来新低。其中，中央财政收入只有 6 万亿元，低于年初预期目标。2014 年，全国财政收入突破 14 万亿元，同比增长只有 8.6％，这是近 20 年来首次跌破两位数。受经济下行压力，营改增范围扩大等因素的影响，中央财政收入增长回落，财政收入增幅大幅回落，收支矛盾突出。财政收入增长下滑的幅度小于 GDP 增速下滑的幅度，伴随着中国经济进入"新常态"，中国财政收入中低速增长进入财政"新常态"。

财政部 2015 年 7 月 15 日发布的最新数据显示，2015 年上半年累计，全国财政收入 79600 亿元，比上年同期增长 6.6％，同口径增长 4.7％。总体来看，2015 年上半年全国财政收入增幅偏低，比上年同期回落 4.1 个百分点。下半年，财政增收压力依然较大。财政部表示，在财政收入增长放缓、收支矛盾较大的情况下，各级财政部门应认真落实积极的财政政策，加强支出预算执行管理，积极盘活财政存量，用好财政增量，保障民生等重点支出需要。要继续加强对财政运行的监测分析，依法组织财税收入，继续实行结构性减税和普遍性降费，严禁采取"空转"等方式虚增财政收入。

2. 社会公共支出呈刚性增长状态

2008 年，全国财政支出 62593 亿元。2009 年，全国财政支出 75874 亿元，比上年增加 13281 亿元，增长 21.2％。2010 年全国财政支出 89874.16 亿元，比 2009 年增加 14000.16 亿元，增长 18.45％。2011 年，全国财政支出 108930 亿元，比上年增加 19056 亿元，增长 21.2％。2012 年，全国财政支出 125712 亿元，比上年增加 16782 亿元，增长 15.4％。2013 年，全国财政支出 139744 亿元，比上年增加 14032 亿元，增长 11.2％。2014 年，全国财政支出 151662 亿元，比上年增加 11918 亿元，增长 8.5％。2009 年至今财政支出呈直线增长，增长幅度从 2012 年开始回落。

（二）地方政府债务风险加速集聚，为财政政策增添新变数

1. 地方政府债务膨胀

首先，地方政府债务存量大。随着近年来全国各地经济建设步伐的加快，政府支出大幅增加，地方政府通过各种手段不断借款，加大对地方经济建设的投入，造成地方债务增量和存量的大幅增加。据国家审计署 2013 年年底发布的全国政府性债务审计结果可知，全国地方政府债务总计 17.9 万亿元，这一接近 18 万亿元的债务规模超过当年 GDP 的 30％，对中国的财政稳健与安全产生不利影响。很多学者认为这不是真正的确切数字，有一些比较隐蔽的债务没有完全审计到，真实的数据会比审计结果更多。全国人大常委会委员尹中卿认为，地方债规模可能超过 30 万亿元，而民间分析人士的计算结果是，当下中国各地方政府的举债规模或已达 4 万亿美元。

其次，地方债务进入偿还高峰期。国际上衡量地方债务风险的指标主要有两个：一是负债率（年末债务余额与当年 GDP 之比）不超过 20％，这是衡量经济增长对债务依赖的指标；二是债务率（年末债务余额与当年政府综合财力之比）控制在 90％—120％，这是用来衡量债务规模大小的指标，中国规定的债务警戒线为 100％。根据国家审计署 2013 年的审计结果可知，13 个省会城市负债率超过 20％，最高的达 67.69％，超过 20％的警戒线。9 个省会城市债务率超过 10％，最高者达 188.95％，超过中国规定的 100％债务警戒线。①

表 8—1　　　2013 年 6 月底地方政府性债务余额未来偿债情况表　　　单位：亿元

偿债年度	政府负有偿还责任的债务		政府或有债务	
	金额	比重	政府负有担保责任的债务	政府可能承担一定救助责任的债务
2013 年 7 月至 12 月	24949.06	22.92％	2472.69	5522.67
2014 年	23826.39	21.89％	4373.05	7481.69
2015 年	18577.91	17.06％	3198.42	5994.78
2016 年	12608.53	11.58％	2606.26	4206.51
2017 年	8477.55	7.79％	2298.60	3519.02
2018 年及以后	20419.73	18.76％	11706.75	16669.05
合计	108859.17	100.00％	26655.77	43393.72

资料来源：国家审计署网站

2. 城市化推进的现实需要与政府财政资金不足的矛盾

从 20 世纪 90 年代开始中国城市化率平均以每年 3.5％的速度快速增长，远远超过同期世界其他国家的发展速度。根据麦肯锡全球经济研究院在 2012 年的一份研究报告中预测，按目前中国经济的增长速度，中国城市人口在 2025 年将会达到 9.26 亿，到 2030 年中国城市人口有可能超过 10 亿，新增加的城市人口必然会促使中国不断发展巨型和中型城市。并且在未来相当长的时间内中国将会继续建设新的城市，城市创建速度也会

———————————

① 国家统计局官方数据。

远低于过去 15 年的发展速度。根据麦肯锡的城市计量模型预测，在未来
20 年时间中国将有可能建设 81 座新城市，将会容纳 2700 万人，并且流动
人口将会成为未来城市化人口的最主要的来源。随着农业现代化进程的推
进，农村剩余劳动力将会进一步被释放，未来 20 年流动人口的人数将有
可能增加到 2.4 亿，而且大量的人口将会融入城市。根据估计，到 2025
年中国城市将会创造出 5 亿个左右的就业机会，这也会吸引富余劳动力向
城市的转移。未来人口流动将会呈现出新的结构特点，主要表现在人口由
小城市流入大中城市，或者是小城市因为产业集中逐渐演变成大中城市。
纵观中国城市的发展进程，目前正值中期加速发展时期，通过对城市发展
阶段性规律进行对比，在未来的很长一段时间，城市化的速度依然很快。

城市化过程对经济的发展有着显著的推动作用。城市化过程从五个方
面推动经济的发展。（1）城市化进程的推进将促进投资结构变化，拉动相
关行业增长，从而推动经济增长。（2）城市化通过影响人力资本的价值和
增值来促进经济增长。（3）城市化促进了就业率的提高和劳动力素质的提
升，提高了劳动生产率，进而推动经济增长。（4）城市化引起消费结构、
需求结构变化，并使得传统的生产结构向现代生产结构转变，进而推动经
济增长。（5）城市化的推进使得一个国家或地区拥有越来越多的技术进步
所需要的资金和人员，并使得技术进步所需要的环境日益改善，为经济增
长创造了良好的条件。鉴于城市化对经济的推动作用，中央政府和地方政
府会不遗余力地推进城市化进程，以此来推动经济的发展。地方政府在城
市发展层面展开激烈的竞争，表现为由于政府的强势主导作用，地方通过
建立开发区、建设新区新城、城市扩展、旧城改造、建设 CBD、乡镇产业
化等方式推进城市化和城市发展

中国城市化过程中，政府的作用非常明显。政府作为市场主体和行政
主体，其行为对城市化的作用机制主要包括：一是作为市场主体，政府一
定程度上参与市场活动，引导了要素的流动，构造了城市景观；二是作为
行政主体，政府主要是通过制度安排、行政手段提供公共物品、改善基础
设施、城市规划等手段影响城市化的外在表现和质量内涵。以城市的建设
作为投资的主体，城镇基础设施的建设一直依靠政府的财政性投入，也成
为城建资金的主要来源。由于通道过于狭窄，庞大的社会资金很难通过这
个渠道进入城市建设中，一方面形成了城建资金的不足，另一方面造成了
社会资金的闲置。很多金融机构在贷款中，也是以政府财政及各种收费作
为担保方式，用于城建方面的款项还必须由政府出资承担。而对于政府而
言，其追求的社会效应及绩效很难得到估价，在成本及收益上无法做到更
准确的测定。而有些城市由于资金少，投入到城镇建设中的资金也极为有

限。尽管多方筹资及调整相关金融机制，对社会资金的纳入也多方引导，但是远远无法满足迅速发展起来的城市规划及发展的需要。与现有规模相比，很多城市在公共服务及体系的完善上差距很大，城镇的软环境建设还很不够，污染的加剧及交通的拥堵非常明显。有数据统计，如果城镇人口增加 1 人，城镇在设施上就需要有 6 万元的基础投入。城镇化率每提升 1 个百分点，城镇需要增加的投资就要达到 4.1 个百分点；城镇每扩大 1 平方公里的建设，就需要各项基础设施及服务设施最少 2.5 亿元人民币。根据国家统计局出具的监测结果，全国仅 2010 年农民工就已经达到了 2.42 亿人。如此庞大的农民工队伍，对于城市而言，压力非常巨大，仅在建设资金上的投入已经严重不足。目前，很多省市面对如此现状，提出重点建设中心城市，以此来带动农村的城镇化进程。但由于很多的中心城市基础薄弱，在建设上也需要投入庞大的资金，虽然政府已尽最大努力予以支持，并也采取了多种补贴方式，但都以项目投资作为支持资金的来源，城市自己不先行投入就无法得到补偿资金。以至于每一个项目在实施配套资金投入时，挖空了基层财力，使得一些基础性设施的建设无法进行，限制了城镇的发展步伐。一般来讲，经济增长是城市化的基础，没有一定的经济增长也就没有可能城市化。中国现在进入了经济"新常态"，经济不大可能再像以往那样高速增长，政府投入城市化的财政资金会受到限制，城市化进程会趋缓，但城市化的进程不会改变。

（三）外部冲击和内部矛盾相叠加，加大了财政、货币政策相配合的难度

自改革开放以来，对外贸易对中国经济发展起到很重要的作用，2009年中国对外贸易总额达 2.2 万亿美元，成为世界第一大出口国。2013 年中国对外贸易总额更是突破 4 万亿美元大关，达到 4.16 万亿美元，跃居全球第一。2009 年以前，中国对外贸易增长率都在 20% 左右，有的年份甚至更高。但是，2008 年的金融危机对中国经济的重创，对外贸易也受到了世界经济发展缓慢的影响。2012 年，中国全年外贸进出口增速仅为 6.2%。2013 年全年外贸进出口增速为 7.6%。2014 年中国对外贸易进出口增长率只有 2.3%，按美元计也只有 3.4%，这远远没有达到中国经济高速发展时期的常态。目前发达国家经济仍处在经济危机后的调整期，伴随着中国对外贸易增长率逐渐回落，外部需求低迷将是中国长期面临的局面，这是影响中国对外贸易增长的主要原因。

第二节　中国积极财政政策的主要内容及特点

一、中国积极财政政策的主要内容

（一）加大财政支出力度，缓解经济下行压力

1. 提高财政赤字率，优化赤字规模

自从 2014 年第一季度中国经济出现下行局面之后，国务院陆续出台了一系列的经济刺激政策，中国的经济状况有所好转。针对当前经济运行中存在的困难和挑战，中国应继续施行积极的财政政策，且积极的财政政策更要有力度。

适当扩大财政赤字，提高财政赤字率是积极财政政策的一个方面。所谓积极，在财政赤字上的体现就是当年的财政赤字要比前一年的规模大，但不是没有限度的扩张，通常来讲，一般的财政赤字不超过当年 GDP 的30%，可以参照这个百分比，再结合中国国情规定赤字规模。

表 8－2　　　　　　　2005 年以来国家财政收支情况一览表

年度	财政收入（亿元）	增长速度（%）	财政支出（亿元）	增长速度（%）	国家财政收支差额（亿元）
2005	31649.20	19.9	33930.28	19.1	2281.08
2006	38760.20	22.5	40422.73	19.1	1662.53
2007	51321.78	32.4	49781.35	23.2	－1540.43
2008	61330.35	19.5	62592.66	25.7	1262.31
2009	69518.30	11.7	76299.93	21.9	6781.63
2010	83101.51	21.3	89874.16	17.8	6772.65
2011	103874.43	25.0	109247.79	21.6	5373.36
2012	117253.62	12.9	125952.97	15.3	8699.35
2013	129209.64	10.2	140212.10	11.3	11002.46
2014	140349.74	8.6	151661.54	8.17	11311.8

资料来源：中华人民共和国国家统计局官方数据

由表 8－2 可知，中国除了在 2007 年国家财政收支差额出现负增长以外，其他年份的收支差额都实现了正增长，也就是说通常情况下国家财政支出均大于国家财政收入。

　　另外，由 2015 年政府工作报告和预算报告可知，国家提出并安排财政赤字 16200 亿元，比上年增加 2700 亿元，赤字率增加了 0.2 个百分点，这是积极财政政策的重要体现。①

　　扩大财政赤字规模仅仅是提高赤字率的一个方面，还需考虑的一个问题是对于赤字的需求。供给和需求能否平衡不仅体现在商品市场中，财政赤字也需要供需平衡。政府支出，一旦形成一定的规模，无论是主观还是客观上，都是很难减下来的，但国家规定的赤字规模能否满足经济运行对赤字的实际需求，这也是政府决策应该重点考虑的问题。如果赤字规模超过了实际经济的需求，那么不仅会降低财政赤字政策的实施效果，还会造成资源的浪费，容易引发通货膨胀等危险。

　　2. 适当增发政府债务，实现有效筹资活动

　　政府债务分为中央政府债务和地方政府债务两种。从发行目的来看，政府债务的发行一般用于平衡财政收支、筹集建设资金和替换原有债务等方面。2014 年政府债务的规模是 13500 亿元，其中，中央是 9500 亿元，地方是 4000 亿元。而从 2015 年起，由于新预算法的实施，地方政府在符合一定条件下有了自发自还债务的能力。2015 年 3 月份，经国务院批准，财政部下达了 1 万亿元地方政府债券置换存量债务额度，并允许地方政府将一部分即将到期的高成本债务转换成地方政府债券，高利率的短期债务替换成低利率的长期债务，这些节省下来的资金可用于加大其他支出；随后，国家财政部又增加安排了 1000 亿元地方政府专项债券，并将这 1000 亿元纳入地方政府性基金预算管理；② 2015 年 3 月份和 6 月份，财政部分别向地方政府下达了 1 万亿元额度的地方政府债务置换，并且银行成为债务的主要认购方。2015 年下半年财政部下达第三批地方政府债券置换政策，国家频繁采取债券置换政策主要有两方面的意义。一方面，能够降低商业银行的不良贷款率，给银行贷款释放出更多的空间；另一方面，能够保障在建项目融资和资金链不断裂。目前，债务置换政策已成为财政部实现"稳增长"的重要手段。

　　国家通过增发和置换政府债务，激活了部分沉淀资金，加大地方支出力度并且减轻了地方支出压力，使地方政府腾出更多的债务资金用于其他急需资金的事项，无疑是增强积极财政政策支出力度、稳定经济增长的有效途径之一。2015 年国家进一步加大了对教育、卫生、社会保障等方面的投入力度，在刚性支出的压力下，增发地方政府债务，实现有效的筹资

---

① 2015 年政府工作报告、政府预算报告。
② 中华人民共和国国务院新闻办公室，2015-03-13。

活动，会为积极的财政政策增效。

3. **盘活财政存量资金，释放经济活力**

在纷繁复杂的国内外环境下，中国的经济运行形势承受着较大的下行压力。在当前的经济状况背景下，为了保持经济能够在合理的区间正常运行，必须要充分发挥积极财政政策的作用。且鉴于中国财政收支在时间上存在不匹配以及预算收支执行进度上存在差异等现象，无形之中会导致财政资金的积累。鉴于此种情况，当前中国政策制定者要把"用好财政增量，盘活财政存量，切实提高资金使用效率"升级为财政政策给力增效的着重点。

财政存量资金，通俗地说就是在历年预算中已安排的财政支出，但未在当年实际花掉，不断积累下来的财政资金。在各级预算的执行中，一般遵循着"应收尽收"和"惜支"的策略，这一点在财政收支数据上体现得非常明显。

根据新预算法规定："预算分为公共预算、政府性基金预算、国有资本经营预算和社会保障预算。"[①] 我们主要看一下近年来前三本预算的执行情况。

表8-3　　　　　　　　　三本预算的执行情况表　　　　　　　单位：亿元

年度	全国一般公共预算收入		全国一般公共预算支出		全国政府性基金收入		全国政府性基金支出		全国国有资本经营收入		全国国有资本经营支出	
	预算数	决算数	预算数	决算数	预算数	决算数	预算数	决算数	预算数	决算数	预算数	决算数
2010	73930	83102	84530	89874	18704	36785	19360	33951	421（中央）	559（中央）	440（中央）	542（中央）
2011	89720	103874	100220	109248	25822	41363	26612	39947	844（中央）	765（中央）	859（中央）	770（中央）
2012	113600	117254	124300	125953	34797	37535	35614	36330	1246	1496	1278	1403
2013	126630	129210	138246	140212	36756	52269	37537	50501	1569	1713	1642	1562
2014	139530	140370	153037	151786	47309	54114	48116	51463	1982	2007	2134	2014

数据来源：中华人民共和国财政部财政数据

表8-3为中国2010年至2014年公共预算、政府性基金预算、国有资本经营预算三本预算的预决算数情况，便于比较这三本预算的执行情况。根据财政部更新的数据可知，以全国一般公共预算收支为例，2010年至2014年全国一般公共预算收入的决算数占预算数的百分比分别为112.4%、115.8%、103.2%、102%、100.6%；全国一般公共预算支出

---

① 《中华人民共和国预算法》。

的决算数占预算数的百分比分别为 106.3%、109%、101.3%、101.4%、99.2%。显然，财政收入每年超出预算数的幅度明显高于财政支出，长时间的预算结余会使得庞大的财政资金不能被有效利用。

在此要说明一点，从 2012 年起，各级政府将一般预算收入改称为公共财政预算收入，在口径上与 2012 年之前的"一般预算收入"相同，而在 2014 年又改为一般公共预算收入，但不妨碍数据比较。

近年来，国家比较重视财政资金的盘活情况。仅自 2014 年以来，李克强总理就已经先后七次在其主持召开的国务院常务会议上提及并要求"盘活财政存量资金"，并且相应的要求也越来越细化，越来越迫切和严格。盘活财政存量资金是提高经济内生动力的必要举措，也是提高投资效率的重要途径，尤其是考虑到当前各级财政收入增速放缓的事实后，盘活财政存量资金的必要性更加明显。

2015 年 4 月，国务院常务会议从具体实施策略层面，明确了盘活及统筹使用沉淀存量财政资金的方向和策略选择，侧重财政资金配置效率，将财政资金流向最需要的地方，实现社会公平。财政部上半年发布的关于盘活财政存量资金有关情况的报道称，从中央到地方，年内盘活的财政存量资金，将统筹用于促投资稳增长的急需领域和投资，并且下半年盘活存量的工作将继续加大力度。可见，盘活存量是促进财政资金有效运用的关键政策。

盘活财政存量资金是中国继续实施积极财政政策的有效手段，通过盘活存量，优化财政支出结构，释放潜在的经济活力，让实体经济的有效需求发挥更大的作用。主要从三个方面进行财政存量资金的盘活：一是清理检查各类专户的沉淀和滞留资金；二是将长期滞留部门账户的资金，坚决收归管理；三是加强监督本年度已批复的预算。加强财政资金的盘活有利于稳定并促进中国当前的经济发展，在一定程度上缓解经济下行的压力，活跃市场经济。

4. 发挥政府投资引导作用，重视基础设施投资

当前，中国经济增长呈现出的是放缓态势，虽然中国道路交通等基础设施业近年来也实现了跨越式发展，但在投资方面仍旧突显出一些待续解决的问题。如大规模基础设施投资的边际收益开始递减，民间投资动力不足等，使得中国以建设大规模基础设施为主的扩张性财政政策的效率大打折扣。如今中国正继续实施积极的财政政策，基础设施、公共事业等诸多领域仍需一定的投资规模来维持其稳定发展。因此，政府应该带头发挥投资的引导作用，积极推广政府和社会资本合作模式，即 PPP 模式，吸引广泛的社会资金投入到基础建设中去。据统计，2015 年以来全国已有 20

多个省份公布 PPP 项目推介计划，且这些项目主要集中在交通设施、市政工程、农业水利、能源、环保等基础设施建设领域。从当前中国的实践效果看，PPP 的实践效果不佳，许多民间投资由于担心风险问题而不敢投资。因此，国家应该发挥政府投资引导作用，完善 PPP 投资方案并加强管理，加快保障性住房、铁路等的建设进度，推进核电、城市地下管网等项目投资，重视基础设施投资，避免财政风险的加重。[①]

在实施积极的财政政策过程中，采取适度的投资增长政策是必要的举措，虽然由于上一轮大规模投资计划的实施，造成了一定程度的产能过剩，但面对当前的经济形势，在基础设施等领域仍然存在可能的投资空间。根据数据显示，2014 年年底发改委已经批准总投资额逾 10 万亿元，在所包含的 7 大基础设施项目中，2015 年的投资额度超过 7 万亿元，并且，2015 年召开的国务院常务会议提出，国家要推进包括重大水利工程在内的公共设施建设，进而达到扩大有效投资需求的目标。因此，国家财政部等相关部门应该在财政资金的使用投向、政策发力的结果导向等方面，直接指向国家支持的新兴产业、公共基础设施建设等，用政府资金引导和撬动大量的社会资本，调整投资环节，引导社会资金跟随国家的政策导向投入，在规模增加的同时更加重视资金的使用效果。

（二）优化财政支出结构，提高财政资金使用效益

1. 优化支出结构要坚持依法理财

中国的财政政策从 1998 年以来的演变历程，概括来说是从积极的财政政策转变为稳健的财政政策，在 2008 年金融危机爆发之后又变为积极的财政政策。自 2008 年美国的金融危机爆发以来，中国的经济发展面临着国内外双重压力，一直实行的积极财政政策在一定程度上成功地拉动了国内的需求增长，促进了国内的经济发展，财政的职能日益受到人们的关注。积极的财政政策主要通过扩张政府的财政支出规模来刺激有效需求。在短期内，通过扩大政府的公共投资，扩大内需，进而拉动经济增长，促进就业；在长期内，需要一个优化的财政支出结构，为经济增长提供后续动力，以充分发挥积极财政政策的效用。

随着市场经济的发展和财政在经济社会发展中地位的突显，依法理财作为社会主义法治建设和社会主义经济发展的重要组成部分，日益受到各方面的关注。依法治国的方针策略在客观上也要求理财的法制化、规范化。市场经济的发展本身要求所有的一切经济都要纳入法治化的轨道，保

---

① 财政部. 积极财政政策全面护航稳增长［N］. 经济日报，2015-09-08.

障财政工作的高效和便捷。

加快转变理财方式，优化财政支出结构，提高理财水平，是全面落实积极财政政策，充分发挥财政调控职能的重要手段。国家通过依法理财来强化财源，综合运筹财力，进而优化财政支出结构，有力保障经济社会的各项重点支出，为中国实施积极的财政政策助力。依法理财，优化财政支出结构，把钱花在关键领域，是提高资金使用效益应遵循的准则，也是将政府性财政资源的效用发挥至最大的途径。

2. 优化支出结构要合理界定预算收支范围

中国于1994年进行分税制改革，开始实行中央和地方分税制，并在预算法中确定了预算收入和预算支出的范围。2015年1月1日开始执行新的预算法，对原预算法进行了大范围的修订，并且重新界定了预算收支的范围。新预算法明确提出规范政府收支行为的立法宗旨，倡导建立规范和制衡政府收支行为的法制型预算制度，监督政府如何支配收入和支出；在预算收支范围方面，新预算法实行全口径预算，把政府的全部收支纳入预算范围，与原预算法的预算收支范围比较，原预算法的政府收支只有一部分在法律的笼子里，存在大量游离于预算之外的财政资金，而新预算法将政府的全部收入与支出都纳入预算进行管理，坚持"四本预算"，将一直以来游离于预算监管之外的收支纳入监管范围。合理界定预算支出范围，有利于国家根据实际财政情况正确制定财政支出策略，优化财政支出结构。

合理界定预算收支范围，是优化中国财政支出结构的基础。预算收支范围的划分是预算主体实体权限的具体化，预算收支涵盖了中国社会经济的方方面面，是国家制定积极财政政策的重要参考依据，也是具体制定中国财政支出规模的风向标。预算收支范围的合理界定，是财政支出方向的正确性和规模的合理性的有力保障，也是优化支出结构的基石。

3. 优化支出结构要加强预算管理

当前中国经济步入"新常态"阶段，中国财政收支的"新常态"被概括为"收入中低速增长，支出刚性增长，要求更高的财政管理水平"三大特征。随着经济增长的放缓，财政运行形势不佳，国务院提出了激活财政资金存量的财政改革目标。激活财政资金存量的关键在于优化财政支出结构，而预算作为体现政府活动范围、重点和方向的收支计划，是实现国家财政目标的载体。加强预算管理制度改革，优化财政支出结构也是2015年财政部要完善的改革任务之一。

政府预算是各级政府依据法律和制度规定编制，并经法定程序审核批准后执行的以财政收支为主的政府年度财政收支计划，是政府组织和规范财政分配活动的重要工具，同时也是政府调节经济的重要杠杆。政府预算管理的基本目标是合理编制预算、有效完成预算收支任务和提高预算资金运行效率。从预算编制方面看，加强预算管理是从源头上促进财政支出结构优化的有效手段。由于预算的编制涉及多个部门主体，多个部门互相监督、互相协调编制政府预算，促使财政收支计划更加符合公共需求；编制活动受到严格的法律约束，完善的法律法规的约束，保证了预算草案的严肃性，进而确保了财政收支的完备性。从预算执行方面看，完善的监督管理制度，可以保证财政收支计划的执行效率，实现财政支出的优化目标。从预算结果评价方面看，年度执行的政府预算结果以及对政府财政收支实际情况的评价，为制定下一年度的财政计划提供了宝贵的参考依据。①

由此可见，加强预算管理是优化财政支出结构、提高资金使用效率的最优途径，中国目前应该加强对政府预算的管理、完善预算法规、提高预算队伍素质、强调问责机制，促进财政支出结构的优化，辅助中国积极财政政策的顺利实施。

4. 优化支出结构要注重保障和改善民生

面对经济下行的局势，继续实行积极的财政政策是当前中国的财政政策导向。虽然当前中国的经济发展缓慢，但是中国政府的财政支出刚性不减，从财政角度分析中国未来的财政支出有扩张趋势，尤其是涉及民生的领域，这主要从三个方面表现出来：其一是生态环境的治理，需要财力支持；其二是农业和粮食安全对财政的需求日益加大；其三是中国的老龄化问题。并且 2015 年全国两会最关心的养老问题、医疗问题、教育问题等民生问题，都要依靠大量的政府财力。国家财政部发言人也表示，2015年继续实施积极的财政政策，并且在原来的基础上适当加大力度，并强调优化财政支出结构，有保有压，确保重点领域特别是民生方面的支出。可见，民生支出在中国当前政府财政支出中占据着重要的地位，注重保障和改善民生，是优化支出结构的有效渠道。

---

① 第十二届全国人民代表大会常务委员会第十六次会议。

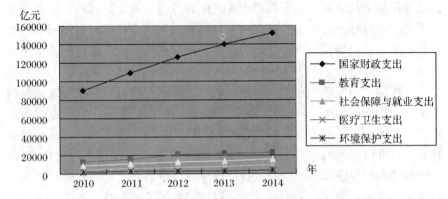

图 8-1　近年来国家财政在民生方面的支出情况

　　图 8-1 为中国从 2010 年到 2014 年的财政支出情况，其中列举了几个涉及民生方面的支出，有教育支出、社会保障与就业支出、医疗卫生支出和环境保护支出。从折线图可以看出，随着中国财政支出的增加，中国民生支出的规模也是逐渐增加的，其中教育支出较多，其次是社会保障与就业支出。国家在 2015 年继续加大对民生方面的支出，我们也可以预测未来民生方面支出的走向一定是直线向上的。

　　保障和改善民生支出，优化收入和支出结构是积极财政政策的重要体现，并且国家也采取一些积极的财政政策来优化财政收支。在财政收入方面，适当调整税制结构，通过减税降费的方式鼓励创业和创新型企业、中小企业的发展，为社会提供大量的就业，缓解民生问题；在财政支出方面，采取稳定税负、定向减税和调整支出结构等措施，向民生领域倾斜，维持社会稳定发展。

　　5. 优化支出结构要强化绩效管理

　　优化支出结构还需要依靠绩效管理的力量。财政支出绩效管理是围绕财政支出所引致的绩效结果而开展的一系列管理，是对财政投入带来的收益、公众满意度、目标完成度等指标进行分析和评估的重要手段，其目标是促进财政资源的合理分配。实行绩效管理，一方面会提高财政资源分配的效率，另一方面有利于政府财政工作的透明化，进而明确财政支出的投入方向，将资金投入到效益高、运转好的领域，促进支出结构优化。

　　中国当前财政支出绩效管理存在一些问题，如一些部门不能完全理解绩效管理的含义，对绩效管理和评价工作认识不到位，使绩效管理失衡，造成财政资源的浪费；绩效管理未充分发挥作用，导致政策执行力下降，不利于绩效管理工作的开展；绩效管理框架体系不健全，缺乏完整统一的绩效管理制度体系，工作人员素质有待提升，有关绩效评价缺乏统一性的指导；公众参与财政支出绩效管理的积极性有待提高，使得财政支出绩效改革缺乏公众基础等一系列问题。

鉴于目前中国财政支出绩效管理存在的种种问题，再结合中国国情，加强绩效管理是确保中国财政资金有效利用的重要途径，通过加强绩效管理，认真分析绩效评价结果，有助于调整中国的财政支出结构，引导财政资金的流向，提高财政资金的使用效力，进而优化支出结构。

（三）完善有利于结构调整的税收政策，促进经济提质增效升级

1. 进一步扩展小型微利企业税收优惠政策

减少企业税费负担，一直是经济下行时财政政策的有力举措，根据国家的积极财政政策导向，自2014年下半年以来，国务院陆续出台力度颇大的减税降费政策，政策主要适用对象是占中国国内企业总数九成多的小微企业。虽然小微企业规模较小，容易受当前宏观经济形势波动的影响，但是小微企业具有吸纳大量劳动力的优势，扶持小微企业有助于社会经济的稳定，同时优化中国的经济结构。国务院针对小微企业出台减税降费的政策，释放出重视小微企业的积极信号，且2015年的政府工作报告中也明确指出，中国将继续实行结构性减税和普遍性降费政策，进一步减轻企业特别是小微企业负担。结合调整结构的政策目标，2015年下半年的减税政策也主要集中在小微企业上，这一决定体现出国家对小微企业的发展寄予厚望。

谈到税收优惠政策，不得不提到目前备受关注的"营改增"政策。中国从2012年起开始进行"营改增"试点工作，且根据财政部公布的数据，截至2015年4月底，全国纳入试点的400多万户纳税人累计减税近4500亿元，可见"营改增"试点助力企业减负。到2015年年末，中国要全部实现"营改增"，并推广到所有行业，又将会有大规模的减税数字出现。

中央通过对小微企业实施减税降费政策加强对实体经济的支持，体现了财政政策的积极性。自2015年以来，国家支持小微企业发展的税收优惠政策纷纷出炉。如鼓励金融机构支持小微企业发展，通过税基减免来降低小型微利企业税负以吸纳就业，降低企业和职工缴纳的失业保险费率，免征增值税和营业税优惠政策的出台，都是中国积极财政政策的体现。国务院总理李克强在2015年8月19日主持召开的国务院常务会议上强调，决定进一步加大对小微企业的税收优惠力度。根据8月19日常务会议上的最新战略部署，在落实好已出台的税收优惠政策的同时，要执行好以下两方面的政策。一是从2015年10月1日起到2017年底，在企业所得税方面，将依法享受减半征收政策的小微企业范围，由年应纳税所得额20万元以内扩大到30万元以内；二是将月销售额2万元至3万元的小微企

业、个体工商户和其他个人免征增值税、营业税的优惠政策执行期限延长至 2017 年年底。新一轮的减税政策会减轻小微企业的沉重负担，给予其发展的助力，同时也降低了与小微企业有关的行政事业性收费，这些政策的"叠加效应"会促进小微企业的发展，带动社会有效需求。①

2. 进一步"减税降费"，激发全民创业热情

"减税降费"是政府简政放权在社会经济领域的深化和体现，也是 2015 年以来政府工作的重头戏，其实际意义除了适应中国当前缓慢的经济增长形势，配合积极的财政政策外，还有助于培植税源。2015 年以来，中央为了支持创业，出台了诸如完善创业投融资机制、大力发展"众创空间"、进一步简政放权等政策措施，其中，"减税降费"政策是鼓励大众创业、体现积极财政政策的重要举措。②

2015 年 6 月份召开的国务院常务会议明确了一系列减税政策，是积极的财政政策在现有的减税政策基础上做减法的体现，同时发挥了财政政策的调控优势，会议再度谈及创业问题，并专门强调了支持农民工等人员返乡创业政策，鼓励银行加大信贷支持和服务，足以体现国家对创业方面的重视。各类创新型企业是中国最具经济活力和创造力的市场主体，政府对创新型企业出台的"减税降费"政策的最终目的是搞活市场经济，通过"减税降费"手段吸引更多的人参与创业，给更多创业者自由的生长空间，推动社会迸发出更大的创业热情，真正形成大众创业、万众创新的社会大局面。政府通过"减税降费"这一经济杠杆，期望撬动社会经济创造力，激发社会活力，以便未来能享受到丰富的创造成果。

进一步实施"减税降费"措施支持大众创业，是应对经济下行的重要思路，加大创新力度，培养创业人才队伍，促进创新链、产业链、市场需求有机结合，是企业持续发展的基石，也是国家经济持续发展的推力。应对当前的经济形势，创业创新是点燃经济发展的新引擎，国家可以适当提高创业企业的营业税、增值税等税种的起征点，减免新创立企业的一些税负，给予大众创业有效支持。同时积极的财政政策对应积极的就业政策，面对 2015 年压力加大的就业形势，势必要采取积极的就业政策，而支持大众创业，以创业带动就业就是明智之举。

3. 完善和促进养老、健康、信息、文化等服务业消费发展的财税政策

随着中国经济的发展，服务业已成为带动中国新一轮经济增长的"排头兵"。根据 2014 年国家的经济数据得知，中国第三产业增加值占当年

---

① 中国政府网，2015-06-19.

② 中国政府网，2015-06-17.

GDP 的 48.2%，所占比重超过第二产业。第三产业占比持续上升，意味着中国的经济结构正在发生重大变化，这也标志着中国经济正式迈入"服务化"时代，服务业将成为"新常态"下中国经济增长的新动力。

中国的经济正在由工业主导向服务业主导转变，国家也比较重视第三产业的发展，消费作为当前和未来中国经济的主要推动力，也推动着服务业的发展。国家从财税、土地和信贷等方面出台了许多对养老产业、健康产业、信息产业、文化产业等第三产业的支持政策，加大了对第三产业的投入，使服务业在国家政策支持下生机勃勃。从中国的财税政策方面看，对第三产业的发展支持力度很大。下面主要从财政政策角度简要分析上述四大产业。

在养老服务业方面，中国主要通过企业所得税、营业税及其他税种和方式，对养老服务机构和养老机构捐赠实行税收优惠政策，在税收征管方面也给予优惠，并配合使用财政补贴等政策，推动养老服务发展。对于健康服务业，国家出台了一系列支持政策，如中央财政已将健康服务业纳入促进服务业发展专项资金支持范围，并下拨财政资金；免征或减征行政事业性收费，医疗服务价格由市场调节；完善相关的财税和价格政策以支持健康服务业发展等。① 在信息产业方面，中国的信息技术服务业发展也较为迅速，其增速已经超越了很多传统行业，政府也接连出台促进信息技术服务业的政策，主要措施是加大财税金融支持、增加服务外包示范城市数量等。在文化产业方面，文化产业吸引着人们的关注度和热衷度，政府为了满足社会的需求，加快了对文化产业的财税投入，凭借税收激励政策，给予相关的文化企业税收优惠和贷款优惠，在文化产业基础设施建设方面加大财税投入，鼓励社会民间资本投入，以期获得最大的文化投资效益。

国家对服务业的发展给予了很多财政方面的支持，希望国家的财力支持能够使中国的第三产业更加壮大，进而促进中国服务性消费的发展，扩大社会的有效消费需求，刺激经济良性增长。

4. 完善和促进企业创新的税收政策

随着社会经济的发展，科技越来越进步，经济中的各个方面时刻在发生变化，如产业结构、大众需求结构、国家政策动态等方面也发生了变化。对于企业来说，以不变应万变的道理在经济发展中是行不通的，况且面对当前的经济形势，要想通过企业的力量挽救经济，必须要依靠的方法就是创新，企业的发展在于创新能力。

---

① 欧阳觅剑. 财政政策积极为民生 [N]. 21 世纪经济报道，2015-03-06（04）.

2015 年 2 月召开的国务院常务会议确定了进一步的"减税降费"措施，表明中央政府对大力支持小微企业发展和创业创新的决心。具有创新能力的小微企业往往是高科技和技术密集型企业，支持企业创新，这是积极的财政政策增效的表现，况且创新型小微企业的壮大也是未来经济增长的源泉，国家通过加大财税政策支持力度鼓励企业创新，推动了经济结构调整和相关产业的发展。例如，将已经试点的个人以股权、不动产、技术发明成果等非货币性资产进行投资的实际收益改为分期纳税的优惠政策并推广到全国，其中的技术发明成果，就是企业创新的体现；再如，对于企业进口科技开发品免征进口税收政策，意在促进企业依靠科技创新升级；国家还设立了创投基金，盘活资金使用，推动研究成果产业化，更大力度支持企业进行科技创新和产业升级。国家针对企业创新出台的诸多税收政策，都是鼓励企业重视创新，勇于创新的手段。①

目前，中国针对企业创新的税收优惠政策有待扩展，例如，优化政策实施的对象，对优惠区域和优惠行业的设定应该以推动全社会企业科技创新为主；加大研发环节优惠力度，使企业的科技创新能够顺利展开；完善促进企业自主创新的税制结构，无论事前还是事后，都要给予企业支持；对企业的税收优惠结果进行效用评价，以便于政策制定者了解企业的情况，使国家调控政策有效施行等。

企业自主创新是一个经济体得以持续发展的源泉，尤其是在当前经济发展缓慢的情况下，更应该运用创新的力量激活经济。

（四）切实加强地方政府性债务管理，有效防控财政风险

1. 建立以政府债券为主体的地方政府举债融资机制

近年来，中国政府债务尤其是地方政府债务规模增长过快，使中国的财政安全存在较大的潜在风险。具体债务增长情况，见图 8—2。

---

① 赵春生. 促进企业自主创新的税收优惠政策研究 [J]. 东方企业文化，2013 (11)：106—107.

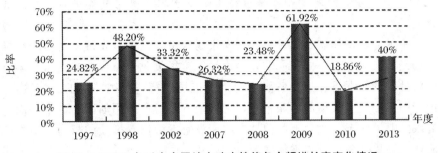

图 8－2　1997 年以来全国地方政府性债务余额增长率变化情况

图 8－2 是根据国家审计署近几年的数据绘制而成的全国地方政府债务余额增长情况图，值得注意的是，图 8－2 中的数据都是年均增长率，如 2007 年年均增长率为 26.32%。由图 8－2 可以看出，自从 2008 年中国出台刺激经济计划后，2008 年至 2009 年间，中国地方政府性债务飞速增长，增长率为 61.92%，实现了历年来最高的债务增长率，影响了中国的地方政府债务规模，增大了中国地方政府债务存量。

又由国家审计署全国政府性债务审计结果数据得知，截至 2013 年 6 月底，全国地方政府性债务余额为 178908.66 亿元，与 2010 年底全国地方政府性债务数据相比，在短短的两年半内，中国地方政府性债务就增长了约 40%。又由相关数据得知，截至 2012 年年底，全国 36 个地方政府本级政府性债务余额为 38475.81 亿元，与 2010 年相比增长了 12.94%。种种数据表明，中国地方政府性举债规模呈现明显的递增趋势。

当前，中国颁布的新预算法已经允许地方政府以债券的形式直接发债，而且国务院首次发文《全面规范地方政府性债务管理》（以下称《管理》）中也已经明确了地方政府举债融资机制，对于以前所用的其他举债方式，特别是地方融资平台公司举债，《管理》中规定剥离融资平台公司政府融资职能，融资平台公司不得新增政府债务。但是，地方政府依靠融资平台发债已有些年头，地方政府的融资平台公司数目庞大，在短期内地方政府以发行债券的举债方式很难完全取代城投债，所以应该给地方政府从融资平台公司脱离的时间。由于地方政府通过融资平台举借的债务隐性较大，不易监管和控制，相比之下，地方政府以债券的形式发债透明度较高，且债务性质良好，国家相关部门容易对其进行监管。所以建立以政府债券为主体的地方政府举债融资渠道，是有效管理地方政府债务，谨防引发财政风险的安全之策。

2. 进一步加强地方融资平台公司举债管理，规范融资平台公司融资行为

中国的经济体制是由计划经济向市场经济体制过渡发展的，由于中国市场经济发展存在不健全问题，进而导致市场失灵现象出现，在市场调节经济低效的情况下，需要各级政府干预市场经济，承担一定的经济责任。由于中国分税制改革的不完善性，使得地方政府可运用的财力有限，面对有限的财力状况，再加上此前地方政府没有发行债券举债的权力，地方政府往往会采取各种方式举债融资，从举债主体看，通过地方融资平台公司举债是地方政府最常选择的途径，而通过地方政府融资平台举债有一个很大的弊端，就是债务隐性较大，使得融资平台公司的负债规模不易统计，加剧了地方财政风险。①

表8-4　　　　2013年6月底地方政府性债务余额举债主体情况表　　　单位：亿元

举债主体类别	政府负有偿还责任的债务	政府或有债务
融资平台公司	40755.54	28948.88
政府部门和机构	30913.38	9684.2
经费补助事业单位	17761.87	6188.81
国有独资或控股企业	11562.54	19793.4
自收自支事业单位	3462.91	2562.55
其他单位	3162.64	831.42
公用事业单位	1240.29	2040.23
合计	108859.17	70049.49

资料来源：中华人民共和国审计署：2013年全国政府性债务审计结果

由表8-4可知，截至2013年6月底，地方政府性债务余额举债主体中占比最大的是融资平台公司，通过融资平台公司举借的债务所占比重为38.96%，远超过其他的举借主体。

加强地方融资平台公司举债管理，规范融资平台公司融资行为，是规避中国财政风险的必由之路。中央为了加强对地方融资平台公司的管理，从2010年起连续出台文件，对融资平台的诸多方面作出了明确的规定，如融资平台公司管理制度、融资平台融资规模等。而当前中国采取的积极财政政策在一定程度上给予了地方融资平台发展机会，再结合中国当前对

---

① 郑旭，张琴. 我国地方政府融资平台债务风险防范研究［J］. 科技与管理，2015（01）：103-109.

地方政府举债出台的新规定，政府应该在对地方融资平台的管理上加大力度，谨防融资平台出现债务风险。

首先，各级政府应该完善相关政策，通过部门规章甚至立法的形式对地方融资平台进行管理，并且安排相关部门对融资平台进行有效监管。其次，地方融资平台存在政企不分的问题，投融资方式不当，所以应该鼓励和引导民间投资，采用 PPP 等投融资模式，通过投资主体多元化来激发融资平台公司的活力。再次，加强地方融资平台的内部管理，确定审计制度和信用评级制度，增强融资平台资金信息的透明度，促进融资平台健康发展。最后，要制定惩罚制度，针对地方融资平台违规借款等问题，要明确规定惩罚措施以规范融资平台公司的融资行为，降低由于融资平台公司融资不当而引发的财政风险。

3. 建立债务风险预警及化解机制

2008 年，国家为了应对次贷危机引发的国际金融危机，出台了大规模经济刺激计划，各级政府为了响应国家的经济政策，纷纷扩大内需，进行大规模的投资以促进经济发展，地方政府的财力不足以应对扩张的经济计划，促使地方政府通过各种方式举债来获得资金，使得中国的地方债规模迅速膨胀，时至今日，形成了巨额的地方政府债务，暗藏着巨大的财政风险。

为了有效防范与降低地方债风险，国家要尽可能建立一个完整的风险预警体系及化解机制，主要内容包括风险监测、风险识别、风险评估和风险判断等。要建立一个完善的风险预警机制，首要考虑的就是用于检测债务风险是否达到警戒线的风险评估指标的设定。在抵御风险过程中，通常被设定为风险评估指标的有债务率、债务偿还率、负债率、逾期债务率等各方面指标，通过对各项指标的分析统计判断风险级别，决定是否需要预警。

上述主要指标的具体结构和指标与债务风险的关系如表 8－5 所示。

表 8－5　　　　风险评估指标结构、指标与债务风险的关系表

指标名称	指标结构	指标描述	通用的警戒线	与地方债务风险的关系
债务率	年末地方债务余额/当年地方政府综合财力×100%	衡量债务规模大小的指标	100%	正风险相关
债务偿还率	当年还本付息额/地方政府综合财力×100%	衡量当期偿债压力的指标	20%	负风险相关

指标名称	指标结构	指标描述	通用的警戒线	与地方债务风险的关系
债务逾期率	年末逾期债务余额/年末债务余额×100%	反映到期不能偿还债务所占比重的指标	30%	正风险相关
负债率	负债余额/当年地区生产总值×100%	衡量地方经济总规模对政府债务的承载力	20%	正风险相关

在风险预警之后，接下来要通过分析地方政府债务风险的特征性质、评估风险发生的几率、判断风险的程度等过程，选择应该采取的应对措施。各级地方政府的相关部门应该实时对影响债务风险的因素进行跟踪，监测地方政府债务的相关信息，当发现某一风险指标值接近或者已经超过警戒值时，决策机构应该立刻作出反应，判断风险级别，发出风险警告，分析风险原因，制定化解风险的对策，从而实现地方政府债务的良性循环和体制机制的正常运行。

因此，规避风险的最好方式是使各项风险指标都保持稳定低值，防止风险爆发，影响财政稳定运行。

4. 推进建立考核问责机制和地方政府信用评级制度

地方政府债务规模庞大，除了受经济政策影响之外，还受地方政府官员的考核制度与地方政府信用评级制度影响。

中国地方政府官员是任期制，地方政府官员的岗位存在一定的流动性，因而会存在一种现象，即一些现任官员为了在任期内为自己打造一个良好的晋升空间，一味追求政绩，大搞形象工程，资金不足就通过举借债务发展本地经济，毫无责任感约束。纠正地方政府官员为了追求政绩而举债的现象，应该摒弃唯GDP而论的观点，建立一套系统的、科学的政绩考核问责机制，将涉及地方政府债务的一些指标，如负债率、新增债务率、债务偿还率等，也纳入政绩考核范围内，再综合其他指标来评定政府官员的政绩；建立债务问责制，明确各级政府的借债责任和偿债责任，建立并完善债务追究制度，将债务责任追溯到源头；强化地方政府官员在任期间与离任的审计工作，一旦发现有违规欠债行为，一定要追究其相关责任，真正地实现债务发行、使用、偿还主体统一。

信用评级对于地方政府是否符合融资条件，筹集资金规模大小以及筹资成本高低尤为重要，信用评级一般与政府的债务数量成反比，债务较高则信用评级一般较低，所能筹集到的资金也受限。建立信用评级机制，对于督促地方政府理性发债、保护债权人利益、切实履行偿债义务和防范地方债务风险有着重要的作用。因此，中国应该建立一个独立的信用评级机构，制定客观公正的信用评级机制与信用增进机制，设定合理的地方政府债券评估指标，以信用评级的考核方式，对地方政府偿债能力和偿债意愿作出客观、公平、公正的评价，并将评估结果及时向公众发布，便于公众监督地方政府性债务情况，使地方政府保持债务的良性循环，约束地方政府的借债行为，避免出现垃圾债务。要严格规范中国地方政府债券的信用评级管理，构建多元化地方政府评级机构体系，确保评级信息的公允客观。

二、中国积极财政政策的主要特点

中国实施积极财政政策有其特定的经济环境背景和特定的政策目的。2008 年以后采取的积极财政政策的特殊性是由经济环境的特殊性决定的。这次积极财政政策主要体现在以下三个方面：一是实施背景，二是实施手段，三是实施目的。

(一) 积极财政政策实施背景的特点

1. 金融危机的冲击是实施积极财政政策的导火线

美国次级贷款危机对中国产生了不利的冲击和影响，中国政府在2008 年年底开始实施积极的财政政策。2007 年 7 月美国次级贷款危机爆发，这次危机迅速波及全球大多数国家和地区。2008 年 11 月，中国出口总额和进口总额同时出现负增长，出口同比增长率－2.2％，进口同比增长率－17.9％，中国贸易形势迅速恶化。2008 年全国出口 1.42855 万亿美元，增长 17.2％，增速回落 8.5 个百分点，出口增速是自 2002 年以来首次低于 20％。2009 年从一月起连续 11 个月出口增速出现同比负增长。中国经济对外贸有较大的依存度，这次冲击导致企业的利润率严重下滑，从而导致企业投资的能力和意愿大大降低。在金融危机的冲击下，大量的中小企业出现破产，据不完全统计，2008 年年底破产的中小企业达 67 万家，中小企业的大量破产导致失业人数明显增加，城镇失业率达到4.2％，而中科院的研究数据是 9.4％，远远高于人社部的数据。

2. 结构性矛盾是实施积极财政政策的特殊原因

促使中国财政政策由稳健的货币政策转向积极财政政策的根本原因在于国内，而金融危机爆发对中国的经济的冲击只是外在原因。从 2003 年到 2007 年，中国 GDP 增长率稳步提高，分别为 10.0％、10.1％、11.3％、12.7％、14.2％，中国的经济实力实现了一个稳步的提高。伴随2008 年金融危机的冲击，中国 2008 年 GDP 增长率下降为 9.6％，比 2007

年减少4.6个百分点。2008年中国物价总体水平延续了2007年的水平，处于高位运行，居民消费价格指数同比增长5.9%，增速创1996年以来新高。2008年全年物价水平走势前高后低，前三个季度，社会消费品零售总额增速总体呈上升趋势，但是进入10月份以来，中国社会消费品零售总额增速呈下降趋势，物价的不稳导致消费者信心显著下降。2008年12月份生产者物价指数大幅回落为－1.1%，创2003年以来新低。出现有效需求不足和通货紧缩的趋势，表明宏观经济环境发生了改变，反映了中国经济存在结构性矛盾。首先，需求结构不合理，经济增长动力不合理。也就是拉动中国经济的"三驾马车"——出口、消费和投资不合理，外需持续疲软、稳定性弱，开放型经济发展层次有待提高，同时外贸依存度较高，经济运行容易受到国际经济形势的影响。消费需求特别是居民消费需求未能有效提振，消费能力有待提高，消费环境有待改善。过去经济增长一直依赖高投资，并且投资结构偏向于重工业，投资效益不高，其次，产业结构不合理，发展水平不高。产业发展不协调的局面没有得到根本改变。农业基础薄弱，农业科技含量和劳动生产率低，保持较高粮食自给率的压力增大；第二产业内部结构不合理，产业发展方式粗放，质量效益不高，战略性新兴产业发展有待加快；第三产业发展有所加快，但是与整体经济的转型升级要求仍不相适应，现代服务业发展滞后。再次，城乡和区域发展不协调。城乡一体化发展进程滞后，城乡居民收入依然存在较大差距，农村基础设施建设和社会事业发展水平远低于城镇。另外，环境资源承载压力加大。生态环境恶化趋势尚未得到有效遏制，节能减排和环境治理形势十分严峻，大气、土壤、水等污染情况严重，环境问题高发。资源能源利用效率不高，单位能耗有所改善，但是总量能耗的压降难度很大。

3. 扩大内需是实施积极财政政策的内在原因

自2000年以来，消费贡献率占中国经济增长中的比率一路下滑，贡献率由2000年的62.3%下降为2008年的48.6%，在2010年更是达到历史最低点的48.2%。经济发展中带来的问题和矛盾不断累积，导致国内需求不断下降。主要表现在：（1）中国居民收入增长速度与经济增长不同步，居民收入增长低于经济增长的速度，导致居民消费能力和意愿不足。（2）居民收入分配差距不断拉大，2013年公布的近十年的基尼系数都在0.47以上，超过国际警戒线0.4，收入差距拉大将会导致消费结构出现两极分化，居民的购买意愿和购买能力错位。（3）中国城市化率低且质量不高，城市化率低将影响经济发展的质量和社会的稳定，同时中国众多农民工不能合理转化为城镇居民影响中国城市化的质量。社会保障制度的不健全，其发展滞后于经济发展的程度也严重制约了居民的消费能力和需求。

这些因素都严重影响了内需的扩大。

通过对积极财政政策实施背景的分析可知，金融危机冲击、结构性矛盾、扩大内需是中国实施积极财政的背景，这些背景有着深刻而复杂的原因，中国在政策实施上不能照搬西方财政理论，而更应该结合中国实际情况作出正确的选择。

（二）积极财政政策实施手段的特点

1. 通过财政支出总量的扩张，把扩大内需与经济结构的调整和优化相结合

2008 年 11 月，中央政府推出了进一步扩大内需、促进经济平稳较快增长的十项措施。在实施积极财政政策的几年内，中国累计发行债务 4 万亿元。在 4 万亿元投资中，新增中央投资共 11800 亿元，占总投资规模的 29.5%，主要来自中央预算内投资、中央政府性基金、中央财政其他公共投资以及中央财政灾后恢复重建基金；其他投资 28200 亿元，占总投资规模的 70.5%，主要来自地方财政预算、中央财政代发地方政府债券、政策性贷款、企业（公司）债券和中期票据、银行贷款以及吸引民间投资等。4 万亿元的投资主要分布在以下三个方面：第一，民生工程，就是教育、卫生、文化等社会事业的投资，这些投资占总投资的 44%。第二，自主创新、结构调整、节能减排、生态建设等投资，占整个投资的 16%。第三，重大基础设施的建设，包括交通基础设施、铁路、公路，另外还有重大的水利工程等投资，占总投资的 23%。汶川地震的灾后恢复重建，占 14%。其他公共支出占 3%。

在经济增长乏力、有效需求不足的情况下，通过发行扩大政府债务规模、政府直接投资方式拉动总需求，具有其他政策工具不可替代的效应。由政府直接安排投资，使资金与生产资料、消费资料的形态转换立即开始，迅速通过乘数效应促使经济回升。同时，国债投资于基础设施，支持企业技术改造，支持高新技术产业化和装备工业发展，既缓解了短期有效需求不足的矛盾，又促进了长期产业结构的调整和优化，同时还为职工就业和农村剩余劳动力转移创造了机会，有利于实现国民经济的良性循环和健康发展。

2. 在税收政策的运用上，以结构性减税为主

鼓励设备类固定资产投资：从 2009 年 1 月 1 日起，在全国范围内实现增值税由生产型向消费型转型，对增值税一般纳税人购进机器设备的进项税款允许抵扣。改善中小企业投资环境：降低了增值税一般纳税人认定标准，并将增值税小规模纳税人征收率由工业 6%、商业 4%，统一降至 3%。提升消费能力：在提高工薪所得个人所得税费用扣除标准的基础上，暂停征收储蓄存款利息个人所得税；从 2009 年 1 月 20 日至 12 月 31 日，对排气量 1.6 升及以下的乘用车，车辆购置税税率由 10％降至 5％，促进了汽车消费。促进外贸出口：先后 7 次提高了纺织品等劳动密集型产品和机电产品的出口退税率，涉及的商品种类上万余种；对全国 20 个城市的技术先进型企业从事离岸服务外包业务，给予了营业税免征、企业所得税减按 15％征收。支持资本市场发展：证券交易印花税税率先由 3‰降至 1‰，而后由对买卖双方征收改为向卖方单边征收，并对证券市场个人投资者取得证券交易结算资金利息，暂免征收个人所得税。扩大就业和再就业：对符合条件的下岗失业人员从事个体经营和企业吸收下岗失业人员就业，给予营业税、城市维护建设税、教育费附加和所得税方面的税收优惠。从 2012 年开始"营改增"试点，逐步扩大试点范围，并将交通运输业、部分现代服务业等生产性服务业征收的营业税在全国改征增值税，并新设置了 11％和 6％的低税率；从 2014 年 1 月 1 日开始，"营改增"再次扩围，铁路运输和邮政服务也纳入改革范围。

根据中国的实际情况，中国并没有实施大规模减税措施。一是因为中国现行财税体制是以间接税为主，减税效应的发挥受到一定的制约。二是由于市场机制不完善，企业投资对减税反应灵敏度不是很高，削弱了税收杠杆的作用。三是大规模减税有可能造成财政收入大规模减少，影响中国财政安全和稳定。

3. 在主要运用财政政策的同时，注重与货币政策的协同配合

中央政府采取积极财政政策与适度宽松的货币政策的协同配合。中国人民银行直接调控的是金融机构对客户的法定存贷款利率，央行自 2008 年金融危机以来，至 2010 年 10 月多次下调金融机构人民币存贷款基准利率，增加流动性，保持经济增长和稳定市场预期的信号。通过下调利率，一方面可有效降低企业用资成本，另一方面保证银行体系有充分的流动性，能够给全社会提供宽松的货币环境，鼓励企业进行生产经营。

2008 年以来，中国的财政政策和货币政策可以分为以下几个阶段。第一阶段，2008 年年初至 2008 年 11 月，这一阶段是 2007 年双稳健宏观经济政策的继续，为了控制国内经济过快过热增长，国家采用了稳健的财政政策和稳健的货币政策。第二阶段，2008 年 11 月至 2009 年 12 月，由于全球经济危机的爆发，中国经济受到波及，遭受重大的挫折，为了保增长，国家采用了积极的财政政策和适度宽松的货币政策。第三阶段，2010 年年初至 2010 年 12 月，中国基本走出经济危机的困境，为了促进经济继续平稳快速发展，国家继续采用了积极财政政策和适度宽松的货币政策。第四阶段，2011 年初至今，由于经济危机时采取的适度宽松政策的影响，

出现了严重的通货膨胀，为了抑制通货膨胀，国家采取了积极的财政政策和稳健的货币政策。

4. 依靠发债增支手段的同时，加强对财政各种调节手段的综合运用

从 2008 年开始，政策载体不仅包括公共投资，还包括税收、转移支付、财政补贴等多种措施。除继续增发国债保持投资需求的较快增长外，还调整收入分配政策，着力刺激消费需求，加大了财政转移支付力度。中央财政逐年加大对西部地区一般性转移支付的规模，同时在农业、社会保障、教育、科技、卫生、文化、环保等专项补助资金的分配方面，均向西部地区倾斜。

总之，积极财政政策实施七年来，从政策手段的运用和调整上看，大致经历了这样一个过程，即由以扩大内需为主的总量扩张政策发展到总量扩张与经济结构的调整和优化相结合的综合性政策；由以注重短期经济效应的扩张性"汲水政策"发展到注意经济中长期发展的"补偿政策"；由以单一财政政策为主发展到积极财政政策与稳健的货币政策相互配合；由以扩大支出为特征的需求管理政策发展到多种政策手段综合运用的需求管理与供给管理相结合的财政政策。所以，中国的积极财政政策，已从开始的反周期调节走向综合治理，为国民经济长期持续稳定发展创造条件。

（三）积极财政政策实施目的的特点

从中国的实际情况看，中国经济体制处于改革时期，政府职能转变尚未完全到位，体制性和结构性矛盾依然十分突出。在这种特殊的经济和社会背景下，积极的财政政策除了要达到缓解通货紧缩和有效需求不足的压力，扩大投资需求和消费需求，刺激经济增长这个最直接的目的外，还要实现调整经济结构，改善社会经济环境等特定目的。

1. 为经济体制转轨创造良好的社会经济环境

西方财政政策的运用大都是建立在市场经济结构成型并稳定的基础上的。中国现阶段，市场化体制机制尚未完善，计划因素和计划思维在一定程度上仍然存在。因此，积极财政政策在手段运用上首先要避免因为政府的行政干预而损害了市场效率，客观上造成计划体制的复归；其次，政策调节应与体制改革相结合，政府运用适当的经济手段、法律手段和行政手段，规范市场秩序，培养良好的市场环境，推进国有企业改革，加快各领域的体制改革，促进向市场化转轨。[①]

2. 调整经济结构，促进国民经济长期持续健康发展

经济结构失衡是造成中国有效需求不足和通货紧缩的根本原因，因而

---

① 高培勇. 深刻认知财政新常态 [N]. 经济日报，2015-03-13.

优化和调整经济结构是治理有效需求不足的最有力措施，也是实施积极财政政策的最主要目的。要运用财政政策，调整和优化产业结构，缓解结构性供给过剩和需求不足，推动经济增长，由粗放型向集约型转变；调节收入分配结构，缩小收入分配差距，提高居民整体消费水平，推动消费结构转型，开辟新的消费热点；改善城乡二元经济结构，缩小城乡差距，增加农民收入，培育农村市场；改善地区发展不平衡，加强对中西部地区的财政支持，引导东部与中西部的投资合作，加快西部开发，缩小地区差异，保证国民经济的稳定和健康发展。

第三节　各国积极财政政策的实践及中国国际经验借鉴

一、各国实施积极财政政策的实践

（一）美国实施积极财政政策的实践

1. 20 世纪 30 年代经济大萧条

20 世纪 20 年代末到 30 年代初期，在当时号称经济强国的美国爆发了经济危机，危机爆发的根本原因是资本主义社会的矛盾被激化，即生产的社会性和生产成果私人占有性的矛盾被激化而引发的经济危机，同时这也是资本主义制度的基本矛盾。

在经济危机期间，美国面临着严重的经济萧条，此次经济萧条情形比以前曾出现过的经济衰退的影响程度要深远。此次经济萧条以农产品价格下跌为起点，农业的衰退恶化了美国整个金融体系，且美国国内生产总值下降了 28%，工业生产能力下降，企业破产，失业人数激增，成千上万家庭的生活水平均下降。在危机期间，一方面，普通美国人缺衣少食，生活日益贫困；另一方面，美国却生产过剩，消费紧缩，导致商品积压。美国居民对未来也缺乏信心，美国经济被笼罩在一片萧条的乌云下。①

2. 美国政府采取的积极财政政策

在美国经历经济萧条期间，罗斯福总统上台，他在上台后试图解决经济危机问题，并借鉴了凯恩斯的积极财政政策思想，采取了扩张性财政政策作为反危机的手段，这就是所谓的"罗斯福新政"。

由于当时美国经济萧条，罗斯福新政中包含了许多扩张性财政政策的

---

① 刘春志，张西宁. 完善我国逆周期财政政策：国际经验借鉴与对策 [J]. 财政研究，2015（02）：79—81.

措施，主要政策核心是救济、复兴和改革。针对当时工业生产率下降问题，罗斯福出台了复兴工业的政策，并通过了《国家工业复兴法》，规定各个企业的生产规模、价格水平、销售范围、员工工资、市场分配等标准，从而限制垄断，缓解社会阶级矛盾；为了缓解严重的就业问题，罗斯福开展了大量的公共工程和基础设施建设，通过雇佣失业人员从事相关工作，给大批失业者提供就业机会，从而刺激消费和生产，同时国会也通过了联邦紧急救济法，将各种救济款物迅速拨往各州，给失业者提供工作机会，维护了失业者的自力更生精神，减少了社会的不安定因素；政府还通过扩大财政支出来支持福利救济和社会保障工作，如建立了社会保障体系和急救救济署，使失业者能够得到保险金和救济金，甚至残疾人、子女年幼的母亲都能够得到扶持。中央所采取的类似的财政政策措施，反映了广大劳动人民的强烈愿望，受到绝大多数人的赞许。

尽管罗斯福采取的扩张性财政政策使当时的美国经济得到了改善，产生了积极的影响，使美国的经济缓慢地恢复过来，人民的生活水平逐渐提高，但随着扩张性财政政策的实施，财政赤字规模不断增大，形成了巨大的政府开支，降低了州与地方政府及个人的责任感。财政赤字问题愈发严重，为日后出现的新的经济情况埋下了隐患。

20世纪30年代，罗斯福总统在美国实施的扩张性财政政策具有较强的实践及现实意义，在当时的情况下，扩张性财政政策确实对美国摆脱萧条的经济局面产生了积极的作用，也为凯恩斯经济思想的发展提供了客观基础。但是出现的财政赤字的问题是不容忽视的，中国在借鉴美国的财政政策制定本国的政策时要着重考虑此问题。

（二）英国实施积极财政政策的实践

1.20世纪70年代末以前的战后修复

英国是世界上最早进行工业革命的国家，曾拥有强大的经济实力并成为世界性的经济强国。但是在"二战"后，英国的经济受到了沉重打击，国际地位也随之降低，出现了严重的经济衰退现象，使得在"二战"以后到20世纪70年代末以前的相当长的一段时间里，英国的宏观经济目标都是促进经济增长，缓解经济衰退，减少失业。英国的历届政府也都奉行着凯恩斯主义经济政策，强调运用财政政策手段刺激投资和消费等有效需求，企图以需求拉动经济增长，冲破当时英国低迷的经济环境。

2.英国政府采取的积极财政政策

在"二战"前，英国的财政政策主要遵循的是自由放任主义，而在"二战"后的经济大萧条中，自由放任主义没有发挥有效作用，凯恩斯理论逐渐占据上风。英国在"二战"后20世纪70年代前主要采取的是扩张的财政政策，认为缓解经济危机、实现充分就业的有效方法是运用国家的力量干预经济，不惜实行财政赤字政策也要实现有效需求的扩大，刺激经济增长。

英国"二战"后实施的扩张性财政政策之一是扩大政府支出。通过扩大政府的公共支出，增加公众福利，稳定国内居民的不安情绪，通过政府有方向的财政支出，将资金投入到所需的领域，稳定社会经济发展，避免国内政局的动荡。

财政政策中的税收政策也是重要的经济政策之一。从历史上看，英国政府的税收政策变更较频繁，时常为了适应当时经济发展的需要或为了解决经济方面的问题，采取不同的税收政策加以调节。例如，为了解决"二战"后美元匮乏的局面，英国政府采取减少本国居民国外消费的措施，并提高相关税率，紧缩私人的对外消费，其重点是节约外汇，限制进口。且在"二战"后相当长的一段时间里，为了配合财政支出的增长，政府的各项税收也随之大幅增加。

由于当局政府一直实施扩大财政支出的政策，财政赤字规模逐渐增大，为了弥补"二战"后英国巨大的财政赤字，财政部主要采取发行国债和从国内外筹措资金的方式弥补财政收支的差额，缓解政府承担的巨大财政赤字压力，由于政府通过发行国债的方式筹集资金，"二战"后英国公债的流动性大大增强，且这一财政政策的施行与其经济复兴的需要也比较吻合。政府通过向公众或中央银行举债，在一定程度上增加了货币供应量，从侧面影响了国家的货币政策，并使货币政策成为财政政策的附属物。

自 20 世纪 60 年代以后，英国一直采取着比较宽松的财政政策，颠覆了"二战"后初期那种压低财政支出的紧缩式财政政策模式，使英国政府的财政政策路线出现了转折点。英国政府通过采取扩张性财政政策促进经济增长，产生了一定的效果。但是，英国在刺激经济增长的同时，也出现了一些经济问题。

首先，由于财政政策的扩张性，英国政府扩大了财政支出的范围，且由于当时经济处于低迷时期，财政收入有限，入不敷出的财政情况使得英国的财政赤字问题凸显；其次，英国由于经济规模有限，又面临着财政赤字的现状，政府采取增发货币政策来弥补财政赤字，但由于英镑不具有美元那样的地位，增发货币的后果只能是导致通货膨胀和经济的恶化；再次，英国政府为了筹集经费资金，采取了扩大税收的方式，造成政府支出在一定程度上产生了对社会其他支出的"挤出效应"，降低了扩张性财政政策的作用效果，且税收的增多，使部分人群的利益受到损害，不能扩大有效需求；最后，政府通过扩张性财政政策树立了"福利国家"的形象，并增发货币来弥补财政赤字，但却使得英国后期通货膨胀盛行，使英国陷入了"滞胀"的困境。

英国在实行扩张性财政政策所出现的问题，是中国在借鉴英国积极财政政策时应该认真考虑的问题，也是中国在制定积极财政政策时着重避免的问题。

（三）新加坡实施积极财政政策的实践

1. 20世纪80年代的经济衰退

从1980年开始，一些主要的资本主义国家陷入了严重的经济危机中，而在经济危机初期，一向经济发展良好的新加坡并未受到较大的影响，仍旧保持着经济的高速增长。但是，1985年以后，由于全球经济形势的不断恶化，以出口导向型为主的新加坡，还是受到了经济危机的冲击，开始为经济衰退而困扰，导致国内经济衰退，经济增长率下降；经济不景气也导致了许多工厂倒闭或减产裁员，失业率上升。同时，由于受经济危机影响，国内生产总值增长率下降，经济衰退几乎波及了各个部门，其中建筑业和制造业跌得最深。总之，新加坡的经济情况处于20年来的低谷时期。①

2. 新加坡政府采取的积极财政政策

新加坡政府为了防止经济衰退，自1985年起，采取了扩张性的财政政策。

第一点是调整税收政策。新加坡政府于1985年第三季度末颁布了一系列减税和税务优待条例，如取消燃油税、削减财政税、机油税等措施，同时适度降低公司和个人所得税，企图借此扩大社会总需求，进而缓解经济衰退现状；同时，也采取了诸多扶持企业生产经营和促进对外贸易的政策，以降低生产成本，振兴企业生产经营，稳定社会就业，刺激经济回升。

第二点是大量发行公债。在经济衰退期间，新加坡政府为了有效缓解低迷的经济环境，大量发行公债并鼓励公众购买政府公债，然后政府将获取的这部分资金以较低的利率贷给基础设施产业，为基础设施建设提供长期的廉价资金，使得基础设施建设能够顺利进行的同时，带动其他产业的发展，为社会经济发展增添新鲜活力。

第三点是实行财政奖励政策。在经济衰退时期，新加坡的许多中小企

---

① 葛瑞明. 新加坡陷入严重的经济衰退 [J]. 国际资料信息，2001（10）：23—25.

业由于财力有限，不能单独依靠自身实行提高生产力的计划。新加坡政府为了帮助中小企业提高服务功能和效率，制定了财政奖励政策，并给予中小企业财务方面的支持，使其获得足够的资金，进而拓展业务，完善服务，提高生产能力，促进经济复苏。

第四点是采取逆周期调节政策。为了防止经济进一步衰退，新加坡政府增大了财政调节幅度和力度，通过吸引投资以刺激经济增长；在新加坡的经济发展过程中，外资起着不可替代的作用，尤其在经济衰退时期，新加坡政府通过吸引外资，增加国内投资，提高了资本积累率。新加坡政府的这一举措，一方面发展了生产，引进新技术，解决了一部分就业问题；另一方面也培养了本国的技术人才，有助于提高本国技术人才的技能和素养。

（四）日本实施积极财政政策的实践

1. 20 世纪 90 年代泡沫经济的破灭

"二战"后，日本通过多方面的努力，创造了令世界叹为观止的经济奇迹，经济飞速发展，经济一派繁荣的景象令诸多发展中国家甚至是发达国家羡慕。但是，在 20 世纪 80 年代后期，日本经济出现了怪异的现象。股票、土地等可以实现经济价值增值的资产价格异常暴涨与暴跌；通货膨胀现象显著，经济中已经出现了经济泡沫的影子。直到 20 世纪 90 年代，日本经济泡沫破灭，原本不断上涨的股价和土地价格出现了逆转，价格直线下降，日本的经济增长率不断下滑，甚至已经出现了经济衰退的现象。日本这次泡沫经济的破裂，使得日本经济萎靡不振，进入了长达 10 年的经济萧条期。

2. 日本政府采取的积极财政政策

日本当局政府为了摆脱经济萧条，缓解当时低迷的经济状况并走出困境，推行了大量的财政刺激计划，采取了以扩大国内需求为主要目标的积极财政政策。截至 1996 年，日本先后出台了六轮经济政策，以复兴日本的经济体系。

扩大政府支出政策。日本作为公共投资大国，对公共投资范围的界定相对较广，面对日趋恶化的萧条经济，经济政策当局反复利用扩大公共投资政策。一方面通过中央财政预算安排扩大公共投资支出，另一方面通过综合经济对策等追加预算，使公共投资总体上呈现不断扩大的特点。扩大政府支出尤其是扩大公共事业费支出，是经济刺激计划的一个主要手段，通过扩大政府支出扩大了公共事业规模，进而扩大了总需求，在一定程度上也活跃了市场经济。

减税政策。税收在财政政策中有自动稳定的功能。在经济过热时，税收随着国民收入增加而增加；在经济低迷时，税收随着国民收入减少而减少，防止居民的购买力下降。政府也会根据税收的特点，适当地采取相应的政策，以应对当时的经济状况。日本政府在日本经济处于萧条的时期采取了减税的对策，并且进行了相应的税制改革，以适应经济发展的需要。提高了所得税、消费税等税种的税率；废除了一些税种，试图通过税制的调整配合其他措施挽救日本低迷的经济状况。

为了应对经济泡沫破灭导致的日本长期经济萧条，政府所采取的大规模、多层次的积极财政政策，在短期内有一定的效果，对防止经济大幅度下滑起了一定的抑制作用。但是从长期来看，日本政府所采取的积极财政政策效果并不明显，扩张性财政政策仅仅给日本经济带来短暂的复苏，并没有从根本上强化日本经济增长的基础，甚至还存在一些问题。如日本居民对自身的收入预期下降，财政刺激政策难以有效带动居民消费的增长；日本在减税的同时又扩大财政支出规模，导致日本的财政赤字水平较高，直接导致政府的债务负担增加。由于日本处于经济停滞时期，经济政策结构方式已经发生变化，而日本政府仍旧延续之前的公共投资重心，没有将投资重点转移到民间消费上来，降低了公共投资效率。①

二、中国实施积极财政政策的国际经验借鉴

（一）基于宏观政策角度的积极财政政策

1. 财政政策要与货币政策合理搭配

经济政策通过特点划分，主要可以分为两类，一类是财政政策，一类是货币政策。这两种经济政策往往配合使用效果比较好。日本政府在采取积极财政政策的同时运用了货币政策，实施"零利率"的政策，抵消了部分财政政策的"挤出效应"；美国实施的扩张性财政政策给我们的启示是单独使用财政政策可能无法达到预期的效果；英国在实施扩张性财政政策时配合使用货币政策，增加货币供给量，以弥补因扩大政府支出所造成的大量财政赤字。从日本、美国和英国经济政策的实施情况可以看出，一国政府想要实现一定的经济目标，单独采取财政政策并不是有效的举措，还需要制定相应的货币政策加以配合，出台以财政政策为主、货币政策为辅的措施。因此，中国在运用积极财政政策的同时要注重运用货币政策，提高经济政策的运行效率，抵消一些不必要的经济风险。

2. 在拉动需求的同时注重供给的改善

供给和需求，是同一个硬币的两个面，各国政府在实施本国经济政策

---

① 王志伟，湛志伟，毛晖. 扩张性财政政策的长期效应 [M]. 北京：北京大学出版社，2010：26—28.

时，往往会同时运用供给和需求两种手段来实现经济目标。许多国家都奉行着凯恩斯主义的政策思想，试图运用财政政策手段，扩大需求来挽救经济，但如果仅仅依靠改变内需来缓解经济问题无疑是片面的选择，毕竟一国的经济发展情况往往具有多面性、复杂性等特点，单独依靠扩大需求来挽救经济，容易起反作用。例如，日本在 20 世纪 90 年代所实施的财政政策并没有挽救当时的经济颓势，因为日本当时所采取的财政刺激政策着重于需求的管理，没有辅之以有效的供给政策，导致财政政策不能解决经济体制僵化所造成的需求下降问题。而美国在 20 世纪 70 年代出现了经济滞胀之后，立即调整了财政政策，着重加强了供给，这为美国之后的长期增长创造了有利条件。

由此可见，政府在制定符合本国经济发展的积极财政政策时，要同时兼顾需求和供给两方面因素，使得需求政策和供给政策有效配合，共同服务于本国的经济发展目标。

3. 要适时进行政策的转变

一国政府在根据本国的经济发展状况制定经济政策的同时，要考虑政策的时间适用性和适用范围，即什么时候改变当前实行的财政政策，如从积极财政政策转向稳健财政政策。过早实施政策或过晚结束政策的使用，都可能会对当时经济的发展带来不利的影响。日本政府在应对本国经济萧条的国情时，没有恰当地进行政策的转变，作出了错误的政策选择，政府当局在经济没有彻底好转的情况下，提早放弃使用积极的财政政策，使得积极财政政策没有完全发挥效用，进而给日本带来了经济上的困难。经验表明，如果一国政府在应该实行积极财政政策时没有实施，或者在积极财政政策应该退出时没有及时退出，产生了政策发挥最优效力的时间差，不仅会使一国错过调整经济的最好时机，也很可能会因为财政政策使用不当给经济发展带来新的困难和风险。

通常来说，积极财政政策的目标是抑制经济衰退、治理通货膨胀。所以，当经济形势明显好转时，积极财政政策就应该淡出，但这个条件和时机需要当局政府好好把握。因此，在制定和实施积极财政政策时，不仅要考虑当前的经济情况，还要时刻关注本国未来经济的发展动态，保证政策实施的适时性和有效性，避免错过最佳时机，致使宏观经济稳定政策不能发挥效力，加剧经济波动。财政政策制定者应该具有正确把握经济发展风向的能力，适时调整财政政策，抓住政策效力的最高点；在出台财政政策的同时设计出多种有预见性的备选方案，提高财政政策的应变能力。总之，要使中国制定的积极财政政策能够在正确的时间进行及时合理的转变，使财政政策的效用最大化。

4. 通过财政支出平衡国内不同区域发展

美国联邦政府建立经济开发区用以平衡区域经济，采取了财政补贴政策，对经济发展薄弱的地区给予财政补贴，来弥补与经济发达区域在经济上的差距。世界上许多国家也同美国一样，各地区存在着经济发展差距，中国也是如此。中国由于受历史、地理位置、环境、人口以及国家政策等因素的影响，地区经济存在着明显的差异，呈现出三级的经济发展格局。东部沿海地区经济发达，中部地区经济发展缓慢，而西部地区由于种种原因经济发展落后。由于中国的这种经济实力分布状况，不同区域面对经济发展状况表现出的承受程度不同，所受的影响也不同。因此，中国在实施积极财政政策时要综合考虑国内不同区域的经济发展状况，借鉴国外的发展经验，因地制宜，运用财政政策协调各区域的经济发展，加大对经济发展落后的地区财政扶持力度。

（二）基于微观政策角度的积极财政政策

1. 重视结构调整和技术进步

日本在 20 世纪 90 年代进入经济萧条状态，当局政府采取了一系列补救措施，但是效果却不明显，究其原因与其经济发展方式有关。日本在进入发达国家之后，没有重视经济体制和结构的调整，在面对经济危机时丧失了转危为安的契机，使得日本经历了长达 10 年之久的低迷经济，忽视结构调整的积极财政政策不能对推动经济发展产生持久的影响。[1]

现如今，许多国家都将科技发展作为本国的核心战略，投入大量人力、物力和财力，以抢占未来经济增长的制高点。以信息技术为代表的高新技术革命正在成为引导各国经济结构调整的核心推动力。日本的经济发展在"二战"后赶超欧美等国家，其主要经济发展战略为科技战略，主要是吸收国外先进的科技，这一战略实施推动了日本经济迅速发展；美国也十分重视科技创新的作用，通过科技创新带动其经济的复苏和发展，美国政府强调以技术创新为基础的研发、技术转化等方面的投资，积极改善国家创新机制，如克林顿时期推行了"信息高速公路计划"，这类高新技术政策的实施，不仅会扩展美国的经济增长空间，也会增强美国在国际上的竞争力。

因此，中国在实施积极财政政策过程中，要满足逆周期调节和推进结构调整的双重需要，加大对科技产业、创新产业的支持力度，通过技术创新带动新一轮经济的发展，实现产业升级。

---

[1] 宋文鲁. 日本财政刺激的经验教训和对当前我国的启示 [J]. 中国集体经济，2009 (4S).

2. 加大就业培训，提升劳动力水平

美国在经济大萧条时期，通过举办大量的公共工程和基础设施建设，雇佣了大量的失业人员；新加坡也通过吸引投资，为社会提供诸多的就业机会，培养技术人才；日本国内本身就有比较完善的就业培训计划和就业平台，能够为经济发展提供良好的人力资源条件，并能够充分利用国内的劳动力资源。

中国是人口大国，有着充足的劳动力资源，如果能够通过制定一些合理的政策，将中国的劳动力资源转变成中国的一项竞争优势，势必会提升中国在国际上的影响力。因此，中国应该充分利用这一庞大的人力资源基础，加强对劳动人员的素质和技能的教育与培养，使得中国不仅仅在劳动力数量上名列前茅，并且实现量变到质变的飞跃，提高中国劳动力的整体水平。国家应该通过实施积极的财政政策，重视教育情况和企业员工培训情况，为劳动者提供一个提升自己、完善自己的渠道。扩大高等教育的招生规模和范围，重视专业技能的训练，以便于培养出综合型人才；重视对就业人员的在职培训，加强对失业人员的技能培训，使其能够适应社会发展的要求，为经济发展提供动力。

3. 控制政府债务总额，防范风险

英国在实施积极的财政政策时，为了弥补财政赤字向公众或中央银行举债；新加坡为了促进国家的基础设施建设也大量发行公债；日本则在实行扩张政府支出政策中增加了政府的债务负担。可见，各国政府在采取积极的财政政策的同时需要大量的资金流通，发行国债往往是常见的筹资举措，但是一国所能承受的债务负担是有限度的，发债规模若接近或超出一国政府所能承受的限度，很可能会引发债务风险。

随着中国经济的发展，各项经济政策的实施，中国的政府债务规模很大，且地方债问题已经受到国家和政府的重视。因此，中国在制定和实施积极财政政策时，尤其是采取发行公债政策时，要着重考虑中国的债务情况，参考债务率、负债率以及借债率等指标制订发债计划，以免引发不必要的债务危机。目前，国家针对地方政府债务问题已经出台了相关的政策，如从2015年1月起执行的新预算法规定，中国地方政府可以通过发行债券的方式举债；2015年3月，国家财政部出台了发行地方政府债券置换存量债务的规定等政策，这些举措能够在控制中国债务规模的同时防范债务风险。

4. 降低对社会其他支出的"挤出效应"

国家政府在实施积极财政政策和激活市场经济的同时，也会对社会其他支出产生"挤出效应"，财政支出"挤出效应"的大小是政府实施财政政策效果大小的又一个重要影响因素。例如，英国在为筹措政府经费时所采取的扩大税收政策；日本为了扩大总需求而扩大公共事业经费等，这些做法在一定程度上都会扩大政府支出，政府支出的扩大会对社会其他支出产生一部分"挤出效应"，使得一部分的民间投资和社会消费被政府采购和公共投资所替代，降低了扩张性财政政策的效果。

通常来说，可以通过分析研究 IS－LM 模型来分析财政政策的效果，具体见图 8－3。

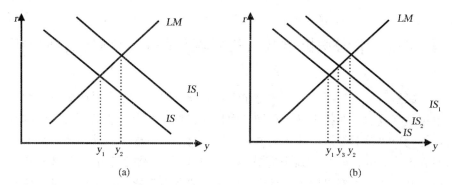

(a)   (b)

图 8－3　基于 IS－LM 模型分析财政支出的"挤出效应"图

如图 8－3 所示，当政府实行扩张性财政政策增加政府支出时，假设 LM 曲线不变，政府支出增加导致 IS 曲线向右上方移动，此时，IS 曲线由 IS 移动到 IS_1，国民收入由 y_1 移动到 y_2，见图 8－3（a）。

由于政府支出增加，会对社会上其他支出产生"挤出效应"，使民间投资和消费减少。同样假设 LM 曲线不变，民间投资和消费的减少会降低 IS 曲线上移的幅度，如图 8－3（b）所示，IS 曲线上移幅度减少，由原来的 IS_1 移动到 IS_2，国民收入也由原来的 y_2 移动到 y_3。这正是由于财政支出"挤出效应"的存在，影响了积极财政政策的实施效果。

从近几年中国积极性财政政策的实践看，中国竞争性经济领域的民间投资大小主要受到民间资本的边际产出和公共投资的影响。因此，中国在制定和实施积极财政政策时，要考虑这些政策因素的影响，尽量降低对社会支出的"挤出效应"，最大化积极财政政策的总效应。

国家政府可以通过制定一些带有倾向性的优惠政策，对能够预见的带有"挤出效应"的财政政策给予适当的补贴，将"挤出效应"降至最小，使得中国的财政政策以最小的代价发挥出最大的效用。

第九章　中国积极财政政策实证分析

第一节　中国积极财政政策对经济增长影响的实证分析

凯恩斯主义学派认为，政府在特定环境下制定的相应财政政策和货币政策是有效的，对技术进步和经济增长具有长期效应。然而，对于财政政策与货币政策对经济增长影响关系的研究成果，由于国内外学者所采取的研究方法、分析模型和研究背景各不相同，所得结论存在较大出入和差距。基于此，本书以中国经济增长中近期的数据为依托，采用向量误差修正模型 VECM 重点构建政府财政支出与经济增长之间的模型，同时考虑货币供应量对通货膨胀变量的影响，进而分析研究财政货币变量与经济增长之间的波动影响效应。

一、样本数据和变量说明

（一）样本数据和资料来源

本节研究所用数据均来自于国家统计局网站和新浪财经，数据的时间范围限定在 1981 到 2014 年，主要原因是限于数据的可获得性，另一个原因是 1981 年前中国的财政政策和货币政策制度不完善，市场经济体制还没有完全建立，对经济影响不大。因此，采用的时间数据限定在 1981 年后比较合理。

（二）数据处理和变量说明

经济增长变量最具代表性的指标就是 GDP，GDP 有名义 GDP 和实际 GDP 之分，主要是通货膨胀的影响。建立计量模型时，如果使用名义 GDP，就要考虑通货膨胀因素的影响，如果使用实际 GDP，其他变量也要去除通胀因素。财政政策的代理变量较多，最常用的指标就是财政支出总额 GE；货币政策的代理变量也有较多选择，通常用 M_2 作为货币政策代表变量[①]。在本节所建立的模型中，采用 CPI（以 1981 年为基准的定基CPI）作为通胀因素，采用名义 GDP、GE、M_2 和 CPI 进行分析，本节 gdp、ge、cu 和 cpi 表示各指标的对数，$dgdp$、dge、dcu、$dcpi$ 表示差分后的经济变量。

二、模型和检验方法

（一）计量模型

1. 时间数据平稳性检验

ADF 检验（Augmented Dickey-Fuller Test）是计量经济学检验数据平稳性广泛使用的方法，cpi、gdp、ge 和 cu 均是非平稳序列，对其差分后再进行 ADF 检验，由单位根检验结果可以看出 $dcpi$、$dgdp$、dge、dcu 均是平稳时间序列，即 cpi、gdp、ge、cu 都是 $I(1)$，检验结果见表9-1。

表 9-1　　　　　　　　　　　变量平稳性检验结果

变量	gdp	ge	cu	cpi	$dgdp$	dge	dcu
类型	$(c, t, 1)$	$(c, t, 2)$	$(c, t, 1)$	$(c, 0, 1)$	$(c, 0, 3)$	$(c, 0, 1)$	$(c, 0, 0)$
ADF	-2.579	-2.334	-0.295	-3.445^*	-3.462^*	-4.674^{**}	-3.808^{**}

注：类型 (c, t, p) 中 c，t，p 分别表示单位根检验的截距项、趋势项、滞后阶数；*，** 分别表示在 5%，1%水平下显著。

2. 协整分析

对于平稳时间序列，通常可以建立 VAR 模型来考察系统的动态关系，而对于非平稳时间序列，若都是同阶单整向量，可以采用 VECM 模型考察它们是否具有长期均衡关系。由于 gdp、ge、cu、cpi 都是同阶单整变量，即可以进行协整分析，对同阶非平稳序列，通过最大特征值检验（max statistic）确定秩为 1，有 1 个线性无关的协整向量，说明具有协整关系，可以进行回归分析，并且通过 VAR 模型进行最优滞后阶数筛选[②]，确定滞后阶数为 4。

3. 模型建立

设所建立的模型形式为

[①]　中国央行自 1996 年即正式将 M_2 作为货币政策的中介目标。

[②]　根据最佳滞后期准则（AIC，SC，LR）选择滞后期。

$$\Delta y_t = \alpha\beta' y_{t-1} + \sum_{i=1}^{3} \Gamma_i \Delta y_{t-i} + \nu + \varepsilon_t \qquad (9.1)$$

其中，$y_t = (gdp, \ ge, \ cu, \ cpi)'$，$\Gamma_i$ 为参数矩阵，ν 为常数项，ε_t 为扰动项。根据 Johansen 的 MLE 方法，估计该系统参数 α，β，ν 为

$$\hat{\alpha} = \begin{bmatrix} -0.56 \\ 0.29 \\ 0.26 \\ -0.12 \end{bmatrix}, \quad \hat{\beta} = \begin{bmatrix} 1 \\ 0.17 \\ -1.20 \\ 1.23 \end{bmatrix}, \quad \hat{\nu} = \begin{bmatrix} 0.05 \\ -0.04 \\ 0.15 \\ -0.02 \end{bmatrix} \qquad (9.2)$$

由于参数矩阵 $\hat{\Gamma}_i$ 估计值数据较多，我们仅写出 gdp 的短期估计方程：

$$\Delta \hat{gdp}_t = \pi'_1 y_{t-1} + \gamma'_1 \Delta y_{t-1} + \gamma'_2 \Delta y_{t-2} + \gamma'_3 \Delta y_{t-3} - 0.02 \qquad (9.3)$$

其中，$\pi'_1 = (-0.05, -0.10, 0.67, -0.69)$，$\gamma'_1 = (0.45, 0.51, -0.13, 0.62)$，$\gamma'_2 = (-0.55, -0.07, -0.40, 0.23)$，$\gamma'_3 = (0.71, 0.14, 0.22, 0.49)$。这表明短期内 GDP 的增长率与上一年度 GDP、财政支出 GE 和 CPI 水平呈反向关系，与上一年度货币供应量 M_2 呈现正向关系。财政政策一阶滞后变量对促进经济增长作用显著，二阶、三阶滞后变量不显著，说明财政政策时间越长越无效。而货币政策一阶滞后变量对促进经济增长作用不显著，二阶、三阶滞后变量显著，说明货币政策具有长期效应，这与财政政策具有短期效应而货币政策具有长期效应的实践结论相一致。

由 $\hat{\beta}$ 估计值可知该系统长期均衡模型为

$$\hat{gdp} = \underset{(0.046)}{-0.17} ge + \underset{(<0.001)}{1.21} cu - \underset{(<0.001)}{1.23} cpi + 6.33 \qquad (9.4)$$

其中，变量下方小括号内数值为显著性检验 P 值。从长期看，财政政策、通胀因素对经济增长有显著负向作用，而货币政策对经济的增长具有显著正向作用。

(二) 模型检验

1. 模型残差自相关与正态性检验

下面检验建立的 VECM 模型残差的自相关性，如果存在自相关，还需要增加滞后阶数。由 LM 检验结果可知，残差不存在序列自相关。VECM 模型的 Johansen 的 MLE 估计是基于扰动项服从正态分布假设的，从结果可以看出，残差服从正态性假设，具体见表 9—2。

表 9-2   VECM 残差检验结果

	Lag	Chi2	Df	P value
自相关性	1	23.9617	16	0.09034
LM 检验	2	14.1245	16	0.58944
	gdp	2.601	2	0.57343
	ge	0.467	2	0.76072
正态性	cu	0.202	2	0.89437
JB 检验	cpi	0.480	2	0.66805
	ALL	3.75	8	0.95232

2. VECM 系统稳定性检验

若 VECM 模型是稳定的，除模型本身所假定的单位根外，伴随矩阵的所有特征根均应该落在单位圆内部，从图 9-1 可以看出模型是稳定的。

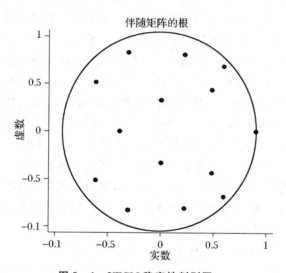

图 9-1   VECM 稳定性判别图

3. 脉冲响应分析

对于一个含有单位根的协整系统，一个变量的冲击可能对自身和其他变量具有持久的影响，由于我们主要关心财政政策变量 ge、货币政策变量 cu 对经济变量 gdp 的影响，我们只给出这两个响应变量的脉冲响应图。从图 9-2 中可以看出，货币政策变量 cu 的冲击对经济变量 gdp 的影响是显著持久的。

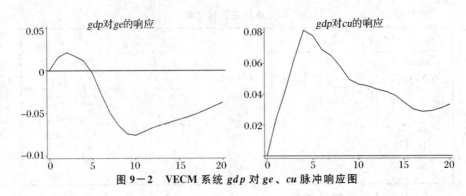

图9-2　VECM 系统 *gdp* 对 *ge*、*cu* 脉冲响应图

三、计量结果与分析

(一) 主要结论

1. 财政、货币增长对经济增长率有长久的影响

首先，从长期看，财政政策变量 *ge* 对经济变量 *gdp* 的增长呈负相关，说明财政政策具有长期负向调节作用，长期实施积极财政政策反而抑制经济的增长。因此，财政政策只具有短期的正效应。在经济增长过热时，积极的财政政策就要退出；而当经济增长放缓时，政府可以实施积极的财政政策以刺激经济增长。其次，货币政策变量 *cu* 对经济变量 *gdp* 增长具有长期显著的促进作用，表明长期实施积极的货币政策，会促进经济的增长，而实施消极货币政策时，经济增长速度会放缓。这同中国宏观调控的实践是一致的。最后，物价通胀变量 *cpi* 对经济变量 *gdp* 增长率也具有显著反向影响，表明通胀因素 CPI 较高时会抑制经济的增长，而 CPI 较低时会促进经济的增长。政府在实践中也是以通货膨胀率为市场波动主要信号而灵活制定相应的货币政策，当 CPI 较高时，通过实施消极的货币政策降低 CPI，但往往也拉低了 GDP 增长速度。

2. 财政政策对经济短期有效，长期呈现负向影响

从 *gdp* 对 *ge* 的脉冲响应图可以看到，当财政变量 *ge* 受到一个正的冲击后，*gdp* 会先上升后持续下降，而货币政策变量 *cu* 受到一个正的冲击后，*gdp* 会持续上升，达到峰值后回复到正常水平。另外，财政政策变量 *ge* 与货币政策变量 *cu* 对经济增长影响是反向的，表明中国在实践中要灵活搭配财政和货币政策以促进经济的增长。

(二) 政策建议

尽管中国经济很难摆脱经济周期的影响，长期坚持经济较快的增长速度是不太现实的，但是通过实证研究我们发现，灵活采取宏观调控政策避免经济的大幅波动，实现经济稳定增长还是可以做到的。

1. 重视货币政策，但要适度且灵活

首先，把握货币政策的规模。从货币政策实践经验来看，长期保持适度微松货币政策有利于经济稳定增长。当前中国经济总体增速放缓，短期内不宜实施过于宽松的货币政策以刺激经济的增长，应结合灵活稳健的财政政策积极主动地适时微调经济。其次，深入研究货币政策工具。货币供应量、法定存款准备金率、存贷款利率等货币政策工具都能发挥调控经济的作用，要深入研究和全面审视货币政策工具的数量结构及其效果，建立科学合理的货币政策干预机制，还要建立央行的约束与监督机制，以实现预定的货币政策目标。再次，改革货币政策目标。通货膨胀率和利率都是较好的货币政策中介目标，由于中国利率市场化没有最终实现。因而尚不具备将利率作为货币政策中介目标的条件，但中国已经进入中等发达国家水平，将通货膨胀目标作为货币政策的目标，有利于加强货币政策的透明度，有利于加强政策制定者的责任感，也有利于提高央行货币政策的灵活性。

2. 充分发挥财政政策的短期效应

首先，深入研究财政政策工具，进一步细分财政政策工具，逐步建立科学的财政调控机制。比如，各类税率、税种、财政支出、国债、预算赤字、建设项目规模等都可以采取适当措施调控经济的发展，其次，推进财税改革。提高财政支出对民生等公共需要的比例与规模，处理好财政支持与经济发展的关系，不断优化财政支出结构。再次，发挥财政政策在调节收入分配中的作用。要加大对落后地区、贫困山区基础设施的投资力度，财政投资支出与产业政策要配合，通过改善投资环境带动就业，进而提高当地居民的收入水平，缩小区域间的收入差距。最后，加大科研财政支持力度。要提高科研经费、教育经费的财政支出比重，对企业的科研经费要给予一定的税收优惠，促进科技创新的步伐。

3. 相机抉择财政货币政策

财政政策、货币政策是宏观调控的主要工具，这两种政策工具各有不同优点也有不同的缺陷。财政政策通过财政税收和财政支出两条途径调控和影响着国民经济的增长。一方面，通过税收总量与结构的变化，调节社会生产的积极性与生产效率的提高，达到经济增长的目标。另一方面，通过实施积极和消极的财政政策调节社会的总需求，进而熨平经济增长的波动，调节居民收入分配的不公，从而实现长期均衡稳定增长。货币政策通过货币供应量等政策工具，调节经济以实现充分就业。当前经济增长总体放缓，短期内财政政策的作用大于货币政策，而长期内货币政策的作用要大于财政政策。因此，中国应该实行稳健的财政政策和适度宽松的货币政

策，稳步推进中国经济的发展，还要根据国内外实际环境的变化，适时适度调整。由于货币政策和财政政策短期可以刺激经济增长，但长期来看对经济增长的作用是有限的，中国在长期内还是应该实行中性的财政和货币政策。

第二节　中国积极财政政策对就业影响的实证分析

就业是宏观经济的重要组成部分。虽然国家实施财政、货币政策对就业的影响并不完全直接，但通过传导机制对就业也会产生影响。其传导路径为：财政、货币政策变动→经济波动→就业波动。另外，由于原材料价格、工资等变动引起就业量调整，就业量的变化影响宏观经济，宏观经济又会对财政收支及财政平衡产生冲击，进而影响到财政状况和货币供应量。即影响途径为：就业冲击→经济波动→财政、货币政策变量变动。上述两种传导机制的影响效果，取决于经济系统对外生冲击的敏感程度。面对外部冲击，经济系统反应越敏感，政策冲击产生作用的时滞越短，效果越显著。反之，时滞越长，效果越弱。为评价政策的实施效果，检验实际经济波动轨迹，我们以实际数据为基础，深入分析三者间的动态联动效应。

一、样本数据和变量说明

（一）样本数据和资料来源

本节研究所用数据均来自于国家统计局网站。数据的时间范围限定在 1978 到 2014 年，尽管中国就业水平在 1990 年前受到断崖式的冲击，但长期的样本数据能更好反映就业水平受经济、财政政策等变量的冲击影响。

（二）数据处理和变量说明

中国农村存在大量的隐性失业，而且农村劳动力非农就业的不稳定性较大，因而我们采用城镇从业人员总数作为就业变量，用以反映中国的就业状况。另外，因为就业指标没有通胀因素，因而其他经济变量需用 CPI（1978＝100）价格指数进行平减，变量 emp、gdp、ge、cu 分别为就业量、名义 GDP、财政支出、货币供应量指标进行价格平减后并取对数的指标变量。$demp$、dge、dcu、$dgdp$ 表示差分后的指标变量。

二、模型和检验方法

(一) 计量模型

1. 单位根检验

经 ADF 初步检验，emp、gdp、ge、cu 均是非平稳序列（5% 显著水平下），对其差分后再进行 ADF 检验均为平稳序列，即 emp、gdp、ge、$cu \sim I(0)$，检验结果见表 9-3。

表 9-3　　　　　　　　　　变量平稳性检验结果

变量	gdp	ge	cu	em	$dgdp$	dge	dcu	dem
类型	$(c, t, 1)$	$(c, t, 2)$	$(c, t, 0)$	$(c, t, 0)$	$(c, 0, 0)$	$(c, 0, 1)$	$(c, 0, 0)$	$(c, 0, 0)$
ADF	-2.584	-0.872	-3.295	-3.327	-3.419^*	-3.784^{**}	-6.154^{**}	-7.082^{**}

注：类型 (c, t, p) 中 c，t，p 分别表示单位根检验的截距项、趋势项、滞后阶数；$*$，$**$ 分别表示在 5%，1% 水平下显著。

2. 协整分析

由于 gdp、ge、cu、emp 都是同阶单整变量，即可以进行协整分析，对同阶非平稳序列。通过协整秩迹检验（trace statistic）确定秩为 1，有 1 个线性无关的协整向量，说明具有协整关系，可以进行回归分析，并且通过 VAR 模型进行最优滞后阶数筛选，确定滞后阶数为 4。最终确立所建模型形式为

$$\Delta y_t = \alpha \beta' y_{t-1} + \sum_{i=1}^{3} \Gamma_i \Delta y_{t-i} + \nu + \varepsilon_t \qquad (9.5)$$

其中，$y_t = (emp, ge, cu, gdp)'$，$\Gamma_i$ 为参数矩阵，ν 为常数项，ε_t 为扰动项。

(二) 模型估计与检验

1. 参数估计

根据 Johansen 的 MLE 方法，估计该系统参数 α，β，ν 为

$$\hat{\alpha} = \begin{pmatrix} 0.01 \\ -0.07 \\ 0.03 \\ 0.28 \end{pmatrix}, \quad \hat{\beta} = \begin{pmatrix} 1 \\ 0.62 \\ 0.37 \\ -1.36 \end{pmatrix}, \quad \hat{\nu} = \begin{pmatrix} 0.07 \\ 0.13 \\ 0.24 \\ 0.01 \end{pmatrix} \qquad (9.6)$$

由于参数矩阵 $\hat{\Gamma_i}$ 估计值数据较多，我们仅写出 emp 的短期估计方程：

$$\Delta emp_t = \pi'_1 y_{t-1} + \gamma'_1 \Delta y_{t-1} + \gamma'_2 \Delta y_{t-2} + \gamma'_3 \Delta y_{t-3} + 0.12 \qquad (9.7)$$

其中，$\pi'_1 = (0.01, 0.06, 0.003, -0.01)$，$\gamma'_1 = (-0.09, -0.26, 0.16, -0.09)$，$\gamma'_2 = (0.05, 0.18, -0.29, 0.08)$，$\gamma'_3 = (-0.07, -0.14, 0.01,$

—0.15)。结果表明：短期内就业增长率与上一年度就业水平、财政、货币政策呈同向关系，而与上一年度经济状况呈反向关系。同时，就业增长率同上一年度就业增长率、财政增长率和经济增长率呈负向关系，同货币增长率呈正向关系，而且货币冲击作用显著。

由 $\hat{\beta}$ 估计值可知该系统存在长期均衡模型为

$$em\overset{\cdot}{p}=\underset{(<0.001)}{-0.62ge}-\underset{(0.012)}{0.37cu}+\underset{(<0.001)}{1.36gdp}+6.29 \tag{9.8}$$

其中，变量下方小括号内数值为显著性检验 P 值。从长期看，财政、货币政策对就业有显著负向作用，而经济增长对就业具有正向作用，综合前面研究来看，这与实践结果一致。

2. 模型残差自相关与正态性检验

下面检验建立的 VECM 模型残差的自相关性，如果存在自相关，还需要增加滞后阶数。由 LM 检验结果可知，残差不存在序列自相关。VECM 模型的 Johansen 的 MLE 估计是基于扰动项服从正态分布假设的，从结果可以看出，总体上残差服从正态性假设，具体见表 9—4。

表 9—4　　　　　　　　　　VECM 残差检验结果

	Lag	Chi2	Df	P value
自相关性 LM 检验	1	13.47	16	0.64
	2	21.23	16	0.17
正态性 JB 检验	gdp	0.57	2	0.752
	ge	1.99	2	0.368
	cu	2.60	2	0.272
	emp	4.76	2	0.092
	ALL	9.93	8	0.270

3. VECM 系统稳定性检验

若 VECM 模型是稳定的，除模型本身所假定的单位根外，伴随矩阵的所有特征根均应该落在单位圆内部，从图 9—3 可以看出模型是稳定的。

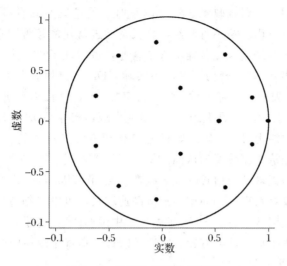

图 9－3　VECM 稳定性判别图

4．脉冲响应分析

对于一个含有单位根的协整系统，一个变量的冲击可能对自身和其他变量具有持久的影响，本文主要关心财政政策变量 ge、货币政策变量 cu 对就业变量 emp 的影响，从图 9－4 中可以看出，财政、货币政策变量的冲击对就业变量的影响是显著的。

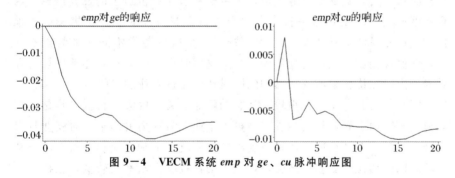

图 9－4　VECM 系统 emp 对 ge、cu 脉冲响应图

三、计量结果与分析

（一）主要结论

（1）短期内，就业、财政支出、国内生产总值和货币供给四者之间存在动态效应。财政支出增长率和经济增长率对就业增长率有负向影响，影响力度较小，且不具有统计显著性，说明财政支出政策促进就业效应不明显。货币增长率对次年就业增长率有正向影响，效果显著。而当年就业、财政、货币的水平效应对次年的就业增长率有正向影响。

（2）长期内，财政政策、货币政策对于促进就业具有显著反向作用，与预期的财政货币政策不符。经济增长是促进就业的显著因素，实证分析的结果表明，经济增长显著地促进了就业，也印证了奥肯定律：一国失业率的变动与实际 GDP 密切相关，当实际 GDP 增长相对于潜在 GDP 增长上升 2％时，失业率下降大约 1％；当实际 GDP 增长相对潜在 GDP 增长下降 2％时，失业率上升大约 1％。研究发现，实际 GDP 增长率上升 2％，就业增长率大约上升 1.5％。奥肯定律是新古典经济学的一个重要规律，获得国内外经济学家普遍的认同。从中国经济发展实践来看，经济持续快速增长无疑是促进就业增长的主要因素。然而，积极的财政政策和宽松的货币政策并没有获得我们期望的经济高速增长，也没有创造出百姓期望的那么多的就业岗位。自从 1978 年以来，中国 GDP 高速增长对就业的拉动作用前期效果明显，后期有较大幅度的降低，奥肯定律在中国失灵。

（二）政策建议

1. 调整财政支出结构

（1）社会保障支出结构不合理是制约就业的主要顽症。一方面，中国社会保障支出覆盖范围面较窄，财政支出应扩大社会保障支出的数额，特别是要扩大城乡困难群体和弱势群体的财政覆盖范围，切实发挥社会保障支出在就业市场中"失业保护伞"的功能。另一方面，中国财政供养人员日益膨胀，要缩减财政供养人员，改革机关事业单位员工的福利待遇，与企业就业人员的工资水平拉齐，缩小工资差异。同时，并轨机关事业单位、企业和灵活就业人员的退休工资，逐步减少各类不同人员的工资落差，促使社会就业人员合理流动，减少吃财政饭碗的人员，逐渐减轻财政供养压力，在优化财政支出结构的同时达到促进就业的目的。

（2）科技教育支出比重较低是制约就业的另一因素。科技进步是一把双刃剑，短期上看，科技的进步减少了企业对劳动力的需求，对就业具有"挤出效应"，但从长期看，科技支出的二次就业带动效应和补偿效应非常大，足以拉动社会更多人员就业，但中国科技支出水平还较低，在社会上还没有形成巨大的就业带动效应。另外，教育支出占 GDP 的比重远远低于国际发达国家的水平，而教育支出对提高劳动者素质、促进就业起着决定性的作用。因此，应加大农村义务教育财政支出，保证城乡基础教育支出均衡和高等教育的公平，把科教支出占 GDP 的比例同国际发达国家看齐，并以法律的形式确定下来；还要确定和调整好科教的支出结构，加强资金管理，注重资金的使用效率和科研成果转化。

（3）降低行政成本，统筹城乡财政支出结构。虽然中国政府机构进行了几次改革，但财政供养人员仍然较多，部门职能重叠，效率低下，行政管理费用持续增长，挤占了过多的财政支出。因此，必须对中国政府机构改革精简，把交叉职能部门太多的现象降到最低，将行政成本占财政支出的比例上限以法律的形式确定下来。中国财政支出的城乡分配不均衡仍然制约着劳动需求总量，充分发挥地方政府转移支付的公共职能，省级政府要加大对农村和经济落后地区的基础设施、教育、医疗的转移支付力度，同时研究财政资金的乡镇级政府补偿机制，强制地方政府对农村和经济落后地区财政投资力度，扩充农村和经济落后地区的就业机会，吸纳更多的当地人员就业。

（4）科学确立预算内固定资产投资。目前，中国预算内固定资产投资占财政支出的比例相对较大，当前诸如机场、铁路、地铁、高速公路等基础设施建设的预算内固定资产投资巨大，挤占了大量财政资金。国家应该探索一条科学的固定资产投资融资渠道，允许民间资本和社会剩余资本进入，扩大全社会固定资产投资数额，进而达到促进就业的目的。

2. 财政政策与货币政策有效组合

（1）扶持就业容量大的企业和行业的相互配合。民营大企业对就业影响最为明显，拉动就业的货币政策应该支持鼓励银行向民营大企业提供贷款以及提供贷款优惠政策，解决民营企业发展中资金短缺的问题，同时政府也要支持银行对中小企业的贷款，政府要给中小企业做担保，并采取税收优惠、减免或政府补贴等财税政策，扶持中小民营企业的发展，对积极吸纳社会就业人员的企业可相应地减免企业的税收，逐步形成"政府担保——银行贷款——财税减免"的就业支持体系。

（2）政府与银行持有国债的相互配合。当银行信贷市场萎靡，银行存有的大量存款出现大规模的"存差"时，财政部门应配合银行部门对国债的持有，财政用从银行吸纳的资金进行投资和财政支出，这样使银行资金通过财政渠道转化为直接投资，以此拉动经济增长，促进社会人员就业。当为拉动国内就业水平而实施积极财政政策时，政府应增大财政支出，扩大税收；同时采取适度宽松的货币政策，降低利率，激励投资，刺激消费，进而来促进就业。

（3）适时适机实施财政政策与货币政策组合方式。当社会需求萎靡，社会上存在大量闲置资源，经济严重衰退，失业率非常高的时候，应同时执行宽松的财政政策和宽松的货币政策。当社会总需求大于社会总供给，出现严重的通货膨胀时，应采用"双紧"组合模式的同时执行紧缩的财政政策和紧缩的货币政策。当社会总需求和总供给大体上平衡，但出现了公众投资与政府投资份额不合理，财政支出过大，失业率较高，需要调动民间资本投资和民众消费，抑制政府收入、财政支出占国民生产总值比例过大时，应执行宽松的货币政策和紧缩的财政政策，即"松货币"、"紧财政"。当社会总需求和总供给大体平衡，社会市场机制为主导，民间投资和居民消费旺盛，但政府公共职能弱化，包括财政就业职能、社会保障职能、宏观调控职能等无法发挥作用时，应执行紧缩的货币政策和宽松的财政政策，即"紧货币"、"松财政"组合模式。

参 考 文 献

[1] 沈志敬. 论财政政策的本质及其特征 [J]. 当代财经，1993 (04).

[2] 胡邵雨. 我国财政政策在和谐社会建设中的运用 [J]. 改革与战略，2013 (02).

[3] 刘春泉. 关于经济适度增长的几个问题 [J]. 经济师，2013 (11).

[4] 郭庆旺，赵志耘. 论财政政策目标之间的互扰性 [J]. 财政研究，1995 (08).

[5] 陈雨露，杨瑞金. 我国财政政策与国际收支调整 [J]. 财政研究，2001 (04).

[6] 丁昌昆. 财政政策与经济增长研究 [D]. 硕士学位论文，西南财经大学，2009.

[7] 施磊. 国际收支调节小论 [J]. 企业导报，2009 (09).

[8] 陈共. 财政学（第六版）[M]. 北京：中国人民大学出版社，2012.

[9] 金成晓，朱培金. 价格水平与财政政策选择——基于 BVAR 模型的计量研究 [J]. 学习与探索，2012 (05).

[10] 蔡铭东. 发挥财政职能作用　促进财政工作健康发展 [J]. 财经界：学术版，2010.

[11] 农村剩余劳动力就业中地方政府职能的研究 [D]. 硕士学位论文，中央民族大学，2013.

[12] 夏祖军，贺丽娟，杨光. 积极财政政策更加"积极" [N]. 中国财经报，2015-03-12.

[13] 韩昕怡. 2009—2015 年积极的财政政策主要实施内容 [N]. 中国财经报，2015-03-12.

[14] 高峰. 减税的目的是减轻企业负担 [J]. 中国招标，2015 (05).

[15] 郝瑞国，孙鹤. 体制性失业问题——从微观经济学角度分析 [J]. 北方经贸，2013 (09).

[16] 徐孟洲，伍涛. 论财政法与财政政策的耦合 [J]. 法学杂志，2011，32 (05).

[17] 张素粉. 浅谈市场经济条件下我国财政政策的调控机制 [J]. 科技信息，2009 (35).

[18] 徐菲菲，邢娟，吴文凤，丁莉芳，刘淑春. 浅谈中小企业税收筹划——苏南地区中小企业税负调查 [J]. 现代企业教育，2014 (06).

[19] 李晓雅. 我国的财政政策和货币政策 [J]. 时代金融，2015 (04).

[20] 李胜花. 浅析当代经济形势与税收负担的调整 [J]. 经营管理者，2014 (28).

[21] 龚泓铭，沙剑青. 着力保障和改善民生将成"攻坚战"——深透2015两会预算报告 [J]. 祖国，2015 (06).

[22] 王东普. 从"政府＋公司"到"政府＆公司"打造全面深化市场化改革的先行先试攻坚区——告别传统路径依赖的开发区战略定位和政策供给 [J]. 东方行政论坛. 2014 (03).

[23] 吴淑凤. 财政政策与新能源产业发展：政策效果被弱化的财政社会学分析 [J]. 中央民族大学学报：哲学社会科学版，2013 (06).

[24] 李晓芳. 我国财政政策自动稳定功能的计量检验 [J]. 财经论坛，2010 (05).

[25] 吴霞：我国税收自动稳定器的功能及其效力分析 [J]. 理论探索，2011 (10).

[26] 刘启荣，易永锡. 基于税收稳定经济的视角论我国的税制改革 [J]. 市场论坛，2009 (10).

[27] 李永友，周达军. 自动稳定器与相机抉择：财政政策宏观调控机制的权衡与完善 [J]. 财贸经济，2007 (02).

[28] 郭庆旺，赵志耘. 论财政稳定器 [J]. 财经研究，1997 (05).

[29] 陈建奇. 财政"自动稳定器"为何失效 [J]，政策解读，2010 (10).

[30] 彭深. 我国财政自动稳定器功能建设的现状及问题 [J]. 财会审计，2011 (04).

[31] 吴美华，朱应皋. 论中国财政内在稳定器效应 [J]. 改革，2001 (06).

[32] 张洁颖，郭晓峰. 财政自动稳定器及其在经济波动中的效力分析 [J]. 江西社会科学，2007 (05).

[33] 陈建奇. 财政"自动稳定器"为何半有效性？——基于中国财

政收支非对称性的经验分析 [J]. 广东商学院学报, 2011 (04).

[34] 胡建明. 基于挤出效应的财政政策效果分析 [J]. 河南机电高等专科学校学报, 2012 (09).

[35] 王宇. 我国积极财政政策的特殊挤出效应 [J]. 北京工业大学学报, 2003 (03).

[36] 崔到陵, 杨鹏程. 谈财政政策的"挤进效应"和"挤出效应" [J]. 新疆财经, 2005 (01).

[37] 曹润林, 宋尚恒. 积极财政政策下"挤出效应"评析 [J]. 公共经济管理, 2009 (01).

[38] 徐雪昕. 财政政策对经济增长的影响及策略探讨 [J]. 现代经济信息, 2013 (05).

[39] 张斐, 马丽卿. 财政政策和货币政策对民间借贷的影响 [J]. 北方经济, 2013 (10).

[40] 郭长林. 财政政策扩张——偿债方式与居民消费 [J]. 管理世界, 2013 (02).

[41] 刘显利. 我国持续性财政扩张的多维成因解读 [J]. 商业经济研究, 2015 (03).

[42] 王晓玲. 新常态经济形势下的财政政策探讨 [J]. 行政事业资产, 2015 (06).

[43] 郭庆旺. 2015——积极的财政政策更加积极 [N]. 经济日报, 2015-03-13.

[44] 林江. 财政赤字——公共债务与经济增长——来自中国的事实 [J]. 公共经济与政策研究, 2014 (02).

[45] 王鹏飞. 地方政府财政扩张倾向与影响 [J]. 现代经济信息, 2014 (01).

[46] 高玉. 顶住经济下行压力 采取适度扩张财政政策 [N]. 北京日报, 2015-03-07.

[47] 王文甫. 积极财政政策与净出口——挤入还是挤出——基于中国的经验与解释 [J]. 管理世界, 2012 (10).

[48] 高培勇. 对中性财政政策的几点看法 [J]. 经济理论与经济管理, 2004 (09).

[49] 贾康. 中性财政政策是总量控制下的结构性调整 [J]. 经济研究参考, 2004 (63).

[50] 童伟. "中性"财政政策意在"双防" [N]. 证券日报, 2004-11-09.

[51] 柳永明. 开放经济与欧洲的紧缩性经济政策 [J]. 世界经济, 2001 (03).

[52] 张蕊. 财政政策更加积极 逆周期调节思路明确 [J]. 中国财政, 2015 (06).

[53] 韩洁. 减税降费政策助力小微企业起飞 [N]. 中国信息报, 2015-06-19.

[54] 周清. 减税开渠引"水"来 [N]. 贵州日报, 2015-05-26.

[55] 崔文苑. 我国将加大扩张性财政政策力度 [N]. 经济日报, 2015-03-07.

[56] 谭克虎. 试论基础产业的属性及其分类 [J]. 生产力研究, 2005 (09).

[57] 赵庭楷. 促进农业发展财政政策研究 [D]. 财政部财政科学研究所, 2012.

[58] 滑琦. 财政政策支持现代农业发展的制约因素及对策 [J]. 环球市场信息导报, 2015 (04).

[59] 杨聪杰. 促进我国能源可持续发展的财税政策 [D]. 中共中央党校硕士学位论文, 2011.

[60] 刘松万. 发展新能源产业的财政政策与措施 [J]. 山东社会科学, 2009 (11).

[61] 苏明, 傅志华, 牟岩. 支持节能的财政税收政策建议 [J]. 经济研究参考, 2011 (14).

[62] 陈健. 统筹发挥政府和市场作用, 进一步增强交通运输财务保障有效性 [J] 交通财会, 2014 (01).

[63] 姜微. 安徽省工业主导产业选择问题研究 [D]. 合肥工业大学, 2007.

[64] 孙明. 辽宁省主导产业选择基准及其方法研究 [D]. 北京邮电大学, 2013.

[65] 聂龙. 沈阳市主导产业选择问题研究 [D]. 沈阳大学, 2014.

[66] 汪新君. 区域主导产业的选择和培育 [D]. 浙江大学, 2006.

[67] 潘晗. 区域主导产业选择的理论模型及其应用 [D]. 郑州大学, 2004.

[68] 陈国洲. 区域主导产业选择决策模型研究 [D]. 中南大学, 2008.

[69] 马利彪. 区域主导产业选择问题研究 [D]. 吉林大学, 2009.

[70] 井崇任. 促进高端装备制造业发展的财税政策研究 [D]. 东北

财经大学，2013.

[71] 张万强. 提升中国装备制造业市场竞争力的财政政策研究 [D]. 辽宁大学，2013.

[72] 杜吉明. 煤炭资源型城市产业转型能力构建与主导产业选择研究 [D]. 哈尔滨工业大学，2013.

[73] 谭维佳. 促进我国煤炭行业发展的财政政策 [J]. 湖北社会科学，2006（08）.

[74] 田博. 中国电动汽车产业发展财税政策研究 [D]. 财政部财政科学研究所，2012.

[75] 顾瑞兰. 促进我国新能源汽车产业发展的财税政策研究 [D]. 财政部财政科学研究所，2013.

[76] 严敏悦. 汽车行业发展的财税政策研究 [D]. 东北财经大学，2013.

[77] 涂晓今. 我国促进重点产业结构优化升级的财政政策创新探讨 [J]. 政策研究，2012（02）.

[78] 郭璐瑶. 浅析促进产业结构优化的财政政策调整 [J]. 科技信息，2010（28）.

[79] 杨嵘，赵婷，李娟. 石油产业的基础产业特性及对策建议 [J]. 改革与战略，2010，26（04）.

[80] 保罗·萨缪尔森，威廉·诺德豪斯. 宏观经济学 [M]. 北京：人民邮电出版社，2004.

[81] 萨尔·霍夫曼. 劳动力市场经济学 [M]. 北京：三联书店出版社，1998.

[82] 坎贝尔·麦克南，斯坦利·布鲁，大卫之麦克菲逊. 当代劳动经济学 [M]. 北京：人民邮电出版社，1993.

[83] 舒尔茨. 人力资本投资——教育和研究的作用 [M]. 北京：商务印书馆，1990.

[84] 蔡昉. 为什么奥肯定律在中国失灵——再论经济增长与就业的关系 [J]. 宏观经济研究，2007（01）.

[85] 陈共. 积极财政政策及其财政风险 [M]. 北京：中国人民大学出版社，2003.

[86] 邓远军. 课税对我国就业影响的经济分析 [J]. 税务研究，2006（12）.

[87] 付伯颖. 税收优惠政策的就业效应探析 [J]. 现代财经：天津财经大学学报，2006，26（11）.

[88] 胡鞍钢. 关于降低我国劳动力供给与提高劳动力需求重要途径的若干建议 [J]. 中国软科学, 1998 (11).

[89] 刘俊霞. 论我国劳动力供给与需求矛盾及其对策 [J]. 财政研究, 2005 (05).

[90] 田卫民. 转移性收入在居民收入分配中的作用——中国居民收入分配中的逆向调节机制 [J]. 暨南学报: 哲学社会科学版, 2015 (02).

[91] 孙秋鹏. 财富与收入分配的理论与政策——"中国经济社会发展智库第7届高层论坛"综述 [J]. 当代经济研究, 2014 (04).

[92] 徐建炜, 马光荣, 李实. 个人所得税改善中国收入分配了吗——基于对1997－2011年微观数据的动态评估 [J]. 中国社会科学, 2013 (06).

[93] 梁达. 居民收入在平稳增长中结构趋于优化 [J]. 宏观经济管理, 2015 (06).

[94] 谢丽丽, 王净净. 浅析我国社会保障收入再分配职能 [J]. 学理论, 2014 (03).

[95] 汤凤林, 雷鹏飞. 收入差距、居民幸福感与公共支出政策——来自中国社会综合调查的经验分析 [J]. 经济学动态, 2014 (04).

[96] 崔世亮. 深化分配制度改革顺应人民群众新期待 [J]. 奋斗, 2012 (11).

[97] 梁静娴, 夏华. 我国收入分配差距扩大的原因及对策研究 [J]. 现代经济信息, 2015 (08).

[98] 蓝相洁. 新时期促进农民收入增长的财政政策研究——以广西为例 [J]. 经济研究参考, 2015 (11).

[99] 庞婧. 税收对我国收入分配的调节研究 [D]. 重庆师范大学, 2013.

[100] 程恩富, 胡靖春, 侯和宏. 论政府在功能收入分配和规模收入分配中的作用 [J]. 马克思主义研究, 2011 (06).

[101] 郭庆旺, 吕冰洋. 论要素收入分配对居民收入分配的影响 [J]. 中国社会科学, 2012 (12).

[102] 王越. 我国城镇居民收入分配差距的问题研究 [J]. 中国商贸, 2014 (26).

[103] 王传任. 我国初次分配公平缺失的主要表现及原因分析 [J]. 福建论坛: 人文社会科学报, 2012 (S1).

[104] 许宪春. 准确理解收入分配核算 [J]. 经济学动态, 2014 (03).

［105］张东生. 中国居民收入分配年度报告（2009）［M］. 北京：经济科学出版社，2009.

［106］迟福林，许善达. 消费主导民富优先——收入分配改革的破题之路［M］. 北京：中国经济出版社，2012.

［107］李林木，汤群群. 1994 年税制改革以来我国直接税的收入分配效应［J］. 税务研究，2010（03）.

［108］杨洋，高维蔚，殷楠楠. 以社会保障改革调整收入分配差距［J］. 劳动保障世界，2014（08）.

［109］李实. 中国财产分配差距与再分配政策选择［J］. 经济体制改革，2015（01）.

［110］程晶. 英国个人所得税最新发展及对我国的借鉴意义［D］. 天津财经大学，2012.

［111］李滨涛. 我国个人所得税调节收入分配的局限性分析［J］. 现代商业，2015（14）.

［112］刘海涛. 深化个人所得税改革　调节贫富差距［J］. 大连干部学刊，2015（01）.

［113］陈端春. 缩小我国居民收入分配差距的对策［J］. 新西部旬刊，2015（02）.

［114］魏蔚，贾亚男. 民生支出对收入分配的调节机制［J］. 经济论坛，2014（07）.

［115］侯羿君. 论我国社会贫富差距的政府调控机制与方式［J］. 长江大学学报，2015（01）.

［116］苏明. 我国城乡发展一体化与财政政策思路［J］. 经济研究参考，2013（61）.

［117］于洪. 创新型中小微企业的财税支持政策研究［J］. 税务研究，2015（05）.

［118］文小才. 区域性税收优惠政策发展展望［J］. 经济研究参考，2014（48）.

［119］范仙婷. 从征税范围调整谈消费税改革［D］. 首都经济贸易大学，2014.

［120］石冰竹. 中国居民收入分配问题研究［J］. 中国市场，2014（42）.

［121］陈雪莲. 缩小我国收入差距的财税对策研究［D］. 财政部财政科学研究所，2010.

［122］吴文庆. 财政政策的收入分配效应研究评述［J］. 经济学动

态，2011（10）.

[123] 李渊. 我国收入分配税收调节机制改进研究 [D]. 天津财经大学，2012.

[124] 莫连光，洪源，廖海波. 收入分配财政政策调节居民收入差距效果的实证研究 [J]. 财经论丛，2014（03）.

[125] 孟莹莹. 消费税收入再分配效应的实证分析 [J]. 统计与决策，2014（08）.

[126] 周佳莹. 调节我国居民收入分配差距的财政支出政策研究 [D]. 首都经济贸易大学，2012.

[127] 谢勇才，杨斌. 社会保障拉大了农村居民收入分配差距吗——来自广东省的经验证据（2002—2012）[J]. 广东财经大学学报，2015（02）.

[128] 李子联. 中国收入分配格局：从结构失衡到合理有序 [J]. 中南财经政法大学学报，2015（03）.

[129] 刘春志，张西宁. 完善我国逆周期财政政策：国际经验借鉴与对策 [J]. 财政研究，2015（02）.

[130] 王志伟，湛志伟，毛晖. 扩张性财政政策的长期效应 [M]. 北京：北京大学出版社，2010.

[131] 蔡汉波，董军华. 新加坡的财政政策 [J]. 财税理论与实践，1996（04）.

[132] 吴崇伯. 新加坡经济衰退及其前景 [J]. 亚太经济，1985（12）.

[133] 滕茂桐. 战后英国的通货膨胀与财政政策 [J]. 安徽大学学报，1980（03）.

[134] 梁爽. 试析 20 世纪 90 年代日本经济政策 [J]. 日本问题研究，2002（03）.

[135] 杜艺中. 日本泡沫经济的再回顾与启示 [J]. 金融与经济，2010（04）.

[136] 王洛林，余永定. 20 世纪 90 年代的日本经济 [J]. 世界经济，2001（10）.

[137] 杨茜. 20 世纪 90 年代以来日本财政政策的效果分析 [J]. 日本问题研究，2004（04）.

[138] 葛瑞明. 新加坡陷入严重的经济衰退 [J]. 国际资料信息，2001（10）.

[139] 王勤. 新加坡经济的衰退及政府的对策 [J]. 东南亚，2001

（04）.

　　[140] 宋文鲁. 日本财政刺激的经验教训和对当前我国的启示 [J]. 中国集体经济，2009（4S）.

　　[141] 叶鹏. 90 年代日本财政政策评析 [J]. 日本研究，2001（04）.

　　[142] 张玉棉，闫亚梅. 20 世纪 90 年代日本财政刺激政策的实施及启示 [J]. 日本问题研究，2003（04）.

　　[143] 盛永恒. 20 世纪 90 年代以来日本财政政策失效成因 [J]. 日本问题研究，2011（03）.

　　[144] 陈莹. 新加坡能否摆脱经济衰退 [J]. 亚太经济，2002（01）.

　　[145] 刘红. 稳增长——财政政策更能发挥效力 [N]. 金融时报，2015-02-28.

　　[146] 刘慧. 积极财政政策释放延缓经济下滑 [N]. 中国经济时报，2015-02-27.

　　[147] 罗兰. 民生投入今年力度还会加大 [N]. 人民日报：海外版，2015-01-05.

　　[148] 仇伟，潘新华. 我国财政政策与经济增长相关性的实证检验 [J]. 商业时代，2012（14）.

　　[149] 潘敏，张依茹. 鱼和熊掌能否兼得？——我国财政政策效果研究 [J]. 统计研究，2012（04）.

　　[150] 张峁，王青，乔东艳. 财政政策对经济增长和收入分配的长期影响效应分析 [J]. 经济与管理，2010，24（02）.

　　[151] 刘金全，解瑶姝. 我国财政政策的非对称效应 [J]. 当代经济研究，2015（05）.

　　[152] 严成樑，王弟海，龚六堂. 政府财政政策对经济增长的影响——基于一个资本积累与创新相互作用模型的分析 [J]. 南开经济研究，2010（01）.

　　[153] 徐磊. 从传导机制角度考查我国货币政策的有效性 [J]. 生产力研究，2012（11）.

　　[154] 毛定祥. 我国货币政策财政政策与经济增长关系的协整性分析 [J] 中国软科学，2006（06）.

　　[155] 钟永红. 中国经济增长中货币政策与财政政策有效性的比较检验 [J]. 财经论丛，2007（05）.

　　[156] 纪韶，李舒丹，周亮亮. 宏观财政政策对就业影响效应的研究综述 [J]. 人口与经济，2009（02）.

　　[157] 王君斌，薛鹤翔. 扩张型货币政策能刺激就业吗？——刚性工

资模型下的劳动力市场动态分析 [J]. 统计研究，2010，27 (06).

[158] 李伊涵，陈利锋. 我国货币政策的社会就业效应 [J]. 人力资源管理，2011 (12).

[159] 干霖. 财政货币政策组合对中国经济稳定增长影响的实证研究 [D]. 江西财经大学，2012.

[160] 杨晓妹. 财政政策就业效应研究 [D]. 西南财经大学，2014.

[161] 高铁梅. 计量经济分析方法与建模 [M]. 北京：清华大学出版社，2006.

[162] 柳欣，王晨. 内生经济增长与财政、货币政策——基于 VAR 模型的实证分析 [J]. 南开经济研究，2008 (06).

[163] 赵丽芬，李玉山. 我国财政货币政策作用关系实证研究——基于 VAR 模型的检验分析 [J]. 财经研究，2006 (02).

[164] 王志宇. 中国财政政策就业效应及其实证研究 [M]. 太原：山西经济出版社，2013.

[165] 唐平. 中国扩大就业的财政政策——基于结构性就业分析 [J]. 经济体制改革，2009 (03).

[166] 陈祯. 经济增长的就业效应研究：基于经济转型与结构调整视角下的分析 [M]. 北京：经济管理出版社，2006.

[167] 肖六亿. "无就业增长"与技术进步的实证检验 [J]. 统计与决策，2008 (18).

[168] 谢蓉. 基于 VAR 模型的公共教育投资的就业效应 [J]. 知识经济，2011 (08).

[169] 刘新，刘伟，胡宝娣. 财政社会保障支出与经济增长：基于扩展 VAR 模型分析 [J]. 商业研究，2011 (04).

[170] 刘新，刘星，刘伟. 财政社会保障支出的就业效应——基于 1978－2008 年的经验数据 [J]. 山西财经大学学报，2010 (07).

[171] 王根贤. GDP 与就业均衡增长的财政政策选择 [J]. 地方财政研究，2005 (04).

后　记

　　《中国现阶段财政政策调控研究》专著是"十二五"国家重点图书出版规划项目，也是 2013 年教育部哲学社会科学研究重大课题攻关项目"对政府全口径预算决算的审查和监督研究"（项目批准号：13JZD021）的系列成果之一。

　　作为承担教育部哲学社会科学研究重大课题攻关项目的首席专家，作者将"十二五"国家重点图书出版规划项目与教育部哲学社会科学研究重大课题攻关项目结合起来。在进行"对政府全口径预算决算的审查和监督研究"项目研究过程中，深切感到要完成对政府全口径预算决算的审查和监督的系列研究，离不开对中国现阶段财政政策调控的专题研究。因而，本书亦就成为"对政府全口径预算决算的审查和监督研究"系列成果的一部分。

　　本书的逻辑结构是：在论述财政政策总论的基础上，分析财政政策的效应，从总量平衡与结构协调两个方面论述了财政政策；对充分就业和收入调节两个具有关联性的内容进行了分析；最后在评价财政政策效果的前提下，阐述了中国积极财政政策理论与实践，并对中国积极财政政策进行了实证分析。

　　本书的成稿也得到了研究生们的协助。博士研究生刘益彤、李梦涵、张旭，硕士研究生刘锦君、杨扬、贾月、张宇、蒋伊沫、李贺、刘璐、郭兴芳、陶银龙、张俊泽、王莎莎、田震、刘志高等参与了部分章节的资料收集、讨论、修改工作。

　　本书的顺利出版得到了辽宁大学出版社副总编辑贾海英的大力支持。她在本书的编辑过程中表现出很高的专业水准，在书稿排出版样后，作者又进行了多处增删，给她增加了许多工作量，在此向她表示衷心的谢意。

　　本书在研究中参考了国内外有关资料，反映和借鉴了社会已有科研成果，在此一并致谢。

　　作为一项研究成果，本书在诸多方面还有不成熟的地方，敬请读者批评指正。

作　者
2016 年 3 月